서양문명의 정체성
-헤브라이즘과 헬레니즘의 만남-

임희완(林熙完)

그리심

The Identity of Western Civilization:
an Encounter of Hebraism and Hellenism

by Hi Wan Lim

서양문명의 정체성

2008년 11월 10일 초 판 1쇄 발행
2012년 9월 30일 초 판 2쇄 발행

저   자 • 임 희 완
발행인 • 조 경 혜
발행처 • 도서출판 그리심
         156-763 서울시 동작구 사당5동인정 B-B01

등록번호 • 제 7-258호(1998. 4. 23)
출 판 사 • 전화 523-7589 팩스 523-7590
홈페이지 • http://grisim.biz
전자우편 • grisimcho@hanmail.net

• 저자와 협의하여 검인을 생략함.
• 이 책의 일부라도 저자나 출판사의 허락 없이
  사용할 수 없습니다.

값: 표지 뒷면에 있습니다. 잘못된 책은 구입한 곳에서 바꿔드립니다.
ISBN 978-89-5799-219-7   (93230)

Korean Edition
Korean Copyright © 2008
Seoul, Korea
All right reserved.

서양문명의 정체성
-헤브라이즘과 헬레니즘의 만남-

저자 임희완(林熙完)

약력
서울대학교 사학과 졸업
미국 위티어 대학 및 대학원 졸업
역사학회, 서양사학회 간사 역임
서울대, 고대, 성균관대, 경희대, 한양대, 중앙대,
총신대, 서울신대, 성결신대 등 강사역임
건국대학교 명예교수(문학박사)

저서
청교도혁명과 종교적 급진사상(집문당)
영국혁명의 수평파운동(민음사)
시민계급과 시민사회(공저, 한울)
역사학의 이해(건대출판사)
서양사의 이해(박영사)
청교도: 삶·운동·사상(아가페)
20세기의 역사철학자들(건대출판사)
루터·칼빈·웨슬리 다시읽기(그리심)

역서
역사지식의 해부(집문당)
서양사학사(철학과 현실)
청교도혁명에서 명예혁명까지(삼문당)
근대유럽의 종교전쟁시대(예문사)
서양근대사에서 종교의 역할(민음사)
영국사개론(공역, 총신대학출판부)

서양문명의 정체성
-헤브라이즘과 헬레니즘의 만남-

머 리 말

이 책은 헤브라이즘과 헬레니즘이 서양문명의 발전과정에서 어떤 관계를 가지면서 서로 영향을 끼쳤는지를 추적한 역사서술이다. 헤브라이즘과 헬레니즘은 제1, 2차 세계대전의 참화를 겪은 서양의 지성인들이 그들의 역사를 반추하는 과정에서 찾아낸 서양문명의 정체성이다. 전자는 주로 종교와 연결된 사상이요, 후자는 세속과 연결된 사상이다. 말하자면 서양의 지성인들은 이 양자의 관계에 있어서 상호적 적대관계보다는 상호적 협력관계를 가지는 것이 그들의 평화적 공존을 가져오는 지름길이라는 결론을 얻어냈다. 왜냐하면 양자의 적대관계로 말미암아 세계대전의 비극이 초래된다고 생각되었기 때문이다.

그들은 특히 전자(헤브라이즘)를 중심으로, 후자(헬레니즘)와의 관계를 밝히는데 전력을 집중하였다. 종교가 인류문명을 움직인 동력이라는 주장은 서양의 주요 사상가들의 한결 같은 지론이었다. 그들 가운데 가장 유명한 사상가들은 19세기의 헤겔, 20세기의 토인비, 그리고 근간에는 헌팅턴이었다. 주지하는 바대로, 서양문명의 기초로서의 헤브라이즘은 유대·기독교적 전통으로부터 유래한 종교사상이다. 이 유대·기독교적 전통에는 유대교와 기독교, 그리고 더 넓은 종교문화적 차원에서 이슬람교가 포함된다. 이슬람교가 유대교, 기독교와 함께 헤브라이즘의 근거가 되는 성경(토라)을 공유하면서도, 그것(성경)으로부터 멀리 떨어져나간 것은 사실이다. 그러나 이슬람은 유대교,

기독교와 실제로 서양역사의 발전과정에서 불가분의 상응관계를 가져왔다는 사실에서 헤브라이즘과 연결된다.

　그들은(유대교, 기독교, 이스람교) 실제로 종교적, 정치적, 경제적, 사상적, 문화적으로 서로 만났을 뿐 아니라 군사식 무력적 충돌도 마다하지 않았다. 그들은 종교적 이념과 이해관계로 직접적인 충돌을 가지기도 했지만, 대부분의 경우 변화하는 문명의 색깔을 통하여 조우하기도 했다. 후자(문명)의 변화는 말할 것도 없이 사회적 관심에 의해 달라지는 정치, 경제, 철학, 문화, 과학과 같은 헬레니즘(그리스·로마적 전통)의 변신을 뜻한다. 그러므로 서양문명이 지속하고 있는 한, 헤브라이즘과 헬레니즘의 만남은 피할 수 없는 일이다. 문제는 헤브라이즘의 경우 헬레니즘과 접촉하면서 어느 만큼이나 그 요소들을 받아들여야 하느냐이다. 그것은 지나치게 받아들이면 그 자신의 종교적 특성을 잃어버리게 될 것이요, 지나치게 거부하면 문명에서의 그 자신의 존재이유를 잃어버리게 될 것이기 때문이다.

　내가 서양사를 전공하면서 서양문명의 정체성에 관해 관심을 가진지도 어언 수 십 여년이 흘렀다. 나는 시간이 있을 적마다 논문이나 저서를 통해 헤브라이즘과 헬레니즘에 대해 간간히 소개해왔다. 그러는 가운데 나는 이 분야에 관한 저서들을 하나하나 접할 수 있게 되었다. 나는 이 저서들을 기초로 하여 그 동안 구상해 오던 것들을 다시 정리하여 서양문명을 통하여 나타난 헤브라이즘과 헬레니즘의 상응과정을 마무리 짓게 되었다. 이 과정에서 나는 이슬람의 역사를 포함시키지 않고는 서양문명을 온전하게 이해하기란 어렵다는 사실을 깨달았다. 왜냐하면 유대교와 기독교, 이슬람교가 치열하게 접전한 스페인·포르투갈의 이베리아반도, 예루살렘 성지의 팔레스타인, 터키와 발칸반도의 역사가 이러한 사실을 생생하게 보여주고 있기 때문이다. 이들 지역들은 서양문명의 정체성을 이해하는데 빼놓아서는 안 될 중요한 역사지역들이다. 그들의 종교적 문화적 정치적 갈등과 공존은 지금까지 지속되고 있는 실정이다.

　이 저서는 헤브라이즘을 주축으로, 헬레니즘과의 상응관계를 역사적으로 연구한 저술로서 전 10장으로 구성되어 있다. 제1장에서는 서양문명의 기초로서의 종교의 역할, 서양문명의 정체성으로서의 헤브라이즘과 헬레니즘, 헤브라이즘과 헬레니즘의 관계성, 그리고 서양문명의 특성에 대해 설명되어 있으며, 제2장에서는 유대교, 기독교, 이슬람교의 공통분모인 이스라엘의 역사에 대한 간략한 개요가 소개되어 있으며, 제3장-제5장에서는 유대교, 기독교, 이슬람교의 가르침과 교리, 및 헬레니즘과의 해후에 대하여 서술되어 있다. 제6장에서는 유대교, 기독교, 이슬람이 중세의 체계화된 철학과 접촉하는 내용이 설명되어 있으며, 제7장에서는 유대교, 기독교, 이슬람교가 성지 팔레스타인, 발칸반도, 이베리아반도에서 각각 무력적 충돌과　정복, 및 공존하는 과정이 서술되어 있다. 제8장에서는 근대문명과 종교와의 관계가, 제9장에서는 유대교, 기독교, 이슬람의 정치적 이데올로기들이, 그리고 제10장에서는 현대문명에서 종교의 역할이 각각 논의되어 지고 있다.

　오늘날 팔레스타인과 발칸반도 이슬람 여러 지역들에서 종교와 연루된 크고 작은 전쟁들로 인해 피의 보복이 일어나고 있는 이 시점에서, 헤브라이즘과 헬레니즘 사이의 상응관계를 역사적으로 추적한 이 책이 종교와 종교, 그리고 종교와 문명과의 관계를 이해하는데 한 작은 디딤돌이 되기를 바라는 마음 적지 않다. 나를 알기 위하여 먼저 남을 쳐다보아야 하는 것은 남의 얼굴에 비친 나 자신을 잘 볼 수 있어야 하기 때문이다. 아무쪼록 우리나라에 처음 소개되는 이 책이 유대문명과 기독교문명, 그리고 이슬람문명의 역사적 관계를 올바르게 이해하려는 기독교인들은 물론 서양문명의 정체성을 깊이 숙지하려는 독자 여러분들에게 조금이나마 보탬이 된다면 저자로서는 참으로 다행한 일이라고 생각한다. 나는 이 책에서 그리스 로마적 전통, 그리고 유대교, 기독교, 이슬람에 관한 역사적 사건들을 객관적으로 다루려고 애를 썼다. 그러나 본의 아니게 나타난 오류에 대해서는 독자 여러분의 아낌없는 이해와 질정을 바란다. 부족한 저자를 한 결 같이 성원해주신 이보형 선생님, 노명식 선생님, 고 길현모 선생님께 깊은 감사를 드리며, 그리고 이 책을 위해 조언을 아끼지 않으신 홍 치모 교수님과 유준기 교수님께 고마운 마음을 드리고 싶다. 아울러 이 책의 출간을 허락하신 도서출판 그리심의 조경혜사장님과 편집부 여러분들께도 깊은 사의를 표하고 싶다.

2008. 10 월 20일

경기도 수지에서
저자 임 희 완

서양문명의 정체성
-헤브라이즘과 헬레니즘의 만남-

차 례

제1장 서양문명의 정체성은 무엇인가?

● 종교의 역할 · 21 ● 문명의 위기감 · 23 ● 헤브라이즘과 헬레니즘 · 25 ● 협력적 상호관계 · 27 ● 막스 베버의 해석 · 27 ● 상응과정 · 28 ● 서양문명의 특성 · 32 ● 성경의 기본이념 · 33 ● 유일신사상과 계약사상 · 34 ● 성경의 정 · 교 분리사상 · 36 ● 기독교의 정 · 교분리사상 · 38 ● 가톨리시즘 · 40 ● 루터주의 · 41 ● 칼빈주의 · 42 ● 세속주의(계몽주의) · 43

2. 이스라엘의 역사는 어떤 것인가?

● 아브라함의 가나안 정착 · 48 ● 이집트 탈출과 시내산 계시 · 49 ● 통일왕조시대 · 50 ● 왕국의 분열 · 52 ● 북 이스라엘왕국 · 53 ● 남 유대왕국 · 54 ● 신바빌로니아 포로시대 · 56 ● 페르시아 포로시대 · 58 ● 헬레니즘시대 · 59 ● 유대교의 형성 · 60 ● 유대교의 분열 · 62 ● 로마정복시대 · 64 ● 헤롯대왕 · 64 ● 분봉왕시대 · 65 ● 이스라엘의 멸망과 디아스포라 · 66

3. 유대교란 어떤 종교인가?

● 유대교, 기독교, 이슬람교의 관계 · 69 ● 유대교의 성경적 기초 · 71 ● 유대교의 정체성 · 73 ● 유월절과 안식일 · 74 ● 랍비 유대교의 기원 · 77 ● 랍비 유대교의 신학 · 81 ● 랍비 유대교의 형성과정 · 83 제1단계 · 84 ● 제2단계 · 86 ● 랍비 유대교와 서구문명 · 90 ● 랍비 유대교의 사상적 강화 · 92 ●철학사상과 하시디즘 · 93 ●카라이즘 · 95 ●사바티아니즘 · 96 ●개혁유대교와 시오니즘 · 97

4. 기독교란 어떤 종교인가?

● 로마와 기독교 · 100 ● 콘스탄티누스의 개종 · 103 ● 기독교의 정체성(1): 히브리서 · 104 ● 기독교의 정체성(2):신구약 · 106 ● 70인역 · 107 ● 이단사상들 · 108 ● 기독교의 정체성(3):철학적 접근 · 110 ● 저스틴과 필로 · 111 ● 예표적 성경해석 · 113 ● 기독교의 정체성(4) "영원한 로고스"와 육체 · 114 ● 이레네우스 · 115 ● 오리겐 · 118 ● 마무리 · 119 ● 기독교의 정체성(5)역사이해 120 ● 유세비우스 · 121 ● 어거스틴 · 124 ● 마무리 · 127

5. 이슬람교란 어떤 종교인가?

● 전통적 종교관습 · 131 ● 이슬람교의 형성과정 · 132 ● 코란 · 133 ● 하디스 · 134 ● 유일신론 · 134 ● 인간의 영혼불멸 · 136 ● 이슬람교의 교리 · 137 ● 이슬람의 5가지 의무규정 · 138 ● 지하드 · 139 ● 코란과 비무슬림 · 140 ● 역사적 발전과정(632-1200)(1) · 141 ● 순니파와 시아파 · 141 ● 정통 칼리프시대(632-661) · 142 ● 우마이야왕조(661-750) · 143 ● 샤리아:신법 · 144 ● 압바스왕조(750-1258) · 145 ● 이슬람의 문예 · 146 ● 이슬람의 신학 · 146 ● 이슬람의 철학 · 148 ● 수피파 · 151 ● 역사직 발전과정(1200-1500)(2) · 154 ● 기독교인의 대항 · 154 ● 몽골족과 맘루크족 · 155 ● 역사적 발전과정(1500-1800)(3) · 156 ● 무갈제국 · 157 ● 사파위제국 · 158 ● 오토만제국 · 159 ● 역사적 발전과정(1800-1950)(4) · 161 ● 오토만제국의 멸망 · 162

6. 중세의 유대교, 기독교, 이슬람교는 철학과 어떻게 만났는가?

A. 철학과의 해후 · 167
● 아베로스 · 168 ● 창조와 영혼불멸 · 170 ● 모세 마이모니데스 · 171 ● 토마스 아퀴나스 · 174

B. 신비주의와의 해후 · 176
● 플로티누스 · 178 ● 신비주의의 방법 · 180 ● 플로티누스의 영향 · 181 ●

성 그레고리 · 183 ● 디오니시우스 아레오파기테 · 184 ● 수피파의 신비주의 · 186 ● 카발라주의의 경건 · 189 ● 신비주의의 영향 · 191

7. 중세의 유대교, 기독교, 이슬람교는 어떻게 충돌하였는가?

A. 성지회복: 십자군전쟁 · 195
● 전쟁과 성경 · 196 ● 십자군전쟁전야 · 197 ● 제1차 십자군원정 · 200 ● 5개 원정단 파견 · 201 ● 안디옥 공략 · 202 ● 라틴 예루살렘왕국 · 203 ● 십자군의 해체와 분열 · 204 ● 기사단의 창설 · 206 ● 제2차 십자군원정 · 208 ● 이슬람의 재기 · 209 라틴귀족의 분열 · 209 ● 제3차 십자군원정 · 210 ● 제4차 십자군원정 · 213 ● 후기 십자군 · 214 ● 십자군의 유산 · 215

B. 스페인: 종교적 공존과 갈등 · 217
● 이슬람 스페인: "안달루시아" · 217 ● 기독교의 재정복 · 219 ● 13세기의 상황 · 220 ● 종교재판과 축출 · 221

C. 발칸반도: 기독교와 이슬람 · 223
● "발칸반도"의 특성 · 223 ● 오토만제국 이전 · 225 ● 헤시참운동 · 227 ● 오토만제국 치하 · 228 ● 밀레트조직 · 229 ● 발칸의 종교성 · 230 ● 종교적 변화과정:이슬람의 증가 · 231 ● 종교현상의 변화패턴 · 233 ● 현대의 발칸반도 · 233 ● 마무리 · 238

8. 근대문명과 종교는 어떤 관계를 가졌는가?

A. 기독교 · 243
● 르네상스 · 243 ● 휴머니즘 · 244 ● 레오나르도 다빈치 · 246 ● 에라스무스 · 247 ● 종교개혁 · 249 ● 베드로 대성당의 재건 · 250 ● 마르틴 루터 · 252 ● 종교개혁의 영향 · 254 ● 서구 기독교의 분열 · 258 ● 종교전쟁 · 261 ● 30년 전쟁 · 262 ● 계몽사상 · 263 ● 과학과 철학 · 267 ● 낭만주의 · 270

B. 유대교 · 273
● "거룩한 백성, 이스라엘" · 273 ● 유대인의 정치적 해방 · 275 ● 개혁유대교와 정통유대교 · 276 ● 개혁유대교의 강령 · 277 ● 아브라함가이거 ·

278 ● 정통유대교 · 279 ● 삼손 라파엘 허쉬 · 281 ● 역사학파와 보수적 유대교 · 282 ● 중도노선 · 283
C. 이슬람교 · 285
　● 파키스탄의 근대화 · 286 ● 파즈루르 라만 · 286

9. 유대교, 기독교, 이슬람교의 정치적 이데올로기는 무엇인가?

A. 유대교: 시오니즘 · 291
　● 시오니즘의 문제섬 · 292 ● 시오니즘과 유럽이 민족주의 · 294 ● 시오니즘의 분화 · 295 ● 사회주의적 시오니즘 · 296 ● 시오니즘과 유대교의 갈등 · 298 ● 시오니즘과 홀로코스트 · 299 ● 마무리 · 300
B. 기독교: 제국주의 · 301
　● 초기 기독교 사상가들 · 302 ● 로마제국 이후 · 304 ● 국민국가 이후 · 307
C. 이슬람교: 정치적 민족주의 · 309
　● 종교적 개혁운동 · 310 ● 서구의 진출과 이슬람의 동향 · 312 ● 이슬람과 유럽의 국민국가 · 315 ● 이슬람의 독립운동 · 317 ● 하마스와 오스마 빈라덴 · 319 ● 이슬람폭력의 원인들 · 320

10. 현대문명에서 종교의 역할은 무엇인가?

A. 유대교 · 325
　● "다브루 에메트" · 327
B. 이슬람교 · 331
C. 기독교 · 339
　● 근본주의 · 341 ● 근본주의의 분화 · 343 ● 근본주의의 영향 · 344 ● 화해모색 · 345 ● 가톨릭과 프로테스탄트 · 346 ● 신복음주의 · 348

▶ 색인 · 352

서양문명의 정체성
-헤브라이즘과 헬레니즘의 만남-

중요사건연대

B.C. 1300	이스라엘의 이집트 탈출
B.C. 1010-970	다윗 왕
B.C. 970-922	솔로몬 왕, 북 이스라엘과 남 유다 분열
B.C. 753	로마건국
B.C. 722-721	북 이스라엘, 아시리아에 멸망
B.C. 609	요시아 왕 전사
B.C. 587-586	남 유다, 신바빌로니아에 멸망, 예루살렘 함락
B.C. 539	신바빌로니아, 페르시아 키루스에 멸망, 유다 귀환
B.C. 515	성전 재건, 모세 5경 완성
B.C. 427-347	플라톤
B.C. 323	알렉산더 대왕 병사
B.C. 167	안티오쿠스 4세, 예루살렘 점령
B.C. 63	폼페이우스, 예루살렘주권 주장
B.C. 4	예수 탄생
A.D. 29-31	예수의 말년(30세)
A.D. 37	빌라도의 퇴역
A.D. 45	예수의 추종자들, "크리스천"으로 칭해짐(안디옥)
A.D. 53-57	바울, 갈라디아서 · 고린도서 · 로마서 서술
A.D. 62	야고보의 순교(예루살렘)
A.D. 64	바울과 베드로의 순교(로마)

중요사건 연대 13

A.D. 70-73	티투스의 대로마 반란, 마가복음 완성
A.D. 70	로마의 이스라엘 정복. 성전화재
A.D. 75	요세푸스, 『유대 전쟁』 발간
A.D. 80	마태복음 완성(다마스커스)
A.D. 90	누가복음 완성(아디옥), 히브리서 발간(로마)
A.D. 100	요한복음 완성(에베소)
A.D. 132-135	제2차 유대반란
A.D. 180-250	이프리기누스
A.D. 180-254	오리겐
A.D. 200	미쉬나 공포
A.D. 202	세베루스 황제의 종교핍박
A.D. 250	데키우스 황제의 잡신강요
A.D. 260-340	유세비우스
A.D. 300	토세프타 완성
A.D. 303	디오클레티아누스 황제의 기독교핍박
A.D. 312	콘스탄티누스 황제의 환상체험
A.D. 354-430	어거스틴
A.D. 400	이스라엘의 탈무드 완성
A.D. 410	알라릭의 로마 침공
A.D. 570	무하마드의 탄생
A.D. 600	바빌로니아의 탈무드 완성
A.D. 610	무하마드, 코란의 첫 번째 계시받음
A.D. 622	무하마드, 메카에서 메디나로 천거
A.D. 632	무하마드 사망
A.D. 632-661	정통 칼리프시대
A.D. 661-750	우마이야왕조
A.D. 711	무슬림군대의 이베리아반도 침공

A.D. 750-1258	압바스왕조
A.D. 800	찰스대제의 로마황제취임
A.D. 989	샤루스 대회
A.D. 1055	토그릴 베크의 바그다드 점령, 셀주크 술탄취임
A.D. 1066	유대인 대학살(그라나다)
A.D. 1071	셀주크 투르크의 비잔틴제국의 주력부대 파괴(만지커트)
A.D. 1081	그레고리 7세 교황의 서한(메츠 주교)
A.D. 1085	알폰소 6세 왕의 톨레도 점령
A.D. 1095	우르반 2세 교황의 십자군요구
A.D. 1000-1200	대학교의 형성(유럽, 중동)
A.D. 1147-1149	제2차 십자군
A.D. 1187	살라딘의 예루살렘 점령
A.D. 1189-1192	제3차 십자군
A.D. 1202	제4차 십자군
A.D. 1204	콘스탄티노플 함락(제4차 십자군)
A.D. 1218-1221	제5차 십자군
A.D. 1250	기독교 지도자들의 이베리아반도 점령
A.D. 1254	루이 9세 왕의 이집트 원정실패
A.D. 1258	몽골족의 바그다드 침공
A.D. 1347-1352	흑사병
A.D. 1389	코소보 전투
A.D. 1396	오토만에 십자군패배(니코폴리스)
A.D. 1444	오토만에 십자군패배(바르나)
A.D. 1453	오토만(술탄 메메드)의 콘스탄티노플(동로마) 정복

A.D. 1463	오토만의 보스니아 점령
A.D. 1469-1536	에라스무스
A.D. 1476	왈라치아, 오토만의 종신국가됨
A.D. 1492	카스틸과 아라곤의 유대인의 축출
A.D. 1512	몰다비아, 오토만의 종신국가됨
A.D. 1514	오토만의 사파위제국 정복
A.D. 1516	오토만의 맘루크족 정복, 시리아, 이집트, 메카 점령
A.D. 1517	마르틴 루터의 95개조 발표
A.D. 1531	슈말칼덴동맹결성
A.D. 1545-1563	트리엔트 종교회의
A.D. 1588	스페인의 아르마다 침몰
A.D. 1618-1648	30년 전쟁
A.D. 1648	베스트팔렌조약
A.D. 1683	오토만의 비엔나 침공실패
A.D. 1689	영국의 관용법 제정
A.D. 1774	쿠추크 카이나르쟈 조약 체결(오토만의 흑해양보)
A.D. 1775-1783	미국혁명
A.D. 1789	프랑스혁명
A.D. 1792	미국의 권리장전
A.D. 1789	나폴레옹의 이집트점령
A.D. 1800-1850	개혁유대교(독일과 미국)
A.D. 1804	나폴레옹의 황제즉위, 제1차 대오토만 세르비아 반란
A.D. 1815	제2차 대오토만 세르비아 반란
A.D. 1821	그리스의 독립전쟁

A.D. 1830	그리스의 독립
A.D. 1835	대빗 스트라우스의 『예수의 일생』
A.D. 1839	오토만제국의 개혁
A.D. 1848	프랑스의 2월혁명
A.D. 1857	인도 무슬림의 영국지배반란
A.D. 1859	찰스 다윈의 『종의 기원』
A.D. 1863	르낭의 『예수의 일생』
A.D. 1870	제1차 바티칸 종교회의
A.D. 1878	산 스테파노 조약, 불가리아·세르비아·몬테니그로 독립
A.D. 1885	개혁유대교의 피츠버그 강령
A.D. 1886-1887	미국 유대신학 세미나리 결성
A.D. 1897	제1차 시온주의 의회결성(바젤)
A.D. 1908	합스부르크가의 보스니아-헤르체고비나 합병
A.D. 1912	제1차 발칸전쟁, 알바니아의 독립선포
A.D. 1913	제2차 발칸전쟁
A.D. 1914-1918	제1차 세계대전
A.D. 1917	영국의 발포아선언
A.D. 1918	세르비아·크로아티아·슬로바니아 왕국 결성(제1차 "유고슬라비아")
A.D. 1924	아타튀르크의 터키공화국
A.D. 1933-1945	나치즘의 홀로코스트
A.D. 1939-1945	제2차 세계대전
A.D. 1947	파키스탄 형성
A.D. 1947-1948	이스라엘국가 형성

A.D. 1956	이스라엘, 영국, 프랑스의 이집트침공(스에즈운하 점령)
A.D. 1962	제2차 바티칸공의회
A.D. 1967	"6일 전쟁"
A.D. 1973	"욤 키푸르" 전쟁 (제4차 중동전쟁)
A.D. 1979	이란혁명(소비에트의 아프카니스탄 침공)
A.D. 1989	동부유럽의 공산주의 붕괴
A.D. 1990-1991	걸프전쟁
A.D. 1991	유고슬라비아의 해체
A.D. 1992-1995	보스니아-헤르체고비나의 전쟁
A.D. 1999	코소보 전쟁
A.D. 2000	다브루 에메트 발표(미국·캐나다)
A.D. 2001	미국세계무역센타 폭파(9. 11)
A.D. 2003	:미국의 이라크 침공

1

1. 서양문명의 정체성은 무엇인가?

- 종교의 역할
- 문명의 위기감
- 헤브라이즘과 헬레니즘
- 협력적 상호관계: 막스 베버의 해석, 상응과정
- 서양문명의 특성:
  성경의 기본이념, 유일신사상과 계약사상, 성경의 정·교 분리사상, 기독교의 정·교 분리사상: 가톨리시즘, 루터주의, 칼빈주의, 세속주의(계몽사상)

서양문명의 정체성
-헤브라이즘과 헬레니즘의 만남-

1. 서양문명의 정체성은 무엇인가?

    서양문명[1])을 이루고 있는 기초가 종교라는 것은 일찍부터 널리 알려진 사실이다. 종교적 동기로 인하여 일어난 사건들 가운데 최초로 서양문명의 정체성을 확인시켜준 것은 11세기의 십자군전쟁(1096-1270)이었다. 서구의 기독교인들은 이슬람문명권과 싸우면서 자신들의 문명을 확인하게 되었으며 미지의 세계에 대하여 지대한 관심을 가지게 되었다. 그들은 급기야 15세기 콜럼버스를 통해 아메리카대륙을 정복하는데 성공하였다. 이와 같이 그들은 중세 후기부터 십자군

---

1) 서양문명은 유럽문명과 아메리카문명을 모두 가리키는 말이지만 주로 서구문명(Western Civilization)으로 지칭되는 경우가 많다. 주지하는 바와 같이 서구문명(서유럽문명)은 서부 유럽을 지칭하는 단순한 지리적인 의미가 아니라, 유럽문명의 바탕을 뜻하는 '역사적이고 문화적인' 공동체(community)를 의미하는 개념이다. 서양문명의 중심을 이루는 서구문명(the West)은 동구문명(the East)과도 구별되고 고전문명과도 구별된다. 비록 서구문명이 르네상스를 통해 고전문명(Classical Civilization)으로 복귀했지만 그것은 단순한 승계나 재생이 아니라 근대적으로 적용된 새로운 서양문명을 뜻한다. 서구문명은 중세 때는 '서구 기독교문명권(Western Christendom)'으로 지칭되었다. 현대에 와서 서구문명은 '구미문명(Euroamerican Civilization)' 혹은 '대서양문명(Atlantic civilization)'으로 부르기도 한다(Samuel P. Huntington, *The Clash of Civilization and the Remaking of World Order*, New York, 1996, 참조바람).

전쟁을 통하여 르네상스, 지리상의 발견, 종교개혁, 종교전쟁과 같은 서양근대 초기의 굵직한 사건들을 위한 길을 준비하였다.

종교의 역할

주지하는 바와 같이 종교는 서양의 정치, 문화, 과학, 철학의 발달에 중요한 견인차 역할을 수행하였다. 정치적으로 종교는 일찍이 정치적 합리화를 위해 없어서는 안 될 주요 초석으로 작용하였다. 그것은 정치에 수반되는 소위 "합법적 강압(legitimate violence)"을 위해 종교적 권위가 필요했기 때문이나. 서양의 기독교가 3세기에 걸친 박해기간을 지나 4세기경 로마의 콘스탄티누스에 의해 공인을 받은 다음, 교회와 국가는 서로 자웅을 다투면서 대립과 타협의 굴곡을 거치지 않으면 안 되었다. 1054년 동·서 교회의 분열로 그리스 정교가 출범을 하는 한편, 가톨릭은 1075년 그레고리 7세에 의해 교황권이 주도권을 잡게 되었다. 이때가 바로 위에서 말한 십자군전쟁이 발발하기 20여 년 전이었다. 서양은 이후 4세기 간(11-15) 로마 가톨릭의 절대적인 지배아래 있게 되었다. 그 후 16세기 종교개혁을 거쳐, 17세기 베스트팔렌조약[2]을 계기로 국민국가의 틀을 통하여 교회와 세속권은 각각 분리의 길을 걷게 되었으나 종교의 역할은 여전히 줄어들지 않았다. 그리하여 그리스 정교는 루마니아, 그리스, 불가리아에서, 로마 가톨릭은 헝가리, 오스트리아, 아일랜드, 폴란드에서, 그리고 프로테스탄티즘은 주로 서구를 중심으로 각각 주도권을 잡았다. 그러나 유대교와 이슬람은 기독교와는 달리 종교와 정치, 교회와 국가가 분리되지 않은 채 각각 하나의 세계로 발전해 나아갔다.

종교의 역할은 미술과 건축, 음악, 문학에서도 대단하였다. 그것은 수세기간에 걸쳐서 교회의 대성당의 건축술을 발전시키는데 없어서는 안 될 기본요인이

---

[2] 30년전쟁(1618-48)을 마무리하기 위하여 베스트팔렌에서 조약이 이루어졌다. 이 전쟁으로 독일의 제후들은 가톨릭, 루터파, 칼빈파 가운데 마음대로 종교를 택할 수 있도록 인정을 받았으며, 외국과의 조약체결의 권리까지 허용 받았다. 이로써 그들은 근대적 국민국가의 기틀을 가지게 되었다.

었다. 위대한 건축가들은 빛이 하나님을 나타내는 것이라 생각하여 건물에 빛이 들어오게 하는데 심혈을 기우렸다. 그 결과 그들은 빛과 그림자를 통해 성경에 있는 말씀을 나타내기 위하여 중세건축의 상징인 스테인드 글라스(색 유리)와 조립미술(fabric arts)을 창안하였다.

이슬람도 모스크라는 심미적 예술을 만들어냈으며, 유대교는 유대의 거룩한 문헌들을 예술적으로 그려내는 필사본을 만들어냈다. 이 모두가 하나님을 문화 속에 표현하려는 의도에서 이루진 것들이었음은 말할 나위가 없다. 철학, 과학, 기술부문도 성경을 논의하고 토론하는 과정에서 발전하였다. 이들 학문은 한 결 같이 종교적 재단이나 교회의 후원 아래에 있는 대학들을 통하여 발전하였다. 서양의 지적 생활은 전적으로 하나님에 대한 신앙이나 성경의 내용, 그리고 사회질서에 관하여 요구하는 기독교, 유대교, 이슬람의 가르침에 의해 주도되어 나아갔다.

그러나 서양이 근대문명의 세속화 과정을 밟으면서 종교는 이전의 찬란한 빛을 발휘하지 못하게 되었다. 17-18세기 계몽사상시대를 맞으면서 합리주의, 자유주의, 민주주의, 자본주의, 과학과 기술의 대두로 말미암아 종교는 점차 뒷전으로 물러앉게 되었다. 더욱이나 종교가 지성과 감성을 바탕으로 하는 강력한 적들을 만난 것은 19-20세기를 통해서였다. 낭만주주의, 현실주의, 자연주의는 종교의 새로운 적병들이었다. 그 가운데서도 다윈, 마르크스, 니체의 사상들은 너무나 넘기 힘든 장벽들이었다.[3] 포스트모더니즘은 20세기의 세속주의가 만들어낸 것으로 종교를 송두리째 뒤흔들기에 충분하였다. 그러나 종교는 교회와 시나고그, 모스크를 통하여 더욱 재무장함으로써 살아남기 위한 싸움을 게을리 하지 않았다. 다행하게도 핵확산, 집단살상, 전면전쟁에 대한 공포는 종교의 관심을 불러일으키는 기폭제가 되어주었다. 그 결과 종교는 다시 현대정치의 엔진에

---

3) 다윈은 그의 저서(*On the Origin of Species by Natural Selection*, 1859)에서 기독교의 창조신앙에 도전장을 던졌으며, 마르크스는 그의 저서(*Zur Kritik der Hegelschen Rechtsphilosophie*, 1842)에서 종교의 무용론을, 그리고 니체는 그의 저서(*Kritische Gesamtausgabe*, 1886)에서 신의 죽음을 선포함으로써 기독교를 위협하였다.

기름을 퍼 붙기 시작하였다.

이슬람은 지하드(성전)라는 명목으로 기독교의 서구와 이스라엘에 싸움을 부추겼으며 이슬람의 주요 지도자들은 반유태주의를 선포하고 나섰다. 기독교도 세르비아로 하여금 보스니아의 무슬림을 공격하게 자극함으로 미국과 다른 여러 나라들을 이 문제에 끌어들였다. 유대교는 이스라엘 국가를 유지시키기 위하여 유대민족의 단결을 호소하고 나섰다. 이것은 팔레스타인 여러 지역의 영토회복운동으로 이어져 복잡한 문제들을 야기시키는 결과를 초래하였다. 이와 비슷하게 이슬람은 인도의 영국농지 분일을 부수기는 피기스틴에 보디는 이란의 시아파를 위한 이데올로기 선전에 더 열을 올렸다. 이 시대의 걷잡을 수 없는 갈등들은 거의 모두가 종교적 대립들(예컨대, 파키스탄과 인도에서의 이슬람과 힌두교, 스리랑카에서의 힌두교와 인도교, 발칸에서의 이슬람과 기독교, 미국에서의 문화전쟁들)로부터 발생하고 있다. 다시 말해 국가와 종교, 여기에 문화가 연결되어 일어나는 것이다.[4] 그렇다고 종교가 전적으로 책임질 일은 물론 아니다. 지난 두 세기동안 기독교, 유대교, 이슬람, 이 세 가지 서양문명의 종교들은 세속주의, 민족주의, 나치즘, 공산주의, 사회주의, 휴머니즘, 이 외의 다른 사회사상들과 싸우지 않으면 안 되었다. 그러나 75간년의 소련공산주의 국가의 무신론이 사라진 다음, 종교는 러시아와 구 소련국가들 안에서 다시 소생되었다. 그리스 정교는 러시아에서, 이슬람은 카자흐스탄과 구 소련국가들에서 살아남았다. 그러므로 200여 년간의 모진 싸움에도 불구하고, 서양 현대에서 종교는 여전히 그 정체성을 잃지 않고 서양의 정치와 문화 형성에 적지 않은 영향을 주고 있는 실정이다.

문명의 위기감

서양의 전문적인 역사가들에게 이와 같은 종교의 갈등과 대립이 심각한 문

---

4) 헌팅턴은 탈냉전(1989) 이후 서양은 이데올로기의 올가미로부터 벗어나 이제까지 수면 밑에 숨어있던 여러 민족들의 고유한 전통과 종교, 관습들이 나타나 문명의 충돌로 이어질 것이라고 경고하였다.

제로 받아들여진 것은 제1차와 제2차에 걸친 세계대전을 거치면서였다. 이들은 계속된 전쟁의 참화와 비극으로 서양문명 자체에 관한 위기감에 깊이 빠지게 되었다. 그들은 만약 서양문명의 기초가 되는 종교가 흔들리면 다른 기초들도 온전할 수 없다는 절망에 사로잡혔다. 더군다나 그들은 제 1차 세계대전 중 쉬펭글러의 「서양의 몰락」(1918)을 탐독하면서 서양문명이 영구히 건재할 것이라는 자신감을 잃어버리게 되었다. 그들은 어떤 문명이던 한번 탄생하면 성장과 쇠퇴 과정을 거쳐 결국은 붕괴한다고 믿게 되었다. 더욱이나 제2차 세계대전을 다시 체험하면서 서양문명에 대한 위기감을 재확인하게 되었다. 이와 같은 그들의 문명과 역사의식을 잘 반영한 것이 유명한 토인비의 「역사의 연구」(1934-61)였다. 그들은 전면전쟁이나 전체주의, 핵전쟁 등에 의하여 서양문명이 붕괴된다면 세속적 자유 뿐 아니라 종교적 자유까지도 모두 끝장나고 말 것이라는 결론에 도달하였다.

그리하여 그들은 어떤 방법을 동원해서라도 서양문명의 전통과 역사에 대한 공통적인 분모를 찾아내야 한다고 생각하였다. 그들이 그들의 역사와 전통에 눈을 돌리게 된 것은 모두가 이러한 연유에서였다. 그들은 드디어 지난날을 회고하는 가운데 역경을 딛고 일어날 수 있는 기회를 엿보게 되었다. 그것은 너무나 찬란했던 그들 조상들의 업적 때문이었다. 그 업적이 종교적이던 세속적이던 관계없이 그들에게는 너무나 중요한 유산이었다. 그들은 특히 1950년도를 전후하여 그들 문명에 대하여 본격적으로 회고하기 시작하였다. 그들은 그들의 지나친 이기주의와 무모한 경쟁에 대해서는 신랄하게 비판한 반면에, 그들의 과학과 기술개발, 및 합리적 체계적 사고방식에 대해서는 긍정적인 평가를 아끼지 않았다. 왜냐하면 그들은 전자를 통하여서는 엄청난 희생을 감수한 반면에, 후자를 통하여서는 조야한 야만으로부터 벗어날 수 있었기 때문이다. 그들은 특별히 과학과 기술을 통하여 1500년 이후 세계 여러 곳들을 확장하고 개발한 업적에 대하여 주목하였다. 그들의 근대화 과정에 대하여 어떤 평가가 나오든 세계 어떤 문명도 따라올 올 수 없는 뛰어난 정복과 적응을 통하여 우수한 문명을 이룩한 업적에 대해서 관심을 집중하였다. 그것은 이 업적이 바로 그들의 새로운 발판이 될 수 있기 때문이었다. 그리하여 그들은 일반적으로 서양문명에 대하여 두 가지의 문제들을 제기하고 이들에 관하여 검토하기 시작하였다. 첫째로는 서양문명의 밑바탕을 형성해온 요소들(정체성)은 무엇인가 하는 것이며, 두 번째로는 서양문명을 구성하는 이 요소들은 서로 어떤 관계(관계성)를 가지고 있는가 하는 것이었다.

헤브라이즘과 헬레니즘[5]

첫 번째로 그들은 서양문명을 일으키는데 가장 중요한 역할을 한 요소들은 두 가지라는 데에 의견의 일치를 모았다. 그 한 가지는 유대·기독교적 전통(Hebraism)이며, 다른 한 가지는 그리스·로마적 전통(Hellenism)이다. 전자(헤브라이즘)의 범주 속에는 유대교, 기독교, 그리고 이슬람교가 포함될 것이다. 그것은 이미 밝힌 바처럼, 이 세 가지 종교가 모두 구약의 토라(모세5경)를 공통분모로 하여 출발하고 있기 때문이다. 이에 관해서는 다시 자세하게 후술될 것이다. 그러면 이들

---

[5] 원래 헬레니즘(Hellenism)이라는 개념을 사용한 사람은 드로이젠(Johann Gustav Droysen: 1808-1884)이었다. 그는 그의 저서(*Geschichte Alexanders des Grossen*, 1833)에서 지중해와 근동에 들어간 그리스문화가 다시 고대오리엔트세계로, 로마세계로, 그리고 유럽의 기독교세계로 퍼져나간 범세계적 그리스문화를 헬레니즘이라고 불렀다. 그리고 이 역사적 가교의 역할을 담당한 시대가 바로 알렉산더대왕의 헬레니즘시대(the Hellenistic Period)라고 극찬하였다.
헤브라이즘(Hebraism)과 헬레니즘(Hellenism)이라는 말은 Matthew Arnold가 그의 저서(*"Hebraism and Hellenism"*, in *Culture and Anarchy*, 1867-8)에서 사용한 이후 널리 통용되어졌다. 일반적으로 헤브라이즘은 토라(모세 5경)를 신봉하는 헤브라이인들뿐 아니라 초대교회의 사도들과 예수 그리스도를 믿는 기독교인들까지 포함하는 사람들의 사상일반을 가리키는 말로, 헬레니즘은 고전고대(그리스, 헬레니즘시대, 로마)인들의 사상일반을 가리키는 말로 사용되었다. Sidney A. Burrell도 그의 편저(*The Role of Religion in Modern History*, New York, 1975)에서 헤브라이즘과 헬레니즘을 동일한 의미로 구분하여 사용하였다. 그 후 콘킨과 스트롬버그는 그들의 공저(Paul K. Conkin and Roland N. Stromberg, *The Heritage and Challenge of History*, 1971, New York)에서 헤브라이즘과 헬레니즘을 서양문명의 주요 두 가지 전통으로 해석하였다. 그리고 근간에는 대부분의 학자들이 헤브라이즘에 유대교적, 기독교적 전통 외에 이슬람교적 전통을 포함시키고 있다[Jacob Neusner, ed., *Religious Foundations of Western Civilization*, Nashville, TN., 2006(이후 *RFWC*로 표기함)].

의 성격과 영향을 아울러 간단히 살펴보도록 하자.

전자 헤브라이즘은 유일신 여호와를 믿는 초월적, 종교적 신 중심 사상을 뜻한다. 그들은 경전(성경)을 통하여 일찍부터 신·인 계약사상, 예정론, 선민사상, 종말사상과 같은 이념을 전수받았으며, 인간 개체의 중요성과 내면적 도덕적 자유(moral freedom)의 정신을 이어 받았다. 성경에 의하면, 인간은 '하나님의 형상(*imago dei*)'대로 태어난 하나님의 자녀이므로 선악을 분별하는 능력을 가진 존재인 동시에 하나님의 명령에 순복해야 하는 존재이다. 한편, 후자 헬레니즘은 합리주의적, 세속적 인간중심사상을 뜻한다. 그들은 소크라테스, 플라톤, 아리스토텔레스와 같은 사상가들을 통하여 합리주의, 평등주의, 자유주의의 근거가 되는 기초이념들을 전수받았으며, 인간 개체의 중요성과 외면적 정치적 자유(political freedom)의 정신을 승계하였다. 그들의 고전에[6] 의하면, 인간은 누구나 이성을 가지고 태어났으므로 평등하며, 그리고 사회에서 일어난 모든 문제들은 그들 스스로 해결할 수 있는 자율적인 존재이다. 요컨대, 출발의 근거는 서로 달라도 양자(헤브라이즘과 헬레니즘)의 사상에 의해 인간의 내적 자유와 외적 자유가 인정되는 기초가 이루어졌다는 것이다.

그러므로 대체적으로 전자는 서양인들에게 성경의 역사내용을 통하여 시간의 중요성을, 후자는 폴리스의 공동체를 통하여 공간의 중요성을 더 많이 인식하게 하였다. 그리하여 전자는 역사발전과정에 있어서 소위 직선적 발전과정(the linear process)의 이론을 선호하게 하였으며, 후자는 이와는 좀 다르게 소위 순환적 발전과정(the cyclic process)의 이론을 선호하게 하였다. 요컨대, 헤브라이즘은 초월적 신 중심의 종교적 정신을 서양 사람들에게 심어주었으며, 헬레니즘은 내재적 인간 중심의 세속적 정신을 서양 사람들에게 일깨워줌으로써 서로 협력할 수 없는 적대성을 가지게 하였다. 그러나 양자 모두 인간 개체의 독자성과 가치를

---

[6] 호머, 헤시오도스, 헤로도투스, 오비디우스를 비롯한 여러 고전작가들의 저서들을 일컬으며, 그 저서들 가운데서도 『일리아드』, 『오디세이』, 그리스신화들은 그리스정신과 헬레니즘사상의 특성을 잘 반영하고 있다(조의설, "그리스신화의 기본성", 『그리스신화』, 1958, 장왕사 참조바람).

인식시켜 주었다는 점에서 공통성을 지니고 있다.7)

협력적 상호관계

두 번째로 그들은 서양문명의 정체성을 이루고 있는 요소들(헤브라이즘과 헬레니즘)의 상호관계에 관하여 깊이 통찰하게 되었다. 이미 살핀 바와 같이 전자는 신을 중심으로 하는 종교적 전통에 속한 영역이요, 후자는 인간의 이성을 중심으로 하는 합리주의적인 전통에 속한 영역이다. 그러나 그들은 역사의 갈등과 대립의 견지에서 서양역사를 바라보던 종래의 입장에서 벗어나 상호 협력과 연속의 견지에서 관망하려고 시도하였다. 그들은 서양문명의 모든 가치들이 인간과 우주, 개인의 역할과 사회질서에 관한 뿌리 깊은 가설들에 바탕을 두고 있다고 믿게 되었다. 과거의 단절이 아무리 깊다 할지라도 그들이 서로 양보하고 협력한다면 하나의 공통된 전망 위에 다시 뭉칠 수 있다는 믿음을 갖게 되었다. 그러므로 이러한 입장에서 바라본다면 서양의 역사는 헤브라이즘과 헬레니즘의 두 속성인 정신과 물질, 신앙과 이성, 종교와 철학, 종교와 과학, 종교와 경제 사이의 적대적 갈등과 대립(역사의 단절적 해석)이 아니라 오히려 그것들 사이의 상호적 융합과 협력(역사의 연속적 해석)의 과정이 아니냐 하는 결론에 그들은 다다르게 되었다.

막스 베버의 해석

20세기에 들어와서 이 두 가지의 상호관계에 대해 탁월한 연구를 시도한 사람은 바로 독일의 위대한 사회학자 막스 베버(Max Weber: 1864-1920)였다. 그는 이러한 문제를 다룬 첫 번째 사람은 아니었지만 종교적 신념과 다른 인간 활동의 형태와의 상호관계, 특히 경제 분야와의 상호관계에 관한 그의 이론을 전개하여 주목을 끌었다. 그는 과학과 기술에 뿐 아니라 소위 '자본주의'로 묘사되

---

7) Marvin Perry and Others, *Western Civilization: a Concise History*(Boston, 1981), II, pp. xv-xix; Burrell, op. cit., pp.1-9.

는 합리화된 경제활동의 형태에 보다 깊은 관심을 가졌다. 비록 이러한 합리주의가 비서양 사회에서도 없었던 것은 아니지만 특히 서양에서 고도로 전문적으로 발전하게 되었다고 확신하였다. 그리하여 그는 인간과 하나님 사이의 상호관계를 정립하려한 기독교의 독특한 해석방법으로부터 근대의 합리주의적 사고방법이 나오게 되었다고 생각하였다. 즉, 서양근대의 자본주의는 종교적 이념(칼빈주의)으로부터 연유되었다는 주장이다. 다시 말해 헤브라이즘과 헬레니즘과의 긍정적인 상호관계를 대변해 준 셈이다. 이와 같은 그의 주장은 유명한 그의 저술인 『프로테스탄트의 윤리와 자본주의 정신』(1904-5)에 잘 나타나 있다.[8]

상응 과정

그리하여 그들은 그들의 역사 속에서 헤브라이즘과 헬레니즘의 협력적 상응관계를 찾아내기 시작하였다. 양자와의 협력관계로 서양문명을 관망한 사람은 비단 막스 베버만은 아니었다. 그러면 우선 그들의 협력관계의 흔적을 간략하게 살펴보도록 하자. 역사적으로 세기 초엽부터 이미 그러한 상응적 움직임들은 적지 않았다. 이러한 움직임은 1세기 경 사도 바울(St. Paul: d. 62-5)의 선교에서 나타났다. 그것은 3회에 걸친 오리엔트 전도순회를 통하여 헤브라이즘과 헬레니즘이 접목되었기 때문이다. 초기 대부분의 기독교 지도자들은 고전 문학과 철학에 깊은 지식을 가진 위대한 사상가들이었다. 그 대표적인 사람이 성 어거스틴(St. Augustine: 354-430)이었다. 5세기경 이 위대한 기독교 사상가 어거스틴은 헬레니즘세계에 대해서는 부정적이었지만 헬레나이즈된 교육방법들에 대해서는 매우 긍정적인 자세를 가졌다. 그는 드디어 기독교 신앙들을 그리스철학을 통하여 체

---

8) 그는 칼빈의 예정론으로부터 인간의 직업을 하나님의 소명과 연결시켜 근대자본주의의 발달을 도출하였다. 그는 인간에게 주어진 직업은 어떤 것이든 하나님에 의해 주어진 소중한 소명(calling)임으로, 그 일에 충실하게 되면 하나님의 뜻을 체험할 수 있다는 칼빈주의의 교설에서 자본주의와의 연계성을 발견하였다. 즉, 칼빈을 따르는 사람들은 그들 사업의 번영이 하나님의 선택(구원)과 관련된다고 믿었으며, 이로 인해 그들이 열심히 일하여 벌어들인 돈이 은행에 저축되어 산업발전에 투자됨으로써 서양의 근대적 자본주의가 처음으로 이루어지게 되었다는 것이다.

계화 하는데 선구적인 역할을 담당하였다.

8-9세기경 헤브라이즘 사상가들은 드디어 종교적이고 신적인 것들을 전문적으로 설명하는데, 과학과 철학의 지식이 필요하다고 생각하게 되었다. 그 가운데서도 철학적 이론은 그들에게 매우 유익하게 다가왔다. 철학은 그들의 신앙세계와 여러 가지로 적대적인 것이 사실이었지만 그들의 신학을 체계적으로 무장하는데 오히려 유용하다는 입장을 가지게 되었다. 소위 보편논쟁은 그 좋은 예이다. 그들은 시간이 지남에 따라 철학과의 갈등과 대립에서 벗어나 세속적인 지식을 흡수하여 오히려 그 자체의 모순과 내끄럽지 못한 교리들을 체계화하는 방어수단으로 이끌 수 있게 되었다. 자연세계의 원리와 하나님의 진리 사이에는 어떤 모순이 놓여있다고 여기지 않았다. 신은 그 자신과 모순될 수 없는 것이며, 불합리한 존재일 수 없다. 왜냐하면 하나님의 창조원리의 완전성과 합리성에는 서로 어긋나는 모순이 있어서는 안 되기 때문이다. 그리스의 철학자들 가운데서도 플라톤과 아리스토텔레스는 그들에게 다시없는 보호자로 다가왔다.

제일 먼저 종교와 철학을 연결시키려는 시도는 이슬람과 유대 사상가들을 통하여 나타났다. 12세기경 아베로스(Averroes, ibn Rushed: 1126-1198)는 이슬람의 코란과 아리스토텔레스의 철학을 일치시키려고 하였다. 그는 이전의 이슬람 사상가들인 알파라비(Al-Farabi: 870-950)와 아빈세나(Avincenna: 980-1037)의 영향을 많이 받았다. 그에게 신앙적 전통과 인간의 이성은 전연 적대적인 관계에 있는 것이 아니었다. 신은 인간 이성의 근원이므로 신앙적 계시와 어긋날 수 없다는 것이다. 아리스토텔레스 저술들에 대한 그의 해설은 너무나 유명하여 중세 기독교인들의 필독서가 되었다. 그를 연구하는 것이 바로 아리스토텔레스를 연구하는 것으로 인식되어졌다. 그의 사상의 영향을 받은 사람이 유대의 사상가 마이모니데스(Moses Maimonides: 1135-1204)였다. 그는 토라와 아리스토텔레스의 사상을 일치시키려고 온갖 힘을 쏟았다. 그러나 그 과정에서 아리스토텔레스의 주장으로 기우려지는 무리를 나타내기도 하였다. 천지창조와 인간의 영혼불멸, 삼위일체, 성육신 등은 가장 풀기 어려운 문제들이었다. 아리스토텔레스의 철학과 성경의 진리를 가장 완벽하게 조화시킨 사람은 13세기경의 토마스 아퀴나스(Thomas Aquinas: 1225-1274)였다.

아퀴나스는 아베로스와 마이모니데스의 주장들을 받아들이되 그것들에 머물지 않고 그것들을 뛰어넘어 새로운 신학의 경지를 개척하였다. 그는 아베로스와 마이모니데스보다 더욱 신학적인 차원에서 아리스토텔레스의 철학을 신학에 접목시키려고 하였다. 그는 삼위일체, 성육신, 인간의 영혼문제들을 철학에 의해 설명할 수 있게 하되, 신앙과 권위를 "이성 위에(above reason)" 올려놓았다. 그는 이성적인 신념들과 계시적인 신념들을 구분하고 후자(계시적인 신념들)는 신앙을 통해서만 성취된다고 주장하였다. 신앙은 의지적인 요소를 동반하는 것으로 반드시 자발적인 동의(voluntary assent)에 의한 것이라고 믿었다. 요컨대, 아퀴나스는 아베로스와 마이모니데스의 주장들을 잘 조화시켜 철학과 신학을 일치시킨 중세의 최고 신학자가 되었던 것이다.

이들의 업적을 가리켜 현대의 유명한 과학철학자인 화이트헤드(Alfred North White: 1861-1947)는 가장 완전하고 분명한 방법으로 그들 이전 시대(고대시대)의 사상들과 연결시킨 촉매역할이라고 극찬하였다. 즉 중세의 기독교가 그렇게 뛰어나게 합리적이고 아리스토텔레스적이지 못했다면 17세기와 18세기에 있었던 과학혁명은 일어나지 못했을 것이며, 만약 중세의 종교인들이 우주의 질서에 대해 그리스인들처럼 일반법칙의 확신을 가지지 못했다면 서양근대의 합리적이며 과학적인 사고들은 결코 나올 수 없었을 것이라는 것이다. 요컨대, 서양의 중세 기독교는 고대 헬레니즘 세계와 근대세계를 연결하는 가교의 역할을 충분히 수행했다는 것이다.[9]

그러나 서양현대에 들어오면서 기독교는 도도한 세속화의 물결 속에서 순탄한 과정을 밟아 나아간 것은 아니었다. 그들은 오히려 어려운 우여곡절을 겪지 않으면 안 되었다. 이에 관해서는 위에서 설명한 바 있거니와 세속적 사상들 가운데서도 합리주의와 과학의 발달은 종교적 무관심과 反종교적 적대감을 불러일으키는 결과를 낳았다. 종교는 인간의 이성을 흐리게 하고 개인의 자유를 억누르는 신화에 불과하다는 것이 현대사상의 근간이었다. 그렇다고 해서 종교의 역할이 사라져버린 것은 아니다. 왜냐하면 현대사상이 모든 문제들을 해결할 수 있는 마스터키는 결코 아니었기 때문이다. 그리하여 이와 같은 세속주의의 승리는 급기야 앤드류 화이트에 의한 과학과 종교의 논쟁(1896)을 불러일으키게 되었다. 그는 그의 저서에서 "과학이 아무리 유용한 학문이라 하더라도 종교영역에 대한 침해는 결과적으로 두 가지 분야(종교와 과학) 모두를 최악의 상황으로 몰고 갈 것"10)이고 경고하였다.

그 이후에도 양자(종교와 과학)의 불화는 쉽게 그치지 않았다. 그러나 그의 주장이 나온 이래 종교와 과학에 대한 서양인들의 태도는 점진적인 변화의 과정을 밟지 않으면 안 되었다. 그것은 끊이지 않는 전쟁과 테러리즘으로 인한 공포와 불안 때문이었다. 서양인들은 드디어 그들의 과학에 관해서도 깊은 자성의 기회를 가지게 되었다. 아무리 과학과 기술이 생활에 편리하다 할지라도 사람을 죽이는 무서운 무기로 악용될 때는 이것을 막을 수 있는 방도가 없다는 것이다. 그리하여 그들은 비록 불합리하긴 하지만 신앙적인 종교에 서서히 그들의 눈을 돌리기 시작하였다. 그들은 드디어 헬레니즘 세계의 수학적 용어나 물리석 공식과 같은 합리주의에 의해 인간의 복잡한 문제들이 풀어질 수 있는 것이 아니라는 사실을 깨닫게 되었다.

다른 한편으로 종교 편에 서 있는 사람들도 과학이 그들의 적군이 아니라 오히려 그들의 협력자가 될 수 있다는 건전한 사고를 가지게 되었다. 그들은 과학이 그들의 불합리한 교리를 조정해주고 하나님의 창조원리를 더욱 체계적으로 밝혀주는 매개체가 되어준다는 적극적인 생각을 가지게 되었다. 그들은 세속주의 못지않게 전체주의 이데올로기의 돌진에 더 큰 위협을 가지면서 이에 대한 대처를 심각하게 생각하였다. 그리하여 그들은 서양의 종교적 공동유산의 결속을 모색하려는 차원에서 유대·기독교적인 전통을 분모로 하는 여러 종교

---

9) Herbert Dingle, "Science and Religion," *The Scientific Adventure* (London, 1952), pp. 350-63.
10) Andrew D. White, *History of the Wafare of Science and Theology in Christendom*, 1895 참조바람.

집단들의 단합을 시도하게 되었다. 이것이 주지하는 바대로 1948년 암스테르담에서 개최된 에큐메니칼운동이었다.[11]

서양문명의 특성

서양문명의 기초가 종교(유대·기독교적인 전통)라는 것은 이미 설명한 바 있거니와 그럼에도 불구하고 서양에서 두드러지게 발달한 것은 종교분야보다는 오히려 정치분야와 관련된 것들이었다. 그들 가운데서도 대부분의 학자들은 서양문명의 특성으로 '종교와 정치의 분리(the separation of religion and politics)', '종교적인 것과 세속적인 것(the distinction between the religious and the secular)의 구별'을 들고 있다. 문명의 핵심적인 특성이 종교라고 바라본 헌팅턴도 서양문명에 관하여 동일한 의견을 가지고 있다. 그에 의하면, 서양은 베스트팔렌조약(1648)을 분수령으로 종교전쟁을 마감하고 서양근대를 여는 국민국가의 시대로 들어갔다. 유럽 국가들은 이 후부터 신학적인 문제보다 국가적인 문제, 종교적인 문제보다 세속적이고 정치적인 문제를 위하여 서로 경쟁하였다. 그리하여 그들은 종교적인 이데올로기보다는 정치적인 이데올로기를 만들어내는데 집중하게 되었다. 말하자면 20세기의 자유주의, 사회주의, 무정부주의, 협력조합주의(corporatism), 마르크스주의, 공산주의, 사회민주주의, 보수주의, 국민주의, 파시즘, 기독교민주주의 등은 모두가 서양이 만들어낸 산물들이었다.[12] 즉, 서양은 베스트팔렌조약을 기점으로 그 이전에는 종교가 축을 이루었으나 그 이후에는 정치를 축으로 종교문제가 개입하게 되었다. 요컨대, 서양근대는 그 이전과는

---

11) 1948년 8월 22일 암스테르담에서 최초의 세계교회협의회(WCC)가 열렸다. 모두 44개국의 147개의 기독교교회의 대표들이 뉴케르크에서 회합하였다. 이 운동을 에큐메니칼운동이라고도 한다. 주제는 '인간의 무질서와 하나님의 계획'이었으며, 세계대전 이후 인간에게 닥친 위기와 무질서에 대하여 교회가 책임을 져야함을 토의하였다. 이 회의에서 특기할 것은 교회는 정치적, 사회적인 이념을 초월해야 하므로 자본주의와 공산주의 가운데 어느 하나를 선택하는 것을 배격했다는 사실이다. 그러나 WCC는 점차 초교파적, 초종교적, 더 나아가 종교다원주의의 성격을 가지게 되었다.
12) Huntington, op.,cit., pp. 53-4.

달리, 정치가 중심축을 이루면서 종교·문화의 충돌의 영향을 적지 않게 받게 되었다는 것이다.

그렇다면 서양문명의 기초가 종교라는 말은 무슨 뜻인가. 서양이 실제로는 세속적인 정치의 색깔을 가지고 있으면서 종교적 바탕을 가지고 있다는 말은 어떤 의미인가. 더 나아가서 서양문명의 특성인 종교와 세속의 구별이 어떻게 해서 종교적 산물이라는 뜻인가 등의 여러 가지 의문들이 제기되지 않을 수 없다. 여기에서 자연히 서양문명의 기초인 종교의 기원으로 관심이 쏠리게 된다. 왜냐하면 우선 서양의 종교가 원래 어떤 특성을 가진 것인가를 알아야 되고, 종교인들과 그들이 받드는 하나님 사이의 상응관계가 그들의 문화제도와 가치를 어떻게 형성했는가를 따져봐야 하기 때문이다. 더 구체적으로는 종교와 정치의 구별에 대해 기독교의 입장은 어떤 것인가를 살펴봐야 하기 때문이다.

성경의 기본이념

서양문명에 관한 문제를 풀기 전에 명심할 것은 서양의 종교가 전적으로 히브리 성경에 뿌리를 두고 있다는 사실이다. 히브리 성경(the Hebrew Bible)은 유대교에서는 타나크(Tanakh), 기독교에서는 구약(the Old Testament), 이슬람에서는 타우라트(Tawrat)라고 부른다. 히브리 성경은 하나님과 이스라엘민족의 관계와 하나님에 대한 이스라엘민족의 행동강령에 관하여 말하고 있다. 히브리 성경은 여러 문서들로 구성되어 있는데, 그 가운데 토라(Torah, 모세 5경: 창세기, 출애굽기, 레위기, 민수기, 신명기)는 이스라엘의 초기 역사와 유대의 종교관습의 핵심에 대하여 말하고 있다. 그 가운데 역사서들(여호수아, 사사기, 사무엘 상하, 열왕기 상하, 역대기 상하)은 이스라엘의 생활과 왕들의 행동에 관하여, 예언서들(이사야, 예레미아, 에스겔, 호세아, 요엘, 아모스, 오바댜, 요나, 미가, 나훔, 하박국, 스바냐, 학개, 스가랴, 말라기)은 이스라엘의 영감받은 선지자들의 가르침과 비전에 관하여 설명하고 있다. 그리고 기타(시편, 잠언, 욥기, 아가서, 룻기, 애가, 전도서, 에스더, 다니엘, 에스라, 느헤미야)는 지혜로운 말들과 포로시기, 귀환시기에 관한 이야기들을 말하고 있다.

히브리 성경은 전체적으로 보면, 하나님의 창조, 이스라엘의 선택, 이집트로 부터의 이스라엘 구원, 광야에서의 십계명 계시, 이스라엘 땅의 회복, 다윗왕의 통일왕국, 이스라엘의 내란, 아시리아에 의한 이스라엘 파괴, 신바빌로니아에 의한 이스라엘 성전 파괴(B. C. 586), 페르시아 시대 이스라엘의 귀환과 성전 재건(B. C. 538-515)에 관한 이야기들을 설명하고 있다. 히브리 성경의 내용들은 고대까지 소급된다. 1947년에 발견된 『사해문서(the Dead Sea Scrolls)』에 의하면, 히브리 성경의 사본은 130 B. C.~67 A. D 경까지 소급된다.13) 그러나 히브리 성경의 내용들은 이 보다 훨씬 오랜 역사를 가지고 있을 것이다. 어쨌든 다윗 왕서부터만 따져도 이스라엘의 역사는 3000년은 족히 되고도 남는다. 유대교의 경전인 히브리 성경은 유대교를 만들었고 그 전통을 흡수하였다. 이스라엘의 전통들은 일찍이 유대교의 세계관을 근거로 삼았으며 이스라엘인들은 고대를 통하여 이 전통들을 유대교의 예배로 사용되는 근간으로 만들었다. 이런 의미에서 유대교는 서양에서 가장 오래 지속되어온 종교라고 말할 수 있다. 기독교와 이슬람교는 이 히브리 성경 이 외에 각각 다르게 히브리 성경을 해석하려는 신약과 코란을 덧 부치고 있다. 그러나 기독교와 이슬람은 유대교의 성경을 그들의 종교적 유산으로 받아들이며, 그 기초로 삼고 있다. 그러므로 그들과 서양문명은 유대교의 기초 없이는 생각할 수 없다.

유일신사상과 계약사상

일반적으로 대부분의 학자들은 히브리 바이블의 내용 가운데 정치문제와 관련된 핵심요지를 다음 두 가지로 보고 있다.14) 그 한 가지는 이스라엘의 신은 유일신 하나님(God)이라는 것과, 다른 한 가지는 유일신 하나님은 그가 창조한

---

13) 아랍의 목동에 의해 발견된 이 「사해문서」는 약 50여개의 원통 모양의 항아리 속에 가죽두루마리로 보관되어 있었다. 히브리 성경 가운데 에스더만 빠졌다. 이것은 히브리어 연구, 중간사연구, 에세네파연구에 귀중한 자료로 평가받고 있다. 이 문서에 의해 히브리 성경이 기원전에 이루어졌다는 사실이 밝혀졌다.
14) William Scott Green, "What Do We Mean By 'Religion' and 'Western Civilization'?,

창조물과의 관계(계약)를 원만하게 유지하기 위하여 그의 능력을 제한하고 있다는 것이다. 첫 번째로 이스라엘의 유일신 하나님은 그의 거룩한 가르침을 '되는 대로', 혹은 '총괄적으로' 계시하지 않는다. 그는 오히려 하나의 메시지를 하나의 공동체(이스라엘 민족)를 통하여 분명하게 전달하는 하나님이다. 그리고 하늘과 땅을 창조한 유일신 하나님은 인간과 의사를 전달하는 매개체로 이스라엘민족을 택하였다. 그러므로 유일신 하나님은 바로 이스라엘의 하나님이다. 두 번째로, 하나님은 인간(이스라엘민족)과의 관계를 원만하게 이룩하기 위하여 그의 무소부재한 능력을 조절한다. 하나님은 그 구체적인 방법으로 계약이념(the covenant)을 가지고 그의 전능한 능력을 조절하면서 동시에 인간을 통제한다. 요컨대, 이 세계의 운명은 근본적으로 유일신 하나님과 인간(이스라엘민족) 사이의 관계 기능에 달려있으며, 그들(하나님과 인간) 사이의 원만한 관계유지는 계약이념를 통해 달성되는데, 이 계약이념이 바로 서양근대의 계약적 정치사상의 기본을 이루게 되었다는 것이다.15)

그러면 다음으로 히브리 성경에 나타나는 계약이념들을 간단하게 살펴보도록 하자. 하나님과 이스라엘 쌍방 간의 의무협정에 관한 계약들은 히브리 성경 여러 곳에서 발견된다. 그 첫 번째는 하나님이 아브라함과 그 후손들과 맺은 '영원한 계약(an eternal covenant)'이다. 하나님은 이 계약을 통하여 이스라엘의 정체성을 밝혀주었다(창 17:1-8). 그 두 번째는 하나님이 십계명의 계시를 통하여 이스라엘과 맺은 계약이다. 하나님은 이 계약을 통해 이스라엘 공동체의 중요성

RFWC 참조바람.
15) 서양 근대 계약사상은 본래 16세기 영국의 튜더왕조 때 틀을 갖춘 계약신학에서 유래하였다. 그 기원은 14세기 윌리엄 옥캄에까지 소급된다. 계약이념은 쌍방 간에 이루지는 협정으로 하나님과 인간과의 관계에 대한 권리와 의무문제로 발전하게 되었다. 16세기에는 주로 하나님의 일방적인 은혜를 강조하는 칼빈주의적 계약노선과 인간의 의무도 아울러 강조하는 츠빙글리-틴델적 계약노선으로 갈라져 다툼을 벌였다. 16세기경 영국의 청교도는 칼빈주의적 노선과 츠빙글리-틴델적 노선의 중간을 채택하였다(웨스트민스터 종교회의). 하나님과 인간 사이의 수직적 계약관계는 17세기에 이르러 인민과 인민 사이의 수평적 사회계약관계로 발전하게 되었다(임희완, "영국계약사상의 기원과 성격," 『학술지』 39, 1955. 참조바람).

을 알려주고, 동시에 하나님이 이스라엘민족과 어떤 관계를 가져야 하며 이스라엘민족 상호간에는 어떤 관계를 가져야 되는가를 밝혀주었다(출 20:1-17). 그 세 번째는 하나님이 모세를 통하여 이스라엘과 피로 맺은 계약이다. 이스라엘은 이 하나님의 언약을 지키고 동참할 것을 동의하였다(출 24: 1-8). 이 계약들을 통해 하나님과 인간 사이의 관계와 창조질서에서의 합법적 인간 공동체의 조건들이 정해진 것이다. 하나님과 인간은 본질적으로 어떤 존재인가, 그리고 창조된 질서에서 인간의 공동체는 어떻게 해야 합법적일 수 있는가가 밝혀진 것이다. 요컨대, 하나님과 이스라엘, 다시 말해 하나님과 인간은 따로 분리되어서는 어떤 일도 이루어질 수 없는 관계, 이 상호 관계성(interrelatedness)이 하나님의 창조질서의 특성이라는 것이다.

성경의 정 · 교 분리사상

그러면 이것과 연결하여 히브리 성경의 계약이념과 서양문명의 특성인 정 · 교 분리의 관련성에 관하여 살펴보도록 하자. 다니엘 엘라자르 교수의 주장을 살펴보자.[16]

> …히브리 성경의 저자들은 서양문명의 기초를 세운 계약에 대해, 즉, 하나님과 인간 사이, 그리고 인간들 사이의 상호관계에 관하여 분명하게 밝혀주었다…한 가지 중요한 것은 이러한 관계가 신학적일 뿐 아니라 훨씬 정치적이라는 사실이다. 그것은 그들의 관계가 세력분산, 정치체제, 법률조직과 같은 권력부분들에 관하여 계획되었을 뿐 아니라 그들의 정치생활을 합법화하고 올바른 길로 방향을 잡아주고 있기 때문이다. 그러므로 그들의 계약은 하늘과 땅 사이를 잇는 가교로서 신학-정치적 관계라고 말할 수 있다…이러한 관점에서 그들의 계약이념 안에는 상호간 모든 권력분야의 한계(limitation)를 강조하는 근대적 입헌주의의 씨(the seeds of modern constitutionalism)가 분명하게

---

16) William S. Green, op., cit., "What Do We..", *RFWC*.

들어있다. 그 한계는 본유적이라기보다는 의도적인 양보에 가깝다. 이것이 바로 하나님이 인간의 일에 그의 전능한 권력을 행사하지 않는 이유를 밝혀준다. 하나님은 적어도 부분적으로 계약이라는 명분아래 인간에게 자유를 허락한다. 그러나 하나님은 그 자유의 결과에 대해 보상과 형벌을 내리는 계약의 권위를 유지한다… 이에 따라 청교도들도 계약으로 스스로를 묶는 반면에 그 계약에 따라 자유를 얻기 위하여 본유의 자유를 포기하였다. 마찬가지로 국민의 지도자들도 계약에 의해 그들의 정치권력을 어느 정도 제한하지 않으면 안 된다….

요컨대, 입헌주의적인 혹은 제한적인 정부(the limited government)는 이러한 성경의 계약이념에서 유래했다는 것이다. 그린은 엘라자르 교수의 주장으로부터 한 걸음 더 나아가 정치권력에 대한 바이블(신약포함)의 입장을 다음과 같이 설명하고 있다.[17] 하나님과 인간 사이의 계약은 종교와 정치권력의 한계를 분명하게 밝히고 있다. 토라는 왕국(정치)과 관계없는 예배, 다시 말해 순수한 종교를 강조하고 있다. 토라에서 이스라엘민족이 광야에서 하나님의 계시를 받았다고 기술하는 것은 바로 통치영역이 아니었다는 것(광야)을 시사한다. 비록 그들이 공동체와 민족을 이루고 있다 하더라도 국가나 왕국을 뜻하는 것은 아니었다. 그러므로 이스라엘의 왕은 행동하기 전에 반드시 토라의 자문을 받아야 했다. 이스라엘의 왕은 예배의식을 주재하지 못하였다. 히브리 성경은 하나님이 왕은 될 수 있을지언정 이스라엘의 왕은 하나님이 될 수 없다는 것을 명시하고 있다. 에스더와 다니엘서에 보면, 유대인이 이방왕의 충성스러운 신하로 허용되면서도, 그들의 종교적 신앙은 진실하게 지켜졌다. 즉 히브리 성경은 왕권은 인정하되 종교문제와는 엄연하게 분별하고 있다. 이러한 입장은 신약도 거의 비슷하다(.. 이에 가라사대 그런즉 가이사의 것은 가이사에게, 하나님의 것은 하나님께 바치라 하시니..마 22: 21).

---

17) *Ibid.*

다시 말해 가이사는 결코 하나님이 될 수 없다는 것이다. 이것은 바로 정치와 종교의 엄연한 구별을 뜻한다는 것이다. 그러면 다시 한 번 성경의 계약이념과 정치적 이념에 관한 위의 두 학자들의 의견을 종합하여 보자. 그 첫 번째는 이스라엘민족은 하나님과의 계약에 의해 하나님의 능력이 제한되는 것처럼, 그들의 모든 행동과 결과에 대해서도 제한을 받는다. 그 계약을 통한 그들의 절제(제한)는 어디까지나 그들 자신의 선택(choice)의 문제이지 강압(force)이 아니다. 왜냐하면 계약이 작동하기 위해서는 인간이 자발적으로 그 계약을 실천해야하며, 인간이 자유롭게 되기 위해서는 하나님이 그들의 삶과 행동의 통제를 삼가지 않으면 안 되기 때문이다. 그 두 번째는 종교와 정치의 한계는 각각 지켜져서 권력이 함부로 행사되어서는 안 된다. 왜냐하면 종교의 영역과 정치의 영역은 각각 그 기능이 다르기 때문이다. 요컨대, 히브리 성경은 하나님과 인간 사이의 계약에 의해 정치영역과 종교영역의 엄연한 구별과 상호간의 절제를 시사하고 있다는 것이다.

기독교의 정·교 분리사상

그렇다면 실제로 가장 큰 영향을 미치고 있는 기독교에서는 정치와 종교의 분리에 대해 어떻게 바라보고 있는가. 전문적인 주요학자들을 중심으로 간단히 살펴보도록 하자. 버나드 루이스 교수는 정치적 권력과 종교적 권력, 국가와 교회가 서로 다르다는 이념, 다시 말해 '세속주의(secularism)'를 기독교적 서양문명의 특성으로 꼽고 있다.[18] 즉 기독교는 위에서 설명한 바와 같이 3세기 간의 종교적 핍박기간을 거친 후 그 자체의 법과 권력, 질서를 갖추면서 국가와 상응하면서 발전해 왔다. 기독교의 법률학자들과 신학자들은 교회의 우위를 유지하기 위하여 소위 세속적인 사법권의 이분법을 발전시키게 되었다. 교회는 성스러운 것과 불경스러운 것(sacred and profane), 영적인 것과 일시적인 것(spiritual and

---

18) *Ibid.*

temporal), 종교적인 것과 세속적인 것(religious and profane), 성직자와 평신도(ecclesiastical and lay)를 각각 구별하였다. 이와는 대조적으로 이슬람에서는 종교와 세속(정치), 교회와 국가, 교회법과 시민법이 각각 분리되어 있지 않았으며, 이슬람의 모든 분야, 즉 종교, 시민관계, 범죄문제, 상업, 농업, 인간사회생활 전반이 이슬람의 유일한 법인 샤리아(shari'a)에 의해 지배되었다. 그러므로 이슬람은 기독교, 유대교와 함께 히브리 성경을 공유하고 있는 점에서는 서구적이지만, 정치적 법률적으로 서로 다른 입장을 취하고 있는 점에서는 비서구적이라고 말할 수 있다. 요컨대, 서구를 중심으로 하는 기독교는 정치와 종교를 구별하여 바라본 반면에 이슬람 종교는 이 두 가지를 한 가지로 합하여 바라보았다는 것이다.

만약 기독교가 종교적 목적으로 정치와 세속주의에 더 많은 관심을 보였다면 어떻게 서양문명의 기초가 정치가 아니고 종교였다고 말할 수 있는가. 또 어떻게 서양문명의 특성인 정·교분리가 종교적 산물이라고 말할 수 있는가. 이에 대한 법학자 버먼의 주장을 들어보자.[19] 그에 의하면, 기독교가 세속적 영역인 정치적 권력을 가지게 된 것은 313년(미라노칙령) 로마교황 콘스탄티누스에 의해서였다. 그러나 교회는 국가와 더불어 아직 정치적 지적 체계를 갖춘 법률조직을 가지지 못하였다. 그들의 법률체제는 고대 로마로부터 전수받은 것들로서 서의 사적이며 지역적이며 개별적인 특성에 머물러 있었다. 그리하여 그들에게는 전문적인 법관이나 변호사도 없었고 법정체제도, 법률학교나 법률이론도 존재하지 않았다. 그들은 단지 오랜 경험과 전통적으로 내려오는 전례를 통하여 정치적, 군사적, 경제적, 사회적 문제들을 처리하였다. 그들의 법률체제가 근대화된 것은 11-13세기를 거치면서였다. 서양 근대적 법률제도의 기틀을 마련해준 사람은 다름 아닌 교황 그레고리 7세(1073-85)였다. 그는 교회를 국가의 지배로부터 벗어나게 하고 교회의 자율성을 갖게 하였다. 그는 전체교회들에 대한 교황청의 정치적 사법적 우위권을 확립하였으며, 승려를 세속적 통제로부터 독립시켰다. 그는 이에서 더 나아가 황제와 왕의 면직을 포함하는 세속적 문제들에

---

19) *Ibid.*

대한 교황의 지상권을 주창하였다. 그 결과 삭소니아의 헨리 4세와 전쟁을 치러야했으며, 영국과 노르만디에서는 토마스 벡케트 대주교의 순교를 초래하게 하였다. 11세기 말엽과 12세기 초엽에 이루어진 이 그레고리의 대사건(교황권의 확립)을 힐데브란드 개혁(the Hildebrand Reform) 혹은 그레고리 개혁(the Gregorian Reform)이라고 부른다.20)

가톨리시즘

그러면 중세교회의 종교이념들은 서양에서 어떻게 세속적 법률의 기초로 작용하게 되었는가. 버먼의 주장에 귀를 기울여보자.21) 그에 의하면, 아담의 범죄, 형벌, 최후의 심판, 연옥, 그리스도의 속죄, 성사와 성체, 고해성사 등과 같은 기독교적 종교개념들은 세속적 법률개념을 이룩하는데 밑거름이 되었다. 물론 이들(법률개념들)은 수세기를 경과하면서 서서히 종교적 옷을 벗어버리고 세속적인 옷으로 갈아입는 과정을 거치지 않으면 안 되었다. 그리하여 그들은 겉으로는 종교적인 색깔을 전혀 풍기지 않게 되었다. 그렇다고 해서 그들의 근거마저 온전히 세속적으로 탈바꿈된 것은 아니었다. 그들의 근거는 여전히 기독교적인 바탕에서 벗어날 수 없다. 왜냐하면 그들이 기독교적인 정체를 벗어나서는 아무런 의미도 더 이상 가질 수 없기 때문이다. 그리하여 버먼은 서양의 법률학을 '세속적 신학(a secular theology)'이라고 불렀다.

몇 가지 예들을 들어보자. 만약 어떤 사람이 범죄로 말미암아 사형선고를 받았다고 하자. 그런데 그 사람이 처형받기 전에 정신에 이상이 생겼다고 하면 그의 처형은 정신병이 치유되기까지 보류되어야 했다. 왜냐하면 그가 그 상태대로 처형된다면 그는 죄를 스스로 고백하고 성사를 통하여 사죄할 기회를 영영 잃어버릴 수밖에 없기 때문이다. 이러한 관례는 서양은 물론 비서구에서도 널리 통용되었다. 그러면 정상적인 사람이 법을 위반했다면 어떻게 되는가. 그는 마

---

20) 전자는 1122년 보름스 정교협약(Concordat of Worms)를 통하여, 후자는 1107년 베크 정교협약(Concordat of Bec)를 통해 해결을 보았다.
21) William S. Green, *op. cit.*, "What Do We..," *RFWC*

땅히 그에 해당되는 형벌을 받아야 했다. 그의 범법에 대한 대가는 반드시 지불돼야했다. 그것이 법을 정당화시키는 방법이라고 간주되었다. 왜냐하면 그것이 바로 하나님의 성스러운 정의(the sacred justice of God)를 지키는 것이기 때문이다. 이것은 교회법에서 뿐 아니라 일반 형법에서도 통용되었다. 이것은 계약(contracts)위반이나 각종 불법행위, 소유권 침해의 경우에도 동일하게 적용되었다. 일반적으로 11-12세기 이전에는(각 지역에 따라 차이는 있지만), 운명이나 명예, 복수, 화해, 또는 억제, 복권 등의 개념들이 작용되는 경우들이 적지 않았다. 요컨대, 서양에서는 11-12세기를 기점으로 교회의 종교의식을 근거로 하는 근대적 법 개념이 발달하게 되었다는 것이다.

루터주의

이것은 프로테스탄트 기독교에 와서도 그대로 이어졌다. 그러나 이 시대에는 히브리 성경과 신약성경의 기본이념들이 세속적 법률과 근대서양문명의 이데올로기에 더욱 맞게 발전하여 나아갔다. 루터의 종교개혁은 중세교회를 비합법화(delegalizing) 시킴으로써 교회법과 세속법에 대한 가톨릭의 이원주의를 무너트렸다. 그리하여 교회는 현실적인 정치와 법과는 관계가 없는 눈에 보이지 않는 영적인 실체로 물러앉게 되었으며, 그 대신 세속적인 국가가 유일한 정치적 주권을 주도하게 되었다. 루터 이전에도 이러한 세속적 사상은 존재하였다. 그 주인공이 바로 마키아벨리였다. 그는 정치를 종교적 도덕적인 속박으로부터 끌어내림으로써 국가이성이라는 이름으로 새로운 세속적 의미의 '국가'를 들고 나왔다. 그들(루터의 개혁자들)은 영원한 법(신법)과 연결된 세속적 법(인간의 법) 제정에 관한 인간의 능력을 부인하였으며, 더 나아가 이 세속적 법에 관한 교회의 책임까지도 거부했다. 이러한 그들의 회의주의가 바로 법적 실증주의를 가능하게 만들었다. 그리하여 그들은 국가의 법을 종교적 도덕적 중립으로 바라보게 되었으며, 그것을 군주 정책의 목적이 아닌 단순한 수단으로, 즉, 안전을 위해서 고안된 군주의 정책으로 간주하였다. 즉, 루터의 종교개혁을 통하여 신앙은 물론 법적 세계가 회복될 수 있었다는 것이다.

16세기 종교개혁기의 법 개념과 관련하여 잊어서는 안 될 핵심적인 것은 개인 능력(the power of the individual)에 대한 루터의 해석이다. 그에 의하면, 인간 개개인은 하나님의 은혜를 입은 존재로 그의 의지를 통하여 자연을 변화시키고 새로운 사회적 관계들을 형성시킬 수 있는 존재가 되었다. 이러한 개인이 근대적 재산법과 계약법 발전에 중심을 이루었다. 16세기 이전 교회와 중상주의사회의 법들(재산법과 계약법)도 정교하게 발달되어 있었던 것은 사실이다. 그러나 루터주의의 것들과는 그 초점이 달랐다. 루터주의에 있어서 재산(property)은 자연(nature)으로, 계약(contract)은 사회관계로 각각 그 대상이 바뀌었다. 개인의 양심은 의지(will) 중심으로 바뀌었으며, 가톨릭에서 영혼의 구원을 가능하던 유언(유서)은 사회적 경제적 관계를 가능하는 중요한 수단으로 바뀌었다. 재산권과 계약권은 양심에 위배되지 않는 한 신성불가침한 것으로 받아들여졌다. 루터주의는 절대군주의 정치권력에 어떤 제한도 두지 않는다는 뜻으로 확대해서는 안 된다. 실정법이 절대군주 자신에 미치는 것은 사실이지만 그 밑에는 그의 신하(개인)의 양심과 재산권, 계약권을 존중해야 된다는 전제가 깔려있다는 것을 잊어서는 안 될 것이다. 이것은 물론 초기 게르만족과 교회로부터 이어받은 것이다. 요컨대, 법을 도덕으로부터 분리시킨 루터주의의 실정법은 영원한 법(신법)과 관련된 인간의 법 제정의 역할을 거부하고, 올바른 정치적 국가로부터 법의 궁극적인 권위의 중요성을 발견하였다는 것이다.

칼빈주의

서양의 법률개념에 더 심오한 영향을 끼친 것은 16세기 후반의 칼빈주의였다. 특히 영국과 아메리카의 청교도는 루터에 의해 이루어진 법 개념을 더욱 적극적으로 발전시켰다. 그들은 첫 번째로 세상을 개혁하는 의무를 크리스천 지배자들 뿐 아니라 크리스천 각 개인에게도 부하하였다. 이 주장은 에른스트 트뢸치의 '낮은 관리'를 연상케 한다.[22] 두 번째로는 지방 회중교회(the local congregation)의 역할을 강조하였다. 이것은 어떤 정치적 권력보다 더 높은 '능동적 신자들의 친교(the fellowship of the active believers)'를 중시하는, 목사들과 장로들로 구성된 진리의 장소로서의 집단을 의미한다. 세상을 개혁하려는 이 능동적 회중교회는 그들의 신앙을 위해 교회와 국가의 최고 권력에 대항하였으며, 신법과 구약의 모세오경, 그리고 중세 때 이루어진 자연법개념에 호소하였다. 초대 교회 기독교 순교자들이 로마법에 불순종함으로써 교회의 기초를 세운 것처럼, 17세기 청교도들은 영국법에 불순종함으로써 영국과 미국 시민의 권리와 자유를 위한 근대적 법의 기초를 만들었다. 말하자면 앞으로 두 세기 간에 걸쳐 행사던 언론과 축파의 자유, 종교의 자유, 자신의 혐의를 방어할 수 있는 특권, 배심원의 독립, 영장 없는 구금의 거부권 등이 그것들이었다. 그늘은 노안 근대적 사회계약과 국민동의에 의한 정치의 종교적 기초를 마련하였다. 특히 로마 가톨릭과 루터파의 지지로 강력한 법들이 만들어졌다. 노예제를 폐지하고 노동자를 보호하며 복지정책을 옹호하려는 각종 법 개혁운동이 전개되었다. 청교주의를 계승한 18세기 경건주의(pietism) 시대에 이루어진 서양의 법 발전은 제도적 교회시대에 나타난 마지막 크나큰 운동으로서, 19세기와 20세기 공적 영향을 받지 않는 개인의 자유를 위한 인권운동으로 이어졌다. 요컨대, 루터주의의 사상을 이어받은 칼빈주의적 청교도는 근대시민과 근대사회에 걸 맞는 시민법과 자연법의 기초를 만들었다는 것이다.

세속주의(계몽주의)

가톨리시즘과 프로테스탄티즘에서 벗어나 세속적 정치와 세속적 사회의 형태를 갖추게 된 것은 미국혁명과 프랑스혁명을 통해서였다. 이들 시민혁명의 기반을 이루고 있는 것은 말할 것도 없이 계몽사상(the Enlightenment)이었다. 계몽사

---

22) 트뢸치는 칼빈의 관리 임무(Calvin, *Institutes of the Christian Religion*, BK IV. Ch. xx. 31) 를 저항권사상과 연결하여 급진적으로 해석하였다. 자연의 모든 질서, 특히 사회의 모든 비리(지배자)에 대해 크리스천은 책임이 있다. 그 첫 번째 책임은 '낮은 관리(the inferior magistrates)'에 있으며, 다음으로는 일반인들에게 있다. 이들이 그들의 임무를 수행하지 않을 때는 하나님의 진노를 피하지 못할 것이라고 해석하였다(Ernst Troeltsch, "Protestantism and Progress," in *Intellectual Movements in Modern European History*, Yale University, 1965).

상의 기준의 주요 잣대는 이성이지만 그것은 어디까지나 종교적 바탕에 그 기원을 둔 것이다. 루소, 제퍼슨과 같은 계몽사상가들은 개인의 존엄성과 역할을 강조하는 루터주의와 칼빈주의로부터 기독교 이념을 계승하고 이에서 더 나아가 인간(Man), 개체적 인간(individual Man), 개체적 인간의 본성(Nature), 개체적 인간의 이성(Reason), 개체적 인간의 권리(Right)를 가장 중요한 덕목으로 올려놓았다. 이러한 근거로부터 새로운 인간의 세속적 종교 이신론(deism)이 등장하게 되었다. 그리고 민주주의(democracy)의 세 가지 뿌리인 개인주의(individualism), 합리주의(rationalism), 국민주의(nationalism)가 발달하게 되었다. 이와 같은 정치적 사회적 법적으로 공인된 '사법적 공리들(the jural postulates)'에 의해 이제 개인(개체)은 사회의 당당한 시민으로 자리매김하게 되었다. 그리하여 공적 의견(여론)은 막연한 보편적인 ' 인류의 의견 '이 아니라 구체적이며 개별적인 프랑스인의 의견이며 미국인의 의견으로 자리를 잡게 되었다. 이런 것들이 바로 우주의 자연적 질서와 부합되는 것으로 받아들여졌다. 요컨대, 계몽사상으로 개인주의, 합리주의, 국민주의, 자연법 이념들이 등장하게 되었는데, 이들은 모두 종교적 신학사상에서 기인한 법적 합리적 세속원리에 바탕을 두고 있다는 것이다.

자유민주주의(liberal democracy)는 서양문명에서 제일 먼저 등장한 가장 위대한 세속적 종교이념으로, 전통적인 기독교에서 벗어남과 동시에 그것(기독교)으로부터 신성불가침의 법적 정신을 유산으로 이어받았다. 그러나 그것은 세속적 종교로 발전하는 과정에서 새로운 라이벌을 만나지 않으면 안 되었다. 그것이 바로 혁명적 사회주의(revolutionary socialism)였다. 이 사회주의는 한 세기 후 공산주의(communism)라는 이름으로 1917년 러시아에서 주도권을 잡게 되었다. 제2차 세계대전 이후 공산당은 한편으로는 뜨거운 열정과 다른 한 편으로는 금욕주의의 수도원적 질서를 다지면서 "공산당 이 외에 다른 구원의 길은 없다"는 종교적 구호를 빌렸다. 사회주의의 '사법적 공리들' 은 자유민주주의와는 여러 가지로 다르지만 기독교라는 조상을 함께 공유하고 있다는 점에서 공통성을 가지고 있다. 그들이 내걸고 있는 구호들은 거의가 루터주의, 칼빈주의, 혹은 청교주의의 이념들에서 빌려온 것들이다. 요컨대, 서양문명에서 발달한 자유민주주의와 사회주의, 공산주의의 교리들은 모두가 이와 같은 기독교적 종교이념에서 연유된 사상들이라는 것이다.

지금까지 설명한 것들을 다시 한 번 정리해 보자. 종교적 영역과 세속적 영역의 구분은 서양문명의 기본을 이루고 있는 근간이며, 이 구별은 서양문명의 뿌리인 종교, 특히 기독교에 반하는 것이 아니라는 것, 오히려 그러한 양자의 구분은 인간들로 하여금 하나님과 접촉하고 그들이 서로 자유롭게 행동하도록 허용하기 위하여 하나님이 그의 무한한 권력을 자발적으로 제한하고 있는 성경의 원리와 관계되어 있다는 것, 초기 랍비유대교는 성·속을 구별하뢰 기록한 생활을 우선으로 했다는 것, 그리고 이슬람교는 유대교, 기독교와 동일한 경전(히브리 성경)을 공유하고 있지만 그 처한 정치적 법적 경험에서 그들과 다른 입장을 가지고 있다는 것, 즉, 이슬람은 기독교와는 달리 샤리아법에 의해 다스려지는 일원적 사회체제를 유지하고 있는 것이 그 특성이라는 것이다.

그러면 다음으로 이러한 서양문명의 특성을 기억하면서 서양문명의 바탕인 헤브라이즘과 헬레니즘으로 발길을 옮겨보도록 하자. 한 가지 유의할 것은 헤브라이즘에는 유대교를 비롯하여 기독교(가톨릭, 그리스정교, 프로테스탄트)와 이슬람교가 포함되며, 헬레니즘에는 그리스·로마적 전통으로 시대에 따라 각본화된 철학이나 과학, 문학, 경제 등이 포함된다는 사실이다. 그러면 유대·기독교적 사상과 그리스·로마적 사상, 즉 이들 바탕(정체성)의 요소들은 각각 어떤 것들이며 그들은 어떻게 상호간의 상응과정(대립·갈등·적응)을 거치면서 발전하여 나아갔는지 하나하나 살펴보도록 하자.

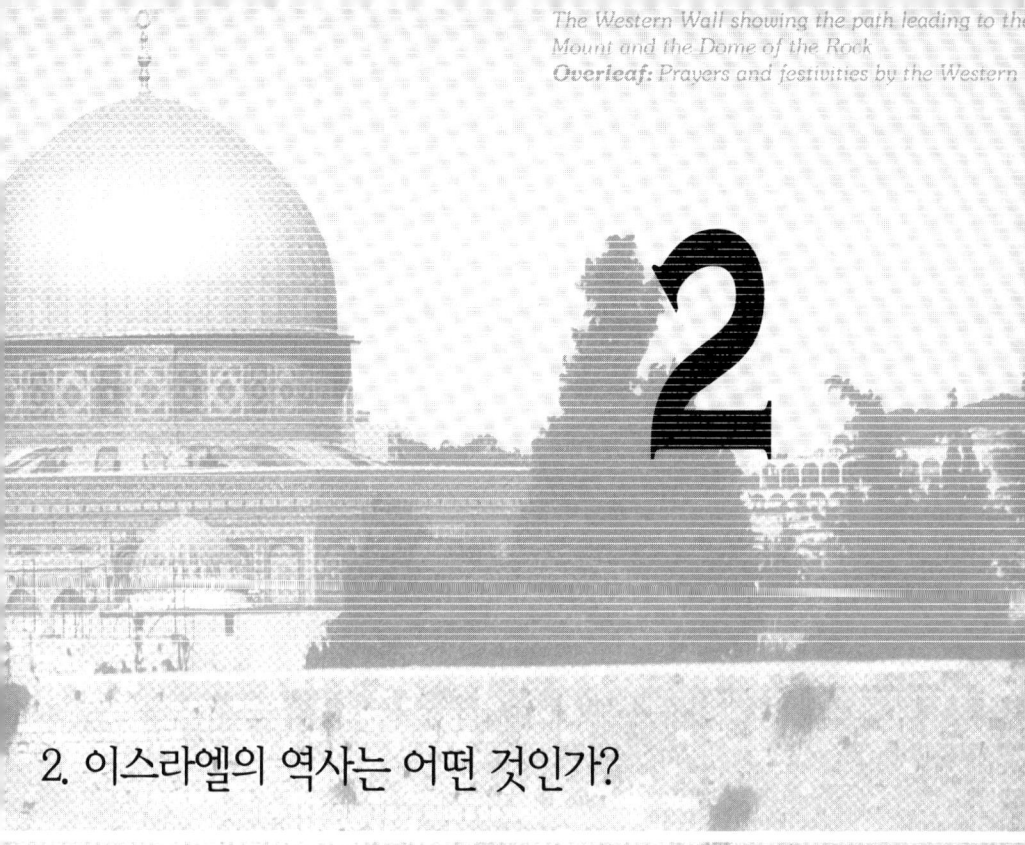

The Western Wall showing the path leading to the Mount and the Dome of the Rock
Overleaf: Prayers and festivities by the Western

2. 이스라엘의 역사는 어떤 것인가?

- 아브라함의 가나안 정착
- 이집트 탈출과 시내산 계시
- 통일왕조시대
- 왕국의 분열: 북 이스라엘왕국, 남 유대왕국
- 신바빌로니아 포로시대
- 페르시아 포로시대
- 헬레니즘시대: 유대교의 형성, 유대교의 분열
- 로마정복시대: 헤롯대왕, 분봉왕시대
- 이스라엘의 멸망과 디아스포라

서양문명의 정체성
-헤브라이즘과 헬레니즘의 만남-

2. 이스라엘의 역사는 어떤 것인가?

이스라엘의 역사는 어떻게 시작하여 전개되어 갔는가. 유대교, 기독교, 이슬람교에 들어가기 전에 먼저 이스라엘의 역사를 간단하게 개관해보자. 그것은 이들 종교들이 모두 고대 이스라엘의 역사와 긴밀하게 관련되어 있을 뿐 아니라 성경(구약)의 내용과도 분리될 수 없기 때문이다. 여기서는 이스라엘의 기원에서부터 이스라엘의 멸망(70)까지의 역사개요를 살펴볼까 한다.[1]

아브라함의 가나안 정착

이스라엘의 역사는 아브라함의 이주로부터 시작되었다. 그는 B.C. 20세기경 고향 우르(Ur)를 떠나 팔레스타인(가나안)으로 들어갔다. 그의 이주 시기는 확실하지 않다.[2] 팔레스타인에는 수많은 半유목민들이 씨족이나 부족을 이루

---

1) "Israel", *Encyclopedia of Americana* 15; M. L. Margolis and A. Marx, *A History of Jewish People*(Philadelphia, 1965); John Bright, *A History of Israel*(Philadelphia, 1981, 박문재 번역), 참고바람.
2) 유프라테스강 상류의 마리(Mari)에서 발굴된 유적을 통하여(1933-75) 그 당시의 지역이나 인명을 확인할 수 있다. 대부분 성경의 이름들과 일치한다. 고대 이스라엘역사에 관한 연대는 확실치 않다.

고 그들의 지역 신들을 받들고 살았을 것으로 추정된다. 아브라함과 이삭, 야곱으로 이어지는 족장들은 이스라엘을 대표하는 집단을 이루고 있었다. 얍복강가에서 천사와 씨름한 야곱의 사건은 고대 이스라엘의 종교와 문화를 잘 나타내고 있다(창 32:24-32). 야곱은 4명의 부인으로부터 12명의 아들들을 낳아 이스라엘의 12지파를 이루었다. 그 가운데 요셉의 사건은 후에 이스라엘과 이집트를 이어주는 연결고리가 되었다(창 38-46). B.C. 18세기경 야곱의 집단은 가나안땅의 흉년을 피해 이집트로 이주하였다. 이 때 동행한 야곱의 혈족은 70인으로 기록되어있다(출 1:5). 이집트인들은 그들은 "히브리"라고 불렀다.[3)]

이집트 탈출과 시내산의 계시(계약)

이집트로 피난 간 히브리인들의 생활은 그리 순탄치 않았다. 인종간의 차별로 인한 핍박은 물론 고된 노예노동에 지칠 대로 지쳤다. 그들을 해방시킨 사람은 이집트 히브리 노예의 아들로 태어난 모세였다. 그는 살인사건 이후 미디안 광야로 피신하였다. 그는 시나이 반도에서 40년간에 걸친 고난을 거치면서 호렙산에서 야웨를 만나는 귀중한 체험을 하였다(출 3). 그는 하나님으로부터 약속의 땅의 회복에 대한 약속을 계시받고 이스라엘인들을 이집트로부터 인도하려는 결심을 가지게 되었다. 그는 B.C. 1200년경 이스라엘인들을 이집트로부터 벗어나게 하는 탈출을 감행하였다.[4)] 열 가지 재앙, 유월절, 홍해도강 등은 그가 이집트로부터 탈출하는 과정에서 겪은 사건들이다. 그들은 홍해를 건너 시내산, 가데스 바네아(Kadesh Barnea), 모압에 유랑하면서 38년간 머물렀다. 그는 시내산에서 하나님으로부터 십계명을 받고, 율법엄수의 생활원칙을 수립하였다. 그러나 그는 가나안 땅 입구까지 이끈 다음 죽었다. 그리하여 그는 이스라엘 종교의 창시자로 불려진다. 그들이 이집트에 살았던 기간은 400년(창 15:13), 혹은 430년(출 12: 40)으로 기록되어 있으며, 이집트로부터 탈출해

---

3) 히브리는 Khabiru, Habiru, Apiru에서 기원한 말로 "이방인", "방랑자", "유목인"이란 뜻을 담고 있다.
4) 이 시기는 아마도 고대 이집트의 중왕국 힉소스의 지배시대였을 것으로 추정된다.

나온 사람들은 600,000명으로 추산된다(출 12: 37-38). 이들은 대개 이스라엘인을 포함한 포로, 노예 등 대규모의 하류집단이었다고 추정된다. 이스라엘인들은 야웨의 계시(계약)을 통하여 비로소 하나님에 의해 선택된 이스라엘 공동체에 소속된 "새로운 백성"이라는 민족적 정체성을 가지게 되었다.

모세의 후계자 여호수아에 의해 가나안에 들어온 이스라엘인들은 팔레스타인의 원주민들과 비교할 때 여러 가지로 후진적이었다. 가나안 원주민들은 막강한 군사력, 철제무기 등 고도의 문명을 이룩하고 있었다. 그들 문명의 발달과 병행하여 바알과 아세라와 같은 우상숭배가 성행했던 지역이라는 점도 잊지 말아야 할 것이다. 이스라엘인들은 이러한 어려운 상황에서 그들의 전통과 종교를 지키기 위하여 지도력을 발휘할 수 있는 지도자들을 가지지 않으면 안 되었다. 그들이 바로 여호와의 능력을 입은 12(혹은 13) 사사들(Shofet, Judges)이었다. 그들 최고의 숙적은 필리스틴이라는 불레셋 족속이었는데, 이들은 예루살렘과 브알세바 서편 해안선에 자리를 잡고 있었다. 삼손은 이 때 활약했던 사사이다. 불레셋은 200년 이상 그들을 괴롭힌 인도유럽계의 해양민족이었다. 사무엘 때는 그들에게 실로의 법궤를 빼앗기기도 했으며(삼상 4-7), 후의 사울왕은 그들과의 싸움에서 사망하였다(삼상 31). 일반적으로 사사시대에는 국가를 형성하려는 움직임은 보이지 않았다. 기드온(삿 8: 22-28)과 요담의 우화(삿 9: 7-21)가 그 좋은 예이다. 이스라엘인들에게 왕정제도는 인정되지 않았으며 오직 여호와만이 그들의 왕이었다. 예언자들도 처음부터 군주제는 신정정치의 타락된 정치형태라고 간주하여 왕을 정치적 사회적 경제적 불평등을 야기시키는 장본인으로 낙인을 찍었다(삼상 12: 19).

통일왕조시대

그러면 이스라엘에 왕권이 성립하게 된 원인은 무엇인가. 그 첫 번째 원인은 중앙집권화된 주변족속들(암몬, 모압, 에돔, 블레셋)[5]의 무력적 위협 때문이었

---

5) 이들 주변족속들은 이스라엘의 역사와 밀접한 관계를 가졌다. 모압족속(Moabs)은 롯과

다. 그 가운데서도 블레셋의 위협은 위에서 말한 것처럼 막강하였다. 그 두 번째는 이스라엘 각 지파 혹은 각 계파간의 갈등이 심화되고 사회적 종교적 부패가 극에 달하였기 때문이다. 그 가운데서도 사제권의 남용과 뇌물수수는 제도적 혁신을 촉진하게 하였다. 이러한 상황 속에서 나타난 것이 왕권의 형성이었다. 성경에 의하면, 이스라엘의 왕권형성은 사무엘을 통한 하나님의 명령에 의한 것으로 나타나있다(삼상 8: 4-22, 9: 15-16). 이스라엘에 있어서 왕은 다만 하나님의 대리자일 뿐이며, 왕의 신격화는 인정되지 않았다. 성경에는 왕이 되기 위한 기본요건들이 정해져 있다.6)

초대 왕 사울(Saul: 1020-1000)은 베냐민 지파의 농부 아들로서 군사적 성공을 거두었으나 대군주로서의 인품은 갖추지 못하였다. 그는 다윗과의 불화와 제사장직의 남용으로 사무엘과 갈등을 겪었으며 전리품의 갈취로 신뢰를 잃었다. 그는 말년에 우울증으로 고통을 받다가 블레셋과의 전투에서 전사하였다. 그의 아들들도 길보아산에서 죽었다(삼상 31). 사울 사후 왕권은 그의 후손으로 세습되지 않고 다윗으로 승계되었다. 이는 후에 이스라엘이 남북으로 갈라지는 구실이 되기도 하였다.

다윗 왕(David: 1000-961 B.C.)은 유다지파 출신으로 사울의 질투 속에서도 사울의 세력을 물리치고 7년 만에 왕위에 올랐다(삼상 16: 14-삼하 5). 그는 팔레스타인 전 지역과 북쪽 시리아에 이르는 방대한 지역을 다스렸다. 그는 서울을 헤브론에서 예루살렘으로 옮겼고, 법궤를 예루살렘 성소로 안치시켰으며, 다윗 성을 중심으로 하는 강력한 국가기구를 설립하였다. 그는 하나님이

큰 딸 사이에서 난 모압의 자손들로 사해 동편에 자리잡고 있었으며, 암몬족속(Ammonites)은 롯과 작은 딸 사이에서 난 암몬자손들로 요단강 서편(사해 북동편)에 자리잡고 있었다(창 19: 37-38). 에돔족속(Edomites)은 에서(에돔은 에서의 별명, 세일이라고도 함)의 자손으로 팔레스타인의 남쪽에 자리잡고 있었다(창 32: 1-10). 그리고 블레셋족속(Philistines)은 지중해 크레타에서 온 비셈족속으로 팔레스타인(블레셋에서 유래된 명칭)의 동남편에 자리잡고 있었다.
6) 이스라엘의 왕은 자국인에 국한한다, 말(馬)의 소유는 제한된다, 부인은 많아서는 안 된다, 은금을 많이 쌓아두면 안 된다, 하나님을 경외하며 교만하지 말 것 등이다.

원하는 가장 이상적인 군주로서, 그의 가문에서 메시아가 등장하도록 예언되고 있다(사 9, 11). 그는 그의 아들 압살롬의 반란을 진압해야하는 수모를 겪기도 하였다(삼상 14: 25, 15: 37, 18: 1-33).

솔로몬(Solomon: 961-922 B.C.)은 다윗과 그의 부하 부인 사이에서 낳은 아들이었다. 그러나 그는 이스라엘 역사를 최고 절정기에 올려놓은 부와 명예, 지혜의 군주로 군림하였다. 그는 300명의 부인과 700명의 첩을 거느렸는데, 거의 이들 대부분은 외교적 동맹관계의 결실이었다. 그는 이집트의 쇠퇴, 아시리아의 침묵 속에서 가장 안정된 시대를 장식하였다. 그는 먼저 그의 경쟁자 아도니야파를 축출하고, 이어 아비아달 사제가문을 제거한 후 사독가문(the Zadokites)을 비호하는 등 주로 남쪽 유대출신들을 기용함으로써 왕권과 사제권의 결속을 공고히 하였다. 그는 외교적 동맹에 의하여 대상무역과 무기판매, 통행세부과 광업 등으로 국가수입을 늘리고 군사적 요새와 전차부대건설로 강력한 국력을 구축하였다. 무엇보다도 획기적인 업적은 예루살렘의 성전(Temple to Yahweh) 건설이었다(왕상 6: 1, 7: 51). 그는 화려한 정치행각에도 불구하고 지혜의 왕으로 후세에 널리 알려지게 되었다. 후에 형태를 갖추게 된 시편이나 지혜서들은 모두가 그와 다윗으로부터 연유된 것으로 알려져 있다. 그러나 그는 과중한 세금(왕상 4: 7-19), 강제부역(왕상 5: 13-18), 사치생활(왕상 4: 22-23)로 인한 권력의 말기현상을 이겨내지 못하고 말았다. 결국 그가 죽은 후 그의 나라는 남북으로 갈라지지 않으면 안 되었다.

왕국의 분열

솔로몬이 B. C. 922년 돌아간 다음 이스라엘은 북 왕조(사마리아 왕조)와 남 왕조(예루살렘 왕조)로 분열되었다. 남 왕조의 입장에서 보면 북 왕조는 다윗의 계통을 벗어난 반란이었으며, 반면에 북 왕조의 입장에서 보면 남 왕조는 사울의 왕위계승을 찬탈한 반역자들이었다. 이에 대해서는 앞에서 말했거니와 사울이 죽은 후 그의 후계자가 세습되지 않은 데서 분단의 실마리를 찾을 수 있다. 그러나 남북 왕조분열의 원인은 솔로몬의 실정과 그 이전의 역사로 소급되어야 할 것이다. 다윗왕은 남쪽 유다지파의 지지로 왕위에 올랐으며 반면에 사울은 북쪽 작은 벤야민지파의 지지로 왕위에 올랐었다. 이러한 계파간의 갈등은 이미 위에서 밝힌 바처럼 솔로몬에게 그대로 이어져 지역 간의 편차와 차등정책으로 확대되어 나아갔다. 그리고 솔로몬 다음 그의 아들 르호보암도 동일한 차별정책을 발표함으로써 반란을 초래하게 하였다. 여기에 솔로몬의 경제적 파탄과 정치적 사회적 실정 등이 가세하여 사태를 더욱 악화시킴으로써 돌이킬 수 없는 왕국분열을 만들어냈던 것이다.

북 이스라엘왕국(926-721 B.C.)

북부 이스라엘은 여러보암으로부터 시작하여 마지막 호세아에 이르기까지 도합 19명의 왕이 다스렸으며, 그 가운데 8명이 암살되는 비운의 역사를 기록하였다. 위에서 비친 바처럼 북 이스라엘은 자원이 풍부하고 인구가 많은 문명국인 반면에 종교적으로는 우상숭배가 성행한 지역이었다.

여로보암(Jeroboam: 922-901 B.C.)은 솔로몬의 부하였다가 10지파의 지지로 북 이스라엘왕국의 첫 번째 왕이 되었다. 그는 세겜을 서울로 정하고 예루살렘이 성전제이를 금지하고 금송아지를 숭배하게 하였다. 그는 또한 절기의 날짜를 임의로 바꿈으로써 남쪽 유다와 분리되려고 하였다. 성경은 그를 범죄한 왕으로 기록하고 있다(왕상 12-13).

군사 쿠데타로 왕위에 오른 오므리(876-869 B.C.)는 강력한 중앙집권적 군주국가를 이룩하는데 성공하였다. 오므리를 이어받은 아합 왕(869-850 B.C.)은 사마리아에 상아궁을 짓고 전차부대로 전쟁을 수행함으로써 국제적 지위를 격상시켰다. 그는 특히 페니키아의 공주 이사벨과의 결혼으로 악명을 날리기도 하였다.[7] 그는 바알숭배, 나봇의 포도원사건 등으로 사악한 왕으로 성경은 기록하고 있다(왕상 21). 이 당시의 잘못된 종교정책에 반기를 들고 나온 사람이 바로 길르앗 출신의 유명한 예언자 엘리야(Elijah)였으며, 그의 제자 엘리사

---

7) 아합과 이사벨 사이에서 출생한 딸 아달랴는 남 유다의 여호람왕(5대)과 결혼하여 아하시야를 낳았으나 전쟁에 나가 전사하였다. 이에 아달랴는 다윗의 혈통을 끊으려고 쿠데

(Elisha)는 그 뒤를 이어 오므리에 대한 더욱 강력한 저항운동을 펼쳤다.

엘리사에 의해 왕위에 오른 여호사밧의 아들 예후(842-815)는 타락한 아합의 모든 혈족들을 죽이고 권력을 장악하였다. 그는 바알을 끊어버리고 야훼신앙을 회복시켰다. 성경은 이것을 하나님의 심판으로 기록하고 있다. 그러나 예후의 피의 숙청은 주변국들과의 관계를 무너트렸고, 페니키아와 유다와의 관계를 냉각시켰다. 왜냐하면 그는 이사벨(페니키아)과 아하시야(유다)를 처형했기 때문이다.

북 이스라엘이 남쪽과의 관계를 회복하면서 국력을 찾은 것은 여로보암 2세(786-746 B.C.)를 통해서였다. 그는 남 유다 왕 웃시야와 협력하여 솔로몬 시대에 못지않은 번영을 누렸다. 그러나 이것은 이스라엘 사회의 내부적 갈등과 상층의 사치와 부패를 낳게 하여 망국의 길을 재촉하는 결과를 가져왔다. 정치적 사회적 병폐는 종교적 병폐로 이어져 가나안의 토착신 바알과의 혼합주의를 만연하게 하였다. 결국 예후왕조의 마지막 왕 스가랴가 살롬에게 암살당함으로써 예후왕조의 막을 내리게 하였다. 이 시기 소수집단에 쏠린 정치적 권력 구조, 경제적 불평등, 종교적 타락상 등 왕의 비정을 날카롭게 비판한 예언자들은 유명한 아모스(Amos)와 호세아(Hosea)였다. 드디어 북 이스라엘왕국은 호세아왕 때 아시리아의 침략에 의해 망하고 말았다(721 B.C.). 북 이스라엘은 아시리아의 총독의 손에 넘어갔으며, 그 결과 이스라엘의 민족과 종교적 전통은 끊어지게 되었다. 성경은 그 멸망의 원인으로 이스라엘이 야훼의 법도를 순종치 아니하고 이방의 신을 따른 사실을 지적하고 있다(왕하 17: 7-18).

남 유다왕국(925-586 B.C.)

북 이스라엘이 떨어져나간 후 남 유다는 예루살렘을 중심으로 하는 중앙집권적 왕국을 지탱해 나갔다. 르호보암에서 시작하여 시드기야에 이르기까지 19명의 왕들은 모두 다윗 왕가를 계승해 나아갔다. 남 유다는 북쪽과 마찬가

타를 감행하였으나 요아스의 극적 구출로 무위로 그치고 말았다.

지로 종교적으로 매우 타락하였다. 르호보암(Rehoboam: 922-915 B.C.), 아비야 (915-913 B.C.), 아사(913-873 B.C.)는 우상숭배로 일관하였고, 오므리(북쪽) 때 유다는 거의 종속국이 되었으며, 예후(북쪽) 때는 남북의 관계가 두절되다시피 악화되었다. 그러나 여호사밧(873-849 B.C.)에 이르러 유다 왕국은 정치적 사회적 경제적으로 안정을 되찾았다.

북 이스라엘이 멸망할 때 남 유다 왕조의 왕은 아하스(735-715 B.C.)와 히스기야(715-687 B.C.)였다. 성경은 아하스를 악한 왕, 히스기야를 착한 왕으로 기록하고 있다(왕하 16: 2-4, 18: 13-19: 36). 아하스는 친아시리아 정책으로 가까스로 아시리아에 조공을 바치면서 공격의 위기를 모면하였다. 그러나 미가(Micah)는 아하스의 악을 신랄하게 비판하였다. 당시는 아시리아의 사르곤 2세가 신바빌로니아의 공격으로 세력이 약화되었고 대신 이집트가 강대국으로 부상하던 때였다. 그리하여 아시리아에 접근하려는 세력과 이집트에 가까이 하려는 세력이 서로 경쟁하고 있었다. 이사야(Isaiah)는 이집트에 접근하려는 세력에 반기를 들고 나섰다(사 20). 일단 사태를 관망하자는 것이 이사야의 입장인 듯하다. 한편 히스기야는 아시리아의 산헤립(Sennacherib)의 군대와 싸워 이사야의 예언대로 승리하였다. 그는 예루살렘에 터널을 파서 실로암 연못으로 물을 끌어들이는 토목공사를 실시하였으며(왕하 20: 20), 예루살렘성벽의 확장공사를 단행하였다(사 22: 10).

종교개혁의 실시로 가장 훌륭한 왕으로 이름난 왕은 요시아(640-609 B.C.)였다. 그의 시대는 하박국(Habakkuk), 나훔(Nahum), 예레미야(Jeremiah)와 같은 예언자들이 아시리아의 멸망과 유다의 위기를 외치던 때였다. 그는 성전수리 중에 발견된 법전을 중심으로 종교개혁을 단행하였다. 그는 우상숭배와 이방의 제의, 예배의식을 몰아냈으며, 유월절 절기를 회복하여 모세의 율법을 가장 온전하게 지킨 왕으로 칭송을 받았다(왕하 23: 25). 그의 종교개혁을 절대적으로 지지한 예언자는 스바냐(Zephaniah)와 예레미야였다. 그러나 그는 이집트의 느고와 싸우다가 므깃도에서 B.C. 609년 전사하였다(왕하 23: 29-30).

요시아가 돌아간 다음 유다는 친이집트 인사인 요하하스와 이어 요시아의 아들 여호야킴(609-598), 그리고 여호야긴(598 B.C.)에 의해 다스려졌다. 여호야긴은 신바빌로니아의 침입으로 3개 월 만에 자리에서 물러났다. 유다의 마지막 비운의 왕은 시드기야(Zedekiah: 597-587 B.C.)였다. 그는 무모하게 친이집트 쪽으로 방향을 틀면서 신바빌로니아의 침공을 받게 되었다. 예루살렘은 3년 5개월 동안(589-586 B. C.) 포위당해 온통 재 더미로 화하게 되었다. 성전은 붕괴되었으며 이로 인해 이스라엘은 결국 멸망의 길로 들어섰다. 시드기야는 신바빌로니아에 반기를 들었으나 예레미아의 예언대로 실패로 끝나고 말았다. 그는 여리고 부근에서 포로로 잡혔으며, 그의 아들들은 그가 지켜보는 가운데 처형되었다. 그 자신도 눈이 뽑힌 장님이 되어 신바빌로니아로 끌려가 죽었다. 수차례에 걸쳐 1만 명 이상의 상층부 사람들과 일반인들이 포로로 잡혀갔다. 이때를 중심으로 바빌로니아의 언어 아람어가 유다에서 사용되었다. 신바빌로니아의 느부가넷살 왕[8])은 그달리야를 유다의 총독으로 임명하고 미스바를 서울로 정하였다(왕하 25: 22-24). 이렇게 하여 남유다왕국은 B.C. 586년 그 막을 내리고 포로생활로 들어가게 되었다. 이 사건을 바빌로니아의 포로(the Babylonian captivity: 586-538 B.C.)라고 부른다.

신바빌로니아 포로시대

이스라엘인들은 신바빌로니아로 잡혀갔을 뿐 아니라 일부 사람들은 안전한 장소를 찾아 주변 여러 나라들(이집트, 페니키아, 시리아, 요르단 등)로 피난하였다. 이로 인해 이스라엘인들은 팔레스타인에 계속 거주하는 집단과 바빌로니아로 이주한 집단으로 갈라지게 되었다. 신바빌로니아로 잡혀간 유대인들은 주로 상층부에 속한 사람들이었다. 신바빌로니아의 느부가넷살왕은 아시리아와는 달리 포로들을 억압하지 않았다. 그들은 비록 미개발 농업지역에서 살았

---

8) 느브가넷살(Nebuchadnezzar Ⅱ)은 함무라비왕 이래 바빌로니아의 걸출한 군주로 군림했으나 말년에는 7년동안 정신병에 시달리다가 죽었다. 그의 병은 자신이 동물이 되었다는 환상을 일으키는 낭광(Lycanthropy)으로, 그는 실제로 소처럼 행동했다고 한다(단 4: 32).

지만 인종적인 차별을 받지 않았고 비교적 안정된 생활을 영위할 수 있었다. 그들은 신바빌로니아의 새로운 문화배경에 맞게 그들의 신앙과 종교의식도 재정립하지 않으면 안 되었다. 이러한 일을 수행하는 과정에서 여러 가지 이견과 충돌이 나타나게 되었으며 이에 따른 다양한 종파들이 발생하게 되었다. 그러나 점차 고국으로의 귀환이 늦어지자 그들은 제2의 이집트 탈출과 같은 정치적인 이상보다는 보다 본질적인 야훼신앙에 기초한 종말론적인 회복을 바라는 쪽으로 기울었다.

한편으로 필레스디인에 남아있던 유대인들은 열악한 경제적 환경 속에 살면서도 그들의 정체성을 보전하는데 심혈을 기우렸다. 예루살렘에서는 세겜, 실로, 사마리아 등지에서 온 사람들과 함께 예배를 드렸으며, 제의는 주로 동물을 바치는 희생제사였다. 성전붕괴를 상기하려는 금식기간에는 애가, 시편(70편, 105-6편)이 읽혀졌다. 그들은 "가난한 땅의 백성들(Am Ha-aretz, 왕하 24: 14, 25: 12)"이라 불리었다. 그들은 처음에는 유대 땅 중심의 신앙을 지키려고 했으나 점차로 팔레스타인의 지방적 토속신앙의 영향을 받으면서 종교의 혼합주의적 현상을 피할 수 없었다.

신바빌로니아에 성복낭한 이스라엘인들은 거주집단이나 이주집단을 막론하고 강조의 차이는 있다 할지라도 그들의 신앙에 대한 본질적인 질의를 하지 않을 수 없었다. 왜냐하면 하나님이 스스로 거룩한 백성으로 택하시고 약속하신 백성이 주인 없는 나그네신세로 떨어지고 그 거룩한 땅이 패망하고 말았기 때문이다. 이 엄연한 역사적 현실을 어떻게 해명하고 설명해야 할 것인가. 이 사실을 어떤 명분으로 받아들여야 할 것인가. 이것이 바로 뜻있는 유대의 지도자들과 종교인들이 해결해야할 당면한 신학적 과제였다.

이와 같은 작업은 특히 신바빌로니아로 잡혀갔던 예언자 예레미야와 에스겔에 의해 진행되었다. 그들은 이스라엘의 멸망을 하나님의 심판으로 받아들임과 동시에 이스라엘의 새로운 미래를 위한 하나님의 준비과정이라고 해석하였다. 그들은 더 나아가 이스라엘인들에게 하나님과의 새로운 계약을 위하여 새로운 이스라엘공동체를 만들 것을 촉구하였다(렘 31: 31). 그들의 새로운 공동체에 대한 강한 신앙과 이상, 준비된 미래에 대한 유토피아적인 비전은 선민사상을 일으키게 하였으며, 다른 이방문화를 배격하려는 배타주의적인 특성을 불러일으켰다(겔 40-48). 그들은 새로운 공동체를 형성하면서 율법으로 성전에 대체할 수 있는 방법도 강구하였다. 붕괴된 성전을 바라보면서 그들은 율법을 중심으로 흩어진 이스라엘인들의 공동체를 재건할 수 있다고 믿게 되었다. 그들의 성문화된 토라는 바로 이 시기에 이루진 것이었으며, 이를 토대로 율법중심의 유대교의 기초가 이루어졌다.

페르시아 포로시대

신바빌로니아의 마지막 왕 나보니두스의 실정을 틈타 페르시아(바사)의 키루스왕(Cyrus, 고레스왕 539-529 B.C.)은 신바빌로니아의 수도를 점령하고(539 B.C.), 이어 팔레스타인을 포함한 주변의 광대한 영토를 두루 정복하였다. 페르시아는 330년 B. C. 알렉산더대왕에 의해 멸망할 때까지 200여년간 고대오리엔트지역을 장악하였다. 키루스왕은 조세와 국방 문제를 제외하고는 피정복민들에게 회유정책을 펼쳤다. 특히 그는 키루스칙령을 통하여 예루살렘 성전재건을 허용하였다(스 6: 3-5). 그리하여 이사야는 그를 "나의 기름 받은 키루스(사 45: 1)", "나의 목자(사 44: 28)"라고 칭송하였다. 이스라엘인들은 이에 호응하여 다윗왕권의 회복(사 11: 1-10)과 성전의 재건(사 44: 28, 45)을 하나님의 예비된 구원사적 사건으로 받아들였다.

그러나 성전재건은 순조롭게 진행되지 못하였다. 유다 총독 세스바살에 의해 시작된 성전건축은 다리우스 1세에 의해 중단되었다. 그 중요한 원인은 극심한 재정난이었다. 유다의 인구가 부족할 뿐 아니라 설상가상으로 흉년으로 인한 경제적 파탄이 지속되었기 때문이다. 다음으로 중요한 원인은 거주집단(팔레스타인)과 이주집단(포로집단) 사이의 격렬한 세력갈등이 건축사업을 지속할 수 없게 만들었기 때문이다. 이 때 성전재건의 재개를 부르짖은 예언자들은 학개(Haggai)와 스가랴(Zechariah)였다. 성전은 드디어 B.C. 515년 다리우스 왕 6년에 완성되었다(스 6: 15). 성전봉헌일은 유월절과 겹쳐 이스라엘의 크나큰 축제일이 되었다. 이는 예레미아의 예언(렘 25: 11), 다니엘의 예언(단 9: 2), 스가랴의 예언(슥 7: 5)대로 70년 만에 이스라엘의 남은 자들이 이룩한 새로운 공동체의 축복이었다.

성전재건(515 B.C.)으로부터 에스라(Ezra)의 부임(457 B.C.)까지 유대인 공동체에 관한 자료는 구약성경의 몇 군데 말고는 거의 없다. 에스라는 "하늘의 하나님의 율법에 완전한 학사겸 제사장"(스 7: 12)으로 불려진다. 제2차로 예루살렘에 귀환한 에스라는 족장들의 계보를 정리하였고, 바벨론에서 가져온 율법(토라)을 토대로 이스라엘의 민법과 종교법의 개혁을 단행하여 이스라엘 공동체를 결속시키는 일에 전력을 다하였다. 그 이외에 그는 이방여인들과의 결혼을 금하였다. B.C. 444년 유다총독으로 부임한 느헤미야(Nehemiah)도 이스라엘 공동체를 위하여 최선을 다하였다. 그는 예루살렘을 요새화하였고, 성전의 성벽과 성문을 개축하였다. 그 역시 이방인과의 결혼을 금지시켰으며 안식일을 준수하는 등 유대 민족운동에 전력을 다하였다. 그들(에스라와 느헤미야)은 유대인들의 민족의식을 바로 잡고 이스라엘 공동체의 유대를 결속시킴으로써 유대교를 다지는데 크나큰 효과를 가져 온 반면에, 주변 여러 민족들 그 가운데서도 사마리아와의 화해를 이루는 데는 성공하지 못하였다. 요긴대, 제1차로 귀환한 사람들(스가랴, 스룹바벨, 유대인들)에 의해서는 예루살렘성전이 재건되었고, 제2차로 귀환한 사람들(에스라, 유대인들)에 의해서는 율법이 준수되었으며, 그리고 제3차로 귀환한 사람들(느헤미야, 유대인들)에 의해서는 예루살렘 성벽이 개축되었다.

헬레니즘시대

마케도니아의 필립 2세를 이어받은 알렉산더 대왕(336-323 B.C.)은 이수스전투에서 페르시아의 다리우스 3세를 격파함으로써 전 오리엔트 지역을 통일하였다(330 B.C.). 그는 정복한 땅에 그리스사상을 이식하였고, 결혼정책을 통하여 동·서문화를 융합하는데 심혈을 기우림으로써 세계적 차원의 새로운 헬레니즘(Hellenism) 문화를 이룩하였다. 그는 동서에 그리스식 도시와 행정조직,

종교의식, 문화양식, 화폐주조, 상업활동을 널리 퍼트렸으며, 근동의 아람어대신 아티카의 방언인 코이네를 국제어로 사용하게 하였다. 헬레니즘시대를 풍미한 사조로는 사해동포주의, 개인주의, 이기주의, 쾌락주의, 회의주의 등이었다. 그리하여 유대인들의 고유한 전통과 종교의식은 새로운 헬레니즘문화와 심각한 충돌과 갈등을 겪지 않으면 안 되었다. B.C. 323년 알렉산더왕이 병사한 다음 그의 광대한 땅은 세 사람의 부하에 의해 분할되었다. 첫 번째는 시리아, 메소포타미아, 페르시아, 소아시아, 트레이스를 지배한 셀레우코스이며, 두 번째는 마케도니아를 지배한 카산더이며, 세 번째는 이집트와 페니키아, 팔레스타인을 지배한 프톨레미였다.

프톨레미 왕조(320-200 B.C.)는 페니키아의 풍부한 삼림자원을 옮겨오는데 팔레스타인을 중요한 도로로 이용하였다. 프톨레미의 수도 알렉산드리아는 프톨레미 2세의 명에 의해 히브리어 성경을 그리스어로 번역한 소위 70인역으로 불리어지는 성경(Septuagint, LXX)을 출간한 곳으로 유명해졌다. 이것을 계기로 이스라엘과 헬레니즘 사이의 연결고리가 이루어졌다. 그러나 셀레우코스왕조(200-167 B.C.)의 안티쿠오스 3세에 의해 팔레스타인이 정복되고, 안티쿠오스 4세에 의해 유대교가 탄압됨으로 이스라엘의 내분(친이집트파와 친헬라주의파)이 야기되었다. 특히 안티쿠오스 4세는 그 자신을 제우스신(에피파네스, Epiphanes)이라 부르게 하였다.

유대교의 형성

셀레우코스왕조의 헬레니즘화 정책은 드디어 유다와의 충돌을 불러일으켰다. 안티오쿠스 4세(175-163 B.C.)의 헬레니즘화 정책발표와 이에 대한 친헬라주의파 대제사장 야손의 야합은 이스라엘의 반감을 극대화 시키는 결과를 가져왔다. 야손은 왕명에 따라 예루살렘 성안에 경기장과 청년훈련소를 짓고 청년단을 결성하였다. 야손은 B.C. 171년 강경파 메넬라우스에 의해 축출되었지만 안티오쿠스 4세의 헬레니즘화 정책은 중단되지 않았다. 그는 팔레스타인의 종교적 제의를 헬레니즘화 시켰고, 예루살렘 성전 안에 제우스 신상을 건립하였으며, 모든 율법서를 불살라버렸다. 그의 정책은 이스라엘의 반감을 자극하였을 뿐 아니라 팔레스타인 내의 내분을 심화시켰다. 전통적인 이스라엘인들은 이와 같은 행동들을 가증한 일이라고 규탄하였다(단 11: 31, 12: 11). 이들보다 강경한 저항운동이 느헤미아의 영향을 받은 사람들에 의해 일어났다. 그들은 율법에 충실한 제사장가문의 신앙인들이었다.

이 운동은 맛다디아의 다섯 아들들(요한, 시몬, 유다, 엘르아살, 요나단)에 의해 주도되었으므로 마카비혁명(the Maccabean revolution: 167-134 B.C.)이라고 부른다.9) 유다의 헬라화에 반대하고 나선 이들은 에스라와 느헤미아가 주장한 율법과 성전을 중심으로 하는 유대교를 형성하는데 조타수가 되었다. 이것은 물론 신바빌로니아와 페르시아에서의 추방(exile)의 귀중한 체험을 통해서 이루어진 결실이었다. 주지하는 바와 같이 안식일, 할례, 성전제의, 십일조 등의 율법적 규례들은 이미 에스겔로부터 느헤미아에 이르는 지도자들에 의해 강조되었다. 그러나 실질적으로 유대인 공동체에 율법서를 가르치고 부여한 사람은 에스라였다. 왜냐하면 바벨론에서 율법을 가져와서 페르시아왕실의 권위를 빌려 엄숙한 언약의식을 통하여 유다공동체에 율법을 부여한 사람은 바로 그(에스라)였기 때문이다. 그러므로 B.C. 5세기경부터 틀이 마련되어온 유대교는 에스라에 의해 그 본질적 형태를 갖추면서 유대교의 특성을 가지기 시작하였으며, B.C. 2세기경 마카비혁명을 통하여 그 기초를 굳게 다지게 되었다. 그리하여 이스라엘은 신바빌로니아로부터 시작된 추방기간 이전의 종교와

---

9) 안티오쿠스 4세가 예루살렘 북쪽 모디인(Modi'in)에 당도하여 제우스신의 참배를 강요하자 Mattathias가 강력하게 반대하였다. 맛다디아는 참배에 응한 한 유대인에 분노하여 제단 앞에서 그를 죽였다. 마카비라는 이름은 맛다디아의 셋 째 아들 Judas Maccabee의 이름에서 유래하였다. 안티오쿠스 4세에 의해 더럽혀진 예루살렘 성전은 3년 후 B. C. 164년 12월(키스레부월) 25일 유다 마카비에 의해 탈환되어 하나님께 봉헌되었다. 이것은 헬레니즘에 대한 헤브라이즘의 승리를 뜻한다. 그러므로 이 성전봉헌은 현재까지도 "하누카(수전절, 성전봉헌절)"라는 명절로 8일간의 촛불(빛)의 절기로서 지켜진다. 대부분의 학자들은 하누카로부터 크리스마스가 유래한 것으로 본다. 즉 하나님이 거하시는 장소인 성전이 진정한 성전이신 그리스도의 몸으로 봉헌하게 되었다는 것이다.

는 확연히 구별되는 종교형태, 즉 유대교를 정착시킬 수 있었던 것이다. 왜냐하면 이스라엘 공동체는 토라의 성문법을 토대로 하는 유대교를 통하여 그들의 정체성을 확인할 수 있었기 때문이다.

유대교의 분열

마카비 다섯 형제들의 영웅적인 30년간의 전쟁은 시몬의 암살(134 B.C.)로 끝나고, 그의 아들 히르카누스를 중심으로 하는 하스몬왕조로 승계되었다. 그러면 잠시 이 기간(히르카누스 이전)에 있었던 이스라엘사회의 종교적 갈등에 관하여 살펴보도록 하자. 예루살렘의 성전재건(515 B.C.) 이후부터 안티오쿠스 4세의 성전모독을 거쳐 예수의 등장 이전까지의 이스라엘의 공동체는 심한 종교적 혼란에 빠져있었으며, 이로 인한 유대교의 분화현상은 극에 달해 있었다. 이 시기에 가장 잘 알려진 오니아스(Onias) 집단은 이스라엘의 신앙적 오염과 분화가 얼마나 깊었는지를 말해준다. 오니아스 집단이 이집트로 도망한 후 예루살렘에는 안티오쿠스정책에 반대하여 올바른 종교적 제의를 지키려는 "신실한 집단(chasidim)"이 나타났다. 위에서 말한 맛다디아는 이 집단에 속한 사제였다. 마카비운동을 이끈 그의 아들 유다는 로마와 동맹을 맺고 전쟁하는 동안 잠정적으로 안식일을 지키지 않기로 야합하였다. 그의 성공은 말하자면 사제적 특권과 정치적 명분의 합작물이었다. 그리하여 다윗 이래 사독의 사제권만이 인정되어온 이스라엘 종교계에서의 반발은 당연한 일이었다. 마카비의 대제사장 위임은 위법이라는 것이 반대파의 주장이었다.

안티오쿠스의 종교정책과 마카비의 사제남용(안식일성수 중단포함)에 반기를 들고 나온 가장 큰 집단은 바리새파(the Pharisees)였다. 이들은 히르카누스의 유대화 정책에 반대하면서 그의 대제사장직 포기를 주장하였다. 그들은 주로 중산계층과 교육을 잘 받은 일반인들로서 부활신앙과 죽은 후의 보상, 정치적 메시아신앙을 믿었다. 그들은 토라의 구전에 기초한 순수한 신앙을 중시하였으며 특권계층의 성전독점에 반발하였다. 그들은 세속정치와 희생제물예배를 결합시킨 마카비집단에 강력히 반발하였다. 그러나 그들은 점차로 정치권과 연결되어 혼선을 빚기도 하였다.

그 다음으로 이들 바리새파의 반대편에 있었던 소수집단은 사두개파(the Sadducees)였다. 이들은 위에서 말한 바리새파의 공격을 받은 히르카누스의 등용으로 권력을 잡을 수 있었다. 그들은 사제와 부유층으로 구성된 사람들로서 종교적으로나 정치적으로 바레새파와 의견을 달리하였다. 그들은 부활과 사후 보상 신앙을 거부하였으며 고대법에 너그럽지 못하였다. 그들은 시시때때로 현실정치와 잘 야합하였다.

마지막으로 가장 적은 소수집단이면서도 가상 크나근 영향을 끼친 신앙집단은 에세네파(the Essenes)였다. 이들은 주로 하층민으로 구성된 사람들로서 사제와 귀족층에 반대하면서 금욕주의와 사후 신앙을 강조하였다. 그들은 먹을 만큼의 양식만 소유했으며 물질을 간난한 자들과 공유하였다. 그들은 영혼의 불멸과 종교적 메시아신앙을 중시하였다. 세례 요한은 바로 이 집단출신으로 예수와의 연결고리를 만들어 주었다. 그들은 바리새파와 함께 심한 정치적 핍박을 받는 경우가 많았다.[10]

하스몬왕조(142-63 B.C.)는 이후 히루카누스(134-104 B.C.), 알렉산더 야나이(103-76 B.C.), 살로메 알렉산드라(76-67 B.C.)로 이어졌지만 이미 설명한 이스리엘의 종파적 이해관계, 신흥 국가 로마의 개입 등으로 혼란을 겪다가 이두메 출신 안티파테르의 아들 헤롯의 승리로 왕조의 막이 내리게 되었다. 그러나 마카비혁명으로 이스라엘은 거의 100년간의 독립을 유지할 수 있었다. 아울러 마카비운동에 의해 제도적으로 다져진 유대교는 신약시대(예수의)의 사상적 배경이 되었다는 점을 잊어서는 안 될 것이다.

---

10) 사두개파를 지지한 알렉산더 야나이(103-76 B.C.)는 자기의 정책에 반대한 6000명의 바리새파를 처형하고, 800명을 십자가에 처형하였다(사두개파는 야나이 이전 히르카누스 때부터 그들의 반동으로 억압을 당했었다). 이들 바리새파 가운데 살아서 피신한 사람들이 사해 서편을 중심으로 에세네파를 형성했을 것으로 추정된다.

로마의 정복시대

로마는 공화정후기의 포에니전쟁(264-146 B.C.), 군벌의 대두, 삼두정치(60-32 B.C.)의 혼란한 정치시대를 맞아야했다. 로마군벌의 과도기를 풍미한 사람들은 케에자르, 폼페이우스, 안토니우스, 옥타비아누스와 같은 군벌독재자들이었다. 이에 따라 이스라엘의 국운도 이들 지배자들의 수중에 달려있게 되었다. 유다의 많은 지도자들 가운데서 로마의 신임을 얻은 사람은 이두메 출신의 안티파테르(Antipater: 63-43 B.C.)였다. 안티파테르는 폼페이우스가 죽자 바로 케에자르에게 접근하여 많은 전공을 세웠다. 그는 드디어 케에자르로부터 로마시민권을 부여받고 유다의 행정장관으로 임명되었다. 그는 히르카누스 2세를 대제사장으로 앉히고 예루살렘 성벽을 재건하였다. 그는 장남 파사엘루스를 예루살렘 총독으로, 그리고 차남 헤롯을 갈릴리 총독으로 각각 임명하였다. 그러나 안티파테르가 암살되자 권력승계를 놓고 파사엘루스와 헤롯 사이의 대립이 일어났다. 최후의 승리를 거둔 사람은 권력에 기민한 30세의 헤롯이었다.

헤롯 대왕(Herod the Great: 37-4 B.C.)

하스몬 왕조의 마지막 왕 안티고누스와 옥타비아누스의 후원으로 유다 왕에 오른 헤롯대왕은 정치 군사적으로는 유능한 인물이지만 권모술수와 아부에 능한 로마의 앞잡이로 악명이 높은 인물이었다. 일부 유다인들은 그를 제 2의 안티오쿠스 에피파네스로 바라보았다. 그는 왕위에 오르자 사위 아리스토불루스 3세를 살해하고 이어 하스몬가문의 아내 미리암 1세, 그의 장모 등을 무자비하게 죽였다. 그는 옥타비아누스가 정적 안토니우스를 누르고 로마제국의 권좌에 오르자 그를 알현하고 충성을 맹세하였다. 그는 사마리아를 재건하고 아우구스트 신전과 화려한 궁전을 짓고 그 도시명을 세바스티아로 정하여 옥타비아누스에게 헌정하였다. 그는 가이사랴에 로마식 항구도시를 건설하고 예루살렘에 안토니아 성채와 성전을 만드는 등 대규모의 건축사업을 추진하였다. 그러나 그의 통치는 아들들 사이의 갈등과 분화로 쇠퇴하기 시작하였다. 그는 공식적인 부인만 10명이나 되었다. 그는 미리암에게서 낳은 아들 알렉산더와 아리스토불루스를 대역죄로 사마리아에서 처형하고 헤롯 안티파스를 그의 후계자로 정하였다. 그는 70세의 나이로 여리고에서 세상을 떠나 자신이 만든 헤로디움 무덤에 묻혔다. 예수는 헤롯이 죽기 전에 베들레헴에서 탄생하였다.

분봉왕시대(4 B.C. - 44)

헤롯대왕이 죽은 다음 그의 왕국은 셋으로 분할되었다. 유다와 이두메, 남부 사마리아는 대왕의 부인 말타케의 아들 아켈라우스에게, 갈릴리와 베레아는 헤롯 안티파스에게, 그리고 갈릴리 북동부는 클레오파트라가 낳은 필립에게 각각 분할되었다.

헤롯 안티파스(Herod Antipas: B.C. 4-39)는 부왕의 통치방식을 따랐으며, 티베리우스황제의 이름을 따서 티베리아라는 도시를 갈릴리의 게네사렛 호수가에 건설하였다. 이곳은 예수의 활동지역이었으며, 2세기경에는 마소라성경과 미쉬나가 출간된 곳으로 유명하다. 그는 세례 요한을 처형한 자로 악명이 났으며, 죽은 후 그의 영토는 아그립바 1세에게 넘겨졌다. 필립은 요단강 근처에 게에자르라는 도시를 건설하였으며, 가이사랴 빌립보는 바로 그 도시의 수도였다. 그의 사후 그의 땅은 헤롯대왕의 손자인 아그립바 1세에게 넘겨졌다. 종교적으로 역사적으로 유명한 유다지역을 차지한 아켈라우스는 바리새파와 사두개파, 그리고 유다 지도자들의 심한 반대에 부딪혀 오래 견디지 못하고 물러났다. 그 결과 유다는 최초의 로마의 총독관구로 떨어졌다. 유다와 로마 총독부 사이의 관계가 악화되기 시작한 것은 유다 총독 본디오 빌라도(26-36)와 로마의 칼리굴라 황제(37-41)의 통치기간이었다. 유다인들은 예루살렘에 로마황제의 동상이 건립되는 것을 강력히 반대하였다. 이 문제는 황제의 암살로 일단락되었으나 로마의 통제는 그치지 않았다.

로마는 예루살렘 성전을 중심으로 자치기구를 두었다. 이것은 대시나고그, 혹은 산헤드린(Sanhedrin)이라는 공의회의 성격을 지닌 유다최고의 자치의결기관이었다. 이 정치기구는 대제사장, 서기관, 바리새파 등 지도급 인사 71명으로 구성되었다. 이 기구의 최고 책임자는 대제사장이었다. 헤롯왕국의 마지막 왕이었던 아그립바 1세가 44년 죽은 다음 유다는 로마제국에 합병되면서 로마 군대의 주둔지로 전락되었다.

이스라엘의 멸망과 디아스포라

로마제국의 이스라엘 총독정책은 일반적으로 나쁘지 않았다. 이스라엘에 자치권과 종교적 관습을 허용하는 대신 국방, 세금, 재판에 관한 권한은 로마인들에게 주어졌다. 그리하여 이스라엘인들은 대제사장과 산헤드린을 중심으로 자율적인 자치제를 누려나갔다. 그러나 시리아의 총독 퀴리누스의 과세정책이 실시되면서 점차로 불만이 늘어갔다. 더군다나 기독교집단 · 유대 민족주의 집단과 공적 질서유지에 민감한 로마제국 사이에는 새로운 긴장이 고조되었다. 결국 로마통치에 대한 유대인들의 전면적인 투쟁이 일어났는데, 이것이 제1차 유대반란(66-70)이었다. 이 반란은 흥분한 갈릴리의 2명의 남자들이 사람들에게 호구조사에 불응하도록 선동하는 데서부터 시작되었다. 이 반란은 소위 열성파(the Zealots)라는 사람들의 가담으로 격렬하게 번져 나아갔다. 이들 열성파는 혁명적인 민족주의 사제집단으로 반로마적 종말론자들이었다. 4년 이상 지속된 이 전쟁으로 60만 명 이상의 유대인들이 희생되었으며, 예루살렘 성전이 붕괴되었다. 그리고 이스라엘은 결국 그 종말에 이르게 되었다. 이때가 70년 아브월이었다. 이 후 이스라엘인들은 국가 없는 민족으로, 세계만방에 흩어져 사는 이산민족(디아스포라, 이산, *Diaspora*)으로, 20세기 이스라엘공화국이 탄생하기까지 떠돌며 살아남지 않으면 안 되는 민족이 되었다.[11]

---

11) 이스라엘 민족은 디아스포라 이후 세계 여러 나라에 흩어져 살다가 제1차 세계대전 중 영국의 발포어선언(1917)에 의해 이스라엘 공화국의 건립을 약속받았으며, 제2차 세계대전 이후 1948년 이스라엘공화국으로 독립되었다. 그러나 그들은 1967년 소위 6일 전쟁(제3차 중동전쟁)을 치르지 않으면 안 되었으며 지금까지도 중동분쟁에서 벗어나지 못하고 있는 실정이다.

3. 유대교란 어떤 종교인가?

- 유대교, 기독교, 이슬람교의 관계
- 유대교의 성경적 기초
- 유대교의 정체성: 유월절과 안식일
- 랍비 유대교의 기원
- 랍비 유대교의 신학
- 랍비 유대교의 형성과정: 제1단계, 제2단계
- 랍비 유대교와 서구문명, 랍비 유대교의 사상적 강화: 철학사상과 하시디즘
- 카라이즘
- 사바티아니즘
- 개혁유대교와 시오니즘

서양문명의 정체성
-헤브라이즘과 헬레니즘의 만남-

3. 유대교란 어떤 종교인가?

　유대교(Judaism)는 일반적으로 유대인들이 믿는 유대인의 종교로 널리 알려져 있다.[1] 그러나 이러한 정의는 엄격한 의미에서 올바른 정의가 아니다. 만약 종교문제에 관한 유대인들의 독특한 견해가 바로 유대교라고 이해한다면 유대교로서의 종교적 특성은 사라지게 된다. 그것은 유대인들 가운데는 세속적인 사람들도 있고 신앙적인 사람들도 있기 때문이다. 여기에 유대인들에 대한 두 가지의 분류가 나타나게 된다. 그 하나는 민족적 인종적 차원에서의 유대인(Jewish for the ethnic)이요, 다른 하나는 종교적 차원으로서의 유대인(Judaic for the religious)이다. 양자는 특히 종교적으로 서로 일치하지 않는다. 예를 들면, 이스라엘 사람들이 먹는 빵에는 할라(the hallah)와 바겔(the bagel)의 두 가지 종류가 있다. 전자(할라)는 유대교의 종교적 의식과 전통에 따라 안식일에 사용하기 위하여 달게 구운 빵이며, 후자(바겔)는 종교와는 관계없이 이스라엘인들이 보통 아침에 먹는 빵이다. 그러므로 유대교는 할라를 먹는 이스라엘인들이

---

[1] Lionel Kochan, *The Jew and His History*, New York, 1977; 최명덕,「유대인 이야기」, 두란노, 1997, 참조바람.

가지고 있는 종교를 의미한다. 비록 모든 이스라엘인들이 어떤 주어진 문제에 서로 일치한다 할지라도 유대교라는 종교적 차원에서는 일치되지 않는다. 이것은 마치 이탈리아인이나 폴란드인들의 정치사상이 바로 그들의 가톨릭과 연결될 수 없는 것과 같은 이치이다. 요컨대, 종교는 어디까지나 민족의 정체성과는 무관한 문제이기 때문에 유대교를 '유대인들의 종교(the religion of the Jewish People)' 라고 간단하게 정의할 수는 결코 없다는 것이다.

유대교, 기독교, 이슬람교의 판계

그러면 유대교를 살펴보기 전에 유대교에 관한 다른 종교들(기독교와 이슬람교)의 입장은 어떤지 알아보기로 하자. 그것은 그들에게 비쳐진 영상(입장)을 통하여 유대교의 특성을 살필 수 있기 때문이다. 그들(기독교와 이슬람교)은 한결 같이 유대교에 대해 긍정적인 입장을 가지고 있다. 그들은 유대교가 제일 먼저, 다음에 기독교, 그리고 그 다음에 이슬람교가 차례로 이루어졌다고 인정한다. 즉 그들은 그들의 종교적 기초가 유대교라는데 긍정적인 입장을 가지고 있다. 그러나 그들은 그들 종교의 형성과정에 대해서는 서로 다른 입장을 나타낸다. 기독교는 구약에서 이루어진 것은 그것으로 그치는 것이 아니라 신약에서 완성되는 것으로 해석한다. 이슬람교는 이에서 더 나아가 모세와 예수와 같은 예언자들의 메시지가 모하메드에 의해 비로소 완성되는 것으로 확대 해석한다.

이에 관해 좀 더 알아보자. 그들은 다 같이 아브라함과 사라를 이스라엘 자손의 조상으로 기록하고 있는 창세기의 내용을 그대로 따르고 있다. 유대교는 모세 5경을 중심으로 하는 구약을 유일한 경전으로 삼는 반면에, 기독교는 구약을 이어 받되 그리스도의 빛으로 완성되게 하는 신약도 함께 경전으로 포함시킨다. 이슬람교는 위에서 밝힌 바와 같이 유대교, 기독교와는 또 다른 독특한 방법으로 성경을 해석하고 있다. 즉 그것은 그들처럼 구약과 신약에서 전개되는 이스라엘의 예언자들의 역사를 따르되 모하메드에 의해 마침내 완성되는 흐름으로 역전시킨다. 그렇다면 아브라함의 가계가 유대교의 대명사로 중요시되는 원인은 무엇인가. 창세기(성경)에 의하면, 하나님은 아브라함과 사라로 시작하여 그들의 후손들(이삭과 리브가, 야곱과 레아·라헬 등)로 이루어지는 대가족을 그의 백성으로 선택하였다. 그리하여 그들은 '이스라엘의 자손(the children of Israel)', 혹은 '이스라엘 민족(Israelites)'으로 지칭받게 되었다. 그들은 기근을 맞아 거룩한 땅을 떠나 이집트로 가서 거기서 노예생활을 하게 되었다. 하나님은 그들을 이집트로부터 해방시켜 시내산으로 인도하였다. 그들은 드디어 이집트와 거룩한 땅 사이의 광야에서 예언자 모세를 통하여 하나님의 뜻에 순종함으로써 '제사장의 왕국(a kingdom of priests)과 거룩한 백성(a holy people)'을 이루는 법과 가르침이 들어가 있는 '토라(the Torah)'를 지침서로 받게 되었다. 이것이 바로 유대인들이 아브라함의 가계를 그들 종교의 정체성의 바탕으로 삼고 있는 중요한 이유이다.

기독교와 이슬람교는 위에서 밝힌 바처럼 "너희가 내게 대하여 제사장의 왕국이 되며 거룩한 백성이 되리라"는 말씀(출 19: 6)에 근거한 유대교의 이스라엘 공동체를 본받아 '그리스도의 몸 된 교회(the Church, the mystical body of Christ)'와 무슬림신봉자들의 대공동체인 '움마(ummah)'를 각각 형성하게 되었다. 기독교는 아브라함을 하나님을 아는 최초의 인간으로, 그의 자손을 하나님을 아는 선택된 사람들로 받아들인다. 그리고 예수를 이 아브라함의 자손을 구원하는 구세주로서 신약과 연결시킨다. 즉 마치 이삭이 아브라함에 의해 모리아 땅에서 결박되어 번제로 바쳐진 것(창 22)과 같이 예수는 인류의 대속을 위해 골고다 십자가 위에서 희생을 당했다는 것이다. 이슬람교도 유대교, 기독교와 마찬가지로 아브라함의 가계를 그대로 받아들인다. 그러나 다른 점은 이슬람교는 아브라함의 아들 이삭과 그리고 이삭의 이복형 이스마엘을 중시한다. 특별히 이스마엘을 이슬람교의 창시자로 떠받든다. 이스마엘은 아브라함의 아들로 메디나에서 하나님(아랍어로 알라)의 명령에 의해 이슬람교의 창시자가 되었다. 이스마엘은 이삭, 야곱과 같이 하나님을 숭배하는 예언자들이지만, 특별히 무하마드로서 아랍인들의 조상으로 인정되었다. 그러므로 그는 아브라함의 첫 번째 정통 아들로서, 아랍인들은 비로소 그를 통해 혈통이 이어지게 되었다.

기독교와 이슬람교는 유대교와 공통된 기초를 공유하고 있다.

유대교의 성경적 기초

유대교의 특성을 살피기 전에 먼저 유대교의 종교적 바탕을 이루고 있는 토라(모세 5경)와 그것 다음에 이어지는 구약성경(여호수아, 사사기, 사무엘상하, 열왕기상하)에 관하여 간단히 훑어보기로 하자.

모세 5경(Pentateuch)은 창세기, 출애굽기, 레위기, 민수기, 신명기를 말한다. 여기에서는 주로 이스라엘민족의 시각과 이스라엘 땅으로 들어가는 그들의 역사과정에 관한 이야기가 서술되어있다.

모세 5경은 창세기(the book of Genesis)로부터 시작한다. 창세기 1-11장까지는 이 세상의 창조와 하나님의 형상대로 이루어진 인간(아담과 이브)의 창조, 불순종으로 인한 인간의 탈선, 에덴의 추방으로부터 노아의 홍수까지의 10대에 걸친 인간의 몰락, 노아로부터 아브라함까지의 10대에 걸친 인간의 타락이 진술되어 있다. 창세기 12장에서는 비로소 아브라함과 그 자손에 관한 새로운 인류의 역사(이스라엘의 구원의 역사)가 전개되고 있다. 아브라함, 그의 아들 이삭, 그의 손사 야곱, 야곱의 12아들들의 이집트와 시나이 유배, 야곱의 이름 변경(이스라엘) 등이 서술되어 있다. 이것은 야곱의 12아들들로 시작되는 이스라엘민족, 이스라엘 대가족의 명칭이 어떻게 성경적 명칭(이스라엘: '하나님을 아는 사람'으로 붙여지게 되었는지를 설명해 준다. 이후 50장까지 아브라함, 이삭, 야곱의 생애를 다룬 기간을 족장시대(the Patriarchal period)라고 한다. 그리고 야곱의 70명의 식구가 이집트로 들어가서 약 400년간 살게 된다. 요컨대, 창세기는 인류의 일반역사(창 1-11장)와 특수역사(이스라엘역사, 구원역사: 창 12-50장)를 분별하여 밝혀주고 있다.

출애굽기(the book of Exodus)에서는 이집트에서의 이스라엘민족의 노예생활, 모세의 활약, 열 가지 재앙, 유월절, 홍해사건을 통한 이스라엘민족의 해방과정이 설명되어 있다. 이집트에서 나와 시내산에서 하나님이 모세에게 토라(십계명)를 계시하는 내용, 하나님이 아브라함의 가계인 이스라엘민족과 계약(covenant)을 맺는 내용, 그리고 성막봉헌에 대한 내용이 진술되어있다. 요컨대, 출애굽기는 이스라엘민족의 노예생활과 해방과정을 밝혀주고 있다.

레위기(the book of Leviticus)에서는 하나님 섬기는 일을 맡은 레위(야곱의 12아들들 가운데 1명의 이름)지파의 성막직책에 대해서 말하고 있다. 하나님 섬기는 방법(제사법, 절기)과 이스라엘사람들 사이의 생활관계(생활법, 생활규례 등)에 대해 지시하고 있다. 요컨대, 레위기는 인간과 하나님과의 관계를 올바로 갖기 위하여 제사장 왕국과 거룩한 백성을 다스리는 규례와 제사법을 소상하게 설명하고 있다.

민수기(the book of Numbers)에서는 가나안 정복을 위하여 실시한 인구조사와 39년간의 광야생활(시내산, 가데스바네스, 모압)에 대해 이야기하고 있다. 요단강을 건너 가나안에는 들어가지 못했지만 요단강 동편의 땅을 정복해 갓 지파, 르우벤 지파, 므낫세 지파에게 나누어준 내용이 설명되어 있다. 요컨대, 민수기는 가나안 정복을 위한 병력정비와 요단강 동편의 땅 분배에 대해 설명하고 있다.

신명기(the book of Deuteronomy)에서는 지난날을 회고하면서 실시한 모세의 긴 고별설교에 관해 이야기하고 있다. 여호수아와 갈렙을 제외하고는 이스라엘인들은 불순종으로 다 죽고 이제 성장하는 제2세대에 대하여 다시 한 번 가나안 종복에 관하여 강조한 모세의 강변이 수록되어 있다. 요컨대, 신명기는 거룩한 약속의 땅을 바라보면서 가나안 땅에 하나님의 왕국을 건설할 것을 굳건히 다짐하고 있다.

토라(모세 5경)에 뒤이어지는 여호수아, 사사기, 사무엘 상하, 열왕기 상하에서는 모세 이후 여호수아에 의해 가나안 땅이 회복, 분배되어지는 과정, 사사들에 의해 다스려지는 이스라엘의 혼란상, 사울에 의해 시작되는 이스라엘 왕국시대, 솔로몬 이후의 남북의 분열왕국시대 등 이스라엘의 역사에 대해 기술되어 있다. 이스라엘은 어떤 때는 하나님의 뜻에 합하게, 그러나 자주 하나님의 뜻에 어긋나게 행하였다. 드디어 선지자들이 이스라엘에게 타일렀다. 그들이 만약 토라의 계약을 지키지 않는다면 가나안 땅을 잃을 것이라고 경고하였다. 결국 그들은 하나님과의 약속을 어김으로써 신바빌로니아에 정복당하고 말았다(B. C. 586). 그들은 포로로 바빌론에 잡혀갔고 그들의 거룩한 도시 예루살렘은 파괴되었으며, 레위기의 지시대로 하나님을 경배하기 위하여 솔로몬이 지은 성전은 무너지고 말았다. 그러나 정복 된지 3 세대가 지난 다음(B. C. 586-538), 이스라엘은 신바빌로니아의 포로에서 풀려났다. 이스라엘은 다시 이스라엘 땅으로 복귀되었고, 재건된 성전을 중심으로 에스라에 의해 시내산에서 모세에게 계시된 토라대로 하나님의 율법은 다시 가르쳐지게 되었다.

그렇다면 유대교가 받아들인 성경적 요지는 무엇인가. 다시 말해 유대교인들이 한 결 같이 그들의 생활을 시·공적으로 지배한다고 믿는 성경적 기초는 무엇인가. 그들이 모세 5경을 통해 터득한 요지는 세 가지이다. 첫 번째로는 세계의 창조와 아담-이브의 타락이며, 두 번째로는 이집트로부터의 이스라엘 민족의 탈출이며, 세 번째로는 모세가 받은 토라와 40년간의 광야생활 이후 약속의 땅 이스라엘의 회복이다. 요컨대, 아담과 이브로 대표되는 인류, 구체적으로는 이스라엘민족의 삶의 패턴은 한 마디로 말해 "추방과 회복(exile and return)"의 과정이라는 것이다. 즉 인간이 하나님의 법도(토라, 레26, 신32)대로 살면 축복을 받고 그렇지 않으면 멸망을 받게 된다는 것이다. 예를 들면, 레위기 26장과 신명기 32장은 이스라엘인들이 어떻게 하나님의 뜻대로 살아야 하는 가를 지시하는 하나님의 법도의 내용을 가리킨다.

유대교의 정체성

그러면 유대교의 정체성은 무엇인가. 성경에서 말하는 유대교의 진수는 무엇인가. 유대교라고 말할 때 누구나 수긍하는 유대교의 정의는 무엇인가. 과연 유대교는 어떤 종교인가. 원론적으로 말한다면 유대교란 히브리어 성경(토라)의 율법을 따르고 그 규례들을 실천하는 유일무이한 종교를 뜻한다. 그리고 유대인(a Jew)이란 하나님에 의해 선택된 백성으로서 토라에서 지시하는 명령들을 가슴에 새기고 그 율법을 지키는 이스라엘인을 바로 진정한 의미의 유대인이라고 정의할 수 있다. 그러나 이러한 정의에는 적지 않은 의문이 도사리고 있다. 왜냐하면 토라의 지시를 모두 그대로 지킬 수 있는 이스라엘인들도 그리 많지 않을 뿐 아니라 그 수용하는 방법이나 태도 또한 천차만별일 수 있기 때문이다. 그리하여 유대교인이면 누구나 공통적으로 지키고 중요시하는 종교적 관례, 유대교인이라면 누구나 공통적으로 지켜야 되는 축제를 찾아내는 것이 오히려 유대교의 정체성을 이해하는데 도움이 될 것으로 판단된다. 저걸 지키는 걸 보니 저 이스라엘 사람은 정말 유대교인이구나 판별할 수 있는 그런 종교적 관례를 찾아보자는 것이다.

유월절과 안식일

일반적으로 유대교에서 가장 중요하게 지켜지는 축제는 두 가지로 알려져 있다. 그 하나는 유월절(the Passover Seder)이요, 다른 한 가지는 안식일(the Sabbath)이다. 유월절은 이스라엘인의 조상들이 하나님의 은혜로 이집트의 노예 굴레로부터 벗어난 날을 기억하고 기념하기 위하여 제정된(출 12: 1-27, 23: 15, 16, 신 16: 1-3) 이스라엘민족의 해방 기념일이다.[2] 유대인들은 만약 하나님이 이집트의 지배로부터 해방시켜주지 않았다면 그들은 아직도 파라오(이집트의 황제)의 노예상태에 그대로 머물러 있었을 것이라고 감사한 마음을 금하지 않았다. 그들은 이날(Passover, haggadah)을 잊지 않기 위하여 테이블에 둘러앉아 무교병(the unleavened bread, massah)과 쓴 나물(bitter hrebs), 양의 뼈를 먹으면서 그들 조상들의 고난을 회상한다.

그들은 비록 현재 머물러 있으나 과거의 조상들과 같은 처지이며 아무리 시간이 흘러간다 할지라도 그들에게 현재와 과거는 분리될 수 없는 동일한 날일 뿐이다. 그들은 세계 어디에 있든지 이 날을 기념하면서 유대인의 정체성을 확

---

[2] 이스라엘 조상들은 가나안력 아빕월(니산, 3-4월) 10일에 1년된 어린 수양을 택하여 (출 12: 3), 14일 해 질 때에 그 양을 잡고(6), 그 피로 양을 먹을 집은 좌우 문설주와 인방에 바르고(7), 그 밤에 고기를 구워 무교병과 쓴 나물을 먹었다. 그 다음 날부터 1주 동안 무교절(유월절)로 지켰다. 이 유월절 어린 양은 기독교에서는 인류의 죄를 구원한 그리스도의 모형을 뜻한다.

인한다. 그리하여 그들은 모두 유일신 여호와 하나님 안에서 '우리(we)'가 된다. 그들에게 이 땅의 생활과 하늘의 하나님 존재 사이에는 간극이 없다. 이를 위하여 그들은 연이어 성경에서 말하는 대로 기도와 종교의식을 계속한다. 그러므로 태양과 달의 움직임을 중심으로 이루어진 거룩한 달력은 그들의 각종 종교축제를 위하여 매우 중요하다. 그들은 1년에 세 번 추수하는데, 이 추수기를 중심으로 그들의 주요 명절들이 지켜진다. 그리고 이 농경적인 명절에는 하나님의 섭리로 이루어진 역사적인 사건들이 곁들어 있다. 그 첫 번째가 위에서 말한 유월절(무교절, 봄 추수, 이집트탈출 민족탄생기념)이고, 그 두 번째가 맥추절(칠칠절, 오순절, 여름 추수, 시내산 십계명 종교탄생기념)이며, 그리고 그 세 번째가 초막절(장막절, 수장절, 가을 추수, 광야생활기념)이다.

그들은 유월절과 더불어 초막절을 중요시한다. 9월의 겨울장마의 끝은 이스라엘 노예들의 종료를 뜻하며, 시내산에서의 방황의 종료를 뜻한다. 이것은 바로 초막(Sukkot, Tabernacle)의 삶을 의미한다. 그들의 노예조상들은 토라를 손에 쥐고 약속받은 땅에 하나님의 왕국을 건설하기 위하여 향하지만 곧 믿음을 잃고 돌아섰다. 그 결과 그들은 40년 동안 광야에서 방황하지 않으면 안 되었다. 그들은 죽고 그들의 후손들만이 약속의 땅에 들어올 수 있었다.

성경은 분명하게 초막절(장막절, the Festival of Tabernacle)을 광야 40년과 연결시키고 있다(레 23: 33-43).[3] 그들은 초막절을 기념하기 위해 실제로 1주일 동안 살던 집에서 임시 움막으로 옮겨 광야의 어려운 생활을 직접 체험한다. 초막절은 티슈리월(Tishre, 양력 9-10월) 15일에 시작하여 일주일동안 지속된다. 그 마지막 날(호사나 라바, "큰 구원의 날")은 구원을 얻는 사죄의 날로 지킨다. 신약에서는 메시아 예수의 오심과 연결시킨다. 그리고 이보다 앞서 신년(Rosh

---

[3] "너희는 7일 동안 초막에서 살 것이다. 이스라엘인들은 누구나 초막에서 지냄으로써 나 여호와가 이집트로부터 이스라엘인들을 끄집어내어 초막에서 살게 한 사실을 너희 세대에게 알게 할 것이다. 나는 주 너희 하나님이니라"(레 42-43). 초막절은 수장절이라고도 부른다. 티슈레 15일부터 1주 동안(후에 8일로) 연말 추수의 감사제(동시에 신년제)로 지키던 절기이다. 후에 이스라엘인들이 겪은 광야의 고난과 방랑의 장막생활을 기념하는 축제로 되어졌다(느 8: 14-17).

Hashanah)은 티슈리월의 첫날로서, 이 날 하나님은 심판대에 앉아 여러 민족들의 운명과 각 사람들의 앞날의 운명을 결정한다고 믿는다. 그러므로 그들은 그 첫째 날에서 9일 동안은 하나님의 창조를 기억하면서 주로 다른 사람들과의 관계에서 자신들의 잘못들을 돌아본다. 그리고 그 10일 째 되는 날은 대속죄일(욤 키푸르, Yom Kippur)로 하나님께 자신들의 죄를 고백하며 회개한다.

안식일은 이스라엘인들이 하나님의 명령에 따라(출 20: 8-11) 1 주간 가운데 6일은 일하고 7일째 되는 날에 휴식하였던 날을 기념하는 날이다.[4] 그들은 "하나님이 일곱째 날을 복 주사 거룩하게 하셨으니 이는 하나님이 그 창조하시며 만드시던 모든 일을 마치시고 이 날에 안식하셨음이더라"(창 2: 3)에 근거하여 안식일을 지킨다. 아담과 이브가 하나님과 함께 첫 안식일에 쉬었으므로, 그들도 안식일에 쉼으로써 하나님과 아담이 마지막으로 향유했던 상황, 즉 하나님이 창조를 완전하게 끝내시고 안식일을 축복하시고 휴식에 들어간 완전한 안식일(the perfect Sabbath)을 회복할 수 있다고 믿는다. 안식일은 금요일 저녁 일몰에서부터 시작하여 토요일 저녁 일몰에 그친다. 안식일은 이스라엘이 하나님과 계약을 맺는 날로 유대교의 절정을 의미한다(출 31: 16-17). 이 날에 신실한 이스라엘인들은 일을 그치고, 기도와 토라공부에 전념하며, 가족과 함께 먹고 쉬면서 즐긴다. 그들은 축제의복을 입고 모여서 음식을 먹고 시나고그에서 토라를 낭독한다.[5]

그러면 탈무드에서 전해지는 에덴의 회복과 안식일에 대하여 알아보도록

---

4) 안식일의 설정에 관해서는 두 가지의 성경적 해석이 있다. 하나는 하나님이 6일간의 창조 후에 쉬셨다는 것(창 2: 2), 다른 하나는 이스라엘민족이 일찍이 이집트로부터 하나님의 궁휼에 의해 해방되었기 때문에 안식일을 지켜야 한다는 것(신 5: 15)이다.
5) "당신은 우리를 선택하여주시고 모든 민족 가운데 우리를 거룩하게 하셨도다. 당신은 사랑과 호의로 당신의 거룩한 안식일을 유산으로 주셨도다"(안식일 기도서). 그러나 신약시대(초대교회)에 와서 이 안식일은 일요일로 바뀌었다. 그것은 예수님의 부활의 날(일요일)을 기념하기 위해서였다. 예수님도 안식일을 지나치게 율법적으로 지키는 것에 반대하였으며(마 12: 7, 막 2: 27, 요 5: 1-), 바울도 마찬가지였다(골 2: 16-17). 역사적으로 이스라엘과 하나님 사이의 계약은 안식일(시간적 차원, 출 31: 16-17), 무지개(자연적 차원, 창 9: 12-15), 할례(육체적 차원, 창 17: 10-11)를 통해서 나타났다.

하자. 이스라엘의 탈무드(400)에 의하면, 이스라엘이 안식일을 지키면 세계는 에덴에서와 같이 원래의 완전성(the original perfection)을 회복한다. 안식일을 지키면 세계가 완전하게 회복되고 동시에 이스라엘의 에덴이 회복된다...의인에게는 아침이 오고 악인에게는 밤이 온다. 참된 회개만이 이스라엘이 원하는 파라다이스가 온다...안식일은 다윗의 아들, 메시아의 도래를 의미한다. 안식일은 회개와 이스라엘 땅의 회복을 연결시켜주며, 메시아에 의하여 죽음에서 생명으로 인도하게 만든다. 메시아의 도래는 전적으로 이스라엘의 의지에 달려있다. 이스라엘이 하나님의 의지에 종속되면 모든 문제는 해결된다.....안식일은 하나님 은총의 최고 징표이다.

그러므로 그들이 안식일을 지킨다는 것은 이스라엘민족을 하나님의 왕국으로 인도하는 것이며, 구원으로 인도하는 것을 의미한다. 왜냐하면 안식일에 하나님과 같이 행동하는 것은 이스라엘인들이 안식하고 에덴 본고향으로 들어가는 것을 뜻하기 때문이다. 그들에게 안식일은 계약의 징표이며, 악하고 우상숭배하는 자들에게는 결코 없는 은총의 선물이며, 이스라엘 선민의 증거이며, 가장 즐거운 날이며, 그리고 하나님 왕국에 사는 날을 의미한다. 요컨대, 안식일은 그들의 과거를 현재로, 현재를 과거로 오게 하는 영원한 시간을 의미하는 무한한 가치를 지닌, 민족과 세계의 구원을 가져오게 하는, 그리하여 온 세계에 있는 이스라엘인들의 문화, 언어, 역사, 사상을 하나로 뭉치게 해주는 하나님과의 올바른 관계를 회복해주는 거룩한 날이라는 것이다.

랍비 유대교의 기원

토라는 예언서, 역사서와 함께 유대인 집단의 주요정전으로 사랑을 받게 되었다. 그 가운데서도 토라(모세 5경)는 랍비(rabbis)라는 유대인들의 존경을 받는 현자들에 의해 관심의 초점이 되었다. 이들 랍비들은 토라 이외에도 시내산에서 모세가 하나님으로부터 받은 계시에 근거한 구전적 전통(oral tradition)을 매우 중시하였다. 그들은 이 전통을 시내산의 토라에 속한 부분으로 간주하였다. 기원 초기(1세기 경)부터 그들은 이들 토라에 뿌리를 두고 그들의 전반적인 생활방식을 비롯하여 그들 유대 공동체의 사회질서와 규범을 형성해 나아갔다. 일반적으로 이들에 의해 이루어진 "랍비 유대교(the Rabbinic Judaism)"를 유대교라 일컫는다. 그러므로 랍비 유대교는 모든 종류의 유대교의 근간이 된다.

이미 밝힌 바대로 그들은 시내산의 하나님의 계시를 추적하는 가운데 토라가 두 가지의 방법으로 모세에게 전달되었다고 믿었다. 그 하나는 기록(writing)이고 다른 하나는 기억(memory)이다. 토라의 기록 부분은 구약(성문)으로 남게 되었다. 그리고 토라의 구전(기억, 전승) 부분은 궁극적으로 성경을 해석한 일련의 율법과 신학서술로 정리된 미드라쉼(the Midrashim)과 법전의 형태를 갖춘 미쉬나(the Mishnah)로 나뉘어졌다. 미쉬나는 200년경 토세프타(Tosefta)라 불리어지는 증보전집으로 나왔고, 300년경에는 다시 두 가지의 조직적인 주제별 미쉬나 해석집인 탈무드(Talmud)가 만들어졌다. 그 하나는 이스라엘 땅에서 나온 예루살미(the Yerushalmi), 혹은 예루살렘의 탈무드(Talmud of Jerusalem)라 불리어지는 것이요(400), 다른 하나는 바빌로니아에서 나온 바블리(the Bavli), 혹은 바빌로니아의 탈무드(Talmud of Babylonia)라 불리어지는 것이다(600).[6]

고대의 유대교는 이러한 유대인의 전통을 그대로 이어 받았다. 다시 한 번 정리하면, 유대교는 하나님이 이스라엘 민족에게 내린 계시, 즉 "가르침(teaching)"을 의미하는 히브리어 토라의 율법과 규례에 따라 그들의 정치, 문화, 법률을 다스리는 유일무이한 종교를 뜻한다. 좁은 의미에서 유대교는 하나님의 계시인 토라, 그 가운데서도 제1차적으로 10계명에 주로 집중되었지만, 거기에 머물지 않고 더 넓은 범위의 내용을 가지게 되었다. 시간이 흘러 사회가 다원화 되고, 이에 따른 율법적, 신학적 진술이 부가되면서, 유대교는 단순

---

[6] 이 구전적 토라(미쉬나·탈무드)는 제2차 성전 멸망(70년) 이후 시대변화에 맞게 율법을 수정적으로 해석하는데 선용되었다. 즉, 성문화된 토라(모세5경)는 건드릴 수 없으므로 '성문화된 토라에 일종의 담을 치는 방법'으로 새 시대에 맞게 토라를 재해석하였다. 말하자면 성문화된 토라(모세5경)가 헌법이라면 그 구전적 토라는 하위법인 셈이다. 이들은 신약의 복음서보다 후대에 기록되었다.

한 종교적 신조와 기본적 신앙만이 아니라 문화, 경제학, 정치학 등 모든 분야를 다스리는 하나의 법률·종교의식체제로 인식되어졌다. 그리하여 유대교는 "할라카(Halakha)"라고 정의되게 되었는데, 이 말은 토라에 나타난 유대인의 총체적 생활방식을 구체적으로 규정한 총체적 율법을 의미한다. 히브리어로 "걷는다(to walk)"는 의미의 "할라카"는 유대인이 그들의 문화동동체에서, 혹은 그들 공동체의 안과 바깥의 사람들과의 관계에서 개인적 신앙과 종교적 헌신의 문제들을 수행해 나아가는 정당한 길을 뜻하였다. 이 "할라카"의 기초는 물론 토라이다. 이 토라는 시내산에서 모세가 하나님으로부터 받은 계시인데, 이미 설명한 바와 같이 성문적 토라와 구전적 토라로 구분되었다.

전자(성문적 토라)는 모세5경으로 기록되어 모든 이스라엘사람들에게 전달된 반면에, 후자(구전적 토라)는 하나님이 모세에게 말씀으로 가르쳤고, 모세는 이것을 여호수아에게, 여호수아는 이것을 장로들에게, 오랜 일련의 전통을 통하여, 그리고 랍비들의 손으로 들어가게 되었다. 랍비들은 첫 번째 수세기동안 이스라엘과 디아스포라에서 유대공동체의 지도자들로 군림한 사람들이었다. 이들 랍비들은 전쟁이나 국가소요, 다른 재해를 통해 손실될 것을 염려하여 이 구전적 토라를 정리하여 성문화하기 시작하였다. 그리하여 전술한 바처럼, 2세기경 랍비유대교 최초의 문헌 미쉬나가 만들어지고, 5세기경 탈무드가 만들어졌다. 요컨대, 유대교는 하나님의 가르침과 하나님에 대한 이론 안에서 인간의 지성과 거룩한 신의 진리 사이의 연합을 발견하고, 생각하며, 그리고 행동한 모든 것들을 포괄하게 되었다.

고대 유대교의 특성은 3세기경의 미쉬나와 바빌로니아의 탈무드에 잘 나타나있다.[7] 미쉬나에 나타난 요지는 구전적 토라는 소위 모세 5경을 의미하는 토라와 구별된다는 사실이다. 이 구전적 토라는 하나님의 계시와 동일하며 그 권위도 같다는 것이다. 즉, 모세로부터 오랜 전통을 통하여 전달 받은 랍비들은 토라의 수령자들이다. 랍비들은 시내산에서의 계시사건 이후 오랫동안

---

7) Mishnah Tractate Abot와 Babylonian Talmud를 뜻함.

그들 자신의 말로 표현된 그들 자신의 진술들이 하나님 자신의 가르침과 병행하도록 토라를 구성하였다. 그러므로 인간은 하나님 자신의 명시적 계시행동을 통해서만 하나님 뜻의 지식을 얻는 것이 아니다. 하나님의 지식은 오히려 계시의 자세한 세목에 대한 유대인들 자신의 적극적인 개입으로부터 나온다. 할라카에서 표현된 것들은 하나님이 원하는 조건대로 형성된 것이다. 공동체의 통치, 상행위, 사회적 상호행동, 개인관계, 개인적 신앙, 기타 모든 생활양상들은 하나님의 뜻에 의해 이루어지고, 토라와의 인간관계를 통해서 계시된다. 종교적 영적 개념과 사회적 개념은 토라를 통하여 하나로 통합된다. 그리하여 고전적 유대교에 있어서 랍비들은 토라에 대한 숙달과 정통을 통하여 종교적, 그리고 세속적 권위를 관장하였다. 이것은 분명히 오늘날의 랍비들과 다르다. 왜냐하면 그들과는 달리 오늘날의 랍비들은 제1차적으로 교회예배, 설교강론, 목회상담 등 일반적으로 시나고그(synagogue)와 관련된 기능만 갖고 있기 때문이다.

다음으로 토라에 의해 지시된 유대공동체적 기능은 3세기경 바빌로니아의 탈무드에 잘 나타나있다. 랍비는 종교적 지도자로서 종교문제 뿐 아니라 더 나아가 공동체의 안전과 경제적 복지에 대해서도 책임이 있다. 농부는 자연적 경제과정으로부터 보호를 받아야 한다. 오늘날 시장체제가 정부의 개입이 불가피한 것처럼, 고대 유대인들도 랍비의 지도를 받지 않으면 안 되었다. 만약 시장의 힘들대로 내버려 둔다면 채소 농부는 범죄하게 될 것이다. 그들의 경제적 잘못은 종교의식의 위반과 마찬가지로 하나님에 대한 죄이다. 남는 채소는 동물에게 주기 보다는 파기되어야 마땅하다. 인간 먹기에 알맞은 음식은 동물에게 주어서는 안 된다. 하나님은 인간의 소비를 위해 음식을 만들었기 때문이다. 이것은 어디까지나 경제학적 논리라기보다는 토라에 기초한 하나님과 인간관계 중심의 신학적 논리라는 점을 잊어서는 안 될 것이다. 요컨대, 고전적 유대교는 시나고그의 종교적 관리 뿐 아니라 더 나아가서 유대공동체의 사회적 경제적 안전과 복지 등 공동체 전반에 걸친 문제들을 폭넓게 관리하는 랍비들에 의해 다스려나간 토라 중심의 종교라는 것이다. 다시 말해 고전적 유대교에서는 종교와 세속, 신앙과 이성, 시나고그와 세상이 구별되지 않았다는 것이다. 그것은 인간과 관계된 모든 것들은 하나님에 의해 창조된 것으로 하나님의 존재와 영광을 증명하고 있기 때문이다.

중세에 이르러 유대교는 형식적 논리적 형태를 가지게 되었다. 하나님은 모든 일들에, 더 나아가서 모든 지식에 반영된다는 사고가 학문, 그 가운데서도 철학에 지적 랍비들의 관심을 집중시켰다. 특히 유대의 율법학자들과 철학자들은 무슬림 스페인의 철학자들의 초점이 되었던 아리스토텔레스와 신플라톤 사상의 틀 속에서 유대교의 근본적인 이념을 다시 숙고하게 하였다. 이것은 토라에 대한 완전한 지식과 이해에 도달하기 위해서는 토라 이외에 과학, 의학, 수학, 그리고 아랍의 철학사상과 문학저술에 대한 탐구도 필요하다는 것을 의미한다. 이 시대의 열정적인 유대 철학자는 유다 이븐 티본(Judah ibn Tibbon: 1120-1190)이었다. 그는 유다 하레비(Judah Ha'Levi)의 철학저술(the Book of Argument and Proof in Defense of a Despised Faith, 히브리 타이틀: sefer Hakuzari)을 아랍어로 번역하였다.

그의 철학적 지식과 히브리어, 아랍어 연구는 뛰어난 업적으로 평가받기에 충분하였다. 그들의 주장대로 중세에 있어서 모든 학문은 궁극적으로 하나님에 대한, 그리고 하나님이 창조한 세계에 대한 학문으로 인식되었다. 요컨대, 중세에 있어서 법률, 철학, 문화, 정치 등을 아우르는 종교인 유대교는 모든 분야의 지식에서의 훈련을 필요로 하였다는 것이다. 이에 대해서는 다시 후술될 것이다.

랍비 유대교의 신학

시간이 지남에 따라 랍비 유대교는 토라를 중심으로 조직적인 신학을 발전시키기 시작하였다. 더군다나 실제적인 신학이 되기 위해서는 작위와 부작위에 대한 구별이 필요하였으며, 하나님은 누구이며 무엇을 하는 분인가에 대한 구체적인 설명이 요청되었다. 하나님은 사랑과 정의를 지닌 유일한 존재, 하나님은 유일무이한 존재라는 신앙, 즉 유일신론(monotheism)에 대한 논리적인 설명이 있어야 했다. 랍비 유대교는 잡다한 신들을 인정하는 다른 종교와는 다른 종교이다. 이 외에도 그들의 신은 정의롭고 긍휼을 가진(just and merciful) 분이다. 랍비 유대교는 또한 윤리적인 일신교인 점이 특징이다.

유일신론은 근본적으로 모든 것들을 한 가지 방향으로 설명한다. 유일한 하나님이 모든 것들을 다스린다. 그러므로 인생은 공평해야 하며, 정의로운 규칙들은 유일무이한 하나님의 이름으로 정상적인 것으로 간주된다. 한 가지의 논리가 모든 사물들을 이해할 수 있는 방법으로 몰고 간다. 그러나 이러한 유일신론은 그 자체의 내적 모순을 가지고 있다. 만약 참된 유일신이 모든 것들을 이룬다면 그 모든 것들의 선과 악의 책임은 그 신에게 있어야 될 것이다. 그러므로 신은 어떤 경우든 선과 정의의 신이지 않으면 안 된다. 왜냐하면 신이 악과 불의의 신이라면 그 책임에서 벗어날 수 없기 때문이다. 모든 유일신론은 신의 정의와 긍휼에 동시에 작동되어야 한다. 여기에 랍비 유대교가 그 자체의 논리를 전개해야하는 원인이 있게 될 것이다. 초기 랍비들은 어떻게 전지전능하고 정의롭고 긍휼한 하나님이 악인의 번영과 선인의 고통을 허락할 수 있는지, 이런 일신론의 모순적 문제에 대응하면서 그들은 모든 일들 속에 있는 하나님의 정의와 긍휼을 이로정연하게 설명할 수 있는 하나의 시스템을 만들어 내야 했다. 그리하여 그들은 이중적 토라(기록과 구전)가 바로 모든 창조물의 유일무이한 하나님의 정의를 조직적으로 계시해 준다고 확신하게 되었다. 왜냐하면 그들의 이중적 토라에는 다음의 세 가지의 원칙이 작용한다고 믿기 때문이다.

첫 번째는 하나님의 창조는 토라가 계시한 계획과 일치한다. 세계질서는 정의에 기초한 원인의 패턴(a pattern of reason)을 따른다. 토라를 가진 사람들-이스라엘인들-은 하나님을 알고 토라를 가지지 못한 사람들-이방인들(우상숭배자들)-은 하나님을 거부한다. 이처럼 인간의 두 가지 유형은 각각 하나님과의 관계에 따라 다르게 보응을 받는다. 현재의 이스라엘은 여러 민족들에게 예속되어 있다. 왜냐하면 하나님이 그들의 배반을 벌하기 위한 수단으로서 우상숭배자들로 계획했기 때문이다. 이것은 물론 그들의 종속과 유랑을 통하여 회개시키기 위한 목적에서이다. 인간의 사생활과 공적 질서는 모두 하나님의 완전한 창조 안에서 이루어지는 원칙에 따른다.

두 번째는 하나님의 권능과 완전함에 대항하려는 유일한 힘은 인간의 의지 (man's will)이다. 하나님이 강압할 수 없는 것은 인간의 의도적인 능력이다. 그런고로 인간은 오만하게 하나님에게 도전할 수도 있고 아니면 겸허하게 하나님을 사랑할 수도 있다. 하나님에 대한 인간의 도전 때문에 인간의 반란으로부터 만들어진 죄는 창조를 무너트리고 세계질서를 방해한다. 오만한 반란의 행위는 에덴으로부터 추방으로 이끌었고, 여자는 해산하는 고통과 남자는 어려운 노동, 결과적으로는 남녀 모두 죽음으로 가게하고 말았다. 이것이 바로 인간의 본질을 설명하는 논리이다. 그러나 하나님은 인간의 오만을 벌함으로써 회개를 부추기는 능력을 가진다. 하나님은 긍휼로 회개에 대하여 용서를 행사한다. 인간도 회개를 통하여 하나님과의 화해를 시도할 능력을 가진다.

세 번째는 구원과정에서 죄로 인한 죽음은 사라질 것이며, 죽은 자는 일어나서 이생의 행위에 대한 심판을 받을 것이며, 그리고 그들 대부분은 의롭게 되어 장차 영생에 다다를 것이다. 에덴으로 회복되는 인류의 패턴은 이스라엘 땅의 귀환으로 실현될 것이다. 그리고 장차 토라를 통해 하나님을 아는 인류는 모두 포함될 것이다. 그러나 하나님을 알지 못하는 우상숭배자들은 멸망될 것이다. 이들 원칙들은 토라의 추방과 회복의 패턴을 반영하며, 존 밀턴의 작품(Paradise Lost)에서 실제로 서양사상을 나타냈다. 하나님을 배반한 인간은 낙원을 잃었지만 하나님을 찾음으로써 낙원을 다시 찾았다는 내용이다. 요컨대, 위의 토라의 세 가지 원칙들의 정수는 "추방과 회복(exile and return)"이며, 이것은 이후 서양종교와 더 나아가 서양문명을 움직이는 사상적 토대가 되었다는 것이다.

랍비 유대교의 형성과정

기록된 토라와 구전된 토라 연구로 이루어진 랍비 유대교의 신학체제는 두 단계의 과정을 거치면서 발달하였다. 그 첫 번째 단계는 70년에서 312년까지이며, 그 두 번째 단계는 312년에서 640년까지이다. 로마제국의 기독교 공인 (313)을 기준으로 그 이전은 첫 번째 단계에 속하며 그 이후는 두 번째 단계에 속한다. 그러므로 첫 번째 단계는 기독교의 도전이 없는 유대교의 발전시기이며, 두 번째 단계는 기독교의 도전으로 유대교의 수정이 불가피했던 시기이다.

첫 번째 단계에는 두 가지의 주요 사건들이 일어났다. 한 가지는 70년 로마의 예루살렘 침공으로 두 번째로 성전이 파괴된 사건이다. 로마군대는 그 해 8월 예루살렘을 점령하고 성전을 불태워 일체의 종교의식을 중단시켰다. 다른 한 가지는 200년 미쉬나를 반포한 사건이다. 로마는 유대정권을 이스라엘에 회복시키고 그 기념으로 미쉬나를 발간하였다. 이것은 이스라엘의 멸망과 회복을 상기시키는 것으로, 예루살렘의 첫 번째 멸망(586 B. C.)과 회복(70)을 상징하는 것이다. 두 번째 단계에도 두 가지의 주요사건들이 야기되었다. 한 가지는 313년 콘스탄티누스 로마황제의 기독교로의 회심이고 다른 한 가지는 5세기경 탈무드의 재해석이다. 이스라엘의 탈무드는 기독교의 도전으로 새롭게 옷을 단장하지 않으면 안 되었다. 랍비 유대교는 성공적으로 기독교의 교리에 적응하였으며(후에는 이슬람교에), 다수 유대인들의 지지를 얻었다. 기독교와 후의 이슬람교가 계속해서 거룩한 민족 이스라엘과 연루된 주요문제들을 만날 적마다 랍비 유대교는 영구적인 규범형성의 주도자로 군림하였다. 그러나 근대에 들어와 기독교가 서양문명의 주도적 경쟁자로 부상함에 따라 랍비 유대교도 이에 대응하지 않으면 안 되게 되었다.

제1단계

그러면 제1단계에서 반포된 미쉬나에 대하여 알아보자. 랍비 유대교의 미쉬나는 유대인들의 올바른 삶과 온전한 사회질서의 기준을 이루기 위하여 전 6조 62항의 철학적 법전을 만들었다. 이것은 유대인들의 종교의식과 일상생활과 관련된 문제들에 대하여 주제별로 각각 해석을 달고 있다. 미쉬나 법전의 3분의 2는 성전과 제사에 관한 규정이고, 3분의 1은 민법과 같은 일상생활에 관한 규정이다.[8] 전체적으로 볼 때 미쉬나는 메시아가 죽은 자를 일으키고 이스라엘민족을 이스라엘 땅에 복귀시키며 그리고 저 세상을 이룩할 때 이스라엘민족이 세상 끝날 기대한 성전의 회복을 이루도록 기획되어져 있다. 그러나 그것은 일상생활을 위해서도 꾸며져 있다. 그리하여 그 법전의 제3, 4조의 많은 부분은 민법, 가족에 관한 실제적인 규정들로 구성되어 있다. 그리고 그 편집방법도 대부분 익명을 사용한다든가, 다른 의견들을 소개한다든가 하여 될 수 있는 한 보편성을 유지하려고 했으며 최종결론을 뒤로 밀어서 자유로운 토론으로 유도하게 하였다.

미쉬나에서 가장 중요하게 다룬 문제는 성전의 붕괴와 이스라엘민족의 성결(거룩함)이었다. 다시 말해 성전이 무너져 예배가 중단되고 이스라엘이 멸망했는데 이스라엘의 신성(거룩함, 성결)은 어찌 될 것인가 하는 것이다. 이에 대하여 미쉬나는 분명한 대안을 제시하고 있다. 비록 성전이 붕괴되어 거룩함이 중단되고 이스라엘이 멸망했다 할지라도 이스라엘의 신성은 그치지 않았다. 왜냐하면 "제사장의 왕국과 거룩한 백성"을 이루라는 하나님의 명령은 여전히 사회질서를 유지하려는 이스라엘민족 안에 존재해 있기 때문이다. 그러므로 거룩한 민족으로서의 이스라엘의 성화는 단순한 건물의 붕괴나 희생의 중단에 달려있는 것이 결코 아니다. 이스라엘민족은 그 자체로 거룩할 뿐이다. 요컨대, 미쉬나의 법률체제를 통하여 이스라엘민족은 마치 이스라엘, 유대인들로 구성된 새로운 성전을 재건한 것처럼 행동할 수 있다는 것이다.

그리하여 그들은 희생제물의 봉헌은 계속하되 거룩한 백성답게 충심으로부터 정성을 다하였다. 그들이 봉헌하는 희생제물은 이제는 이기심 없는 "자비로운 행동들(deeds of loving-kidness)"로 되었다. 윤리로 시작되는 그들의 생활방식은 끈질기게 지속되었다. 그들은 성전이 준비한 것처럼, 하나님을 섬기고 속죄하는 식의 다른 방식을 취하였다. 토라에서 정의한 대로 살아간 이스라엘

---

8) 6개조의 내용은 대략 다음과 같다. 1. 씨(축복기도, 십일조_, 안식년의 농사법), 2. 절기(안식일, 축제), 3. 여성(결혼, 이혼), 4. 손해배상(민법, 법원, 아버지의 윤리), 5. 성물(성전희생제사, 금지된 음식과 허락된 음식), 6. 정결(목욕재계, 정결의식, 부정한 것들)

백성은 이제는 미쉬나에서 해석하는 대로 백성의 성화를 목적으로 하는 생활방식으로 바뀌었다. 그들은 미쉬나가 토라를 온전하게 해석한다고 믿었기 때문이다. 그러나 역사는 무엇이며, 어디로 향하고 있는가와 같은 근본적인 문제는 여전히 풀리지 않은 채 남아 있었다. 300년 이전의 미쉬나는 이 문제에 답하지 못하였다. 따라서 이러한 문제가 풀리지 않는 한 유대교의 세계관이나 정체성도 명쾌하게 밝혀질 수 없었다. 이 문제가 해결된 것은 위에서 밝혔듯이 4세기에서 5세기 초엽 이스라엘의 탈무드에 의해서였다. 이 시기는 로마제국이 기독교를 국교로 인정한 후 100여년이 지난 때였다. 이것은 그야말로 기독교의 분명한 정체성이 서구문명에 의해 시작된 매우 중요한 사건이었다. 왜냐하면 이것을 전환점으로 유대교는 서구의 기독교와의 기나긴 공생을 위한 준비단계에 들어가야 했기 때문이다.

제2단계

랍비 유대교가 기독교의 도전으로 새로운 적응(제2단계)에 들어간 것처럼 기독교도 만찬가지의 상황에 처하였다. 그러면 기독교가 유대교에 도전한 원인은 과연 무엇인가. 그것은 아마도 다음의 두 가지일 것이다. 첫 번째는 모든 구약(토라)의 유산이, 예수 그리스도에 의해 예언자들의 약속이 이루어졌다는 주장과 충돌했기 때문이다. 두 번째는 심한 핍박을 받아온 기독교가 로마제국의 국가종교로 보호를 받게 되었기 때문이다. 이에 기독교 신학자들은 콘스탄티누스 대제의 기독교공인을 일제히 기독교를 진리로 나타내주는 산 증거라고 주장하였다. 유대인들은 서서히 랍비 유대교를 버리고 기독교를 그들의 종교로 받아들이지 않으면 안 될 상황이 되었다. 더군다나 랍비 유대교 지도자들은 로마제국의 지배를 받으면서 기독교에 의한 일련의 문제들과 싸우지 않으면 안 되었다. 그들은 군대나 정부로부터가 아니라 현자들의 토라로부터의 체제를 다시 준비해야 했다. 그들은 미쉬나에 대응했던 본래의 문제들에 새로운 방법으로 접근하면서 그들의 주도권을 유지하려고 하였다. 이것은 기독교에 뿐 아니라 후에 나타날 이슬람교에서도 마찬가지였다.

그 첫 번째는 하나님의 뜻(God's will)의 기록에 관한 정의문제이다. 즉 하나님의 의지를 담은 것은 성경인가 아니면 토라인가 하는 것이다. 기독교인들은 이스라엘의 토라에 대한 열쇄를 그들 자신이 가지고 있다고 주장하였다. 왜냐하면 구약에서 예언한 것들이 그대로 신약에서 실현되었기 때문이다. 이에 대해 랍비 현자들은 하나님에 의해 모세에게 말씀을 통하여 계시된 시내산의 토라가 참된 신의 의지라는 미쉬나의 주장을 강력하게지지하고 나왔다. 여기에서 양자 사이에 중대한 문제가 일어났다. 성문화된 토라가 더 중요한 것인가, 아니면 구전적 토라가 더 중요한가 하는 문제였다.

랍비 현자들은 이스라엘 땅이 탈무드에 의해 그들의 주장을 전개하였다. 즉, 이스라엘과 하나님 사이에 맺어진 계약은 "이 말씀들(these words)," 구전적 전통에 의해 이루어졌다는 것이다. 구전적 전통으로 전달되었다는 사실은 바로 권위의 우선권을 시사한다. 미쉬나와 그 외 랍비 기록들은 시내산의 구전적 전승을 분명하게 나타낸다. 이 사실은 바빌로니아의 탈무드에서도 마찬가지이다. 그것은 모세가 시내산에서 하나님으로부터 토라를 처음 어떻게 받았는가를 확실하게 밝히고 있다. 토라는 그 제자들에게 말로(verbal) 전달되었고, 말로 형성되었다. 그것은 서판에 기록된 것이 결코 아니다. 그것은 모세에게, 모세에서 아론에게, 아론에서 그의 아들 에레아자르와 이타마르에게, 그리고 온 백성에게, 장로들에게..한 마디 한 마디 하나님의 말씀의 지시대로 기록되어진 것이다. 다시 말해 구전으로 형성되고 구전으로 전승된 가르침이 바로 "미쉬나"이다. 미쉬나의 어근은 히브리어 문자로 SHNY인데, M자를 가진 mishnah는 기억(memory)을 뜻한다.9) 요컨대, 토라는 성문과 구전으로 나누어지지만 구전이 더 근원적인 하나님의 말씀이라는 것이다.

그 두 번째는 예수 그리스도의 메시아(the Messiah) 진위문제이다. 즉 그리스도가 구약에서 약속된 하나님의 메시아인가 하는 것이다. 기독교인들은 그리스가 바로 이스라엘민족이 기대하던 예언자들의 메시아이며, 로마제국의 기

---

9) Talmud of Babylonia Tractate Erubin 54B/5: 1. I. 43, *RFWC*, pp. 51-2.

독교화는 그리스도의 승리를 의미하는 것이라고 주장하였다. 이에 대하여 랍비 현자들은 참된 메시아는 토라의 주인이어야 한다고 대응하였다. 즉, 메시아는 토라의 율법을 지키는 랍비 현자의 모형이어야 한다. 132-135년 로마에 대항한 유대 반란군의 장군 바르 코크바(Bar Kokhba)를 상기해보자. 그러면 아마도 참된 메시아가 어떤 사람이어야 한다는 것을 알 것이다. 일부 유대인들은 그를 메시아로 받아드린다. 그러나 랍비의 글에 나타난 것에 의하면, 진정한 메시아의 확실한 기준은 겸손이다. 코크바는 이와는 반대로 오만하기 그지없었다. 토라에서 바라는 것은 이스라엘이 하나님을 순종하는 일이다. 코크바는 하나님의 뜻을 거절하였다. 그의 오만의 결과는 예루살렘의 멸망과 성전의 붕괴로 끝나고 말았다. 이스라엘 땅의 탈무드도 오만한 코크바는 더 이상 메시아가 될 수 없다고 밝히고 있다. 기독교는 세상 권력과 야합하여 메시아개념을 들여왔다. 그러나 랍비 현자에게 메시아개념은 거룩한 행동의 실천을 뜻한다. 토라가 바라는 행동은 메시아의 도래를 의미한다. 메시아는 안식일과 연관되어 있다. 모든 이스라엘인들이 안식일을 지키면 메사아가 올 것이다.[10] 다시 말해 이스라엘인들의 거룩한 생활과 종말, 그리고 메시아의 도래는 불가분리의 관계에 있으며, 그들의 성화에 의해 그들의 구원이 이루어진다는 것이다.

그 세 번째는 성전예배에 대한 진정한 의미이다. 즉 성전에서의 희생제물만이 중요한 것인가 하는 것이다. 200년의 미쉬나에는 토라의 율법이 온전히 성취되면 메시아가 온다는 약속이 나타나지 않는다. 200년이 지난 다음 400년의 문헌에서 비로소 율법의 목적이 이스라엘의 구원이라는 메시아적 진술이 나타난다. 중요한 것은 토라에 대한 이스라엘의 내면적 태도와 그것을 지켜야 된다는 신앙적 강조이다. 그것은 바로 그들의 회개를 의미한다. 즉 토라에 있는 하나님과의 계약을 지키면 마음의 변화가 일어난다. 가장 중요한 것은 마음의 변화이다. 성전이 폐허로 무너진 이상 죄를 용서받기 위한 제물은 더 이상 필요없다. 이제 이스라엘인들에게 중요한 것은 죄를 용서받기 위하여 봉헌하는

---

10) Lamentations Rabbah LVIII: ii. 7-10 to Lamentatios 2:2, *RFWC*, pp. 53-4.

희생제물이 아니라 죄를 용서받기 위하여 실천하는 사랑의 행동이다.

그 네 번째는 이스라엘역사에 대한 해석문제이다. 즉 이스라엘의 실패와 멸망을 어떻게 이해해야 하는가이다. 이스라엘인들은 드디어 진정한 역사의 의미를 알게 되었다. 그들은 토라와의 올바른 관계만 지키면 된다. 그들은 모든 것이 하나님의 뜻에 의해 이루어진다고 믿는다. 그들은 현재에 대한 책임을 가진다. 그들은 역사를 만들고, 올바른 태도와 행동에 의해 구원으로 다가간다. 그들은 그들의 운명을 만든다. 그들의 열쇠는 하나님이 인류에게 아담과 이브의 반란의 마음을 고치고 길들이기 위하여 준 토라와의 관계를 갖는 일이다. 역사는 그들에게 중요한 노녁석 교훈을 가르친다.

그들 자신의 행동이 역사의 사건들을 정한다. 로마와 아시리아, 바빌로니아의 관계와 같이, 로마의 이스라엘정복은 이스라엘의 죄에 의해 일어났다. 그들이 하나님의 진노를 유발한 것이다. 말하자면 대로마제국은 하나님의 대리인으로서 이스라엘을 징벌하였다. 하나님은 그들을 징벌하기 위하여 로마를 치켜세웠고, 바빌로니아와 메디아, 그리고 그리스를 치켜세웠다. 이스라엘이 회개할 때 로마는 더 이상 필요하지 않게 될 것이며, 이스라엘은 하나님의 토라를 땅에 실현하면서 로마를 이어받게 될 것이다. 그리고 마지막 때가 가까워지면 메시아가 죽은 자들을 심판과 영생을 위해 일으킬 것이다. 이것이 바로 앞으로 1500년 동안 랍비 유대교가 작고 종속적인 유대교집단에 대해, 인류역사의 진행과정과 인간의 마음과 영혼에 대해 어떻게 해야 하는가를 설명하고 있는 핵심이다. 요컨대, 이스라엘의 운명은 전적으로 하나님과의 관계에 달려 있다는 것이다.

그러나 이스라엘은 현실적인 세계에서 어려운 고난을 견뎌내야 하는 파라독스 안에 머물지 않으면 안 되었다. 그것은 그들이 하나님의 명령을 겸허하게 수용해야 다른 민족들의 지배로부터 자유를 얻을 수 있다는 원리 때문이다. 그들이 앞에서 말한 바르 코크바의 무장반란과는 달리, 전쟁을 위한 무장에서 벗어나게 되면 그들은 영적인 재생과 윤리적인 행동을 통하여 메시아의 소망을 갖게 된다. 그들은 메시아의 열정으로 랍비들이 원하는 거룩한 하나님의 사회를 성취하게 된다. 그러므로 그들은 영적이고 내적인 거룩함으로 강하게 무장되는 성별된 택한 민족이 되어야 한다. 실제적으로 그들은 다른 민족의 지배를 받는 경우가 많았다. 그럼에도 불구하고 그들은 토라의 명령을 충실하게 따르지 않으면 안 되었다. 그들이 한 동안 기독교와 후의 이슬람교의 관용을 받은 것은 우연한 일은 결코 아니라는 것이다.

랍비 유대교와 서구문명

랍비 유대교가 끈질기게 그들 나름대로의 정체성을 이룰 수 있었던 데에는 몇 가지의 원인들이 작용하였다. 그 첫 번째는 무엇보다도 기독교와 이슬람교의 관용정책 때문이었다. 실제로 유대교의 운명은 4세기 경 기독교의 국교정책으로 매우 어려운 처지에 놓여 있었다. 그러나 기독교와 이슬람교의 이교도 정책에도 불구하고 일반적으로 유대교의 지속은 허락되었다. 그것은 위에서 잠깐 비친 바처럼 랍비 유대교의 내적 영적 강조로 다른 종교의 확장에 영향을 크게 끼치지 않았기 때문이다. 콘스탄티누스시대로부터 19세기까지 유대인들은 국가없는 종교적 소수집단으로 명맥이 유지되었다.

그들의 일부는 개종된 유대인들로, 그 일부는 그리스도를 죽인 형벌받을 유대인들로 기독교세계(스페인, 노르만 영국, 폴란드, 우크라이나)에 널리 퍼져 살았다. 그들은 다른 민족이나 마찬가지로 종교적 관용을 인정받은 소수집단을 형성하였으며, 경우에 따라서는 수공업, 상업과 같은 전문적인 직업의 길드집단을 만들면서 살았다. 그러나 수세기간 서구에서 유지되던 그들의 정착생활은 11세기 말엽의 십자군전쟁으로 조금씩 흔들리기 시작하였다. 십자군전쟁으로 서구사회가 전반적으로 불안정하게 되었기 때문이다. 그리하여 전쟁을 피해 그들은 라인란트(거의 10세기 동안 살았던)로부터 폴란드, 유럽의 동부 쪽으로 옮기지 않으면 안 되었다. 그 결과 유대인들은 20세기까지 서구와 그리고 후에 동구에 영주한 민족으로 살아남게 되었다.[11]

---

11) 유대인들은 토라의 보존자로 기독교와 이슬람의 보호를 받았다. 그러나 점차 정치적,

기독교 황제들의 대유대교 정책은 비교적 관용적이었다. 유대교의 종교의식은 금지되지 않았다. 이와는 대조적으로 다른 이교도의 희생제물은 341년 금지되었다. 이교도 신들의 축제는 5세기까지 계속되었지만 더 이상은 아니었다. 유대인들은 세상 끝날 그리스도의 재림 시까지 개종될 것이라는 기대 속에서 용납되었다. 이러한 상황에서 근동, 북아프리카, 지중해 등지에서 기독교로 개종했던 그들은 이슬람의 침입을 맞아 이번에는 이슬람의 종교와 문화를 수용하게 되었다. 이에 기독교는 이들 방대한 영토와 인구가 이슬람으로 돌아간 것을 매우 심각한 문제로 받아들였다. 그리하여 스페인과 포르투갈은 7세기 간(/-14세기) 이베리아반도를 재정복해야 했으며, 11세기부터 거의 200년간 기독교의 성지를 회복하기 위하여 팔레스타인에 십자군을 파견하여 싸워야 했다.

그러면 이슬람의 지배 안에 있었던 기독교와 유대교의 형편은 어떠했는가. 예상보다 그들 사이의 관계는 나쁘지 않았다. 이슬람이 물론 주도권을 행사했지만 그들이 순종하고 종속적인 태도를 취하는 한 그들을 억누르지는 않았다. 그리하여 그들은 그들 나름대로 일정한 한도 안에서 안정을 가졌고 활기를 잃지 않았다. 왜냐하면 기독교는 4세기 로마의 보호를 받았을 때와 그 이전에 이미 살아남는 방법을 터득했으며, 유대교 역시 기독교의 도전을 받았을 때 교리적으로 문제점들을 풀어야 되는 방법을 충분히 익혔기 때문이다.

두 번째로 랍비 유대교 지속의 원인은 토라를 지키려는 유대교 지도자들의 끈질긴 내적 믿음 때문이었다. 그들은 진정한 힘은 강함에 있는 것이 아니라 약함에 놓여 있다고 믿었다. 역사적으로도 그들의 무력이 부족하여 그들의 숫

경제적, 영토적 이해관계로 말미암아 상황이 달라졌다. 일반적으로 그들은 11세기까지는 어떤 노골적인 종교적 강압을 받지 않았다. 그러나 십자군전쟁의 발발로 싸움이 치열해지면서 서서히 핍박을 받게 되었다. 그들은 선택된 민족이지만 예수를 부인한 죄로 저주를 받아야 된다고 평가되었다. 그들 가운데 많은 사람들은 천한 사회적 지위로 떨어져 게토에서 구별된 복장을 착용하게 되었다. 그들의 육체적 모양도 악마와 비교되는 경우도 있었다. 더군다나 가톨릭의 도상학(iconography)의 음모에 의해 더욱 부풀려지게 되었다.

자가 줄어들었다는 증거는 분명하지 않다. 오히려 그들은 기독교와 이슬람 세계에서도 상당한 안정을 얻을 수 있었다. 그들은 신바빌로니아 사건(B.C. 586)에서처럼, 역사에는 무력에 의한 추방과 구원의 사이클이 반복된다고 믿었다. 실제로 기독교는 유대교의 입장(점령)에 처했을 때 그들보다 오래 버티지 못하였다. 그 근본적인 원인은 무엇인가. 그것은 간단하다. 유대인들은 토라의 명령대로 그 날(마지막 때)에 대한 믿음을 굳게 가진 반면에, 기독교인들은 그렇지 못하였기 때문이다. 유대인들은 이슬람과 기독교에 예속되었을 때, 하나님으로부터의 자유가 곧 온다고 믿었다. 그들은 그들의 굴종이 독립으로, 그들의 낮아짐이 높아짐으로, 그들의 추방이 회복으로, 그리고 그들의 순종이 하나님의 구원으로 인도된다고 굳게 믿었다. 그들은 그들의 현재의 고난을 영원한 낙원 에덴으로 가는 첩경이라고 믿었다. 요컨대, 그들은 그들의 역사현장의 고난과 풀기 어려운 문제들을 토라에 대한 내적 믿음으로 극복할 수 있었다는 것이다.

랍비 유대교의 사상적 강화

이제 랍비 유대교의 사상적 강화정책에 대하여 알아봐야 할 차례에 이르렀다. 앞에서 살펴본 것처럼 유대교는 4세기부터 그 본래적인 것에서 벗어난 파생적인 체제가 이루어졌다. 그것은 그들 원래의 종교적 확신들을 차별적인 방법으로 재논의하면서 새로운 변화와 사상에 적응해 나아가야 했기 때문이다. 그들의 변화는 기독교의 도전이 그 주요 원인이었다. 그러나 랍비 유대교 사상의 본격적인 강화정책은 7세기부터 이번에는 이슬람의 도전으로 시작되었다.

그 첫 번째는 철학과 신비주의 운동이었다. 유대 랍비들은 유대교의 교리와 신앙, 율법의 정당성과 변호를 위해 이슬람의 철학적 체계를 수용하지 않으면 안 되었다. 다음으로는 하나님과의 직접적인 만남을 통한 종교적 체험을 중시하는 이슬람의 신비주의의 수용이었다. 이러한 신앙적 체험은 그들에게 아주 없었던 것은 아니다. 다만 강조가 미약했을 뿐이다. 그들이 철학적 신비주의적 체제를 받아들인 것은 그들의 내적 안정성과 자신감, 그리고 외적 방어벽이 절실하게 요청되었기 때문이다. 그 두 번째는 이교도에 대한 자체강화문제였다. 즉 이교도들의 공격 문제들에 관하여, 유대교 집단들이 공적인 토론을 통하여 랍비 현자들의 주장과 토라를 방어하자는 것이다. 시내산으로부터 기원한 구전토라의 권위와 그리고 메시아사상을 반대파의 공격으로부터 막자는 것이다.

철학사상과 하시디즘

그리스어와 그리스 철학을 연구하는 무슬림 신학자들의 사상은 랍비 사상가들에게 적지 않은 영향을 주었다. 그들은 특히 그리스철학을 아랍어로 번역하여 세세석이고 과학적인 이론을 발전시켰다. 랍비 유대교 지도자들은 이중의 토라의 구조를 철학으로 토착화 시키려고 하였다. 미쉬나의 방법(주제별 데이터 분류, 데이터 체계화 등)은 어느 정도 이러한 자연철학과 조화를 이루고 있었다. 그러나 후기 탈무드 현자들은 사상적 일반화와 사색적인 방법을 그대로 따르지 않았다. 이에 대하여 랍비 현자들은 그리스의 이성과 유대교의 계시를 서로 조절하여 유대교의 사상을 강화하려고 시도하였다. 이것은 헤브라이즘과 헬레니즘의 만남을 의미하였다.

신비주의적 교리는 의외로 유대교 사회집단조직의 기초를 이루는데 그게 기여하였다. 비교적 작은 규모의 신비주의 서클들이 1세기부터 18세기까지 꾸준히 발달하여 나아갔다. 이들은 특히 18세기와 19세기 이래 대규모 대중 운동으로 발전하게 되었는데, 그 가운데는 홀로코스트 이전 동유럽에서 번영하여 아메리카에서 뿌리를 내린 대규모 신비주의운동이 있었다. 이것을 하시디즘(Hasidism)[12]이라고 부른다. 18세기 중엽 우크라이나와 폴란드에서 시작된 하시디즘은 거룩한 사람들에게 하나님과의 만남을 인정하였는데, 이 거룩

---

12) 하시디즘 교리에 의하면, 창조의 형상들은 하나님의 빛 발산에 의해 "껍질들(shells)"로 만들어졌다...그러나 인간의 영혼은 하나님의 존재에 뿌리를 내리고 있으므로 하나님과의 내적 연결을 통해서만 세상의 속박으로부터 해방될 수 있다.....참된 종교는 랍비교리에 의해서가 아니라 하나님의 계명에 대한 열정적인 기도와 순수한 마음으로부터 오는 것이다...("Basic Ideas of Hasidism", *Encyclopedia Judaica*, 참조바람).

한 사람들(zaddikim, 자디킴)은 의로운 사람들로서 레베(Rebbe)라고 칭하여졌다. 이들은 영적 재능에 의해 자격을 부여받았으며, 토라에서 말하는 하나님을 만나는 데 우선권을 가질 수 있었다.

하시디즘은 궁극적으로 토라연구의 초점을 경건(piety)에 두었다. Hasid(혹은 Hased)를 의미하는 HSD는 자카이(Yohanan ben Zakkai)에 의해 "자비로운 행동(deeds of loving-kindness)"의 말로 통하게 되었다. 오늘날에는 의로운 거룩한 사람의 훈련을 통하여 하나님에게 도달할 수 있는 사람을 뜻하는 말로 사용하게 되었다. 즉, 이 성결한 사람은 하나님을 움직일 수 있는 기도를 통하여 인간과 하늘을 잇는 중재인을 뜻한다. 이 서클은 점차로 특별한 기도방법과 종교적 의식으로 인하여 다른 유대인들과 동떨어진 종교집단으로 발전하게 되었다. 그들은 황홀경과 반금욕주의를 강조하였는데, 그 대표적인 사람이 쉠 토브(Israel b. Eliezer Baal Shem Tov)이다. 그는 병을 고치는 치유자로 유명하였다. 그는 1730년도부터 여행을 두루 다니면서 포돌리아(우크라이나)와 폴란드, 리투아니아 등지에서 수많은 추종자들을 만들었다. 그가 돌아간(1760) 다음에도 그의 운동은 그의 제자들과 추종자들에 의해 이어갔는데, 특히 폴란드 남부와 리투아니아에서 매우 열광적이었다. 그의 운동은 열렬한 자디킴(거룩한 사람)들에 의해 18세기에 이어 19세기 초엽까지 지속되었다.

그들에 의하면, 이 세상의 창조물들은 모두가 하나님 안에 있으므로 고통과 비애는 존재하지 않는다. 그런고로 낙망은 죄일 뿐이다. 그리하여 토라와 여러 가지로 맞지 않는 그들의 믿음은 유대집단에 의해 난관에 처하게 되었다. 특히 그들의 갖가지 환상과 황홀, 기적들은 18세기경 강력한 반발을 자아냈다. 그들은 지나치게 자디킴을 숭배하며 토라의 권위를 무시한다는 것이다. 드디어 그들의 하시디즘은 이교로 낙인이 찍히게 되었다. 그들의 책들은 불에 태워지고 의식은 중단되었다. 그러나 이러한 어려운 핍박 속에서도 그들은 우크라이나, 갈리치아, 폴란드 중부, 그리고 러시아, 리투아니아, 헝가리에서 끈질기게 운동을 전개하였다. 그들은 1880년도부터는 서구로, 그리고 제2차 세계대전 이후는 미국과 이스라엘로 둥지를 옮겨 그들의 운동을 이어 나아갔다.

그리하여 오늘날 하시디즘은 정통 유대교의 중요한 한 부분을 이루게 되었다. 리보비치(Lubovitch)의 레베로부터 기원한 하바드 하시디즘은 정통 유대교와 자웅을 겨루고 있다. 하바드 하시디즘(Habad Hasidism)은 토라의 연구를 위하여, 토라에 나타난 거룩한 생활방법의 이해를 위하여 매우 중요한 기초근거로 알려져 있다. 왜냐하면 하시디즘의 사회집단과 정통 유대교집단을 무시하거나 분리해서는 랍비 유대교의 교리와 의식을 제대로 이해할 수 없기 때문이다.

카라이즘

랍비 유대교의 이교도로서 가장 대표적인 것들은 카라이즘(Karaism)과 사바티아니즘(Sabbateanism)이다.[13] 전자는 이중적 토라 가운데 구전적 토라를 거부하고 대신 문자적 토라만을 받아들였다. 후자는 정통적인 랍비 현자의 메시아를 거부하고 대신 토라의 가르침을 위반한 샤베타이 츠비를 그들의 참된 메시아로 인정하였다. 이 두 가지 교파는 모두 정통적인 랍비 유대교의 규범과 교리를 받아들이지 않는 것이 특징이다. 카라이즘은 8세기 바빌로니아지역에서 기원된 이후 중세와 근대를 거쳐 20세기까지 유대교에 영향을 끼쳤다. 카라이즘 지도자들은 하나님이 시내산에서 문자적 토라 이상의 어떤 것을 모세에게 계시했다고 믿지 않는다. 그들은 전승적 토라를 저주하였다. 그들은 다음의 네 가지의 원칙을 중요시하였다. 첫 번째는 성경의 문자적 의미, 두 번째는 공동집단의 일치, 세 번째는 논리적 유추방법에 의한 성경해석, 네 번째는 인간의 이성과 지성에 기초한 지식. 한 마디로 말하면 그들은 랍비 전통을 거부하고 성경으로의 복귀를 중시하였다. 바빌로니아의 탈무드와 이슬람의 흥기 이후, 바빌로니아에서 기원한 이 교파는 참된 사제 사독(Zadok)에 의해 시작되었다고 주장하였다. 그 실제적 창단자 데이비드(Anan b. David)는 랍비 때보다 더 엄격한 음식규율을 만들었으며, 탈무드 때보다 더 준엄한 법률을

---

13) Mircea Eliade, *Encyclopedia of Religion*, V. 8, 13., New York, 1987, 참조바람(이후 *ER*로 표기함).

만들었다. 그들은 성경의 자유로운 연구와 개별적이고 독자적인 접근을 허락하였다. 그리하여 랍비 현자들과 이중적 토라의 절대적 권위, 그리고 탈무드의 권위에 도전하였다.

사바티아니즘

이 운동은 1626-72년 샤베타이 츠비(Shabbetai Zvi)에 의해 만들어졌다. 그에 의하면, 메시아는 율법을 잘 지킨 현자가 아니라 오히려 그 반대의 사람이다. 메시아는 율법을 어긴 거룩한 사람이다. 토라는 마지막 때 아무런 소용이 없다. 참된 메시아는 토라가 메시아 이전시대에 수행한 임무를 떠맡을 것이다. 샤베타이 츠비는 1626년 스미르나에서 나서 탈무드를 마스터하고 학문으로 이름을 날렸다. 그는 극심한 혼란과 고통을 겪으면서 "이상하고 역설적인 행동"속에서 고의적으로 종교적 교리를 어기게 되었다. 그는 또 낙담 속에서 공격을 당하고 부분적으로 무언가에 휩싸이는 귀신의 힘과 겨누면서 극한 외로움을 느꼈다. 그는 그리스와 트레이스를 방황하는 가운데 무언가 "금지된 것을 허용하는 이에게" 기도를 드리면서 완전히 진공의 체험을 하였다. 이 때 그는 그 자신을 메시아라고 확신하게 되었다. 그는 그의 운동을 조직한 제자 나단(Nathan of Gaza)을 만났다. 나단은 1665년 그에게 참된 메시아라고 선언하였다. 이것이 츠비가 메시아로 불리게 된 동기였다. 그의 메시아사상에 반대하여 갈라져나간 사람들도 있었다. 대부분의 지도적 랍비들은 그를 거부하였다.

나단은 구원의 시간이 다가왔다고 선포하였다. 이에 1666년 터키정부가 그(츠비)에게 이슬람을 택하든지 아니면 감옥이나 죽음을 택하라고 강요하는 일이 벌어졌다. 츠비는 결국 고민 끝에 1666년 9월 15일 이슬람에 개종하고 말았다. 나단은 그의 배교가 메시아의 도래를 악마의 영역으로 가게 했다고 설명하였다. 그러나 이것은 외적으로는 권력에 굴복하는 것이지만 내적으로는 그의 목적을 실행하려는 최후의 가장 어려운 시련이라 덧붙였다. 그는 메시아(츠비)는 악마와의 싸움에 들어갔으며, 그가 마치 율법을 어겼을 때와 같이 구원의 일을 해낼 것이며, 배교자 츠비는 최후의 승리를 가져올 것이라고 확신하였다. 츠비는 실제로 1672년 그가 죽을 때까지 무슬림으로서의 의무를 다하면서 유대의 종교의식을 지켜냈다. 그는 빛과 어둠의 시대를 번갈아가면서, 특히 빛의 시대에 새로운 축제를 만들고 이슬람들에게 "진리의 토라"를 가르치는 중요한 결실을 맺게 하였다.

개혁유대교와 시오니즘

랍비 유대교는 추방과 복귀의 경험을 통하여 세계 여러 지역에 흩어져 사는 유대인들에게 거룩하고 독특한 신앙의 민족, "이스라엘"을 왜 형성해야 하며, 어떻게 형성해야 하는 가를 가르쳐왔다. 그러나 민족들이 서로 복잡하게 섞여서 살고 사회집단이 다원화되어지는 현대에서 토라만을 가지고 순수한 신앙을 강요하는 것은 결코 쉬운 일이 아니었다. 세계대전 이후 민족들이 해방을 이루고 독립적 국민국가(nation-state)를 형성하는 마당에는 더욱 어려운 일이 아닐 수 없었다. 왜 우리는 이스라엘민족이면서 프랑스인이 되고 러시아인이 되면서 살아야 하나, 그리고 그렇게 해야만 한다면 우리는 어떻게 해서 살아야 하나 등이 오늘날 유대인들이 고민해야 하는 심각한 문제가 되었다. 랍비 유대교는 이러한 문제, 즉 그들의 이중적, 다중적 국적에 관한 그들의 정체성에 대해 어떤 명쾌한 해답을 내놓고 있지 못한 실정이다. 더군다나 기독교가 서양의 문화와 정치를 지배하는 가운데서도 랍비 유대교는 유대교의 규범만을 강조해 왔을 뿐이다. 당신들은 어째서 크리스천이 아니냐고 물을 때마다 우리들은 하나님의 백성이기 때문에 토라를 지키면서 거룩한 백성으로 살고 있다고 궁색한 변명을 하였다. 그러나 정치가 변화하고 문화가 다원화되어지는 현대사회, 특히 기독교 유럽에 사는 유대인들로서는 적지 않은 정체성의 혼란을 겪지 않으면 안 되는 처지에 놓이게 되었다.

랍비 유대교는 여러 다른 유대의 종교적 집단들로부터도 도전을 받지 않으면 안 되었다. 랍비 유대교는 이들이 내놓는 이스라엘과 관련된 여러 가지의 세계관, 생활방법, 종교적 개념정의, 사회적 규범 등에 대하여 명쾌한 입장표명을 분명하게 해놓지 않으면 안 되게 되었다. 그러나 그것은 그렇게 간단한 일이 결코 아니었다. 그리하여 이들 문제들을 해결하기 위하여 두 가지의 새로운 경쟁적 종교집단이 등장하였다. 그 하나는 개혁 유대교(Reform Judaism)이고, 다른 하나는 시오니즘(Zionism)이다. 이들은 모두 카라이즘이나 사바타이니즘과는 다르다. 비록 전자(개혁 유대교)가 토라와 관련된 교리를 가지고 있고, 후자(시오니즘)가 메시아적 동기를 가지고 있긴 하지만, 그들은 랍비 유대교의 이교가 아닌 새로운 유대교의 범주에 들어가 있다. 개혁 유대교는 이스라엘인들이 어떻게 종교적으로 유대적이면서 국적으로 독일인이나 영국인, 프랑스인이 될 수 있는가를 설명하려고 한다. 한편, 시오니즘은 서로 떨어져 사는 민족의 개념 자체를 거부하면서, 다른 국민국가처럼 유대의 독립된 국민국가의 형성을 강력하게 주장한다. 이들에 관한 반응은 간단하지 않다. 그러나 결과적으로 이들의 주장들로 인하여 오늘날 모든 유대인들은 유대교를 그대로 존속할 것이냐 아니면 유대교를 다르게 변경해야 할 것이냐 하는 새로운 중대국면에 놓이게 되었다. 이들에 관해서는 다시 후술될 것이다.

4. 기독교란 어떤 종교인가?

- 로마와 기독교: 콘스탄티누스의 개종
- 기독교의 정체성(1): 히브리서
- 기독교의 정체성(2): 신구약, 70인역, 이단사상들
- 기독교의 정체성(3): 철학적 접근, 저스틴과 필로, 예표적 성경해석
- 기독교의 정체성(4): "영원한 로고스"와 육체, 이레네우스, 오리겐, 마무리
- 기독교의 정체성(5): 역사이해, 유세비우스, 어거스틴, 마무리

서양문명의 정체성
-헤브라이즘과 헬레니즘의 만남-

4. 기독교란 어떤 종교인가?

　기독교(Christianity)란 간단히 말해 예수(Jesus of Nazareth: 4 B.C.?-29 A.D.?)를 구세주로 믿는 구원종교이다. 예수는 약 2000년 전 팔레스타인의 시골마을에서 유대인으로 태어나서 약 30여년을 살았다. 신약성경에 의하면, 그는 하나님의 아들인 동시에 인간의 아들이다. 그는 구약성경의 말씀을 완전하게 이루어 "하나님의 왕국(the kingdom of God)"을 성취하기 위하여 이 세상에 와서 성육신하였다. 그는 아람어와 히브리어를 구사하였고, 모세의 율법에 정통한 분이었다. 그는 12살에 성년식을 행하였고, 절기 때마다 예루살렘에 가서 절기를 준수하였다. 그는 12제자들을 가르쳤으며, 그들을 통하여 하늘나라의 진리를 전파하였다. 그는 유대인들의 미움을 사서 십자가에서 돌아갔으며, 죽은 지 3일 만에 다시 부활하여 재림을 약속하면서 승천하였다.

로마와 기독교
　그러면 그의 사상에 들어가기에 앞서 그가 살던 시대(로마제국시대)의 상황에 관하여 간단히 살펴보도록 하자.[1] 다시 말해 예수는 어떤 시대에 살면서 그의 운동을 인정받으면서 발붙이게 되었는가. 이미 살핀 바와 같이 그의 시대는 로마제국의 지배하에 있던 시대로서 사상적으로나 정치적, 사회적으로 매우 복잡하고 변화무쌍한 과도기적 시대였다. 사제들은 지방에서 활동하였고, 대제사장들은 주로 예루살렘을 무대로 일하였다. 이와는 대조적으로 바리새파는 갈릴리로 들어가 복음을 전파하는 예수와 자주 논쟁을 벌였다. 그는 여러 가지 면에서 그들의 랍비들과 달랐기 때문이다. 그들 사이의 다툼은 주로 유대교의 율법준수 문제였다. 예수는 성전에서 장사하는 일을 질책하면서 안식일에 아픈 사람들의 병들을 고쳐주었다(마 21-25, 막11-13, 눅 19: 28-21:38). 바리새파는 안식일에 일하는 그의 행위를 지적하면서 이에 대응하였다.

이런 일들은 유대를 시배하는 로마당국의 관심을 끌지 못하였다. 로마를 건드리는 것은 로마의 공적 질서, 다시 말해 로마의 합법성을 흔드는 일과 연관되었을 때였다. 그러므로 헤롯이 요한을 참수한 일이나 빌라도가 예수를 심판한 일은 실제로 종교적 탄압과 관계된 일이라기보다는 로마가 합법적으로 인정한 질서에 도전한 것이기 때문에 심각한 일로 받아들여졌다. 이것은 유대교에도 적용되었다. 유대교는 로마가 인정한 "합법적인 종교(religio licita)"였다. 따라서 로마는 제국으로서의 권력의 상징일 뿐 아니라 성전예배로서의 종교적 상징을 의미하였다. 이러한 로마의 태도는 90년경 기록된 사도행전(18: 12;17)에 잘 나타나 있다. 갈리오 총독이 바울의 재판을 거부한 것은 그 재판이 절차상 로마법이 아니라 토라와 관계된 사건이기 때문이었다.

그러나 점차로 예수의 운동 뿐 아니라 유대교도 로마와 원만한 관계를 가지지 못하게 되어졌다. 종교운동의 확산은 결과적으로 로마의 세속적 권력에 위협적인 걸림돌이 될 수밖에 없었기 때문이다. 예수운동은 예수를 따른 무리들이 많아지고 비유대인들의 참여가 많아지면서 유대교인들과의 충돌이 잦아졌다. 유대교인들은 그들을 "합법적인 종교"가 아니라 미신을 쫓는 사람들이라 하여 Khristianoi(예수를 쫓는 무리들)라 불렀으며, 45년경 안디옥에서는 그들

---

1) Roland Bainton, *Early Christianity*, 1960, Princeton; Williston Walker, *A History of the Christian Church*, New York, 1970. 참고바람.

을 "Christians"라고 부르게 되었다. 이때 설상가상으로 기독교인들을 위험 속에 빠트린 것은 소위 64년 네로황제(Nero: 37-68)의 화재음모사건이었다. 그는 그의 계획으로 일어난 로마화재의 원인을 기독교인들에게 돌림으로써 험악한 여론을 피하려고 하였다. 이 사건으로 수많은 기도교인들이 모진 심문을 받고 처형되었다. 그 결과는 오히려 네로에게 불리하게 돌아가 그는 기독교인들의 핍박을 수 십 년 동안 중단할 수밖에 없었다(Tacitus, Annals 15.37-44).

이번에는 예루살렘에서 유대교와 기독교에 모두 불리한 사건이 일어났다. 그것은 유대인들의 새로운 민족주의의 거센 바람이었다. 사제귀족계층은 크게 자극을 받았다. 그리하여 62년경 유대민족주의에 반대한 예수의 형제 야고보가 대제사장 아나누스의 선동으로 처형되었다. 거친 대중의 반발로 아나누스는 하는 수없이 파직되었다. 이러한 분란을 계기로 로마제국은 유대인들의 민족주의 폭력과의 싸움을 선포하게 되었다. 더군다나 성전의 책임자 엘레아자르는 비유대인의 성전봉헌까지 일체 거부하였다. 이것은 로마당국의 성전봉헌도 포함하게 되어 로마의 합법성을 건드리는 결과를 가져왔다.

드디어 유대교 반란자들이 성전 근처에 있는 안토니아 요새를 점령하고 그곳에 있는 로마 군인들 몇몇을 죽였다. 전쟁은 선포되었고 승리는 로마에게 돌아갔다. 예루살렘성전은 이렇게 하여 70년 무너지게 된 것이다. 로마제국은 유대인들의 반란으로 강경한 징벌일변도로 바뀌었다. 로마당국은 남자들에게 부과하던 "유대인의 조세(fiscus Iudaicus)"를 로마의 주피터 사원에 직접 내게 하였으며 시간이 지나면서 모든 유대인들과 여자들에게도 부과하게 하였다. 트라야누스황제(Trajan: 98-117) 때 기독교인들은 다윗의 자손일 뿐 아니라 거기다 세금까지 기피하는 바람에 심한 핍박을 받았다. 아마도 기독교와 유대교의 분리가 인정된 것은 1세기 말경 트라야누스 때가 아닌가 한다. 그리하여 수많은 기독교인들이 바울서신을 비롯한 여러 복음서를 만들어 읽을 수 있었다.

로마에 대한 제2차 유대반란(132-135) 이후부터 로마의 관심은 점차로 유대교로부터 기독교로 옮겨졌다. 그것은 유대교가 인정된 종교로 유지는 되고 있었지만 아무런 힘을 발휘하지 못한 반면에, 오히려 기독교는 황제숭배와 우상숭배정책에 맞서 끈질기게 투쟁하였기 때문이다.[2] 특히 기독교의 그리스도 신앙은 로마황제의 절대적 권위를 건드리게 되었다. 이에 로마제국은 기독교 지도자들을 탄압하기 시작하였다. 이그나티우스(Ignatius: 35-107) 안티옥 주교의 순교와 서머나의 주교 폴리캅(Polycarp: 69-155)의 순교는 트라야누스(98-117) 치세의 기독교인들에게 적지 않은 영향을 주었다. 이러한 기독교 탄압정책은 세베루스 황제(193-211), 데키우스 황제(249-251)로 이어졌다. 이 시대의 위대한 신학자 오리겐(Origen: 185-254)도 데키우스 황제 때 투옥되어 심한 고문을 받았다. 오리겐은 처음으로 기독교예배를 탄압하려고 시도한 발레리아 황제(253-260)의 치세 중에 죽었다. 발레리안황제는 페르시아의 사사니드왕조(226-642)의 샤푸르(Shapur)에게 잡혀 죽었다. 그의 후계자(Gallienus, 발레리안의 아들)는 기독교의 교회와 공동묘지를 회복시켜준 것으로 기록되어 있다. 그러므로 발레리안 황제의 죽음은 기독교에 대한 로마제국의 공식적 정책의 중요한 전기를 마련해주는 전환점이 되었다. 기독교 박해의 로마제국의 마지막 황제는 디오클레티아누스(Diocletian: 284-305)였다. 그의 혹심한 기독교 박해는 그가 물러난 후 313년까지 계속되었다.

콘스탄티누스의 개종

기독교는 콘스탄티누스(Constantine: 280-337) 대제에 의해 명실 공히 합법적인 종교로 인정되었다. 그의 어머니는 독실한 기독교인이었다. 그는 종교적 비전을 통하여 그의 군인들의 방패에 십자가를 달게 하고 밀비안 교(Mivian

---

[2] 예수 운동이 널리 퍼지면서 로마제국에는 "신이 되는 인간 케에사르"와 "인간이 된 하나님의 아들 그리스도" 사이의 암투가 전개되었다. 통치자의 신격화는 이집트의 파라오 신개념에서 유래하여 알렉산더대왕을 거쳐 로마제국으로 전달되었다. 로마황제들은 더욱 적극적으로 기독교의 신개념을 본받아 황제를 신의 아들로 상정하여 신과 인간의 중재역할을 조정하는 통치자로 자리매김 하였다. 이러한 황제숭배사상은 콘스탄티누스의 기독교공인 후에도 끊어지지 않았다. 배교자 율리우스 황제(280-363)의 기독교 박해가 그 좋은 예이다(최혜영, "예수 그리스도와 로마황제 숭배", 『서양고대사연구』 제19집, pp. 87-115, 한국서양고대역사문화학회, 2006. 12. 참조바람).

Bridge) 전투(312)에 나가서 승리하였다고 한다. 이 일을 계기로 그는 기독교를 합법적인 종교로 인정하게 되었다. 그는 325년 소아시아 니케아에 종교회의를 소집하고 하나님과 예수의 관계, 즉 창조주 하나님과 그의 아들 예수는 본질적으로 동일한 신성을 가진다는 것을 의결하였다. 그리하여 이제까지 논의되어 오던 신학적인 기독론의 문제를 해결하였다. 니케아회의에서의 결의는 곧바로 성부, 성자, 성령의 3위1체론으로 이어지게 되었다. 그의 기독교 정통교리의 정리는 그의 로마제국의 통일에 결정적인 영향을 주었다.

그는 330년 수도 로마를 비잔티움(지금의 이스탄불)으로 옮기고 그 이름을 콘스탄티노플(Constantinople, "콘스탄티누스의 도시")이라고 고쳤다. 이 도시는 기후가 좋고 자원이 풍부할 뿐 아니라 지정학적으로도 페르시아의 사사니드왕조의 위협을 방어하는데도 매우 유리한 장소였다. 그는 죽을 때 세례를 받았다고 한다. 율리아누스(361-363) 황제에 이르러 다시 옛 신들이 복귀되고 예루살렘에 그들의 신전재건이 시도되었으나 기독교인들의 반발에 부딪혔다. 그는 결국 사사니드 왕조와의 전투에서 전사함으로써 모든 개혁은 수포로 돌아갔다. 기독교는 4세기경 데오도시우스 1세(Theodosius: 378-395) 황제에 의해 부활되었다. 그는 콘스탄티누스의 유산을 그대로 계승하여 니케아 종교회의에서 결의한 내용 이외의 어떤 것도 허용하지 않았다. 그리하여 기독교는 로마의 국교로서 자리를 잡게 되었다.

기독교의 정체성(1): 히브리서

기독교가 유대교, 로마의 종교사상과 분리되어 그 정체성이 확립된 것은 콘스탄티누스를 통해서였다. 로마시대의 기독교인들의 종교적 자아의식은 히브리서의 발간(90)과 함께 시작되었다. 히브리서의 핵심은 이스라엘의 성경(토라)이 말하는 하나님 백성에 대한 대속죄일(the Day of Atonement, 욤 키푸르, Yom Kippur)[3)]

---

3) 이스라엘 민족의 속죄를 위한 대제일로서 매년 티슈리월(태양력 9-10월) 10일에 엄수되었다. 이 날에는 일을 쉬며 금식하였다. 두 마리의 염소를 가운데 제비로 한 마리는 아사셀(Azazel)에 보내 희생시켰으며, 다른 한 마리는 피를 내어 지성소에 뿌려 속죄제

에 대한 진리였다. 이 희생의 속죄는 유대교와 기독교의 중심적인 교리이면서, 그 방법이 서로 각각 다를 뿐이다. 히브리서는 제9장을 통하여 하나님의 구원의 약속을 예수에 의해 완전하게 이룰 것을 말하고 있다(시편 110, 히 7: 28). 즉 율법은 약점을 가진 사람들을 제사장으로 세웠지만, 율법 후에는 영원히 온전하게 된 아들을 세우기로 약속하였다. 속죄에 이르는 이 희생은 매일 드리는 봉헌이 아니라 하나님의 아들(예수)이 단번에 모든 사람들을 위해 죽음으로써 이루어진 영원한 완전한 희생을 의미한다(히 7: 26-27). 이것은 하나님에 대한 온전한 순종으로 이루어진 것으로 모세의 경우와는 근본적으로 다르다. 예수의 중재로 완성된 이 계약(언약)은 비세는 '뒤떨어진(obsolete)' 첫 번째 계약을 두 번째 계약으로 바꾼 '새로운 더 좋은 약속'이다(히 8: 6-13).

히브서는 이스라엘의 성경과 예수와의 관계에 대해서 설명한다. 첫 번째 계약에도 성전에서 희생을 드리는 예법이 있다. 그들은 대제사장이 죄의 희생물을 드리기 위하여 성소 내부에 하루를 정해 방문하는 속죄일에 그들의 기쁨이 절정에 다다른다(히 9: 1-5). 이러한 대제사장의 속죄과정과는 달리, 예수는 실제로 자신의 몸과 피로 더 위대하고 온전한 성소에서 영원한 구원을 우리를 위하여 이루었다(히 9: 10-12). 예수의 몸과 피는 희생제의 도구인 "임종의 장막(a kind of tabernacle)"을 뜻한다. 왜냐하면 예수는 이미 마지막 성찬 때 그의 제자들과 그의 살과 피를 바쳤기 때문이다. 참된 대제사장인 예수는 단번에 모두를 속죄시키기 위하여(once for all, 9: 12) 가장 깊은 성소의 내부 속으로 들어간 것이다. 이러한 히브리서의 주장들은 이스라엘의 성경을 상대화시켜줌으로써 기독교인들로 하여금 "신약(the New Testament)", "새 계약(the new covenant)"과 함께 "구약(the Old Testament)", "옛 계약(the old covenant)"을 서

를 행하였다(레 23: 26-32). 포로 이전에는 지켜진 증거가 없다. 오늘날에는 매 신년 9일째 저녁에 시작되어 10일 째 저녁 쇼파(뿔나팔)소리와 함께 끝난다. 이미 설명한 바 대로, 유대인들은 신년 1일에서 9일까지는 사람들에게 지은 죄를 회개하며 대속죄일에는 하나님께 지은 죄만 회개한다. 신약 히브리서는 레위기의 불완전한 속죄제를 지적하고 그리스도에 의한 완전한 구속을 강조하고 있다(히 9).

로 상대적으로 비교하여 진의를 잘 이해할 수 있게 하였다.

히브리서는 유대교에 있는 주요 교리들을 하나하나 기독교의 신학으로 대체하였다. 히브리서 이전에는 기독교적 유대교(Christian Judaism)가 여러 가지로 그리스도를 이스라엘에 대한 약속의 열쇠로 가르쳤었다. 초기 신학을 이어 받은 히브리서 신학은 급기야 독자적인 기독교의 신학체제를 형성케 하였다. 왜냐하면 히브리서에는 가장 중요한 핵심인 하나님의 아들만이 받들어져 있기 때문이다. 유대적인 모든 것들은 잠정적이며 임시적인 것들로서 하나님의 아들이 재림하면 아무런 의미도 찾을 수 없게 될 것이다.

마치 그리스도가 동일한 어제요, 동일한 오늘이요, 동일한 영원인 것처럼, 그리스도가 신학의 처음이요, 신학의 중간이요, 신학의 끝이다(히 13: 8). 이 중심은 모세와 함께하는 그리스도도 아니요, 성전과, 다윗과, 아브라함과, 성경과, 이스라엘과 함께하는 그리스도가 결코 아니다. 마지막으로 그 중심은 진정 멜기세덱과 함께하는 그리스도도 물론 아니다. 왜냐하면 멜기세덱도 그의 하늘의 원형인 예수의 영광 속에서는 사라질 것이기 때문이다. 이 세상의 그 어떤 것이라 해도 하나님, 즉 소멸하는 불속에서는 임시적이며 보존될 수 없는 존재이다(히 12: 29). 히브리서는 신약경전의 신학적인 초석을 형성해 주었다. 그것은 "이스라엘"을 기독교에서는 하찮은 것으로 만들어 주었다. 히브리서의 등장으로 기독교의 성경적 근거는 드디어 완성되었다. 기독교의 신앙은 모든 풍요 속에서 하나님 자신의 전령인 성령에 근거해 있다. 성령에의 접근은 가능하다. 왜냐하면 예수 그리스도 안에서 하나님은 인간이 되었기 때문이다. 성육신(caro)은 성령이 인간의 영에 접근하게 하는 가능성으로 이루어진 것이다. 그것은 바로 믿는 자는 누구나 예수와 함께 거룩한 신성을 가질 수 있다는 가능성을 의미한다. 이것이 바로 히브리서의 중심적인 진리이다.

기독교의 정체성(2): 신·구약

인류는 성령을 알 수 있는 능력을 가지고 창조되었다. 성령의 영감은 교회사의 특정의 문헌에서 발견되었고 또 밝혀져 왔다. 그리스어 번역판 70인역(*the*

Septuagint)[4]은 교회에서 이스라엘의 성경(the Scriptures of Israel)으로 받아들어 졌다. 이것은 유일한 교회의 성경이었으며, 이즈음 신약도 형성되고 있었다.[5] 예수를 따르는 사람들은 예배와 기도로 모인 집회에서 이스라엘의 성경이 그들의 믿음에 의해 "실현된다"고 생각하였다. 그들은 예언자들에게 행했던 하나님의 성령이 그리스도를 통하여 그들에게 임할 것이라고 확신하였다. 기독교인들은 이스라엘의 성경(70인역) 이외에 그들 공동체에서 만든 여러 문서들을 읽었다. 신약(the New Testament)은 그들이 초대교회에서 세례, 예배, 신앙부흥 등을 준비하기 위하여 만든 내용들이다. 그것은 원시 기독교에서 이루어진 일종의 문서전집이다. 그것은 예수의 전도, 행동, 죽음, 부활에 대한 하나님 백성의 의무와 행동들이다. 그것은 이스라엘 성경에서 말하는 성령에 접근하는 방법을 제공한다. 신약이 이루어지자 이스라엘의 성경(70인역)을 "구약"으로 부르는 일이 자연스럽게 되었다. 구약은 성령을 알 수 있는 방법을 우회적으로 제시하고 있으므로 기독교인들에게 고전적 성경으로, 동시에 신약은 하나님의 성령이 곧 그리스도의 성령이라는 것과 성령 받는 방법을 직접 가르치고 있으므로 규범적 성경으로 받아들여졌다.

70인역(septuagint)

예수와 그의 운동은 히브리 성경법전의 전통적인 분류(토라, 예언서, 서술)를 그대로 받아들였다. 복음서와 교회성경도 그리스어로 기록되었으며, 그 뜻은 매우 헬레니즘적이었다. 최근 70인역 그리스어판이 첫 번째 사본(Codex Vaticanus, 4세기)의 서순에 따라 구약을 배열하였다. 그리하여 그 순서와 구조가 히브리 성경과 다르게 되었다. 율법, 예언서, 서술의 분류가 새로운 패턴과

---

4) B. C. 250-200년경 이집트의 알렉산드리아에서 이루어진 그리스어로 번역된 가장 오래된 구약성경으로, 히브리어를 이해하지 못하는 지중해연안의 유대인들을 위해 72인에 의해 번역된 성경이다. 약기호로 *LXX*로 불려진다. 이 성경은 이후 헬레나이즈화된 지역의 복음전파에 크나큰 역할을 했다.
5) 4복음서와 13개의 바울서신을 포함하는 27개의 기록들이 신약정전으로 된 것은 아타나시우스가 367년 부활절 메시지에서 발표한 이후부터이다.

순서로 바뀌었다. 첫 번째 것은 "역사적인" 것으로, 둘 째 것은 "시적인" 것으로, 그리고 세 번째 것은 "예언적인" 것으로 각각 배열하였다. 순서로 볼 때 예언서는 신약의 복음서보다 앞서 있게 되었다. 더욱이나 예언서들은 종말론적인 해석을 용이하게 하는 순서로 배열되었다. 70인역은 소선지자들로부터 시작함으로써 대선지자들(이사야, 예레미아, 에스겔)로 마무리할 수 있게 하였다. 더욱 놀라운 일은 구약이 다니엘로 마치게 함으로써 선지자를 강조하고 있다는 사실이다. 다니엘서는 구약에서는 유일하게 죽은 자의 부활(단 12: 2)에 대해 말하고 있다. 그는 천사에게 "인자와 같이"(like a Son of Man, 7: 13, 9:21, 10: 16)"라고 말함으로써 복음서에서의 이상적인 과도기의 예수와 연결시켜 주었다. 더군다나 이때는 4세기 신약정전이 견고해지고 있는 때였고 신약이 마침 요한의 종말론적인 계시록으로 끝을 마치고 있어서 더욱 인상적이었다.

이단사상들

기독교의 정체성이 형성되는 과정에서 초대 교회는 로마제국의 압력과 이단들의 공격을 피할 수 없게 되었다. 그 가운데서도 이단사상가들의 교리적 공격은 이제 출발하는 교회에는 치명적인 타격이었다. 쟁점이 된 이슈는 주로 그리스도의 성육신, 삼위일체, 성경의 진위, 배교, 심판 등이었다. 초기의 이단 사상가들로는 몬타누스, 에비온, 마르시온 등을 들 수 있다.[6] 이들을 방어하기

---

6) 몬타누스(Montanus)는 교회의 지나친 제도화에 반대하고, 금욕주의와 성령을 강조하는 신비주의자였다. 그는 영적인 황홀경에 빠져 자신이 하나님이라고 자처하였다. 터툴리안의 지지를 받았다. 그의 사상을 몬타누스주의(Montanism)라고 부른다. 에비온(Ebion)을 따르는 에비온파(the Ebionites)는 기독교적 유대교파로서 모세 5경을 보편법으로 믿었던 2세기경의 이단파이다. 그들은 청빈을 중시하고, 그리스도의 신성을 부인하며, 바울을 배교자로 몰았다. 그들은 바리새적 에비온파와 에센적 에비온파로 분류되었다. 그리고 마르시온(Marcion, d. 250)은 "이 세상에 온 첫 번째 사탄"이라는 순교자 폴리캅의 말처럼, 초대교회를 가장 괴롭혔던 이단이다. 그는 구약과 신약을 분리하여 바라보고, 성경을 새로 "마르시온 신약성경"으로 꾸몄다. 그는 마르시온 교회를 만들어 전파하였다. 그는 그리스도의 성육신을 부인하는 소위 가현설을 주장하였다 (Williston Walker, op. cit., pp. 51-60).

위하여 나선 사람들이 초대교회 사상가들이었다. 이들은 로마제국의 압력을 받았지만 대체적으로 창의적인 시대를 장식하였다. 저스틴, 이그나티우스, 이레네우스, 터툴리안, 히폴리투스, 오리겐 등이 그 대표적인 학자들이었다. 초기 기독교는 보편적이고 일반적인 신앙을 추구한다 해서 "가톨릭(catholic)"이라 하는데, 후기의 로마 가톨리시즘과 혼돈되는 경우가 많다.

북아프리카는 예언적 신앙으로 유명한 곳이다. 터툴리안(Tertullian: 160-220)은 성령과 마지막 심판을 강조한 사람으로 그의 저서(*Apology*, 197)를 통하여 트라야누스의 기독교박해정책("don't ask, don't tell")을 강력히 비난하였다. 그는 신자들이 그들 안의 성령을 시험해보기 위해 박해를 받아야한다는 주장을 신랄하게 반박하였다. 성령의 힘을 믿는 열광주의(the enthusiasm) 사람들은 특별한 비전이나 금식, 기적을 통해 그들이 다른 기독교인들보다 우월한 유일한 진실한 기독교인이라고 주장하였다. 2세기경 리용의 주교 이레네우스(Irenaeus: 135-200)는 소위 "보편적(catholic)"이라 부르는 신앙으로 열광파를 비난하였다. 올바른 신앙이란 어떤 특수 지역이나 지방의 신앙이나 관습이 아니라 알렉산드리아, 안티옥, 고린트, 에베소, 리용, 로마와 같은 중요한 교회에서 보편적으로 나타나는 신앙을 의미한다. 보편적 기독교에는 네 가지의 신앙의 특성이 있다. 첫 번째로 신앙은 이스라엘로부터 받은 성경적 방편에 의해 나타나는 것이다. 구약을 배제해서는 안 된다. 영지주의의 주장은 잘못된 것이다. 두 번째로 보편적 신앙은 예수 자신이 가르치기 위하여 파견한 전도자들에 근거한 것이다. 세 번째로 신앙 공동체는 하나님의 성령의 임재아래 이루어지는 의식인 성례전(세례와 성만찬)의 방편에 의해 실천해야 한다. 네 번째로 이들 원칙에 대한 교회의 준수는 예수의 사도들의 후계자들로 인정된 주교, 사제 집단에 의해 확인되어야 한다. 이들이 한데 합칠 때 이들은 "그리스도의 위대하고 영광스러운 몸을 이루는 구성요소"가 된다.

기독교의 성육신에 대한 강조는 2세기경 사도신경(the Apostles Creed)의 신앙고백에 잘 나타나 있다. 사도신경은 성부, 성자, 성령의 3위1체, 그리스도의 탄생, 그리스도의 고난, 그리스도의 죽으심과 부활, 그리스도의 재림과 심판,

거룩한 공회, 성도의 교제, 영생에 관하여 소상하게 밝히고 있다. 이레네우스의 제자로 알려진 히폴리투스(Hippolytus: 160-238)는 그의 저서를 통하여 3위1체론에 대하여 소상하게 밝혔다. 그는 로고스론에서 이레니우스와 다른 점을 나타냈다. 이에 대해서는 후술될 것이다.

기독교의 정체성(3): 철학적 접근

기독교는 로마제국의 정치적 압력과 이단사상들의 공격에 대항하면서, 다른 한 편으로 로마세계의 다양한 철학사상과 종교사상의 위협에 대응하지 않으면 안 되었다. 그리하여 이러한 그리스-로마적 사상의 소용돌이 속에서 기독교는 그 신앙의 특성을 체계적으로 설명할 수 있는 방법을 강구하지 않으면 안 되었다. 그것은 기독교사상을 위한 철학적인 차원의 지적 "변증(apology)"을 의미하였다. 그리스-로마 세계의 도전을 받은 것은 주로 기독교와 영지주의(Gnosticism)였다. 기독교와 영지주의는 우선 종교가 무엇인가를 이해하게 하는데 획기적인 방법을 개진하였다. 그것은 바로 철학적 논리와 방법이었다. 다시 말해 기독교의 진리를 그리스적 사상배경에서 이해하고 철학적 개념으로 설명하는 것이다. 그들(기독교와 영지주의)은 하나님의 진리를 인간에게 전달해 주는 신의 "말씀(Word, Logos)"에 관하여 연구하였다.[7] 대부분의 기독교인들은 로고스를 철학자들과 예언자들이 추구해온 바 성육신한 예수 그리스도와 연결시켰다. 한편 영지주의에서는 "말씀(로고스)"을 무시간적(ahistorical) 진리의 계시, 완전한 신성으로 바라보려고 하였다. 로고스를 성육신적으로 바라보든, 아니면 영지적으로 바라보든 그 결과는 그들의 사상이 절대적인 초월적 전망으로부터 실제적 전망으로 바뀌어 그리스-로마적 세계와 가까워졌음을 뜻한다. 요컨대, 철학과 종교의 자연스러운 결합으로 그들은 새로운 공통적인 정체성

---

7) 로고스는 스토아철학, 플라톤주의, 유대교(알렉산드리아)에서 주장하고 있는 바, 스토아 철학에서는 로고스를 신의 내재적 원리로 파악하여 범신론으로 발전시켰으며, 플라톤주의에서는 로고스를 신과 피조세계의 중재자로 바라보았다. 알렉산드리아의 유대교학파(필로)에서는 위의 양자를 결합하여 로고스를 하나님과 이 세계의 중재자로서 계시의 원리라고 주장하였다.

을 가지게 되었던 것이다.[8]

저스틴과 필로

요한복음에 기초하여 로고스를 가장 분명하게 연구한 신학자는 저스틴(Justin Martyr: 100-165)이었다. 그는 151년 그의 저서(Apology)를 써서 안토니우스 피우스 황제에게 바쳤다. 그는 이스라엘의 성경에 의해 인정되고, 그리스도에 의해 계시된 "참된 철학(a true philosophy)"은 반드시 성공을 거둘 것이라고 믿었다. 그는 서구의 전통과 동구의 지혜도 무시하지 않았다. 그는 하나님에 의해 주어신 이성의 빛은 예수로 성육된 하나님의 말씀과 동일하다고 생각하였다. 그는 그리스도가 성자들과 함께 1000년 동안 다스리기 위하여 돌아올 것이라는 천년왕국주의를 굳게 확신하였다. 그의 주장은 요한 계시록 20장에 기초한 것으로 2세기경 많은 가톨릭 기독교인들의 지지를 받았다.

사실 엄격한 학문적 관점에서 볼 때 2세기경의 기독교는 여러 가지로 미흡하였다. 합리적 체계적 학문의 긴 역사를 가진 그리스-로마적 세계와 싸우기에는 역부족인 것이 사실이었다. 헬레니즘에 비해 예수운동은 얼마 안 되었고 미천하였다. 그러나 저스틴의 주장으로 말미암아 종교적으로나 철학적으로 기독교의 위상이 높아졌다. 그는 그의 주장을 뒷받침하기 위하여 알렉산드리아의 필로(Philo: B.C. 30-45)가 유대교를 변호했을 때의 방법을 적용하였다. 필로는 성경의 예언적 단어 "로고스"를 하나님이 이 세상을 창조하고 인간을 살 수 있게 한 이성으로 이해하였다. 필로는 모세가 그리스의 철학자 플라톤에 영향을 주었다는 역사적 근거를 제시함으로써 하나님의 지혜에 대한 그리스 철학의 조명을 부차적인 것으로 만들었다. 이와는 대조적으로 저스틴은 오히려 예수 안에서 인간과 세계 자체의 원형인 "로고스"(필로의)를 이전에 없었던 방법으로 접근하고 이해할 수 있게 만들었다. 그의 주장은 역사적 가설에 의존하고 있지 않았다는 점에서 과감하였다고 평가된다.

---

[8] 이러한 결합으로 철학적 변증가들의 신학이 질적으로 후퇴되었다고 평가하는 사람들도 있다. 그러나 그러한 결합으로 나타난 역사적 의미도 간과해서는 안 될 것이다.

우리는 필로와 저스틴의 관계를 통하여 유대교(1세기)와 기독교(2세기)가 종교를 가장 적절한 철학으로 표현하기 위하여 플라톤의 사상에 얼마나 많이 의존하였는가를 알 수 있게 된다.9) 필로는 모세 5경의 그리스어판 해석을 통하여, 우리 세계의 배후와 우리 마음 안에 있는 창조적 "로고스"를 하나님이 모세에게 계시한 토라라고 생각하였다. 이에 대해 저스틴은 학자로서보다는 문필가로서 우리의 "로고스"는 영원한 인간이며 그 인간의 표본이 바로 예수라고 주장하였다. 그러나 그들의 주장들은 모두가 한 결 같이 플라톤의 공통된 원리(완전한 지적 모형)에 기초하고 있는바, 필로는 세련되고 우아한 그리스어로, 저스틴은 논쟁적인 수사학으로 표현하고 있는 것이 달랐을 뿐이다. 만약 두 사람이 실제로 만났다면 아마도 유대교와 기독교는 역사에서 동일한 종교로 등장했을 것이다. 그러나 아쉽게도 그러한 일은 일어나지 않고 말았다. 필로가 죽은 다음 70년 티투스 장군에 의해 예루살렘 성전은 불탔고, 135년 하드리아누스 황제에 의해 해체되고 말았다. 그 후 2세기경 유대교를 개혁한 랍비들은 플라톤주의의 기초를 버리고 새로운 지적 근거를 가지게 되었으며, 미쉬나에 의해 다시 출발하게 되었다. 그리하여 필로의 플라톤주의적 노력은 무위로 그치고 말았다.

한편 저스틴은 162-168년 마르쿠스 아울레리우스 때 로마에서 순교하였다. 그러나 그는 순교하기 전에 플라톤을 감싸고 유대교를 비판하면서 기독교를 지적 코스에 올려놓았으며, 그 과정은 수세기간 지속되었다. 그는 시몬(Bar Kokhba)의 반란(132-135) 즉후 쓰여진 그의 저서(*Dialogue with Trypho, A Jew*)에서 우리는 왜 율법을 위하여 영원히 순종을 해야 하는가라는 의문을 제기하였다. 그는 교회 안에 비유대인들을 받아들이는 것이 성경의 목표이며, 이스라엘의 성경의 핵심은 모세에 있는 것이 아니라 그리스도에 있다고 주장하였다. 그는 플라톤주의로부터 기독교에 이르기까지의 발달과정을 나이든 현자(an old

---

9) Willistin Walker, *op., cit.*, pp. 45-7, F. L. Cross, ed., *The Oxford Dictionary of the Christian Church*(이후 *ODCC*로 표기함), James Hastings, ed., *Encyclopedia of Religion and Ethics*(이후 *ERE*로 표기함), 참조바람.

man)와의 대화를 통하여 밝혔다. 즉 플라토니즘에서 얻을 수 있는 지고의 선, 인간의 영혼은 하나님 자신과 혼돈되어서는 안 된다. 왜냐하면 인간의 영혼은 하나님에게 달려있기 때문이다. 그리고 하나님의 지식은 하나님의 영(성령)의 계시에 의존되어 있다. 인간의 영혼은 하나님의 아들 그리스도에 의해서만 하나님과 중재될 수 있으며, 그 역할은 성령을 통해서만 가능한 일이다. 그러므로 예수 그리스도, 로고스는 인간과 하나님을 연결하는 인간에게 가장 귀중한 중재고리이므로 기독교는 유대교와는 다르다. 요컨대, 기독교는 예수 그리스도를 중심으로 하는 참된 철학적 자아의식을 가지게 되었기 때문에 유대교와는 근본적으로 구별될 수밖에 없다는 것이다.

예표적 성경해석

이러한 저스틴의 "로고스" 진리에 대한 설명은 두 가지의 계시근거에 기초하였다. 하나는 성령에 의한 예언적 성경(the prophetic Scripture)이었고, 다른 하나는 성령의 감동을 받은 현명한 독자(the wise reader)였다. 그의 주된 관심은 성경의 즉각적인 참조(the immediate reference of Scripture)나, 역사적이거나 문자적 의미에 있지 않았다. 그는 그의 저서(*Dialogue with Trypho*)에서, 성경의 즉각적인 문자적 참조(해석)에 묶여서 율법의 노예가 된 Trypho(트리포)라는 사람을 그렸다. 그(저스틴)의 주된 관심은 히브리서의 해석원칙에 따르는 예표적 성경해독(a typological reading of Scripture)에 있었다. 이것은 2세기경 기독교의 성경해석의 규범이 되었다. 예언자들은 각각 천국의 실재에 관한 그들 마음의 인상, 즉 하나님 자신의 아들인 예수의 "유형(types)"을 표현하는 것으로 이해되었다. 예컨대, 이삭은 예수의 유형으로 표현되었다. 다시 말해 이삭이 아브라함에 의해 모리아산에 희생제물로 바쳐진 것처럼(창 22), 예수도 골고다에서 희생되었다는 것이다. 말하자면 트리포는 예언서의 문자적 해석으로 길을 잃은 유형의 사람이었다. 터툴리안과 같은 기독교인들은 성경을 문자적으로 제한되는 의미를 "유대적 의미(the Jewish sense)"라고 불렀다.

2세기는 유대교의 랍비들이 성경을 그들의 유대교적 영원한 의미의 틀에

입각하여 해석한 시대였으며, 즉각적인 문자적 해석이 영원한 토라에 의해 강조된 시대였다. 위에서 설명한 창세기 22장이 그 좋은 예이다. 유대인들은 이삭이 모리아산에서 죽임을 당했고, 그가 성년으로서 그의 운명을 받아들였으며, 그리고 하나님은 그러한 그를 죽은 자로부터 살려준 것뿐이라고 주장하였다. 다시 말해 이삭은 유대교에서 뿐 아니라 기독교에서 순교자의 일반적 유형이 되었다는 보다 보편적인 해석이다. 그렇지만 그들이 말한 유형의 의미는, 그리스도에 대한 예언자의 비전에 보다는 오히려 토라에 대한 순교자의 순종을 나타내는 것으로 저스틴의 유형론과는 근본적으로 다르다. 그리하여 저스틴은 성경의 문자적 해석을, 성령을 통하여 그 궁극적인 의미를 찾는 새로운 예표적 해석으로 바꾸려고 있는 힘을 다했다.

그러나 기독교가 "로고스(그리스도)"를 그 조직의 중심부로 끌어드리고, 유대교가 구약(토라)을 그 조직의 중심부로 끌어드리는 바람에, 오히려 양자는 서로 넘나들 수 없는 벽으로 막히고 말았다. 그 결과 그들은 자신의 것만이 각각 중요하다고 주장함으로써 어두운 그림자만이 드리워지게 되었다. 그러나 저스틴의 끈질긴 노력은 실제로는 티포와의 단순한 만남이라기보다는 기독교가 어떻게 성경의 의미를 제대로 발견할 수 있는가라는 중요한 문제를 풀어보려는 보다 중요한 계기를 만들어 주었다. 그리하여 독자 자신 안에서 움직이는 하나님의 성령에 기초하여 성경 안에 있는 하나님의 성령을 인식해야 하는 일은 이제는 기독교에서 하나의 고전적인 공식으로 받아들여지게 되었다. 그의 종합은 이스라엘의 예언자들의 사상과 그리스의 철학자들의 방법을 하나의 조직으로 합치게 하여 믿는 사람들로 하여금 이 세상이 아니라 저 세상의 삶과 의미를 발견할 수 있게 만들어 주었다. 이러한 내세에 대한 강조와 신앙은 콘스탄티누스 대제의 개종의 순간까지 지속되었다.

기독교의 정체성(4): 영원한 "로고스"와 육체

일반적으로 그리스, 로마를 비롯한 헬레니즘 세계는 순환론에 의해 시간보다 공간을 더 중요하게 생각하였다. 왜냐하면 진리는 시간을 초월한 것으로 바라보았기 때문이다. 이것은 초기 헤브라이즘 세계도 예외는 아니었다. 그리하여 신약과 초기 기독교의 사상은 기본적으로 무시간적인(ahistorical) 특성을 나타냈다. 이러한 무역사적인 시간초월의 사상은 히브서(13: 8)10)와 저스틴의 저술에 잘 나타나있다. 그러나 이와 같은 시간초월의 신앙은 (콘스탄티누스대제 이전까지) 오랜 세기동안의 박해를 통해 바꾸어졌다. 왜냐하면 그들의 귀중한 신앙은 영원한 세계에서가 아니라 우선 이 세상의 싸움터에서 결판이 나지 않으면 안 되었기 때문이다. 그리하여 히브서가 "그는 육체에 계실 때에(히 5: 7)"라고 역사적 환경에서의 예수의 체험을 강조하였다. 즉 히브리서는 육체로 세속하여 살아가는 사람들의 구원의 중요성을 말씀한 것이다.

이레네우스

육신의 생활에 대한 강조는 2세기경 영적 지식만을 내세우는 영지주의와의 싸움으로 더욱 고조되었다. 이 주장(육신의 생활강조)을 하는 사람들 가운데 가장 탁월하고 창의적인 신학자는 이미 말한 이레네우스였다. 그는 그의 저술(*Against Heresies*)에서, 그리스도 안에서의 고대예언들의 성취를 강조하였다.11) 특히 그의 예표론(typology)은 성경과 인간경험 사이의 관계성에 관한 일반이론이 되어졌다. 그러므로 2세기경 "신약"이 복음서, 바울서신, 기타 교회에서 인정된 서술들을 포함하는 승리의 말씀으로, 그리고 "구약"이 그리스도 안에서 성취되는 유형들(types)로 받아들여진 것은 우연의 일치가 결코 아니다. 그는 히브리서의 예표론에 기초하여 구약과 신약을 하나로 결합시킨 것처럼, 바울(롬 5)에 기초하여 아담과 그리스도의 관계를 연결시켰다. 그에 의하면, 새로운 계약에 대한 하나님의 계획은 원래 창조의 재현(recapitulation)이었다. 타락한 아담은 새로운 아담 그리스도로 다시 나타났다. 아담은 하나님의 형상과 모양(the image and likeness of God)으로 만들어졌다. 그러나 죄로 인하여 그의 모양

---

10) 히 13: 8(예수 그리스도는 어제나 오늘이나 영원토록 동일하시니라).
11) *Against Heresies* 3.10.2; 3.19.1; 4.33.4, 11), *RFWC*, pp. 178-90, *ODCC*, *ERE*, 참조바람.

은 잃어지고 그의 형상만 그대로 남게 되었다. 인간은 그리스도안의 믿음으로 잃은 모양을 회복할 수 있다. 구원은 타락전 낙원의 상태로 돌아가는 것이기 때문에, 천년왕국에 대한 저스틴의 지상적 소망은 가능한 일이다.[12] 요컨대, 인간이 잃은 것은 기본적인 형상이 아니라 단지 도덕적 모양이므로, 영지주의자들의 깊은 비관주의로부터 빠져나올 수 있다는 것이다.

이레네니우스의 사상은 그의 환경과 관련이 있었다. 그는 후에 기독교로 개종한 사람이 아니라 원래부터 소아시아의 기독교문화에 젖어 있던 사람이다. 그는 그리스도 안에서 성경의 약속들의 성취를 기대했던 사회에서 자랐다. 그리하여 그의 재현이론(his theory of recapitulation)은 본질상 역사적인 접근이 아니었다. 그것은 다음과 같은 질문, 즉 예수 그리스도 안의 신앙이 궁극적으로 인간을 어떻게 변화시킬 것인가 하는 문제에 대한 해답을 구하려는 것이었다. 그는 이러한 단순한 이론으로 육체를 구원의 영역으로 치켜 올렸으며, 성경들 (신구약) 사이의 관계를 상호 연결시켰으며, 그리고 원죄와 종말론적인 소망의 대칭적 신학을 발전시켰다. 참으로 "하나님은 인간이 거룩하게 되기 위하여 인간이 되었다." 그리하여 기독교는 의식적이든 무의식적이든 그의 통찰력을 기초로 발전해 왔다. 인류는 죄에 종속되어 있으며, 그럼에도 불구하고 아담의 유전이 그리스도의 영광으로 전환되도록 변화될 수 있다는 그의 확신은 초기 기독교 전파의 주요 골격이 되었다. 그는 참으로 사도적 전통을 이어받은 초기 기독교의 종합적 철학사상가였다고 해도 과언이 아니다.

이레네우스는 그의 심오한 신학적 연구에도 불구하고 역사의 이론을 근거로 한 것은 결코 아니었다. 즉 성육신의 사건은 절대적인 것으로, 소위 오늘날 역사라고 부르는 이 세상의 말이나 조건에 의해 결정된 일련의 사건들로부터 기인된 것이 아니다. 역사는 시간과 결과에 대해 말한다. 복음의 시대부터 현

---

[12] 로마 가톨릭에서는 하나님의 형상(imago dei, 자연적 은사)과 하나님의 모양 (similitudo dei, 초자연적 은사, 原義)을 각각 구분하여 해석하지만 종교개혁자들, 특히 칼빈은 양자를 비슷한 의미의 단어로 본다. 칼빈은 인간의 전적인 타락을 주장하였다.

재까지 기독교의 신앙은 사건들을 말하고 다루고 있지만, 그 사건들은 선행사건들 없이, 문자 그대로 시간과 관계없이 일어나는 사건들을 의미한다. 하나님의 아들이 영원하다는 것을 믿는 사상가들에게 연대기는 어떤 신학적인 중요성이 없다. 요컨대, 이레네우스, 히브리서, 저스틴에게 성육신은 우리가 시간이라고 부르는바 질서로부터 벗어난 이스라엘 성경의 진실한 의미를 뜻한다는 것이다.

그리하여 이레네우스는 예수에 대하여 말하되 어떤 기록적 정보와 관계없이, 경우에 따라서는 복음서의 문자적 의미와 다르게 말할 수 있었다. 그는 예수가 인간의 성숙기인 50세에 돌아가셨을 것이라고 주장하였다. 왜냐하면 예수가 그의 육신 안에서 우리의 인간성을 요약하였기 때문이다.[13] 예수의 나이에 대한 신약의 유일한 전거는 누가복음(3: 23, 약 33세) 뿐이다. 그 진술이 모호하다 하더라도 경험적인 추측에 의해서 단지 예수의 죽은 나이를 50으로 잡을 수 있다는 것이다. 이레네우스와 영지주의파 사이의 차이점은 단순히 역사적이냐 철학적이냐 하는 것이 아니다. 양자 모두 철학적으로 접근되어 있었다.

그들 사이의 차이점은 근원적 재현의 차원에서 찾아야 한다. 이레네우스는 그 처음의 육체를 유형(types)으로, 그 육체의 재현을 예수의 사건으로, 그리고 그 육체의 실현을 낙원으로 연결시킨 반면에, 영지주의파는 영적 핵심의 전체적 전개에 있어서 육체를 부수적이고 우연적인 것으로 간과하였다. 예수가(이레네우스를 위하여) 돌아갔을 때가 50세였을 것이라는 추정은 바로 이 때문이다. 이것은 히브리서가 순종을 위한 예수의 싸움에서 주변 요소들(환경)을 만들 수 있었던 것과 같다. 히브리서의 환경조성("심한 통곡과 눈물로...", 히 5: 7)은 이레네우스의 것보다 좀 덜 본질적이지만 양자 모두 같은 목표를 위한 관심에 의해 이끌렸던 사건이다. 요컨대, 육체에서 되어진 것은 바로 하늘나라의 영원한 것의 반영이라는 것이다.

---

13) *Ibid.*, 2.22.1-6.

오리겐

히브리서와 이레니우스에 의해 개발된 하나님의 본성과 인간본성과의 관계에 대한 기초적인 연구는 알렉산드리아의 오리겐에 의해 훌륭하게 다시 예증되었다. 185년에 태어난 오리겐은 로마세계에서도 신앙이 소유될 수 있다는 사실을 알았다. 그의 아버지는 로마의 셉티무스 세베루스 치하에서 심한 박해로 돌아갔다. 그는 복음서의 지혜와 일치되는 철학적 생활을 영위하기 위하여 모든 것을 포기하였다. 유세비우스에 의하면, 그는 예수의 가르침에 감동되어 (마태복음 19: 12) 거세했다고 한다. 이 일로 인해 그는 많은 비난을 피할 수 없었다. 그 가운데서도 알렉산드리아의 주교 데메트리오스의 반대로 주교직에 오르지 못했다. 그는 데키우스의 박해로 고문을 견디지 못해 254년 건강악화로 죽었다. 그는 그의 시대에 가장 힘 있는 기독교 사상가였다.

그는 800여종의 저술을 펴 낼만큼 천부적으로 뛰어난 학자였다. 그의 저서 (Hexapla)는 구약성경의 여러 책들을 처음으로 비교연구한 저술로 이름이 나 있으며, 그의 해석들과 설교들은 기독교사상가들의 중요한 텍스트가 되었다. 최초의 포괄적인 그의 기독교철학저서 『첫 번째 원칙에 대하여 (On First Principles)』는 하나님, 세계, 자유의지, 성경에 대하여 조직적인 설명을 시도하였다. 그는 또 Against Celsus에서 기독교를 변증하고 기도의 이론과 실제를 논하였다. 그는 참으로 도전적이고 독창적인 과감한 사상가였다. 그는 타락한 천사라도 어느 날 회개하면 구원을 받을 것이라고 주장하여 수많은 신학자들로부터 호된 질타를 받았다.

오리겐은 이레네우스와는 달리, 인간의 육체는 영적으로 근본적인 변화를 입어 땅으로부터 하늘로 올라간다고 주장하였다. 천년왕국의 종말론적 기대(저스틴과 이레네우스)와 영적인 종말론적 기대(바울과 오리겐) 사이의 경계선은 고대 기독교에서는 아주 분명하였지만, 그 차이는 오늘까지 풀리지 않는 숙제로 남아있다. 오리겐을 동정하는 사람들에게 역사의 역할은 매우 제한적이었다. 왜냐하면 영적인 실체가 이 세상의 환경보다 더욱 중요하게 여겨졌기 때문이다. 그 자신은 모세의 저술들을 문자적으로 "역사"의 한 예로 바라보려고 하였다.

그는 더욱 깊은 해석에 의해서만 비유적 혹은 영적 의미가 발견된다고 생각하였다. 즉, 모든 일들이 그리스도 안에서 회복(apokatastasis)되는, 다시 말해 이 세상의 말과 조건들 바깥에서만 일어나는 변화라는 영적 의미를 가질수 있다는 것이다. 요컨대, 문자적 역사 영역의 제한은 그 어떤 것도 가장 위험스러운 자기기만이라는 것이다.

이레네우스와 오리겐의 견해 차이는 몇 가지의 교훈들을 시사한다. 그들은 모두 공통적으로 예수의 육체에 일어난 것에 심오한 의미를 부여하고 있다. 단지 그들의 접근방법만 다를 뿐이다. 이레네우스는 그의 천년왕국적 전망에 의해 한 사람의 육체에서 일어난 일을 모든 사람들을 위한 육체의 결과로 바라본 반면에, 오리겐은 철학적 사고방식에 의해 예수의 육체가 영적 육체의 거룩한 본성으로 나타나는 것을 중요하게 바라보았다. 왜냐하면 오리겐은 예수의 영적 거룩한 본성만이 모든 일들을 온전하게 회복시킬 수 있다고 믿었기 때문이다. 이레네우스의 recaptulatio(재현)와 오리겐의 apokatastasis(회복) 사이의 차이는 단순한 명칭의 문제 이상의 의미를 가지고 있다. 그것은 또한 종말론적 변화의 천년왕국적 사상과 철학적 사상 사이의 분수령을 나타내며, 그리고 육체적 가치에 대한 서로 다른 평가들을 보여준다. 그들은 둘 다 아주 부분적으로 역사적인 신학의 특성을 가지고 있다. 이레네우스에게 육체는 계시의 중재인 반면에, 오리겐에게는 육체는 계시와 훨씬 덜 연결되어 있다. 비록 그들은 모두 예수의 육체와 인간의 육체를 결과론적으로 인정하지만, 시간적이나 혹은 연대기적인 중요성을 육체에 갖다 붙이지는 않는다. 그들은 모두 역사를 통하여 하늘나라의 왕국으로 인도되는 일들이 하나님에 의해 추진된다고 생각하지 않았다.

마무리

이레네우스와 오리겐은 "로고스"를 신성으로만 바라보려는 영지주의에 벗어나 하나님과 인간을 잇는 "영원한 로고스"로 해석하였다. 그 과정에서 그들은 무시간적 차원으로부터 시간적 차원으로 부분적으로나마 자리를 바꾸었다.

그러나 그 변화는 형식적일 뿐 그 본질은 여전히 무시간에 머물러야 했다. 그리하여 그들의 견해는 현대적 가설들과 반대 입장에 있게 되었다. 20세기의 기독교인들은 소위 "사회적 복음"이라는 운동에 매달려 있었다. 이 운동은 하나님 계시의 진보적 발전의 직선형에 기초하고 있었다. 즉, 신의 지식과 계시는 시간의 추이에 따라 불가피하게 진보하고 발전한다는 것이다. 그러나 이레네우스와 오리겐에서 보이는 것처럼, 고대 기독교에서는 그와 같은 역사전개 과정의 발전적 해석은 존재할 수 없었다. 왜냐하면 그들은 이 세상의 역사를 신의 행위의 한 카테고리로 바라보지 않았기 때문이다. 초기 기독교세계에서 볼 때, 하나님은 이레네우스의 노선이건 오리겐의 노선이건 관계없이 성육신의 이해를 통해서 가능한 육신을 인간에게 부여하였다. 이 육체의 필연적 결과는 예수와 관련하여 보면, 하나님 자신에 의해 주어진 것이다. 그럼에도 불구하고 육체는 어떤 특별한 가치를 가지고 태어난 존재, 필연적으로 계시된 하나님의 목적으로 인도되게 할 수 있는 가치있는 존재로 주장되지는 않았다. 초기 기독교에서 그리스도의 계시와 관련된 일들은 시간과 연대기를 통해서 설명되기 어려웠다. 현대사상에서 상식으로 되어 있는, 시간이 흐르면 점점 진보한다는 확신은 이레네우스와 오리겐 이후 나타난 두 사람의 영향력 있는 기독교 신학자들(유세비우스와 어거스틴)에 의해 비로소 이루어졌다.

기독교의 정체성(5): 역사이해

하나님의 창조를 바탕으로 인간의 역사를 하나의 큰 물줄기로 보고 시작이 있고 과정이 있으며 그리고 끝이 있다는 직선적 흐름으로의 실제적 역사이해는 4세기 유세비우스로부터 시작되었다. 유세비우스 이전에 이미 아프리카누스(Sextus Julius Africanus: c. 180-250)가 성경(행 17: 26)에 근거하여 하나님의 창조로부터 시작되는 이스라엘의 역사를 연대기로 정리한 적이 있다. 그는 인간의 역사기간을 6,000년으로 상정하고 이스라엘 이웃 국가들의 세속역사도 포함시켜 그의 연대기를 작성하였다. 그러나 이보다 더욱 실제적으로 정치현실을 중심으로 연대기를 저술한 사람은 위에서 말한 유세비우스였다. 그는 콘스탄티누스의 정치를 통해서 비로소 역사발전의 중요성을 발견할 수 있었기 때문이다. 로마 이전 시대에도 그러한 역사와 관련된 정치적 사건들이 없었던 것은 아니다. 그러나 그들의 전문적인 정치권력은 로마의 통치를 거치면서 구체화되었다. 그리고 그들 통치역사가 일련의 구체적인 정치사건들의 연속이라는 사실이 인지되었다. 드디어 로마의 황제 콘스탄티누스가 기독교로 개종하면서 장차 이루어질 그의 세계적 왕국이 교회의 종교적 권위로 뒷받침 되어야 한다는 분위기로 휩싸이게 되었다. 이러한 역사적 배경에서 등장한 역사가가 바로 유세비우스였다. 그에 의해 설정된 콘스탄티누스 이전(a before Constantine) 과 콘스타누스 이후(an after Constantine)라는 역사적 분계선은 마르쿠스 아우레리우스나 아우구스투스(옥타비아누스) 때도 일찍이 없었던 일이다.

유세비우스

카이사르의 주교 유세비우스(Eusebius: 260-340)는 아프리카누스처럼, 하나님의 창조로부터 시작되는 이스라엘의 역사를 주변 여러 국가들(갈대아, 아시리아, 메디아, 페르시아, 이집트, 그리스, 로마 등)과 연결하여 연대기를 정하고 세계역사를 통일된 하나의 연대기에 맞게 병렬시켰다. 그리고 그는 사계절이 끝없이 반복되는 것처럼, 역사도 돌고 돈다는 헬레니즘 세계의 순환적 사고방식을 버리고 역사를 종말론적으로 이해하였다. 그는 순교한 그의 선생 팜피루스를 통해 오리겐 사상의 영향을 깊이 받았다. 그가 헤브라이즘세계의 교회사가가 된 것은 니케아 이래 여러 종교회의들에서 경험한 에큐메니칼 교회에 대한 통찰력과 특히 콘스탄티누스와의 두터운 친분 때문인 것으로 보인다. 그는 새로 취임한 콘스탄티누스황제를 하나님에 의해 선출된 황제라고 극찬하였다. 그의 가장 유명한 저서 『교회사(History of the Church)』에서 그는 그리스도로부터 기독교역사를 생생하게 서술하면서 기독교를 변호하고 새로운 교회질서의 중요성을 강조하였다. 그는 그의 다른 저서(Praise of Constantine)에서 콘스탄티누스의 취임을 다음과 같이 극찬하였다: 우리의 황제, 하나님의 사랑을 받는 우리의 황제, 하나님의 권능을 부여받은 우리의 황제는 땅에 있는 모든 것들을 지휘한다. 절대적 권력을 휘두르던 옛 정치는 사라지고 그리스도를 따라 그의 영광을 나타내는 새로운 황제가 드디어 등장하였다..14)

유세비우스는 신학자이면서 역사가일 뿐 아니라 서구에서 가장 능력 있는 사상가들 가운데 한 사람이었다. 그는 로마가 후에 신성로마제국으로 성장할 수 있는 기초와 그리고 왕권신수설을 주장할 수 있는 근거를 제공하였다. 동시에 그는 그리스도를 본받아 의존해야 하는 이들 왕권의 조건적인 특성에 대해서도 언급하였다. 즉 정치적 혁명은 종교적 근거에서 비로소 후원될 수 있다는 것이다. 그는 콘스탄티누스가 황제 아우구스투스의 이상이었던 로마의 통합제국을 회복했다고 주장하였다. 그는 그리스도의 신성과 인성를 논술한 다음, 조심스럽게 아우구스투스 치세중의 그리스도의 탄생을 이집트의 정복 이후에 넣어 다루었다. 그가 아우구스투스와 그리스도, 그리스도와 콘스탄티누스를 서로 관련지어놓는 것은 대칭적인 그의 신학을 나타내는 것이며, 더 나아가 신학적으로 구조화된 그의 정치사의 특성을 시사하는 것이다. 그의 역사는 이전의 역사가들처럼 정치적 지평선에 의해 결정되어졌다. 헤로도투스의 페르시아전쟁이나 투기디데스의 펠로폰네소스전쟁의 사건들에서 보여지는 것처럼, 그의 역사서술의 기동력은 정치적 변화와 경험으로 나타났다. 이러한 작업은 이후 폴리비우스(로마의 변호자로)와 조세푸스(유대교의 변호자로)로 이어졌다.

정치사로 기록된 그의 콘스탄티누스에 대한 변호는 심한 아첨으로 보이기도 했다. 일부 독자들은 그가 역사가로서 혹은 신학자로서 어떻게 그렇게도 철저하게 비판적이지 못했나 하고 의아하게 생각하기도 했다. 역사가로서 그는 왕들과 그의 정치적 보좌관들이 일시적인 존재들이라는 것을 물론 알았다. 오리겐파에 속한 신학자로서, 그는 종교적 완전함이 인간의 육체를 초월해야 한다는 것도 알았다. 그러나 유세비우스의 관심은 다른 데 있었음을 알아야 한다. 그것은 바로 그리스도가 콘스탄티누스의 개종에 직접적으로 개입하였다는 그의 신앙적 확신이다. 이와 같은 그의 신앙적 확신 위에 그의 역사가 전개된

---

14) Ibid., Praise of Constantine, 1.6, 참조바람.

것이다.

그리하여 그는 먼저 로마가 기독교의 박해와 아무런 관계가 없게 되었다는 사실을 설명해야만 했다. 이것은 마치 투기디데스가 펠로폰네소스전쟁에서 아테네의 패배를 설명해야 했던 것과 마찬가지이다. 그 결과 탄생한 것이 그의 교회사인데, 그것은 단순한 경험의 일화들이 아니라 인간의 사건들 속에 나타나는 하나님의 뜻에 대하여 연대기적으로 질서있게 다루는 합리적 설명이었다. 한때 신앙으로 투옥되었던 유세비우스는 이제는 마음에 드는 로마제국의 중심부에 서서 그 자신을 새롭게 발견하였다. 사건의 연속은 사건의 결과를 낳았으며, 그리고 역사는 그 소산이었다. 콘스탄티누스의 승리는 일련의 사건들 속에서 일어난 하나님의 예정된 계획 바로 그것이었다. 유세비우스는 독자에게 기독교인들이 체험한 무서운 고문들을 상기시켰다. 그리고 콘스탄티누스가 만든 새로운 사실들을 널리 알렸다. 그에게 역사는 과거에 대한 단순한 설명이 아니라 일종의 종말론적 계시록이었다. 요컨대, 그의 역사서술은 어떻게 인간의 고통의 사건들이 하나님의 섭리를 통해 축제의 사건들로 전환될 수 있었는가를 설명하는 일이었다.

그 이전에 오리겐도 이미 이스라엘보다 로마가 참된 하나님을 예배함으로써 더 잘 번영할 것이라고 쓴 적이 있다. 오리겐에게 이러한 주장은 가설에 불과하였다. 왜냐하면 그 당시는 로마제국이 기독교를 감싸 앉지 못했었기 때문이다. 그러나 유세비우스에게 이 초현실적인 가설은 현실이 될 수 있었다. 실제로 새로운 통합 로마제국은 하나님 아래서, 그리스도 아래서, 황제자신의 신앙을 통해서 문자 그대로 낙원에서 숨 쉬는 신정(a divine polity)을 이룩하였다. 이것은 유세비우스에게 너무나 다행한 일이었다. 그러나 이 로마제국의 신정은 영원한 파라다이스는 결코 아닌 것 같았다. 왜냐하면 콘스탄티누스 치세 후 410년 알라릭은 비지고트의 군대를 몰고 들어와 로마도시를 점령하였기 때문이다. 이 사건은 로마제국을 너무나 놀라게 할 수 있는 공격이었다. 로마제국이 기독교국이었을 때 약탈은 자행되었다. 두 세기 전에 이미 터툴리언은 우상숭배로 인하여 재앙이 온다고 말했고, 그 후 기독교는 실제로 그렇게 되고 말았다. 그렇다면 유세비우스와 그 추종자들에 의해 선포된 낙관적인 승리의 역사과정이 비지고트에 의해 거꾸로 가는 것처럼 보이는 이 사실은 어떻게 설명되어야 하는가. 다시 말해 하나님의 주관 아래 있는 이 세상역사에서 일어나는 실패와 악들은 과연 어떻게 설명되어야 하는가.

어거스틴

이 평화로운 로마역사의 종말(딜레마)을 설명하고 나선 사람이 유명한 어거스틴(St. Augustine: 354-430)이었다. 그는 북아프리카의 타가스테에서 태어나 카르다고에서 수사학을 배우고 키케로와 마니교에 깊이 심취되었다. 그는 선과 악의 이원론에서 크나큰 영향을 받았다. 그는 로마와 미란에서 공부하다가 드디어 기독교로 개종하였다. 그는 로마에서 마니교에 빠진 사상가들과 접촉한 반면에, 밀란에서는 암브로이스 주교의 설교와 접할 수 있었다. 암브로이스는 그에게 신앙의 권위는 이성과 모순되지 않는다고 가르쳤다. 동시에 그는 플라톤주의자들을 만나면서 하나님을 시간과 공간을 초월하는 비물질적인 존재로 받아들이게 되었다. 철학은 그의 신앙의 첫 번째 표현방법이었다. 그는 세례를 준비하는 중에도 논문들을 읽었고 이후 로마에서도 마찬가지였다. 그 후 타가스테에 돌아와서 몇몇 친구들과 사귀었다. 그러나 그의 히포 레기우스 방문은 운명적이었다. 그 결과 그는 사제가 되었고 후에 조그만 마을의 주교가 되었다.

그는 방대한 저술생활을 계속했고 교회를 공격한 사람들을 비판하였다. 그는 기독교인들의 완전성을 요구하는 두 가지의 견해들을 배격하였다. 하나는 도나투스파(the Donatists)로, 이들은 박해기간 중 로마와 협력한 사람들을 교회로부터 쫓아내려고 하였으며, 다른 하나는 펠라기우스파(the Pelagians)로, 이들은 인간의 노력은 구원을 얻는데 충분한 요소라고 주장하였다. 어거스틴은 밭에 자라는 가라지 비유를 가지고 선악의 두 힘들이 작동하는 역사의 현실을 설명하였다.

이 악은 이 세상에서는 완전히 제거할 수 없다. 악은 역사의 종말에 하나님의 심판으로 해결될 수밖에 다른 방도가 없다. 그러므로 악을 제거하기 보다는 사랑으로 변화시키는 교회를 통한 구원의 사역이 중요하다….

그리하여 그는 교회의 새로운 회원들의 교육방법에 대한 저술에 전념하였으며, 그리고 그의 대중적 명성의 기초인 설교집을 만들어내는데 심혈을 기울였다. 그는 90여종의 저술들을 남겼다. 그의 저술들 가운데 세계의 문인들과 기독교교리에 영향을 끼친 가장 심오한 창의적인 그의 저서들은 세 가지이다. 그의 『고백록(Confessions, 400년 완성)』은 그 자신의 생활을 돌아보는 내성적 신앙고백으로, 인간의 영혼에 작용하는 힘들을 떠리하게 묘사하였다. 그의 『하나님의 도시(City of God)』는 410년 로마침공과 이로 인해 세계사에 나타난 두 가지의 패턴들, 그리고 그 가운데 구원의 패턴을 중점적으로 서술하였다. 그의 『삼위일체(On Trinity)』는 400년에 시작된 그의 위대한 종합저술로, 우리와 우리 주변에 있는 하나님 형상의 흔적에 대한 명상록이다. 그는 430년 히포가 반달족에 의해 포위당하고 있을 때 돌아갔다.

그러면 『하나님의 도시』에 관해 알아보자. 이 저서는 무려 23권으로 구성된 방대한 책으로, 로마제국의 멸망에 대한 내용이었다. 하나님의 도시는 지상의 도시에 존재하는 영원한 도시이다. 이들 두 도시들(하나님의 도시와 지상의 도시)은 서로 혼합되어 있으며, 이 세상에서 서로 다투고 있다. 그러나 그들은 최후의 심판 때 분리되어지며 최후의 승리는 하나님의 도시이다.[15] 그는 중심부로 들어가서, 창세기로부터 성경의 스토리를 중심으로 하는 세계의 역사를 한 줄기로 전개시켰다.[16] 천사의 타락으로부터 빛과 암흑이 나오고(창 1:4), 선

---

15) *City of God*, 1.1 그의 하나님의 도시는 로마교회를, 그리고 지상의 도시는 로마제국을 상징한다. 전자는 사랑, 자비, 복종, 겸손이 지배하며, 후자는 자기사랑, 허영, 교만, 욕망이 지배하는 도시이다.
16) *Ibid.*, 12.8 그는 역사의 발전단계를 6단계로 나누고 제7단계는 휴식기간으로 설정하였다. 제1단계는 아담-대홍수(맹아기), 제2단계는 대홍수-아브라함(소아기), 제3단계는 아브라함-다윗(청년기), 제4단계는 다윗-바빌로니아의 포로(소장기), 제5단계는 바빌로니아의 포로-그리스도의 탄생(중년기), 제6단계는 그리스도의 탄생-로마제국당시(노년기), 그리고 제7단계는 휴식기간이다.

과 악이 존재한다. 그러나 선과 악의 구분은 특정의 천사들의 의지와 연루되어 있는 것이지, 어떤 본질적인 사악함과는 연루되어 있지 않다. 사람들도 하나님에 의한 창조보다는 그들의 욕심으로 인해 질서가 흐트러진다. 하나님의 의지와 인간의 의지 사이의 차이는 인간의 욕심으로부터 연루된 자유 때문이다. 그러나 그 정도를 벗어난 결과는, 그것이 천사건 인간이건 관계없이 두 가지의 상반된 영역을 만들어낸다.17)

그의 시대의 두 도시들은 다 같이 세상의 물질을 즐기거나 아니면 세상의 질병과 고통을 경험한다. 그러나 마지막 심판에 의해 서로 분리될 때 까지 그들은 서로 다른 상반된 신앙, 소망, 사랑을 가지고 서로 상반된 경험을 한다. 오늘날에도 기독교는 요한계시록 20장에서 약속된 천년왕국을 기대한다. 천년왕국주의와 육체의 부활에 대한 그의 견고한 신앙은 북아프리카와 이탈리아에서 이루어졌다. 그는 천년왕국과 재림의 임박을 지나치게 강조한 3세기경의 몬타누스파를 거부하였다. 그는 교회를 오히려 천년왕국이라고 말하고 교회 안에서의 신앙훈련과 생활을 강조하였다.18) 역사는 전쟁을 어떻게 피하고 질서를 어떻게 바로 잡느냐하는 것 이상의 깊은 뜻을 가진다. 이것은 또 승자들에 의해 역사가 쓰여 지는 피상적인 미사여구 이상의 깊은 뜻을 가진다. 요컨대, 역사는 이들 두 가지의 상반된 힘들의 상호작용의 현장이며, 역사의 모든 일들은 하나님의 마지막 심판에서 해결된다는 것이다.

어거스틴은 히포에서 돌아가기 전 반달족에 의해 포위되어 있었다. 그의 죽음, 그의 교회와 그의 도시의 약탈은 그의 "세속적 기독교(Christiana Tempora)"에 대한 신기한 증언이었다. 그러나 역사가 두 도시들 사이의 싸움을 반영한다는 그의 생각은 세상교회로 하여금 오히려 그 재앙과 혼란을 만들게 하였다. 그의 진정한 의도는 종말론적인 유세비우스의 역사모형으로 되돌아가되, 그보

---

17) *Ibid.*, 14.28(…그러므로 두 가지의 사랑은 두 가지의 도시들을 만들었다. 땅의 도시는 자기사랑에 의해 하나님의 경멸로 인도되고, 하늘의 도시는 하나님의 사랑에 의해 자기경멸로 인도된다…).
18) 16세기경 네덜란드에서 천년왕국사상이 일어났으며, 20세기에 다시 대두되어 전천년왕국론과 후천년왕국론으로 갈라지게 되었다.

다 더욱 철저하게 내적 역사의 발전과정을 겪어야 하는 종말론적인 차원으로 되돌아가는 것이었다. 어떤 종말론적 주창자도 그처럼 그리스도의 통치로, 그리고 하나님이 만유 가운데 있는 순간으로(고전 15: 28)의 전환을 약속하지 않았다. 순조롭고 끈질긴 단순한 가시적 진보(progress)의 역사는 유세비우스 계열의 사람들과 19세기 이래 많은 역사가들에게 승계된 세속적 역사의 모형이었다.

그러므로 그의 싸움은 궁극적으로 선과 악 사이의 권력의 투쟁뿐만이 아니라 한 걸음 더 나아가 하나님의 사랑(the love of God)과 자신의 사랑(the love of self) 사이의 싸움을 의미한다. 이것이 바로 어거스틴의 끊임없는 목회정책의 열쇠이며 그의 넓은 지적 지평선의 열쇠이다. 그러므로 모든 시간과 장소에는 하나님의 도시가 계시되어(나타나서) 받아드려질 가능이 있게 된다. 그리고 현재 "세속적 기독교"에서, 우리는 결국 그 이름(하나님의 도시)의 진의를 알게 될 것이며, 그리고 우리 모두를 변화시킬 그 사랑의 얼굴을 볼 수 있을 것이다. 그리고 어거스틴을 쫓아 역사는 미결정의 화폭에 새로운 바람직한 그림을 그려나갈 수 있을 것이다. 왜냐하면 그는 역사의 과업을 철학적 회상(반성)과 통합시켰기 때문이다. 동시에 그는 그의 『고백록』에서 그 자신이 잘 아는 개체의 생활 안에서 이루어지는 보편적 구원의 역동적 전개로서의 자서전의 장르를 만들었다. 요컨대, 민족에 대해서는 많이, 개인에 대해서는 조금 다루어지는 역사에서, 만약 우리가 자기사랑의 맹목에서 벗어나 하나님의 사랑으로 바라볼 수 있다면, 내적으로. 그리고 외적으로 역사하는 하나님의 능력을 입증할 수 있다는 것이다.

마무리

유세비우스와 어거스틴은 성경을 기초로 하는 역사이해와 역사철학을 세상에 소개하였다. 그들은 더 나아가 로마제국의 쇠퇴로부터 기독교의 생존을 위한 고전적 프로그램을 제공해 주었다. 왕권신수설의 정치적 이론과 두 도시들의 역사적 전망은 실제로 동구와 서구의 여러 왕국들을 위한 기반을 조성해

주었다. 이들 두 이데올로기의 이해없이 중세의 이해는 불가능한 일이다. 유세비우스의 업적은 자주 간과되어 왔다. 왜냐하면 연대기 기록자인 그의 정치모델이 오랫동안 시대에서 낙후된 것으로 간주되었기 때문이다. 그러나 사실상의 그리스도의 대리자로 자처한 군주 제도는 종교개혁과 르네상스보다 더 오래 살아남았다. 계몽시대에 가서 넘어지기는 했지만, 계몽사상은 그것과 비슷한 이념으로 위임되었을 뿐이다. 왜냐하면 민족적으로 구성된 인민은, 미국독립선언에 의하면, 그들의 고유의 권리를 "그들의 창조주에 의해 부여된 것"으로 주장할 수 있었으며, 주장해야만 하였기 때문이다.

어거스틴의 영향은 유세비우스보다 더욱 널리 그리고 깊이 세상 사람들에게 인식되어졌다. 세계의 역사와 개인의 역사는 영원히 계시적으로 전해졌다. 『하나님의 도시』와 『고백록』의 메아리는 책으로, 영화로, 정치적 강령으로, 그리고 개인적 전시로 널리 퍼져나갔다. 그는 역사를 재정의하였다. 그에게 시간은 단순한 일시적인 분리된 편린이 아니었다. 그에게 시간은 오히려 과거에 대한 우리의 기억이고, 미래에 대한 우리의 기대이며, 현재에 대한 우리의 관심이었다. 오늘의 말로 표현하면 역사는 우리 의식의 이해 속에서 "구성된(constructed)" 것이다.[19] 객관적인 실체로서의 역사적 사건에 대한 이해가 점점 강조되고 있는 오늘날 그의 주장은 아무리 강조해도 지나치지 않을 것이다. 아무리 과학이 발달하고 과학기술과 사이버가 지배하는 세상이라 하더라도 인간의 내적 의식과 이념없이는 불가능하기 때문이다. 요컨대, 어거스틴은 일련의 사건들과 그것들로 이루어진 역사의 문제들을 풀기 위하여 자아의식적 접근방법(a self-conscious approach)을 우리에게 제공하였던 것이다. 중세와 근대의 기독교 발달에 대해서는 다음 장들에서 다룰 것이다.

---

[19] 어거스틴은 과거와 미래는 따로 분리된 것이 아니라 인간이 오직 인식하는 현재 속에서만 존재하므로 "과거적인 것의 현재, 현재적인 것의 현재, 미래적인 것의 현재"만이 현재(순간)로서 인간의 영혼 안에 있다고 말하였다(*Die Bekenntnisse des heiligen Augustine*, Neu uebersetzen und eigeleitet von J. E. Politzky, Muenchen, XI. 20. cf).

5. 이슬람교란 어떤 종교인가?

- 전통적 종교관습
- 이슬람교의 형성과정: 코란, 하디스, 유일신론, 인간의 영혼불멸
- 이슬람교의 교리: 이슬람의 5가지 의무규정, 지히드, 고란과 비무슬림
- 역사적 발전과정(632-1200)(1): 순니파와 시아파, 정통칼리프시대(632-661), 우마이야왕조(661-750), 샤마리아: 신법, 압바스 왕조(750-1258), 이슬람의 문예, 이슬람의 신학, 이슬람의 철학, 수피파
- 역사적 발전과정(1200-1500)(2): 기독교인의 대항, 몽골족과 맘루크족
- 역사적 발전과정(1500-1800)(3): 무갈제국, 사파위제국, 오토만제국
- 역사적 발전과정(1800-1950)(4): 오토만제국의 멸망

서양문명의 정체성
-헤브라이즘과 헬레니즘의 만남-

5. 이슬람교란 어떤 종교인가?

이슬람교(회회교, 무하마드교, 모하메드교)란 간단히 말하여 무하마드의 교설과 행위를 믿는 유일신 종교를 의미한다.[1] 이슬람교를 믿는 사람들은 자신들을 무슬림, 혹은 모슬렘이라고 한다. 그들의 경전은 코란이다. 무하마드는 7세기 경 아랍인들의 다신교적 자연숭배사상을 타파하고 계시를 통해 유일신의 이슬람교를 열었다. 이슬람교는 모하메드가 돌아간 후 그의 후계자들의 왕조를 통하여 세계의 여러 지역들을 정복하게 되었다. 이슬람교는 아라비아를 비롯하여 지중해, 아프리카, 이베리아반도, 이라크, 이란, 발칸반도, 파키스탄, 인도, 인도네시아 등지로 번져 나아갔다. 이슬람교인들은 유대교나 기독교와 마찬가지로 성경의 예언자들을 숭배하고 예루살렘을 향해 기도한다. 무슬림들은 오늘날 유럽, 미국을 비롯하여 세계 도처에서 흔히 볼 수 있는 사람들이다. 수많은 여성 무슬림들이 베일을 쓰고 있지만 그런 사람들은 1억 8천만 명 가운데 겨우 2백만 명에 불과하다. 더군다나 인류의 공포가 되고 있는 극단주의 무장 무슬림은 소수집단에 불과한 사람들이다. 그럼에도 불구하고 오늘날 세계 인

---

[1] William H. McNeill and Marilyn R. Waldman, ed., *The Islamic World*, Oxford, 1977, 참조바람.

류의 관심은 이슬람교에 대해 곱지 않은 눈길을 주고 있는 것이 사실이다. 과연 아랍인들의 종교 이슬람교는 어떻게 하여 성립된 종교이며 그 교리의 핵심은 무엇인가. 그러면 이슬람교에 들어가기에 앞서 아랍인들의 선조들은 어떤 생활을 영위한 사람들인지에 대해 간단히 살펴보도록 하자.

전통적 종교관습

이슬람교 이전의 아라비아인들은 우상을 숭배하는 자연종교와 다신교에 젖어 있었다. 그들의 가장 유명한 의식은 매년 부족중심으로 baetyl(신의 집'이라는 bet'el에서 유래)이라 일컬어지는 성스러운 돌들을 순회하는 일이었다. 그 가운데 가장 잘 알려진 돌은 메카의 카바에 있는 흑석(the Black Stone)이었다. 이것은 후에 무슬림 순례자들의 목표지가 되었다. 일반적으로 돌들은 여러 가지 방법으로 많이 숭배되었지만 그 가운데 성스러운 돌들은 사원이나 야외에 직사각형으로 된 지역 안에 보존되었다. 이와 같은 지역은 성소(haram)로서 제물을 위한 제단을 갖추고 있었으며 불가침의 피난처 역할을 하였다. 이런 성소들은 아라비아의 남쪽과 북쪽에서 카라반의 거점으로서 부족들의 사랑을 받았다. 아라비아의 남쪽에서 숭배된 신들로는 달, 태양, 비너스를 나타내는 별신들이 있었으며, 아라비아의 북쪽의 신들로는 El, 혹은 Ila 등[Ba'al, Dusharra, Shaamash, Wadd(사랑), Hubal, Manat(운명)]이 있었다. 이슬람교가 등장하기 직전 아라비아의 북쪽과 중앙의 신들로는 al-Lat(여신), al-Uzza(강한 신)가 있었다. 이 외에 개인적으로 숭배하는 신들과 씨족중심의 신들도 있었다. 그들의 집단숭배의 특징은 토테미즘, 아니미즘, 주물숭배가 주류를 이루었다. 진니신(jinni)은 황폐한 장소에 사는 신으로서 조심성 없는 여행자들을 파멸로 이끌며, 동시에 점쟁이나 시인들에게 권유하여 동물들(올챙이, 뱀 등)과 연결시켜 효험을 보게 한다고 믿었다. 그들에게 부활의 신앙은 보이지 않지만 죽은 자의 기간을 단축시키기 위하여 물과 술을 가지고 매장한 것으로 나타나있다. 아랍사회는 고대 이집트, 헬레니즘, 인도유럽의 여러 문화들과 긴밀한 관계를 가졌다.

그리하여 유일신과 메시아사상이 시리아, 메소포타미아, 에티오피아로부터 왕래하는 선교사들과 대상들을 통하여 아라비아 전역에 퍼지게 되었다. 북쪽의 여러 부족들은 기독교로 개종하였고, 일부 부족들은 유대교로 개종하기도 하였다. 그리고 일부 부족들은 다신교를 싫어하여 여러 가지 유일신 종교로 개종하였다.

이슬람교의 형성 과정

무하마드(Muhammad: 570-632)는 메카(Mecca)에서 태어나 고아로 성장했다. 그는 큐라시 부족(Quraysh tribe)의 바누 하심 씨족출신으로 그의 아저씨 아브 탈리브 밑에서 큐라시 대상무역 일을 하였다. 그는 부유한 과부 카디자와 결혼하여 네 딸을 낳았다. 그는 유망한 부족의 일원으로 살면서 사회적 갈등, 과두체제의 억압, 종교적 불만으로 번민 속에 휩싸였다. 그는 무하마드의 전통에 따라 그의 고민을 풀기 위하여 메카 교외 히라산(Mt. Hira)의 동굴에 들어가 깊은 회상에 잠겨 있곤 하였다. 그러던 어느 날(610) 그는 창조주 신으로부터 "피 방울로부터 인류를 창조한 네 주의 이름을 암송하라, 암송하라, 왜냐하면 주는 가장 너그러우며 아무도 가르치지 못한 것을 인류에게 가르친 분이기 때문이다"[2]라는 계시를 받았다. 그는 이 계시를 받고 메카로 돌아와 곧바로 유일한 진실한 창조주 "알라(Allah)"를 경배할 것을 모든 사람들에게 전파하였다. 그는 만나는 사람들에게 우상숭배의 잘못을 알렸고, 경제적, 사회적 불평등을 부르짖으면서 무서운 심판일의 임박을 전달하였다.

그러나 부족의 지도자들은 그가 진니(jinni)신에 사로잡힌바 되었다고 비난하였다. 그는 날이 갈수록 견디기 어려운 핍박을 받게 되었다. 결국 그는 622년 메카를 떠나 북쪽으로 250마일 떨어진 야트립(Yathrib)으로 옮겼다(야트립은 후에 메디나라고 불리었다). 헤지라(hegira, hijrah)는 바로 메카에서 야트립(메디나)

---

2) Qur'an 96: 1-5.

으로의 이전을 뜻하는 것이며, 무슬림의 기원원년이 되는 뜻 깊은 해가 되었다. 이후 그는 혈연이 아니라 종교적 유대를 기초로 하는 이슬람들의 공동체인 "움마(ummah)"를 만들었다. 야트립으로부터 받은 계시들은 이슬람들의 음식, 결혼, 전통, 및 기타 그들 공동체와 관련된 여러 가지의 규례들을 정하여 주었다. 무하마드는 예언자인 동시에 정치지도자로서 수많은 추종자들을 이끌었으며, 수년에 걸쳐 큐라시와 다른 부족들과의 싸움을 지속해야 했다. 그의 추종자들은 630년 드디어 메카로 들어가 그 곳 사람들을 이슬람으로 개종시키는데 성공하였다. 그러나 그는 2년 후 632년 돌아갔다.

코란(꾸란, the Qur'an, the Koran)

무하마드가 죽을 때까지 거의 22년간(610-632) 가브리엘 천사를 통하여 받은 알라신의 계시들은 소위 "코란(the Qur'an, the Koran, the recitation, 암송집)"이라는 이름으로 집대성되었다. 이것은 코란이 인간의 이성이나 주장들이 아니라 예언과 신앙을 위주로 하고 있다는 점을 시사하고 있다. 코란은 알라의 존재를 증명하려는 신학적인 논설도 아니고 율법적인 책도(의무와 금지규정이 전혀 없는 것은 아니지만) 물론 아니다. 코란은 3구절에서 286구절에 이르는 도합 114장(surahs)으로 구성되어있다. 코란은 수많은 이야기들로 구성되어 있지만 창세기와 출애굽기에서처럼 한 민족에 대한 성스러운 역사는 아니다. 그렇다고 그 예언자의 생애에 대한 이야기도 아니다. 오히려 그것은 인간성과 인간 행동에 관한, 즉 "인간성의 안내(the guidance for humanity)"에 관한 신의 계시라고 말할 수 있다. 다시 말해 그것은 이슬람의 일상생활과 종교생활을 규정하는 경전인 동시에 법전이다. 코란에는 모세를 비롯하여 아브라함, 예수 등 하나님과 영적 인격적 관계를 가진 예언자들의 교설이 포함되어 있다. 그 가

---

3) 무하마드는 어느 날 밤 가브리엘 천사의 도움을 받아 메카(성스러운 모스크)로부터 예루살렘(가장 먼 모스크)으로 옮기고 다시 하늘(al' Isra' wa' al' Miraj)에 이르는 놀라운 여행을 하였다. 그는 대천사장 가브리엘의 인도로 초기의 여러 예언자들을 만났으며, 종국에는 알라를 만났다(53: 4-18).

운데서도 가장 인상적이고 중요한 예언자는 무하마드이다. 그는 어느 날 밤 가브리엘 천사의 도움을 받아 놀라운 밤 여행을 체험하였다.3) 하디스는 말하자면 그의 밤 여행 체험 이후 이루어진 그의 언행록이라 말할 수 있다.

하디스(hadith)

하디스(hadith, al' hadith al' nabawi)란 무슬림 전통에 의해 나타난 무하마드의 말한 것들과 행동한 것들에 관한 설명집을 의미한다. 이것은 이슬람교의 제2의 기본적인 자료로서, 잘 알려진 권위있는 사람들(isnad)에 의해 증언된 일련의 진리의 내용(matn)으로 구성되어 있다. 이것은 기독교의 복음과 비슷한 것으로 종교적 의식이나 알라와 올바른 관계를 갖는 방법, 일상생활과 관련된 규례에 관한 지침서 역할을 한다. 무하마드의 승천과 대천사장 가브리엘에 관한 자세한 내용도 사실은 하디스를 통해 전해져 온 것이다. 이외에도 "신의 말씀(al' hadith al' qudsi)"이라 부르는 작은 규모의 하디스가 있다.

유일신론

비록 코란의 주요 테마는 분명하지만, 그 이야기체의 구조를 알지 못한다면 개별적인 계시의 올바른 순서를 발견하기란 결코 쉽지 않다. 그 첫 번째 가장 중요한 것이 유일신 "알라"를 뜻하는 유일신론(monotheism)의 개념이다. 코란에 의하면, 알라는 다른 아랍지역에서 보이는 것처럼 많은 신들 가운데 하나의 신이 아니라 하늘과 땅을 6일간 창조한 유일한 신이다. 주는 모든 사건들을 처리하면서 왕좌에 앉아있다. 그의 허락없이 누가 그를 간섭할 수 있는가. 알라는 네 주이다. 그러므로 그에게 예배를 드려라. 너의 주의를 그에게 집중하라(10: 3)4)

---

4) 코란에서도 신이 말한 특권적인 "우리(We)"라는 표현을 쓰는 것은 사실이다. 그러나 그 사용하는 의도가 다르다...." 우리는 진리와 약속된 시간 이외에는 하늘들과 그들 사이의 어떤 것도 창조하지 않았다. 경고를 받은 은혜롭지 못한 사람들은 사라져라!"(46: 3)....즉, 어디까지나 전지전능한 분은 오직 창조주 알라뿐이라는 것이다.

이것은 전지전능한 창조주 하나님에 대한 유대-기독교적인 메시지와 아주 흡사하다. 이러한 차원에서 유대교, 기독교, 이슬람교는 다 함께 유사한 종교적 뿌리를 가지고 있다. 유대교와 기독교의 하나님이 그의 백성과 계약(언약)을 맺은 것처럼, 이슬람도 마찬가지이다. 그러나 자세히 검토하면 기독교와 이슬람교 사이에는 근본적인 차이점이 있다는 사실을 알게 된다. 그것은 무엇인가. 그들의 차이점은 두 가지이다.

첫 번째는 계약(covenant)의 범위이다. 그들(유대교와 기독교)의 하나님은 그의 백성, 이스라엘이라는 단일민족과 계약을 맺은 반면에, 이슬람교는 "모든 인류(all od humanity)"와 계약을 맺고 있다(...우리는 너희들이 너희들의 적인 사탄에게 경배하지 못하도록 인류와 계약을 맺었다. 그러므로 너희들은 나를 경배하라. 이것이 올바른 길이다...36: 60-61). 말하자면 이슬람교의 신은 개별과 관계를 갖는 것이 아니라 보편과의 관계를 갖는 초월적 존재라는 것이다.

두 번째는 유일신론에 대한 정의이다. 이슬람교의 알라는 살아있는 영원한 신으로 절대로 졸지도 않고 피곤하지도 않는 전능자이다. 이것은 무슨 말인가. 이것은 그들이 7세기 위험에 처해 있었을 때 신은 쉬지 않고 도와주었다는 뜻으로, 신은 창조 제7일에도 휴식할 필요가 없었다는 것이다. 왜냐하면 신은 인간이 결코 아니기 때문이다. 이것이 바로 제7일에 휴식에 들어간 기독교의 하나님과 다른 것이다.

코란에 의하면, 신은 흙에서 인간을 창조하고 말하기를 "있으라(Be!)"하니 있게 되었다(3:59). 그는 다시 너희를 위하여 땅을 거처로 만들고…너희를 "가장 훌륭한 모양"으로 만들었다(40:64). 즉, 그들의 신은 기독교의 하나님처럼 "그의 형상대로(in His own image, 창 1:28)" 만들지 않았다는 것이다. 만약 그들이 기독교에서처럼, 하나님의 형상대로 만들었다면 알라의 유일무이한 특이성은 사라질 것이요 다신교적으로 변모하고 말았을 것이라는 논지이다. 그러므로 코란은 기독교의 3위1체론을 거부한다. 그것은 3위1체론이 일신론과 들어맞지 않기 때문이다. 알라는 그를 위한 보조자로서 초자연적 천사와 같은 존재들을 만들었다. 그러나 유일무이한 전능한 신의 권위를 능가할 수는 없다.

인간의 영혼불멸

유일신론과 관련하여 중요한 교리는 두 가지이다. 그 하나는 개인의 도덕적 책임이다. 이것은 부족의 현재의 삶을 중시하는 아라비아의 다신교와는 매우 대조적인 사상이다. 6세기경 아라비아에는 부족을 보호하기 위한 피의 보복사상이 널리 퍼져있었다. 이러한 상황은 오히려 무하마드의 사회개혁운동에 도움이 되었을 것으로 추정한다. 그는 코란에 의해 복수를 금하고 살인자에 대한 피의 보복을 규제시켰다. 그는 부족의 결속보다 믿는 자들의 공동체의 결속을 더 중요하게 만들었다. 그는 그 대신 남녀 누구나 유일신 알라를 믿고 선한 일을 하면 낙원에 들어가 믿는 사랑하는 사람들과 연합할 것이라고 가르쳤다. 그리하여 이슬람과 일신론은 개인들을 안전하게 보호함으로써 아랍사회를 재정립하였다.

다른 하나는 개인의 영혼불멸사상이다. 그는 영혼불멸을 얻기 위해 사람을 죽이는 부족의 무모한 일은 더 이상 용납하지 않았다. 그는 코란을 항상 상기시켰다. 개인의 영혼불멸을 위해서는 개인 자신이 알라에 순종해야 한다. 원래 "이슬람(Islam)"의 뜻은 "복종(submit)"이며, 복종하는 사람은 "무슬림(Muslim)"이라 부른다. 유일신을 믿는 것은 각 개인이 신과 갖는 계약을 의미한다. 그리하여 코란에 따라 신은 사회정의를 위해 각 개인이 선한 일을 행하기를 바라며, 정의로운 도덕의 질서를 수립하기를 원한다. 그러나 인간은 그들의 욕심, 이기심, 좁은 마음, 자포자기 등의 약점들 때문에 신의 명령을 어기기 일쑤다. 이러한 인간의 이기심은 자동적으로 사탄으로 인도되고, 신과의 계약을 파기하게 되며, 종국에는 파멸로 가게 되고 말았다.

그럼에도 불구하고 신은 자비하시고 긍휼이 많으신 분이라 메신저들을 보내 알라의 창조회복과 심판일의 임박을 상기시켰다. 예언자들은 계속하여 인간으로 하여금 신의 사려 깊음(a mindfulness of God, taqwa)을 각성하도록 있는 힘을 다하였다. 왜냐하면 비록 사람들이 마음대로 행동하지만, 그 행동의 판단과 그 판단의 기준은 신에게 속한 것이기 때문이다. 그러므로 신을 믿고 선한 일을 하는 것은 이 세상과 내세의 번영을 위해서 가장 핵심적인 것이다.[5] 그러나 이 마지막 심판은 단순한 복수의 약속이 아니라, 이 세상에 있을 동안 마음을 바로 잡아서 정의를 구하라는 현재에 대한 경고를 의미한다. 신은 여러 가지로 우리에 대한 그의 자비와 동정심을 나타내고 있다. 그러므로 인간은 신의 축복을 만날 심판 일까지 기다릴 필요가 없다. 왜냐하면 신은 특별히 신비스러운 운명의 밤(the mysterious Night of Destiny)에 신실한 믿는 사람들에게 호의를 쏟아 부으면서 코란을 통하여 그 축복의 길들을 계시하고 있기 때문이다(97: Destiny).

이슬람교의 교리

무하마드는 아담, 아브라함, 모세, 예수에 이르는 모든 예언자들이 유일신 알라, 그의 천사들, 그의 예언자들, 그들의 계시들, 심판 일을 믿게 하기 위하여 선포한 것들을 재차 확인하기 위하여 알라에 의해 보내진 마지막 예언자로 알려져 있다. 이들 테마와 신앙들 이외에, 코란은 중요한 종교의식들, 공적, 사적 생활에 대한 여러 규례들을 포함하고 있다. 코란은 또한 여러 규제들을 정하고 있다. 예컨대, 돼지 식용과 음주의 금시, 도박·매춘·음란·살인·기타 범죄의 금지 등이 이에 포함된다. 무슬림의 남녀는 행동과 의복차림에 정중해야 하며, 결혼과 출산이 장려된다. 일부다처제가 허용되며, 한 남자는 한번에 4명의 여자들과 결혼할 수 있되 그들을 동일하게 다룰 수 있어야 한다. 부인은 무슬림, 유대인, 기독교 집단으로부터 데려올 수 있다. 그러나 무슬림 여자는 한 번 무슬림 한 남자에게만 결혼할 수 있으며, 무슬림 남자의 혈통과 무슬림교를 지켜야 한다. 무하마드는 부인 카디자(Khadijah)의 생애동안 일부일처제를 따르다가 그녀(카디자)가 죽은(619) 다음에는 여러 여자들과

---

5) ....오, 믿는 너희들은 신을 사려 깊게 생각하라. 너희가 가지는 것은 내일이 되면 아무 것도 아니라는 것을 명심하라. 신을 사려 깊게 생각하라, 왜냐하면 신은 너희가 하는 것을 알고 있기 때문이다. 지옥에 사는 사람들과 천국에 사는 사람들은 동일하지 않다, 왜냐하면 파라다이스의 사람들은 승리자들이기 때문이다!(59:18-19).

결혼하였다. 코란의 장려상항은 아니지만 무슬림의 이혼은 허용되었다.

이슬람의 5가지 의무규정

무슬림은 다음의 다섯 가지의 지켜야 할 의무규정(the Five Pillars of Islam)을 가지고 있다.

첫 번째는 무슬림의 신앙고백(the Muslim profession of faith, al'shahadah)이다. 수백만의 무슬림들은 매일 신앙고백을 암송해야 한다. 그 내용의 처음 부분은 "나는 신 한 분 이외에 어떤 신도 존재하지 않는다는 것을 증언하며, 나는 무하마드가 신의 사도임을 증언한다"이다. 전자의 신앙고백은 유일신론자라는 것을, 후자의 신앙고백은 무하메드가 알라의 사자라는 것을 고백하는 것이다.

두 번째는 하루 5번의 교회법에 따른 기도(the five daily canonical prayers, al'salah)이다. 이것은 믿는 자와 신과의 인격적 관계를 재확인하는 기도이다. 이 기도는 무하마드의 관습에 기초하여 목욕이 선행되며, 종교적 진술의 암송, 일련의 몸동작, 엎드리기가 요청된다. 기도는 사적, 공적 모임에서 행해질 수 있으며, 특별히 설교 다음에 이어지는 금요일 정오의 회중기도가 중요하게 행해진다. 매 기도기간에는 기도를 알리는 사람(muezzin)의 외침이 모든 모스크에서 실시된다.[6]

세 번째는 매년의 십일조봉헌(an annual tithe, al'zakah)이다. 이것은 무슬림 공동체의 선을 위해서, 특별히 가난한 사람들의 구제를 위하여 매년 개인 소산의 십분의 일을 신께 바치는 것이다. 기도가 믿는 자와 신과의 관계를 연결시킨다면, 자선(십일조)은 무슬림과 무슬림의 관계를 연결시켜준다. 네 번째는 금식(the fast, al' saum)이다. 이것은 라마단(Ramadan, 이슬람역 제 9월)의 전체 기간(달) 동안 행해지는 것으로 음식, 술, 성관계(낮 동안)가 금해진다. 이 금식기

---

[6] 기도의 외침(the Call to Prayer, Azan); 신은 가장 위대하다! 신은 가장 위대하다! 신은 가장 위대하다! 신은 가장 위대하다! 나는 신 이외에 어떤 신도 없음을 증언한다! 나는 무하메드가 신의 사자임을 증언한다! 와서 기도하라. 와서 기도하라. 와서 성공하라. 와서 성공하라. 신은 가장 위대하다! 신은 가장 위대하다! 신 한 분만 존재한다! (*RFWC* p. 117).

간 동안에 무슬림들은 신에 대한 의존과 불행한 사람들의 구제에 대해 새로운 각오를 다짐한다. 라마단이 마칠 무렵에 무슬림들은 금식을 끝내는 축제(Id al' Fitr)에 들어간다. 축제기간에 그들은 다시 회중의 기도시간과 가족모임, 빈민구제를 실시한다. 다섯 번째는 교회법에 따른 메카 순회(Haji)이다. 무슬림은 신체적으로나 경제적으로 가능하다면 일생동안 한번 성지 메카를 순회해야 한다. "하지(순회)"는 매년 이슬람의 12번째 달의 첫 번째 두 주간 동안에 실시되는데, 이 기간 동안 순례자들은 수많은 소정의 종교의식과 의례를 행사한다. 그들은 "하지"를 통하여 알라 앞에서 앞으로 다가올 심판 일을 미리 체험하면서, 세계 각처로부터 모여든 이슬람 공동체의 결속을 공고하게 만든다. "하지"는 희생의 축제(Id al' Adha)로 끝마친다. 이것은 3일 동안 세계 각처의 이슬람 가족들이 한데 모여 동물희생제를 중심으로 같이 먹고 향유하는 축제일을 의미한다.

"지하드(jihad)"

코란은 위의 다섯 가지의 의무규정 이외에 "지하드(jihad)"라는 일종의 투쟁을 허용한다. 이것은 비무슬림에 의해 자행되는 공격이나 압제를 방어하기 위하여 허락된 싸움이다. 이것은 원래 무슬림 공동체를 파괴하려는 큐라시 다신교자들의 핍박을 막기 위하여 이루어진 것이었다(22: 39-40). 그러나 코란은 자주 무슬림들로 하여금 그들의 신앙을 지킬 것을 장려한다. 그리고 신은 이 운동을 위해 그들의 생명과 재산을 희생한 사람들에게 용서와 하늘의 보상을 약속할 것이라고 가르친다. 비록 무슬림이 이제까지 유일신론자들의 보호를 이야기해온 것은 사실이지만, 위의 코란의 권면은 이슬람에 반대하는 유대교, 기독교, 기타 다른 유일신론자들을 정치적으로나, 사회적으로 이슬람에 종속시켜야 한다는 논리와 결코 무관하지 않음을 시사한다. 실제로 코란은 구체적으로 이러한 투쟁과 관련된 내용을 시사하고 있다.[7]

---

7) …마지막 날, 신을 믿지 않는 사람들, 신과 그의 사자가 금하는 것을 금하지 않는 사람

코란과 비무슬림

그러면 코란에서는 유대인, 기독교인, 조로아스터인 등 비무슬림들에 대해 어떤 생각을 하고 있을까. 코란은 자주 그들을 "경전의 백성(the People of the Book, Ahl al' Kitab)"이라고 간주한다. 이것은 그들의 공동체가 이전에 신의 예언자로부터 계시를 받았음을 뜻한다. 즉, 코란을 비롯하여 이들 계시들은 모두 "경전의 어머니(the Mother of the Book)"라 부르는 하늘의 자료(원형)로부터 인류에게 내려왔다. 더욱이나 이러한 일신교와 사회적 정의의 최초의 계시가 여러 가지 형태와 언어로 여러 공동체에 주어졌다. 알라는 무하마드에게 "우리는 좋은 소식과 경고의 진리를 너희에게 보냈다. 이 경고에서 벗어난 공동체는 결코 있을 수 없다"(35: 24)고 말했다. 알라는 이 점을 강조하기 위하여 무하마드에게 "내가 어떤 책을 보냈던지 믿어라(42: 15), 그리고 코란은 특별히 다윗의 시편, 모세의 토라, 예수의 복음, 그리고 분명한 아라비아어로 된 계시에 대해 언급하고 있다는 것을 말하라"고 명령하였다. 코란은 무하마드를 모든 예언자들의 마지막 예언자로 말하고 있다.

그러나 최초의 계시(the original revelations)는 인간이 신의 명령을 무시하고 그들의 욕망대로 나가는 바람에 변하게 되었다. 그 결과 공동체에 대한 신의 최초의 계시는 예수의 추종자들이 3위1체를 믿기 시작할 때와 같이 오염되고 말았다. 더 나아가 유대인, 기독교인, 심지어 무슬림과 같은 단일 공동체가 아니라 모든 인류와 맺은 신과의 계약의 진리를 허물어트리는 분파주의가 등장하게 되었다.[8] 그럼에도 불구하고 코란은 분명하게 신실한 생활을 갈구하는

들, 그리고 경전을 가진 사람들 중에 진리의 종교를 실천하지 않는 사람들과 싸워라, 그들이 조공을 바칠 수 없어 겸허해질 때까지….(9: 29).
[8] …유대인과 기독교인은 "유대인만, 기독교인만 낙원에 들어갈 것이다"라고 말한다. 이것은 너무나 이기적인 사고방식이다.…만약 너희가 진실하다면 증거를 대라. 신에게 순종하고 선한 일을 한 사람들은 그들의 주로부터 보상을 받을 것이다. 그들은 참으로 무서워하거나 슬퍼하는 기색이 전연 없다. 유대인은 '기독교인은 잘못되었다'고 말하고, 기독교인은 '유대인은 잘못되었다'고 말한다. 그러나 그들은 성경을 다 같이 읽고 있다. 신은 구원의 날에 그들이 서로 다른 것에 대해 심판할 것이다…(2: 111-113).

유대인, 기독교인, 기타 비무슬림의 존재와 권리를 인정하고 있다(2: 62).

이것은 무슨 의미인가. 이것은 유대교와 기독교가 다 같이 하나님의 계시에 기초한 점에서는 그들의 신앙이 인정되지만, 이들보다는 무슬림의 신앙이 훨씬 앞서 있다는 것이다. 다시 말해 무슬림의 종교적 다양성의 인정은 곧바로 종교적 평등은 결코 아니라는 것이다. 코란은 이슬람의 타협을 막기 위하여 다른 신앙들과의 긴밀한 동맹을 경계하고 있다(2: 120, 5: 51,82). 위에서 간간이 비친 바 있지만, 기독교인과 유대교인에 대한 지하드는 무하마드의 후기 생애에서 계시되었다. 즉, 일련의 유대부족들이 무하마드의 선교를 방체한 이방 큐라시와 동맹을 맺었기 때문이다. 그런고로 코란이 과거의 계시에 기초한 다른 일신교들을 인정하고 존경하면서도, 무하마드에 의해 선포된 무슬림의 신앙을 벗어나서는 결코 안 된다는 뜻이다. 왜냐하면 코란은 "신의 안내(God's guidance)"에 따르지 않는 종교는 어떤 것이든 용납하지 않기 때문이다.

역사적 발전과정(632-1200)(1)

이미 설명한 바와 같이 하디스는 무하마드의 생애, 코란의 계시, 종교적 신앙과 관습에 관한 정보를 알려주는데 매우 중요한 근거이다. 그것은 더 나아가 무슬림 공동체의 통치와 관련된 문제들에 크나큰 영향을 준다. 그러면 무하마드의 이슬람교는 어떤 과정을 거치면서 발전하여 나아갔는가. 그들의 신앙공동체는 어떻게 이합집산을 이루면서 발전하여 나아갔는가. 이에 관한 한 논쟁적 하디스에 나타난 내용을 근거로 그들의 본질적 분열을 살펴보도록 하자.

순니파와 시아파

무하마드는 그의 후계자로 그의 사촌이자 사위인 알리 탈리브(Ali ibn Abi Talib, d. 661)를 지명했다. 그러나 대부분의 많은 무슬림들은 이러한 무하마드의 권위를 받아들이지 않았다. 이들은 그 대신 다른 믿을만한 하디스 수록집에서 발견되는 무하마드의 "관습(custom)", 혹은 "순나(sunnah)"에 따를 것을 주장하였다. 이들 무슬림을 순니파(Sunni Muslims)라고 부른다. 그들(순니파)은 무하마드가 돌아간 다음 새로운 지도자로 무하마드의 가장 가까운 친구이자 장인인 아브 바크르(Abu Bakr, d. 634)를 선출하였다. 그는 후에 정식으로 첫 번째 칼리프(Caliph, khalifah)가 된 인물이다.

이에 대하여 반대하는 사람들이 등장하였다. 이들은 무하마드가 원래 그의 정통 상속자로 정한 것은 알리(Ali)와 알리의 남자 후손들이었다는 것이다. 이러한 소수집단의 주창자들, 혹은 "지지자들의 무리(the party of supporters, shi'ah)"를 시아파(Shi'i, Shiite Muslim)라고 부른다. 그들은 그들이야말로 선택된 "이맘(imam, leader)"인 알리의 뒤를 이어받은 영적으로 무죄한 후계자들이라고 믿었다. 그러나 그들은 9세기경 승계문제와 이맘의 정확한 숫자문제로 갈라지게 되었다. 그들 가운데 가장 탁월한 집단들은 9세기 마지막 소멸(occultation, ghaybah) 때에 7 이맘(지도자) 혹은 12 이맘만이 남아 있었다고 주장하였다. 대부분의 시아파들은 이 마지막 숨겨진 이맘이 "마디(mahdi, the rightly guided one, the messianic figure)"로서 종말에 돌아올 것이라고 믿었다. 이러한 마디(메시아)는 코란이나 초기 무슬림기록에는 보이지 않았다. 마디는 다른 무슬림집단들에게는 위협적인 존재로 비쳐졌다.

정통 칼리프 시대(632-661)

선지자 무하마드가 돌아간 다음 무슬림집단은 무하마드의 가장 가까운 친구들과 친척들(순니파)에 의해 지배되었다. 그 첫 번째는 위에서 말한 무하마드의 가장 가까운 친구인 아브 바크르였다. 그는 2년간 칼리프로서 아라비아 반도를 정복하였다. 그 두 번째는 아브 바크르를 이어받은 우마르 이븐 알 카타브(Umar ibn al' Khattab, d. 644)였다. 그는 무슬림의 세력을 이집트, 팔레스타인, 시리아, 이라크, 이란으로 팽창시켰다. 카타브는 한 노예에 의해 살해되었다. 그 세 번째는 카타브를 승계한 우스만 이븐 아판(Uthman ibn Affan, d. 656)이었다. 우마이야씨족 출신인 그는 북아프리카와 아프카니스탄에 이르기까지 이슬람세력을 넓혔다. 그렇지만 그는 전문가 위원회를 만들어 무하마드의 모든 계시들을 다시 모아 코란표준판을 편집하게 함으로써 적지 않은 불만을 일으켰다. 그는 드디어 큐라시의 우마이야 씨족을 중용했다는 명목으로 이에 반대한 무슬림집단에 의해 살해되었다.[9]

대부분의 시아파들은 위의 순니파에 속한 세 칼리프들을 찬탈자들로 규정하고, 그들 이전 무하마드의 사촌이자 사위인 알리 탈리브를 첫 번째 정통 칼리프로 인정하였다. 그는 불안정한 칼리프직을 다스리기 위하여 우스만 아판을 제거하였다. 그러나 우마이야 씨족은 우스만 아판의 살해자를 보복하기를 원하였다. 이 보복을 감행한 사람은 우스만의 조카이자 시리아의 무슬림 기베가인 무이위야(Murawiyah d. 680)였다. 이에 알리 탈리브의 지지자들은 위협을 느낀 나머지 무아위야의 세력과 수차례에 걸쳐 싸웠지만 성공하지 못하였다. 알리 탈리브는 결국 그를 지지했던 집단(후에 "분리자들: the Seceders, Kharijites, al' Khawarij"이라 칭해졌다)에 의해 암살되었다. 그렇지만 대부분의 무슬림들은 알리 탈리브를 동정하였으며, 특히 순니파는 알리 타리브를 4명의 정통칼리프의 마지막 칼리프라고 주장하였다. 그들(순니파)은 그의 죽음으로 인하여 정통칼리프의 통치시대는 막을 내리고 정치적 기회주의의 통치시대가 시작되었다고 믿었다.

우마이야 왕조(the Umayyads: 661-750)

알리의 장자 알 하산(al'Hasan, d. 670)은 그의 아버지가 죽은 다음 잠깐동안 칼리프로 있었지만 곧 무아위야에게 양도되었다. 무아위야는 제국의 수도를 다마스커스로 옮기고 거기에 우마이야왕조를 세웠다. 흔히 전제정으로 알려진 우마이야왕조는 국가재정을 그들의 사적 소유로 간주하였다. 더 나아가 우마이야의 칼리프들은 대부분 종교적인 지배자들이 아니었다. 그들 가운데 가장 최악의 칼리프는 무아위야의 아들 야지드(Yazid, d. 683)였다. 그는 그의 칼리프직을 유지하기 위하여 메카를 포위하여 카바를 불사르고 알리의 둘째 아들 알

---

9) 우마이야씨족은 원래 메카에서 무하마드를 박해했던 집단으로 정복에 의해 하는 수없이 개종했었다.

후사인(al' Husayn, d. 680)을 암살하였다. 알리의 순교는 무슬림 무하람달 10일(the Muslim month Muharam)에 이라크의 케르발라(Kerbala)에서 일어났다. 이 비극적 사건은 매년 시아파에 의해 "무하람 일"로 지켜지고 있다. 그럼에도 불구하고 우마이야의 칼리프들은 이슬람 세력을 확장하고 안정시켰으며, 아랍어를 국가의 공용어로 사용하였다.

우마이야의 무슬림제국은 7-8세기경 이집트, 비잔틴, 이베리아반도, 유럽 등 비무슬림 지역까지 영토를 확대하였다. 무슬림제국은 피정복지의 사람들이 유일신론을 믿는 한 이슬람으로의 개종을 강요하지 않았다. 그리하여 기독교인을 비롯하여 유대인, 조로아스터교인이 그들 제국의 영역 안에 포용되었다. 이들 피정복인들은 "보호받은 사람들(the protected people, ahl al'dhimmah: dhimmi)"로 분류되었다. 그들은 토지세(kharaj), 특별세(jizyah)를 부담하는 대신 병역을 면제받았으며, 그들의 종교적 신앙과 관습이 허용되었다. 결혼, 이혼과 같은 개인적 문제들은 그들에게 맡겨졌다. 그러나 그들은 그들의 신앙을 전파해서는 안 되었으며 무슬림국가의 권위와 민법을 지켜야 했다.

샤리아: 신법

이슬람은 7-9세기경 급격한 변화의 시기를 맞아 "보호된 사람들" 뿐 아니라 전반적인 공동체와 관련된 문제들에 대하여 재조정하지 않으면 안 되게 되었다. 우마이야의 종교사상가들은 더욱 전통적인 의미에서 신앙, 종교의식, 법률을 비롯하여 특별히 팽창하는 제국의 행정조직에 대한 엄격한 규정을 만들려고 하였다. 더군다나 이슬람에 대한 기독교의 비난과 무슬림 공동체안에서의 분리운동이 늘어남에 따라 이들 학자들은 무슬림의 올바른 신앙을 방어한다는 차원에서 그들의 작업을 촉진하였다. 그들의 업적 가운데 괄목할만한 것은 종교적 전문가들(alim /pl. ulama)에 의해 수행된 법률학(fiqh)의 발달이었다.

이미 밝힌 바와 같이, 코란은 결혼, 이혼, 상속을 포함하는 중요한 공동체의 사건들에 관하여 규정하고 있다. 그들은 코란과 무하마드의 관습, 그리고 하디스에서 발견되는 초기 무슬림 공동체의 관습에 걸 맞는 새로운 공동체의 법률을 만들었다. 이들 코란과 하디스, 두 가지의 기본적인 자료들은 유추적 논리 (qiyas)와 법률문제에 관한 학문적 공동체의 일치(ijma)에 의해 증보되어졌다. muftis로 알려진 법률학자들은 이들 자료들에 의존하여 법률문제에 관한 의견들(fatwa)을 제시하였다. 이들 의견들은 비록 법적 구속력은 가지고 있지 않았지만 법적 사건들을 듣고 판단하는 법관(qadi)에게 크나큰 도움이 되었다. 그리하여 코란의 유일신론은 이와 같은 개인적, 공동체적, 종교의식적 생활을 포함하는 "샤리아(shar'a, divine law)"를 통하여 무슬림 공동체에 널리 보급되었다. 그러나 이러한 신법은 단순한 무미건조한 율법주의체제로만 간주되어서는 안 된다. 그것은 오히려 수많은 무슬림들에게 사회를 이끌고 형성하며, 개인들로 하여금 시비를 가리게 해주는 도덕적, 윤리적 규범들을 이루어주는 것으로서, 그들의 현세와 내세를 위해서 없어서는 안 될 본질적인 법이 되었다.

압바스 왕조(the Abbasids: 750-1258)

비아랍 무슬림에 대한 우마이야왕조의 전제주의적 차별정책은 결국 반란을 야기시키고 말았다. 750년 우마이야는 순니파와 시아파, 아랍과 비아랍, 특히 페르시아인들을 포함하는 무슬림 동맹에 의해 붕괴되었다. 새로운 지배자들은 무하마드의 조카 압바스(Abbas)의 후손들로서 그들의 왕조를 압바스 왕조 (Abbasiads)라고 불렀다. 압바스의 칼리프들은 무슬림 공동체의 다양성과 광대한 영역을 끌어안으면서 오늘날 이라크의 바그다드에 새로운 수도를 건설하였다. 이러한 이동은 이슬람과 그 지배자들에게 페르시아의 문화와 이란의 언어를 전파하는 결과를 가져왔다.10) 모든 지역의 무슬림들이 동등하게 인정되었기 때문에 이슬람이 아랍과 동의어라는 말은 더 이상 통하지 않았다. 더 나아가 학문적 공동체는 더욱 전문화 되어졌다. 9세기경 뛰어난 종교적 훈련에 의해 여러 가지의 이슬람 신앙과 관습이 발전되었다. 압바스 왕조를 통하여 하

---

10) 이 압바스왕조를 동칼리프왕조라고도 한다. 이는 코르도바에 도읍한 서칼리프왕조 (756)와 대조를 이루었다.

디스의 수록집과 법률집을 포함하는 순니파와 시아파의 법률학교들이 만들어졌다. 말하자면 코란을 해석하는 학교들(*tafsir*), 신학(*kalam*), 철학(*falsafah*)이 이 시기에 일어났으며, 신비주의적 이론과 실제가 발달한 것도 이 즈음이었다.

이슬람의 문예

이슬람의 문화는 압바스왕조의 칼리프들을 통하여 세계적으로 널리 알려지게 되었다. 특히 칼리프 하룬 알 라시드(Harun al' Rashid: 764-809)의 영광스러운 치세는 『아라비안 나이트(*Arabian Night*)』로 더욱 불후의 왕조로 빛나게 되었다. 칼리프들은 과학과 철학의 저술들을 아라비아어로 번역하는 일을 후원하였다. 그들은 그렇게 함으로써 그리스의 유산을 보전하여 후에 무슬림 스페인으로, 그리고 다시 유럽으로 전달하였다. 무슬림들은 이 유산을 근거로 천연두 치료를 위한 왁신이나 빛의 굴절을 통한 무지개의 원리를 발견하였다. 무슬림 과학자들은 수세기에 걸쳐 천체와 자연세계를 연구하여 자연과학과 신의 계획을 더 잘 이해하려고 노력하였다. 무슬림 천문학자들은 조심스럽게 유성과 빛을 가지고 천체지도를 만들었으며, 빛의 연구를 통해 수세기 동안 세계 광학의 일인자가 되었다. 그들은 신학, 철학, 신비주의에서 탁월한 업적을 남겼다.

이슬람의 신학

kalam("speech")으로 알려진 이슬람의 신학은 무슬림 신앙과 관련된 본질적인 문제들을 집중적으로 연구하면서, 비무슬림 반대파에 대항하여 이슬람을 보호하였다. 샤리아와 마찬가지로, 무슬림 신학은 코란의 계시들을 연구하여 무슬림사회 발전에 도움을 주고자 하였다. 무슬림 신학은 특히 8-9세기에 전문화 되었으며, 그들의 중심테마는 신의 단일성, 정의, 속성, 그리고 이들과 인간의 자유의지와의 관계, 및 개인의 궁극적 운명에 관한 문제들이었다.

그 첫 번째 문제는 심각한 죄를 범한 무슬림의 지위문제였다. 이것은 칼리프직에 대한 알리와 무아위야 사이의 중재와 연결된 정치적, 종교적 분쟁에 속한 문제였다. 소위 무아위야의 보복을 주장한 "분리자들(Kharijites)"은 심각한 범죄자는 더 이상 무슬림이 될 수 없으며 공동체의 우두머리가 되어서는 안 된다고 선언하였다. 이에 대해 "유예파(Murji' ah, 'the those who postponed')"는 다른 사람들의 신앙판단에 대한 연기를 주장하였다. 즉 모든 판단은 오직 신에게 달린 문제이므로 인간의 신앙문제는 신에게 맡겨야 한다는 것이다. 이 유예파는 정치적 문제에 관해서는 중립을 지켰기 때문에 "중립파(Mutazilah, neutralists)"라고 불리어졌다. 초기 중립파 가운데 유명한 금욕주의자 알 하산 알 바스리(al' Hasan al' Basri, d. 728)는 모든 악을 인간에게 돌렸는데, 다수의 사람들은 그를 위선자라고 비난하였다. 무타질라(중립파) 신학파의 창단자로 알려져 있는 그의 제자 와실 이븐 아타(Wasil ibn Ata)는 무슬림 죄인을 하나의 위반자(transgressor)로 간주함으로써, 알 하산의 경건주의적 입장보다는 좀 더 합리적이고 합법적인 견해를 고수하였다.

모든 문제들을 비교적 합리주의적으로 접근한 무타질라 신학의 특성은 다음 다섯 가지에 대한 확신이었다. 첫째는 신의 통일성(God's unity, tawhid)이다. 알라의 신적 초월성을 지키기 위해서는 신 말씀의 영원성을 부인해야 한다. 코란도 만들어진 말이다. 비록 인간이 신의 존재와 행위를 확신하게 알 수 있다 할지라도 인간과 신 사이에는 유사성이 없다. 둘째는 신의 정의('adl)이다. 신의 정의는 인간의 자유의지와 신의 절대적 선의 개념들을 발전시킨 교리이다. 그러므로 신은 비합리적이거나 불의한 일을 행할 수 없다. 셋째는 약속과 위협(공포)의 교리이다. 신실한 사람은 낙원에 들어가지만, 불신적인 사람은 지옥 불에 들어간다. 넷째는 범죄한 무슬림에 대한 중립적 입장이다. 마지막으로 공적이거나 사적이거나, 개인이거나 공동체이거나 선을 권면하고 악을 금할 의무이다. 이 교리는 우마이야 칼리프 시대에는 반란을 정당화한 반면에, 압바스왕조 시대에는 무탈질라의 주장과 그 반대파의 박해를 정당화 하였다.

10세기경 한 때 무탈질라파(중립파)였던 알 아샤리(al' Ash'ari, d. 935)는 신의 속성과 의지와 관련된 무타질라의 입장을 깎아내리는 합리적 주장을 전개하였다. 알 아샤리와 그의 추종자들(아샤리학파)은 신의 속성과 코란은 영원하다고 주장하였다. 인간의 이성은 신이 무엇을 할 수 있고 무엇을 할 수 없는가를 결정할 수 없다. 신은 원한다면 신실한 사람도 지옥으로 보낼 수 있다. 이것은 신의 전지전능성을 의미한다. 요컨대, 신의 능력, 신의 의지, 다시 말해 신의 결정론이 가장 중요하다는 것이다.

그리하여 이에 불만을 품은 신학자들이 등장하였다. 그 대표적인 사람이 아브 하미드 알 가자리(Abu Hamid al' Ghazali, d. 1111)였다. 그는 변증법적 신학, 법학의 스콜라주의, 철학의 형이상학에 반대하여 개인의 신앙과 종교적 도덕을 중시하는 신학체제를 만들었다. 그는 실제적인 중요한 문제와 관련된 진리를 발견하는 데는 효능이 없고 단지 이교로부터 이슬람을 방어하는 데만 유용한 무기역할을 하는 신학을 과감하게 배격하였다. 또 다른 탁월한 신학자 파크르 알 딘 알 라지(Fakhr al' Din al' Razi, d. 1209)는 이성의 영역과 계시의 영역을 분명하게 구분하였다. 그리하여 그는 무슬림 교리를 새롭고 더욱 활기찬 조직신학으로 다시 쓰려고 시도하였다. 그의 시도는 후기 무슬림 신학에 적지 않은 영향을 주었다.

이슬람의 철학

이슬람철학(falsafah)의 기원과 기초는 그리스 영감에서 왔다. 그리스와 시리아의 자료로부터 철학을 포함하는 헬레니즘시대의 과학의 저술들이 9세기 중엽 압바스의 칼리프들의 후원아래, 주로 기독교인과 사비교도들(Sabians)에 의해 번역되어 무슬림 사상가들에게 전달되었다. 그리하여 플라톤으로부터 6세기 알렉산드리아의 주석에 이르는 그리스철학의 주요 저술들이 아랍어로 보전되어졌다. 무슬림 철학자들은 이에 그들의 종교와 문화를 그리스의 철학과 과학을 통하여 이해하려고 노력하였다. 그러나 철학은 이슬람신학의 하녀일 수는 없었다. 인간의 이성은 그 유일한 이론적 근거였으므로, 철학자들은 일단 올바르게 이해만 된다면 이성에 의해 발견된 진리는 코란에 의해 계시된 진리와 어긋나서는 안 될 것이라고 믿었다. 그리하여 양자의 전통이 무슬림 철학자들을 통하여 서로 만나게 되었다. 그 결과 이슬람의 철학은 이슬람의 특성을 가지게 되었고, 그 철학의 근본적인 문제들은 예언적 계시와 신법 주위를 맴돌게 되었다.

　무슬림의 첫 번째 유명한 철학자는 자연철학과 수학을 저술한 알 칸디(al' Kindi, 9세기 초)였다. 그는 인간지식의 본질을 정의하려고 시도하였다. 그는 모든 사물을 논리와 수학, 유사한 과학적 사고를 가지고 규명할 수 있다고 믿었다. 그에 의하면, 지식의 탐구에 초자연적인 방법은 가능하다. 신은 그의 예언자들에게 그것(초자연적 방법)을 부여하였고, 그들은 다시 그것을 대중에게 아름다운 분명하고 이해할 수 있는 스타일로 전달하였다. 그들의 지식은 인간의 이성을 통하여 얻어지는 힌 완선하며 흠이 없다. 알 칸디의 저술은 이후 이슬람 철학과 기독교 신학 발달(제1 존재와 제1 원인으로서의 신, 자연적 인과관계와 구별되는 창조, 영혼불멸, 성경의 합리적 은유적 해석 등)에 크게 기여하였다. 다음으로 위대한 철학자 알 파라비(al' Farabi, d. 950)는 선한 공동체를 이루는 안내자로서의 계시의 역할에 대해 연구하였다. 그는 이를 통하여 이 세상에서의 물질적인 행복과 내세에서의 축복을 사람들에게 가르쳤다. 그는 종교와 철학은 유사한 것이라고 믿었다. 비록 예언, 입법, 철학, 왕위와 관련된 다양한 직무들이 서로 같지 않다 할지라도, 예언자-입법자는 또한 이상적인 철학자-왕과 다름이 없다. 그는 특히 인류사회의 혜시자로서의 공적이며, 정치적인 철학의 기능을 강조하였다.

　서구에서는 아비센나(Avicenna, d. 1037)로 잘 알려진 이븐 시나(Ibn Sina)는 알 파라비의 이념들, 그 가운데서도 특별히 존재의 문제들에 관하여 연구하였다. 그는 본질과 존재를 구분했다. 왜냐하면 존재의 사실(the fact of existence)은 존재하고 있는 것(an existent)의 본질로부터 추론되어질 수 없으며, 존재는 모든 창조물이 필연적이고 영구적으로 의존하는 제1원인이 되는 필연적인 존재이어야 하기 때문이다. 이 존재가 바로 신이라는 것이다. 후에 중세의 기독교 신학자 토마스 아퀴나스(d. 1274)는 신의 존재를 증명하기 위하여 이와 유사한 개념을 적용하였다. 그러나 이븐 시나는 이러한 추론의 규칙에 한 가지 예외를 만들었다. 즉, 인간영혼의 존재는 자아의식을 통하여 인정되어질 수 있다.

인간의 영혼은 육체적 죽음보다 오래 살아남으며, 과거의 행동과 지적, 영적 발달에 근거하여 보상과 징벌을 받게 되는 개체적 특성을 가진다. 그는 이성과 계시 사이의 관계에 관하여 파라비의 주장을 따랐다. 종교는 인간의 행복과 질적 향상을 위해 매우 유용하다. 계시종교는 말할 수 없는 힘든 진리를 선택된 소수에게 직접 체험할 수 있는 길을 가르쳐 주며, 이 영적 지식이야말로 신비주의적 철학자가 탐구하는 목표의 절정을 의미한다.

이슬람 철학은 12세기경 알 파라비, 이븐 시나, 알 가자리의 저술에 기초하여 스페인과 북 아프리카로 발전하여 나아갔다. 그러나 서구적 이슬람 지역에 불어 닥친 더욱 보수적인 지적 토양은 정치적, 형이상학적 방법을 용납하지 않았다. 그 대표적인 사람이 이븐 바쟈(Ibn Bajjah, d. 1138)였다. 그는 알 파라비의 어중간한 정치적 철학을 실제로 획득할 수 없는 이상이라고 비판하였다. 즉, 순수한 철학자는 대중으로부터 벗어나 인간의 계몽을 위한 외로운 탐구에 집중하지 않으면 안 된다. 이와 같은 고도의 수준은 이론적 과학을 통하여 그의 마음을 훈련시킨 다음이라야 비로소 이룰 수 있다. 바쟈와 비슷한 길을 걸은 사람은 이븐 투파일(Ibn Tufayl, d. 1185)이었다. 그는 철학자를 진리를 추구하는 외로운 사람이라고 해석하였다. 그는 비유적인 말로 "깨어 살아있는 사람(Hayy ibn Yaqzan, 'Alive Son of Awake')"만이 있는 그대로의 진리(the naked truth)를 대중에 맞는 형태로 계시종교의 옷을 만들 수 있다고 주장하였다.

가장 위대한 무슬림의 철학자는 서구에서는 Averroes로 잘 알려진 이븐 루쉬드(Ibn Rushd, d. 1198)였다. 그는 특히 통찰력있는 아리스토텔레스의 주석으로 이름이 났는데, 후에 중세 기독교 사상가들에게 라틴어판을 통하여 크게 영향을 주었다. 그에 의하면, 철학자들은 일반 사람들의 종교생활을 방해해서는 안 되는 엘리트집단이다. 그들이 만약 진리를 단순한 생각으로 폭로한다면 대중에게 혼란만 야기시킬 뿐이다. 그러한 일반대중과 철학자들 사이에는 진리를 발견하기 위한 철학적 논증에 실패한, 그리고 무지한 사람들에게 코란의 거짓 해석을 퍼트린 신학자들이 존재할 뿐이다. 요컨대 올바른 철학적 접근만이 올바른 종교에 도움을 준다는 것이다.

이슬람의 철학은 13세기 알 아샤리 신학파와 전통주의의 부활에 의해 쇠퇴하였다. 그리고 대신 이슬람의 신비주의 안에 *hilmah*('wisdom')라는 이름으로 재등장한 학파를 통하여 모든 신학문제들을 신비주의적 경험과 관련시켜 설명하려는 경향이 나타났다. 이러한 새로운 지혜(wisdom)를 통하여 신이 그의 창조물과 긴밀하게 합일하고 있다는 사상(monism, 일원론)이 등장하였다. 이들 대부분의 일원론 교리들은 그리스로부터 프로티누스(d. 270)의 철학적 이론들을 빌려왔다. 프로티누스의 사상은 알렉산드리아와 이집트에서 유행하였다. 즉, 창조물은 어떤 순간적으로 만들어진 사건이 아니다. 그것은 오히려 신의 유출과정(a process of emanation of God)을 통하여 우주의 여러 등급으로 퍼져나가는, 그리하여 인간의 존재에 이르러 그 절정에 다다르게 된다. 이들 이론들은 이슬람의 신비주의에 적지 않은 영향을 끼쳤다. 이 새로운 지혜를 지지하는 사상가들로는 야햐 알 수라와르디(*Yahya al' Suhrawardi*, d. 1190), 이븐 알 라비(d. 1240), 물라 사드라(Mulla Sadra, d. 1640) 등을 들 수 있다.

수피파

이슬람의 신비주의는 아랍어로 "수피파의 길을 따르는(following the Sufi path)"이란 의미의 *tasawwuf*로 알려져 있다. 서구에서는 수피파(the Sufism)로 불려진다. 이 이슬람의 신비주의는 말로 표현할 수 없는 상태, 무상, 완전한 수동성, 무시간, 통일성으로 특징되어지는 경험을 중시하는 사상이다. 그것은 개인들의 생활과 그들의 사회에서 나타나는 이들 경험들의 기원, 의미, 장소에 관한 이론과 교리를 포괄한다. 그것은 다른 신비주의적 전통들과 공유하는 것이 상례이다. 이슬람의 신비주의는 각 지역의 금욕주의적이며 신비주의적인 관습의 영향을 받았다. 이슬람의 신비주의자들은 간단한 모직물 가운(a simple frock of wool, *suf*)을 입었는데, 이로부터 수피파라는 이름이 생겨났다. 신의 계명에 대한 범죄와 신의 형벌에 대한 두려움을 없애기 위하여 일부 신실한 무슬림들은 고행과 같은 금욕적 관행을 수행하였다. 이들 종교적 관행에는 금식, 야간 철야기도, 은둔 등이 포함되었다. 일시적 독신생활의 기간은 실천되었지만, 종신독신은 코란과 하디스의 위반으로 간주되었다. 비록 금욕주의가 정화와 자제, 영적 계몽을 위한 도구로 중요시되기는 하였지만, 대부분의 무슬림들은 매우 제한적으로 받아들였다.

수피파는 코란과 무하마드의 전통으로부터 그들의 주요 사상들을 빌려왔다. 압바스왕조 초기 유명한 신비주의 학자 알 쿠샤리(al' Qushari, d. 1037)는 코란의 주석과 안내서를 저술하였다. 그는 인간의 이기심(fana)을 죽이고 신의 의지와 신의 현존(baqa)과 일치해 사는 신비주의적 방법을 가르쳤다. 이러한 궁극적인 목표에 도달하기 위해서는 참된 사랑과 겸손이 요구되었으며, 신의 내적 성령(the divine spirit within, ruh)을 발견하기 위해서는 이기심과의 투쟁(nafs), 영적 지하드(spiritual jihad)가 수반되어야 했다. 그러므로 인간은 올바른 양심을 발전시키고 신의 안내를 수용함으로써 신과의 화평과 기쁨을 누리기 위해서는 이와 같은 천박한 성향을 억제하지 않으면 안 되었다. 코란은 인간에게 "신을 염두에 두라(mindful of God, dhikr)"고 가르치고 신의 축복을 받으라고 권고한다.

그리하여 수피파는 이 dhikr(mindful of God)를 명상적 실천의무규정으로 발전시켰다. 이 디크르 명상은 신의 거룩한 이름, 혹은 종교적인 공식, 특별히 "신 이외에는 어떤 신도 없다"는 신앙의 증언을 반복하게 한다. 여러 가지의 공식이 집단 가운데서 아니면 홀로 은둔하여 소리내어 혹은 침묵으로 암송될 수 있다. 더군다나 디크르 의식은 일반적으로 숨고르기, 자세, 운동, 춤을 포함하는 여러 가지 과정으로 이루어질 수 있다. 수피파 디크르의 목적은 신에게 순종하고 신 한 분만을 숭배하는 계약에 충실할 수 있도록 하기 위해 이기심을 가진 신자를 정결하게 하기 위해서이다. 위대한 수피파 알 쥬나이드(al' Junayd, d. 910)에 의하면, 이 의식은 인간에 대한 신의 시험이며, 하늘 본향으로 가려는 인간영혼의 고통스러운 동경을 뜻한다. 이 고통의 의식은 이기심 없는 영적 생활로 계몽(빛)의 즐거운 순간을 만나기 위한, 그리고 이기적 성향을 억제하려는 수피파의 영적 세계를 위한 필수적인 불꽃이다.

그러나 이러한 빛의 조명을 받는 생활은 신이 수피파의 이기적 의지를 제거해주고 신비적인 합일의 경험을 부여할 때만 가능하다. 수피파가 말하는 신의 단일성(oneness, tawhid Allah)의 참된 의미는 단순한 유일신론이 아니라, 신의 절대적인 단일성을 말한다. 그런고로 신비주의적 합일(union)은 두 가지의 서로 다른 핵심이나 본질의 단순한 결합이 아니라 오히려 모든 존재의 거룩한 합일의 실현을 뜻한다. 그리하여 이러한 급진적 유일신론은 "신만이 오직 존재한다"는 일원론과 통하게 된다. 이븐 알 파리드는 이것을 핵심적인 진실을 가리고 있는 그림자 인형극장에 비유한다. 다시 말해 창조자가 그의 창조물과 함께 존재한다는 뜻이다. 마치 인형놀이자가 그의 놀이를 보이기 위해 인형들에만 의존하는 것처럼, 창조자로서의 하나님은, 역설적으로 그의 단일성을 은폐하고 있는 그의 창조물 안에서만 비로소 나타난다. 요컨대, 다양한 것들의 스크린 배후를 볼 수 있도록 하나님에 의해 허용된 신비주의자만이 하나님을 발견할 수 있는데, 이것이 바로 합일의 진리라는 것이다.

수피파 학자들은 수세기를 거치면서 이슬람의 신비주의에 근거한 코란과 예언적 기초작업을 발전시켰다. 그들의 사상은 수피파를 조직화 시켜 광범위한 이슬람의 전통 속에 올려놓았다. 그들의 사상은 알 가자리와 기타 학자들을 통하여 법률을 영적인 것과 연결시키고 신을 활성화 시키는데 크게 기여하였다. 특히 12세기 초 무슬림 학자들은 이슬람의 여러 분야들을 하나의 균형적이고 의미있는 신앙체계로 조화시켜, 각 분야가 올바른 자리와 가치를 가지게 만들었다. 그리하여 법률(샤리아)은 모든 기존조직의 기초가 되었으며, 존경받는 수피파 교사들은 모든 영적 발달의 필요조건들을 그 법률에 의존하게 만들었다.

모든 무슬림은 먼저 수피파의 길(tariqua)에 들어가기에 앞서 기도, 금식, 올바른 행동에 관한 무슬림의 규칙들과 의무들을 마스터해야 했다. 그러나 수피파의 숙련자가 되려면 신의 특별한 은총이 또한 요구되었다. 요컨대, 신앙, 의식, 법률, 그리고 신비주의적 경험은 외적 형태의 세계(zahir) 배후에 있는 내적 진리(batin)를 추구하는 사람들에게 필수적이라는 것이다.

역사적 발전과정(1200-1500)(2)

압바스 왕조는 9세기 동은 스페인, 서는 인도에 이르는 광대한 지역을 차지했지만, 그 중앙권력은 강력하지 못하였다. 10세기 새로운 우마이야의 칼리프가 스페인에서 흥기하는 한편, 시아파의 칼리프가 북아프리카에서, 파티마의 칼리프가 이집트와 시리아에서 형성되었다. 이란, 아프카니스탄, 인도에서도 각 지역 장관들이 왕조들을 형성함으로써 압바스왕조의 힘은 더욱 쇠약해졌다. 그리하여 11세기경 셀주크로 알려진 투르크족이 아시아로부터 옮겨와 압바스의 동부지역을 정복하였다. 셀주크의 지배자 토그릴 벡(Toghril Beg)은 바그다드로 들어가 스스로 술탄(Sultan, sovereign)이라 칭하였다. 그는 칼리프를 무슬림 공동체의 영적 지도자로 인정하였다. 더 나아가 그와 그의 셀주크 후계자들은 무슬림 제국을 확장하고 재통일하기 위하여 그들의 정치적 군사적 업무에 심혈을 기우렸다. 셀주크 술탄지배자들은 고등종교교육(madrasahs)을 위한 학교들을 세움으로써 순니 이슬람을 발전시켰으며, 수많은 종교 학자들과 신비주의자들을 후원하였다. 셀주크 시대를 거치면서 투르크족은 아랍인과 페르시아인과 긴밀한 관계를 가지면서 무슬림세계의 중요한 일원으로 군림하게 되었다.

기독교인의 대항

셀주크의 팽창은 드디어 북쪽의 비잔틴 기독교인들과, 더 나아가 유럽의 기독교인들을 긴장하게 만들었다. 셀주크는 군사력을 강화하여 그들의 권력을 확장하는데 힘을 쏟았다. 비무슬림들은 점차 제2급의 시민으로 떨어지게 되었다. 따라서 이들의 반항을 막기 위하여 아랍인, 투르크인, 기타 무슬림은 기독교의 공격을 그들의 주목표로 삼게 되었다. 이에 기독교인들은 그들의 정체성을 유지하기 위하여 대책을 세워야만 했다. 그들은 우선 그들이 무슬림과 다른 이방인이라는 사실을 은폐하려고 온갖 노력을 다 하였다. 다행하게도 그들의 노력은 이슬람의 관용을 불러들일 수 있었다. 위에서 말한 것과 같이 이슬람 안에서 보호를 받는 기독교, 유대 공동체들은 이슬람의 기본적인 법을 어기지 않으면서 그들의 개인적 종교적 사회적 지위를 위해 꾸준히 노력하였다.

그러나 그들은 점차로 그들의 입지가 굳어지면서 반무슬림의 경향성을 가지기 시작하였다. 드디어 그들의 눈에 무슬림의 신앙과 관습이 못마땅하게 비쳐졌다. 무슬림은 그들과 유사하기는 하지만 근본적으로 수용할 수 없는 종교로 간주되었다. 그들은 드디어 무슬림 뿐 아니라 무하마드를 이교도로 보기 시작하였다. 무하마드는 육체적 암흑의 왕자는 아니더라도 여자와 권력을 위한 욕심으로 아랍인들을 속인 마술사로 비쳐졌다. 기독교인들에게 풀리지 않는 한 가지의 중요한 신학적인 문제가 다가왔다. 그것은 이슬람교의 정통성 문제였다. 유대인든은 하나님과의 구세약을 통해 남은 자들로서 그들의 존재가 이해된 반면에, 새로운 종교인 이슬람교는 하나님의 계약자들로 인정되지 않았다. 그리고 그들에게 최후의 예언자로서의 무하마드의 존재도 인정되지 않았다. 따라서 그의 추종자들의 정체성 또한 인정되지 않았다. 그리하여 그들은 유대인들의 성경, 신앙, 의식은 인정한 반면에, 이슬람의 성경과 관습은 전체적으로 인정하지 않았다. 그것은 양자 사이에 공통된 근거가 희박했기 때문이다.

몽골족과 맘루크족

이슬람은 중세로 이어지면시 기독교 유럽에 위협적인 존재로 다가왔다. 유럽의 국가들이 서로 싸우고 있는 동안 이슬람문명은 과학, 의학, 철학의 분야들을 크게 발전시켰다. 기독교 유럽은 예루살렘과 거룩한 땅을 무슬림으로부터 탈환하려는 노력에서 11세기 말엽부터 수많은 십자군을 조직하였다. 제1차 십자군은 성공적으로 예루살렘을 점령하였으나 곧바로 무슬림의 손으로 들어갔다. 다음 수세기에 걸쳐서 무슬림군대는 거의 예외 없이 그들의 기독교 적군을 섬멸하였다. 무슬림의 장군 살라 알아유비(Sala al'Ayyubi, d. 1193, 서구에서는 알라딘으로 알려졌다)는 이집트, 팔레스타인, 시리아에 그의 순니파 술탄권력을 개척하려고 하였다. 그러나 그는 곧 동쪽의 더 큰 세력, 몽골족의 도전을 받게 되었다. 1220년 초 몽골군대는 현재 파키스탄, 아프카니스탄, 이란의 동북부지역을 점령하였다. 홀레구(Hulegu)에 의해 인도된 몽골군대는 거침없이 도시들을 집어삼키면서 바그다드까지 들어왔다. 몽골족은 1258년 무슬림 수도를 불사르고 수천명의 사람들을 살해하였으며, 압바스의 칼리프와 그 가족, 예언자 무하마드의 후손들을 닥치는 대로 죽였다.

그들은 연이어 1260년 시리아, 이집트에 진군했는데, 그 곳에서 투르크의 노예군인 아유비(Ayyubids)군대를 만나 패배하였다. 승전사령관 바이바르(Baybars, d. 1277)는 곧바로 아유비군을 맘루크족(the Mamluks)으로 알려진 새로운 왕조로 대체시켰다.[11] 맘루크족은 반복하여 몽골족들을 패배시키고 그 정복지를 도주하는 무슬림을 위한 안전한 안식처로 만들어 주었다. 다마스커스와 같은 맘루크의 수도들, 그 가운데서도 카이로는 이슬람의 학문과 문화의 중심지가 되었다. 맘루크 술탄들은 1517년까지 지배하면서 압바스의 칼리프제도를 재설립하였으며, 군대와 문예의 후원자로서 이슬람을 지켜주는 것을 자랑스럽게 생각하였다. 그들은 무슬림에게 신이 그들을 버리지 않았다는 확신을 심어 주었다. 14세기 몇몇의 몽골 지도자들은 이슬람으로 개종하였으며, 이를 계기로 무슬림의 세력은 다시 회복의 기회를 갖게 되었다. 그러나 그 후 1348년의 재난(질병)으로 그들은 많은 희생자들을 내었고 이로 인해 점차 자신감을 잃어버리게 되었다.

역사적 발전과정(1500-1800)(3)

1258년 몽골의 바그다드 침략이후, 수피파의 사상과 성자들을 존경하려는 사상이 수세기 동안 퍼지면서 무슬림의 전통적인 유산을 보호하려는 보수적인 사상과 움직임이 서서히 나타나기 시작하였다. 이것은 *reconquesta*(재정복)로 알려진 기독교인들의 움직임에 의해 무슬림이 도전을 받으면서 특별히 스페인과 북아프리카를 중심으로 일어났다. 무슬림은 서고트족을 점령한 711년 이래

---

11) 대부분의 술탄들은 원래 노예<*mamluk*, 'royal slave'>출신이었다.

북아프리카를 지배했었다. 다음 두 세기동안도 그들은 잘 버텼다. 끈질긴 아랍 부족들의 도전이 있었지만 그들은 우마이야의 후손인 아브드 알라만(Abd al'Rahman: 730-788)에 의해 위기를 넘겼다. 알라만은 750년 압바스의 혁명 이후 코르도바에 그의 왕조를 건설하였다. 다시 다음 두 세기 동안을 지나면서 알라만과 그의 후계자들은 기독교인, 무슬림 가릴 것 없이 정치적인 반대파를 숙청하였다. 칼리프와 같은 그들의 정치적인 제도들은 안달루시아(Andalusia)로 알려진 아랍 무슬림 스페인의 도시를 발전시키는데 크게 기여하였다. 일부 무슬림들은 점차 그라나다, 코르도바와 같은 도시들로 이주하였다. 그러나 점차로 우마이야제국은 수많은 작은 왕국들로 분열되었다. 그럼에도 불구하고 아랍의 언어와 문화는 이베리아반도에서 주도적인 자리를 잡게 되었으며, 무슬림, 기독교인, 유대인은 앞 다투어 시와 철학, 의학, 기타 학문들을 익힐 수 있었다.

무슬림 스페인 왕국은 11세기까지 북아프리카의 무슬림왕조들과 신흥 아라곤·카스틸의 기독교 왕국들에 의해 도전을 받았다. 결국 기독교인들이 점차로 강해져서 무슬림을 스페인의 남으로 밀어냈다. 1492년 스페인은 드디어 모든 무슬림과 유대인을 스페인으로부터 몰아내고 북아프리카를 위협하였다. 그러나 이집트, 인도 등 무슬림지역에서는 새로운 국가들이 일어나 그들의 신앙을 방어하고 발전시켰다. 법전과 소총을 사용하는데서 기인한 소위 화약왕국(the gunpowder kingdoms)이라 부르는 무갈족, 사파위족, 오토만족이 등장하여, 오늘날까지 영향을 주는 종교적, 예술적, 정치적 유산을 남겨주었다.

무갈 제국

7세기 초 무슬림군대는 인도에 들어가 약탈을 자행했지만 정치적 정복은 성공하지 못하였다. 그러나 12-3세기경 투르크와 아프간 무슬림은 인도 북쪽 델리의 술탄을 비롯하여 그들의 영역을 정복하였다. 1526년 몽골의 후손이며 투르크의 군인인 바브르(Babur, d. 1530)는 이들 무슬림 국가들의 일부를 병합하여 티무리드(Timurid) 혹은 무갈(Mughal)왕조를 세워 거의 두 세기 동안 다스렸다. 무갈 술탄 가운데 유명한 바브르의 손자 아크바르(Akbar, d. 1605)는 인도의 거의 절반을 다스렸다. 그는 언어, 종교, 인종이 다른 이 광대한 땅을 다스리기 위하여 효능적인 정부관료제도와 샤리아에 기초한 법률제도를 만들었다. 그는 더 나아가 수피파의 평화정신, 형제애, 유일신론에 근거한 종교적 관용을 베풀었으며, 종교적 대화와 종교인 상호간의 결혼을 장려하였다.

아크바르와 그의 후계자들의 정치는 비교적 성공적이었다. 그들은 적극적으로 종교, 학문, 예술, 페르시아의 문학, 힌두의 시를 장려하였다. 그 가운데서도 건축은 뛰어났다. 그 대표적인 것이 술탄 사 자한(the Sultan Shah Jahan(d. 1666))이 그의 사랑하는 부인 뭄타즈 마할(Mumtaz Mahal)을 위해 건축한 아름다운 타지마할(Taj Mahal) 영묘이다. 그러나 이러한 사업은 너무 비용이 과다하고 많은 인력을 소모하게 하여 재정적으로 어렵게 만들었고 더군다나 무슬림과 힌두의 적대감을 불러일으켜 술탄의 세력을 약화시켰다. 드디어 1701년 술탄 아우랑지브의 죽음 이후 무굴제국은 수많은 작은 무슬림과 힌두왕조들로 해체되었다. 이들은 1857년의 반란이후 영국에 대부분 흡수되었다.

무굴제국의 치세중 하급카스트와 추방-카스트로부터 이슬람으로 개종한 일부 힌두인들과 이민해온 무슬림, 투르크인, 아프간인들로 인해 인도의 무슬림인구는 급증하였다. 그리하여 오늘날 인도와 파키스탄은 세계 제2의, 제3의 거대한 무슬림인구를 거느린 국가가 되었다. 더 나아가 무굴제국은 이보다 훨씬 더 많은 비무슬림인구를 다스리는 엘리트집단이 되었다. 무슬림은 힌두인을 납세의 의무를 가진 "보호받는 사람들"로 인정하였다. 수피파 교단과 성자숭배사상은 힌두교의 유사한 요소들과 잘 어울렸다. 한편으로 무슬림과 힌두 사이의 협력에 반대하는 보수적인 무슬림학자들도 있었다. 이들 보수주의자들은 19세기 무슬림의 정치적 사회적 세력이 영국의 지배와 인도의 민족주의에 의해 약화되면서 서서히 그 주도권을 잡기 시작하였다.

사파위 제국

주지하는 바와 같이 무굴제국은 순니파 무슬림의 소수파로서 다수의 힌두족을 다스렸다. 이와는 대조적으로 이라크와 이란의 사파위족(the Safavids)은 시아파로서 거대한 그들 제국 민족의 종교를 지배하였다. 사파위족은 15세기경 이란의 북부에서 권력을 잡았다. 그들의 이름은 13세기 수피파의 조상이자 첫 번째 시아파의 이맘 알리 이븐 탈리브의 후손인 사피 알딘(Safi al'Din)으로부터 기원되었다. 무굴족과 마찬가지로 그들은 대부분 페르시아문화의 영향을 받은 투르크왕조에 속했다. 사파위왕조의 시조는 이스마일(Ismail, d. 1524)로, 대부분의 투르크족에 의해 시아파를 부흥시키기 위해 파견된 구세주로 존경을 받았다. 그는 현재 모든 이란지역을 정복하고 그 자신을 샤(shah)라고 칭하였다. 그는 전통적으로 12명의 거룩한 이맘(구세주, 인도자)의 시아파교를 제국이 공식 종교로 인정하고 이라크의 서쪽한 시아파 도시 케르발라를 손에 넣었다. 그러나 그의 계획은 오토만 투르크 술탄(the Ottoman Turkish sultan, d. 1520)에 의해 좌절되었다. 오토만은 시아파 소요에 반대하는 지하드를 선포하고, 1514년 이란의 서북부 찰디란에서 이스마일과 그의 군대를 섬멸하였다.

이스마일의 아들 타마스프(Tahmasp, d. 1576)는 사파위왕조를 구출하기 위하여 서로는 오토만에, 북으로는 조지아 기독교인들에, 동북으로는 순니파 우즈벡 투르크에 대항하여 전쟁을 수행하였다. 이후 사파위왕조는 샤 압바스 1세 (d. 1629) 때 정치적으로 지적으로 크게 발달하여 학문과 문예의 전성기를 맞았다. 그러나 점차로 쇠퇴하여 오토만왕조에게 그 근거지를 빼앗겼다. 메소포타미아는 종교적으로 두 거대한 제국을 가르는 분수령이 되었다. 그것은 오토만은 순니파에, 그리고 사파위는 시아파에 속해 있었기 때문이다. 결국 마지막 사파위왕조의 샤는 1722년 아프간에 의해 물러났지만, 이 시기를 기준으로 시아파는 이란과 동남부 이라크의 다수파 신앙으로 견고한 자리를 굳히게 되었다.

오토만 제국

소위 화약제국 가운데 가장 성공적이고 오래 지속된 제국은 오토만 제국 (the Ottomans)이었다. 오토만의 우두머리 오스만(Osman, Uthman<아랍어>, d. 1326)의 이름을 딴 오토만제국은 13세기 몽골족의 발자취를 쫓아 비잔티움 국경 동북쪽으로 옮겨온 투르크부족으로 구성되었다. 초기의 오토만족은 무슬림 신앙을 북의 기독교인들에게 전파하면서 자신들을 "거룩한 전사들(holy warriors, ghazi)"이라고 자랑하였다. 그들은 콘스탄티노풀의 공격을 받았지만 지속적으로 그들의 영토를 발칸으로 확장시키고 유럽 기독교인의 연합전선을 무너뜨렸다. 그리고 코소보전투(1389)에서 세르비아의 왕 라자르를 격퇴시켰다. 교황 보니페이스 9세는 무슬림을 두려워하여 1394년 십자군을 결성했으나 1396년 니코폴리스에서 바야지드(d. 1403)의 오토만에게 패하고 말았다. 그 후 교황 유진의 십자군을 격퇴시킨 술탄 무라드 2세(d. 1481)는 그의 아들 메메트(Mehmet, d. 1481)에게 자리를 넘겨주었다. 메메트는 1453년 콘스탄티노풀을 점령하여, 사람들에게 "정복자"로 알려졌다.

오토만 술탄들은 몇 차례에 걸친 우여곡절을 겪었으나 그 어려움들을 잘 견뎌냈다. 술탄 셀림 1세(Selim I)는 1514년 사파위왕조를 격퇴시키고 이어 맘루크족, 시리아, 팔레스타인, 이집트, 그리고 메카와 메디나를 수중에 넣는데 성공하였다. 그러면 그들이 성공한 비결은 무엇인가. 그것은 그들의 정예 군인집단인 자니세리(Janissary, 투르크어로 *yeni cheri*, "new troops") 때문이었다. 그들은 *devshirme*로 알려진 제도를 통해 오토만 지역에 있는 기독교 청소년들을 모집하였다. 비록 "보호받는 민족"을 노예화하는 것은 샤리아 아래에서는 불법적이지만, 일부 오토만 관리들은 이 소년들을 무슬림과 싸운 기독교인들로부터 뽑은 술탄의 노예들이라고 주장하였다. 이 소년들은 이슬람으로 개종하여 시험을 치루고 교육받은 사람들로서, 그들의 직종은 군인, 화기 보병, 행정요원, 오토만의 대신, 수상 등 다양했으며 모두가 자니세리 출신들이었다.

오토만제국은 "입법가"로 알려진 술라이만(Sulayman, "Magnificient", d. 1566)의 장기간의 집권을 통하여 권력의 절정을 이루었다. 이 마지막 타이틀은 오토만 통치에서의 샤리아의 중요성을 말해주고 있다. 오토만제국은 국가권력의 본질적인 토대로서 샤리아를 사회와 통합시켰다. 그들은 공식적인 교육제도를 조직하여 사회제도에 필요한 유능한 학자들을 배출시켰다. 소위 "울라마(ulama)"를 술탄과 국가의 통제 아래 두어 사법적, 종교적 계서제도안에서 근본적인 권력을 행사하였다. 그리하여 이들 "문의 사람들"은 술탄을 받들면서

"무의 사람들"과 합세하였다. 술라이만 치하에서 투르크의 예술과 문화는 꽃을 피었으며, 특히 그림과 필사분야에서 두드러졌다. 유명한 시난 파샤(Sinan Pasha, d. 1588)는 이 시대를 대표하는 위대한 건축가였다.

오토만제국은 동은 바그다드, 서는 튀니스, 남은 예멘, 그리고 북은 오스트리아에 이르렀다. 오토만제국은 1529년 비엔나까지 쳐들어갔으나, 완전히 정복하지는 못하였다. 오토만제국은 술라이만이 죽은 다음 사파위족, 러시아제국, 합스부르크의 오스트로-헝가리 제국의 침투로 더 이상 영토를 넓히지 못하였다. 거기에 재정적 경제적 파탄, 행정관료제의 부패, 군사적 약화 등에 의해 오토만제국은 쇠퇴의 길을 걷지 않으면 안 되었다. 그들은 17-8세기를 거치면서 그들의 정복지들을 더 이상 유지할 수가 없게 되었다. 1774년 쿠주크 카이나르자(Kuchuk Kaynarja) 조약으로 그들은 러시아의 카더린에게 크리미아를 양도하였으며, 다시 1798년 나폴레옹의 침략으로 이집트를 빼앗겼다. 그들은 간신히 앵글로-오토만 연합전선을 전개하여, 오토만 알바니아 사령관 무하마드 알리(d. 1848)를 통해 독립을 쟁취하였다. 그러나 그들은 무슬림인구 뿐 아니라 알바니아, 보스니아, 불가리아를 잃었다. 유럽에 민족주의가 퍼지자, 이번에는 그리스와 루마니아가 반란을 일으켜 그들의 국민국가를 만들었다. 드디어 민족주의는 아랍에까지 전파되어 오토만은 1923년 그 막을 내리게 되었으며, 결국 세속적인 공화국 터키가 탄생하게 되었다.

역사적 발전 과정(1800-1950)(4)

오토만의 쇠퇴에도 불구하고 그들은 유럽의 기독교에 깊은 위기감을 심어 주었다. 이슬람은 사라진 것이 아니라 언젠가 기회가 오면 다시 다가올 것이 분명하였다. 수세기에 걸친 동부 유럽에 대한 끈질긴 그들의 침투는 기독교인들에게 무서운 공포심을 던져다 주었다. 투르크인들은 다른 민족을 노예로 만드는 신을 믿지 않는 폭군으로 각인되었다. 더군다나 서구인들에게 그들은 출생의 차별적 특권까지 인정하지 않는, 모든 사회계급들을 평등하게 만드는 급진적 이교파로 비쳐졌다. 그러나 이러한 이슬람의 사회적 평등과 종교적 관용은 가난한 비이슬람인들에게는 반가운 복음으로 받아들여졌다. 더욱 매력적인 것은 무슬림 철학과 신비주의에서 나타난 그들의 인격적 영적 따뜻함이었다. 그들은 자연을 사랑하고 낭만을 즐기는 전원적인 민족으로 찬사를 받았다.

그들의 수피파 사상가들 가운데 유명한 사람은 서구의 관심을 독차지하고 있는 페르시아의 시인이며 신비주의자인 자랄 알딘 루미(Jalal al'Din Rumi, d. 1273)였다. 그는 지금의 아프카니스탄에서 태어났으며, 그의 가족은 몽골족이 침입하기 전에 피난하였다. 그의 아버지는 지금의 터키의 콘냐에 정착하여 종교학자로 여생을 보냈다. 자랄은 이슬람과 법률을 연구하였으며, 특히 이슬람의 신비주의에 크게 매료되었다. 그는 신 앞에서의 인간의 도덕과 내적 마음의 상태를 중시하였다. 즉, 사람들은 내적인 신의 영을 발견하고 신 안에 자신들을 몰입시키기 위하여 그들의 차별심과 이기심을 벗어버려야 한다. 참으로 신의 사랑은 높고 높다. 아무리 인간의 외적 차별이 깊다 하드라도 인간을 위한 신의 사랑은 영원하다. 요컨대, 인간은 이기심을 버리고 내적 평정에 이르려고 노력하면 신의 사랑에 이를 수 있다는 것이다.

루미의 아들들은 아버지의 뜻을 좇아 멜레비 교단(the Melevi Order)이라는 수피파 집단을 만들었다. 멜레비는 "우리들의 선생"이라는 뜻이다. 이 교단은 페르시아의 플루트연주, 투르크의 시와 댄스로 유명하였다. 서구에는 휠링 데르비시(Whirling Dervish, 빙빙도는 금욕파)로 알려진 메레비교단은 오토만제국에 널리 퍼졌다. 이 수피파는 이 시기에 다른 종교의 존경의 대상이었다. 일부 프로테스탄트집단도 가톨릭의 박해보다 났다고 주장하였다. 그러나 그들의 일부다처제로 말미암아 크나큰 호응을 얻지는 못하였다.

오토만제국의 멸망

18세기 서구의 식민주의가 기승을 부리게 되자 이슬람에 대한 기독교인들의 두려움은 경멸로 바뀌기 시작하였다. 이것은 이슬람의 정복에 대한 일종의 보복적인 반응이었다. 19세기경 드디어 유럽의 국가들은 다투어 수많은 무슬림 국가들을 무너트렸다. 영국은 이집트와 인도를, 프랑스는 북아프리카와 시리아를, 러시아는 오토만지역들을 각각 그들의 수중에 넣었다. 오토만제국은 터키공화국으로 선포되어(1923. 10. 29) 그 종말에 이르기까지 그야말로 기나긴 역정의 길을 걸어야 했다. 그리하여 제1차 세계대전을 전후하여 대부분의 이슬람 국가들은 쇠퇴하게 되었다. 그리고 대부분의 유럽인들은 이러한 이슬람 정복이 정당하다고 믿었다. 그들은 점차로 무슬림 세계에 대하여 비판적인 입장을 가지게 되었다. 그들은 무슬림이 성격이나 외모, 생활스타일에서 그들과는 전연 다른 비인간적인 사람들이라고 간주하였다. 이러한 부정적 흐름 속에서 그들의 제국주의적 정복은 진행되었다. 서구의 과학적 기술적 진보는 자신들의 문화적 우수성과 자신들의 도덕적 고귀성을 확신하게 만들었다. 그들의 부와 권력은 바로 그들의 선과 정의를 뜻하였다. 반면에 아랍인들, 무슬림, 기타 식민지화된 사람들은 게으르고 훈련을 받아야하며 교도되어야하는 성적으로 야비한 사람들로 간주되었다. 그리하여 유럽인들은 그들이 식민지의 억압으로부터 독립을 요구했을 때 이를 단호히 거절하였다.

6

6. 중세의 유대교, 기독교, 이슬람은 철학과 어떻게 만났는가?

- A. 철학과의 해후
  - 아베로스: 창조와 영혼불멸
  - 모세 마이모니데스
  - 토마스 아퀴나스

- B. 신비주의와의 해후
  - 플로티누스: 신비주의의 방법, 플로티누스의 영향
  - 성 그레고리
  - 디오니시우스 아레오파기테
  - 수피파의 신비주의
  - 카발라주의의 경건
  - 신비주의의 영향

서양문명의 정체성
-헤브라이즘과 헬레니즘의 만남-

6. 중세의 유대교, 기독교, 이슬람은 철학과 어떻게 만났는가?

세기 초엽부터 시작된 유대교, 기독교, 그리고 이후에 나타난 이슬람의 신앙과 신학의 체계화는 중세로 이어지면서 더욱 전문적인 형태로 거듭나게 되었다. 그것은 바로 간간히 비친 바와 같이 학문적 체계화를 위한 헬레니즘 세계와의 결합을 의미하였다. 그들의 활로는 크게 두 가지였다. 그 하나는 철학과의 교합이요, 다른 하나는 신비주의와의 교합이었다. 그것은 종교자체가 가지고 있는 논리적 이해(경전)와 초월적 이해(기도와 명상) 때문이었다. 서양 중세는 지적 문화가 결여된 "암흑시대"로 알려져 있다(그러나 이것은 물론 계몽사상가들에 의해 일방적으로 내려진 잘못된 해석이다). 일반적으로 이 시대는 대립과 갈등의 십자군의 시대로 불리어진다. 반면에 이 시대는 평화를 갈망한 나머지 휴식을 발견할 수 있었던 시대로도 통한다. 바로 후자의 역할로 인도한 것은 아이러니컬하게도 철학이었으며, 신비주의였다. 이미 말한 바와 같이, 그들이 헬레니즘과의 상응과정에서 어려움을 겪은 것은 어느 정도로 소위 이방세계(헬레니즘)를 수용해야 하느냐였다. 그러면 그들이 어떻게 고대로부터 내려오는 철학과 신비주의의 사상가들을 만나게 되었으며, 그들과 접촉하게 되었는지에 관하여 살펴보도록 하자.

A. 철학과의 해후

서구의 기독교는 처음에는 비교적 대수롭지 않게 플라톤(427-347 B. C.)과 아리스토텔레스(384-322 B. C.)의 저술들을 대하였다. 그러나 그리스학문과 문화의 중심지인 근동과 북아프리카의 아랍 무슬림을 통해서 그리스의 철학은 본격적으로 들어오게 되었다. 먼저 그리스원본의 아랍어와 히브리어번역판을 통해서, 나중에는 라틴어번역판으로 읽을 수 있게 되었다. 12세기 중엽에는 아리스토텔레스의 철학과 과학전집이 유대교, 이슬람의 지적 세계에 들어왔으며, 그리고 13세기 중엽에는 아리스토텔레스의 철학이 서구 기독교세계에 들어와서 신학의 중심에 자리를 잡게 되었다. 철학적인 접근은 중세의 종교와 신학에 도전과 자극을 가져다주었다. 다시 말해 철학은 종교적 도그마의 불합리성을 비판했는가 하면 종교적 이론을 체계화하는 개념과 원칙들을 제공해 주기도 하였다. 그리하여 그들은 철학적 비판으로 여러 가지의 어려운 문제들에 봉착하는 가운데서도 그들의 신앙과 신학을 방어하기 위하여 특히 하나님과의 합일(the unity of God)의 신앙을 굳게 하기 위하여 플라톤과 아리스토텔레스의 이론을 선용하는 쪽으로 방향을 돌리려고 하였다.

즉, 아리스토텔레스의 견해대로 우주는 창조된 것이 아니고 영원한 것인가. 모세가 옳은가, 아니면 아리스토텔레스가 옳은가. 이러한 주장들은 성경과 코란 모두에 부합하지 않는 내용들이다. 또한 플라톤의 견해대로, 인간의 영혼은 불멸적인 것으로, 육체보다 먼저 이미 존재하고 육체보다 더 오래 살아남으며, 나중에는 그 공로에 따라 다른 사람의 육체, 더 나아가 동물의 몸에까지 들어가 돌아다니는 소위 윤회적인 존재인가. 이들도 물론 그들의 경전에 들어맞지 않는다. 아리스토텔레스는 이와는 좀 다른 상황에 처해 있었다. 그는 윤회설을 거부하고 심리생물학적인 노선을 추구하되, 영혼불멸에 대한 분명한 답은 주지 않았다. 만약 그들의 주장들이 성경과 맞지 않는다면 어떻게 합리적이고 체계적으로 설명하여 대응할 것인가. 아리스토텔레스의 사상은 그 당시 그의 심오한 깊이와 넓이로 말미암아 중세를 주도적으로 지배하고 있었기 때문에 모든 서구의 종교적 사상가들은 가부간 그들의 주장들을 논리적이며 체계적으로 설명하지 않으면 안 되었다. 그리고 그들은 실제로 기독교인의 것을 텍스트로 택할 것인가, 아니면 유대인이나 이슬람의 것을 택할 것인가 아리스토텔레스의 번역판을 결정하는 일도 그리 쉽지는 않았다. 그들은 경우에 따라서는 종교적인 중립을 지키기도 하고, 경우에 따라서는 순수 철학적으로, 아니면 종교적으로 가기도 하였다. 그리하여 그들의 사상들은 서로 연결될 수밖에 별 도리가 없었다.

아베로스

중세 서구에서 가장 영향력 있는 무슬림 철학자는 위에서 소개한 이븐 루시드(ibn Rushd: 1126-1198)로, 서구에는 아베로스(Averroes)로 알려졌다.[1] 그는 스페인의 코르도바에서 태어나 그곳에서 법률과 철학을 배웠다. 그의 저술들, 그 가운데서도 아리스토텔레스에 대한 주석은 유대 사상가들과 기독교 사상가들에게 놀라운 영향력을 줌으로써 그는 주로 "주석가(the Commentator)"로 통하였다. 이들 저술들은 대부분 히브리어와 라틴어로 번역되었으며, 그 일부는 아직도 히브리어와 라틴어판(아랍어가 아니라)으로 보존되어 있다. 후기 중세 철학자들은 아베로스의 아리스토텔레스철학 주석으로부터 대부분 아리스토텔레스의 철학과 그리스철학의 지식을 배웠다. 아리스토텔레스의 전집이 처음 베니스에서 라틴어로 출간되었을 때(1562-1574), 아베로스의 주석도 포함되었다. 그리하여 아리스토텔레스를 연구한다는 것은 아베로스를 읽는 것을 의미하였다.

그는 스스로 철학자로 자처하였지만 실제로는 종교적인 색체가 더욱 짙었다. 그는 오랜 동안 무슬림 사상가들을 괴롭혀왔던 철학과 이슬람의 양립문제를 다루었다. 그는 철학자로서 그들 양자의 일치를 믿고 될 수 있는 한 양자

---

1) "Ibn Rushd", *ODCC*, *ER*. *ERE*, 참조바람.

의 조화를 꾀하려고 노력하였다. 그의 주장의 요지는 다음과 같다.2) 코란은 거룩한 계시의 텍스트이며 신은 진리의 근원이므로 잘못된 것을 가르칠 수 없다. 이 텍스트는 철학의 연구를 금하지 않는다. 왜냐하면 신은 인간이성의 근원이기 때문이다. 이 주어진 거룩한 이성은 아리스토텔레스의 철학에서 완전한 절정에 이른다. 그런고로 코란의 진리와 아리스토텔레스의 가르침 사이에는 어떤 모순도 존재할 수 없다. 아리스토텔레스의 논리학에 의하면, 여러 가지의 다른 주장들(arguments)이 있을 수 있다. 그 주장들은 그 결론의 강도가 다르다. 가장 강력하고 좋은 타입의 주장은 그 결론이 진실로 알려진 추리(premises)로부터 오는 논증(demonstration)이다. 이보다 좀 약한 타입의 주장은 그 추리가 진실하게 추측되는 변증적 증거(the dialectical proof)이다. 가장 약한 타입의 주장은 그 진실이 핵심이 아니라 정치적 필요에서 관중을 설득할 힘이 되는 수사적 주장이 중심일 때이다. 이 논리적 차별은 종교와 철학 사이의 조화 문제에도 적용할 수 있다. 철학은 반드시 그런 것은 아니라도 가장 강력한 타입의 주장인 논증에 기초되어 있다. 반면에 신학과 종교적 율법은 변증법적 주장에 기초되어 있다. 그리하여 그들은 코란의 진리를 받아들여(assume) 종교적 도그마아 율법을 지지하기 위한 주장들을 구성하려고 노력한다. 비록 율법에 관한 변증법적 주장은 아무런 문제는 없을지라도, 논리학과 철학적 훈련이 부족한 사람들에게 적용되어서는 안 된다. 그러한 신학자들은 단지 혼란과 두려움만 가져다주기 때문이다.

실제로 일부 무슬림 신학자들은 철학적으로 창조의 개념, *ex nihilo*(무로부터)를 증명하려고 하였다. 그러나 그 결과는 불확신만 가져왔을 뿐이다. 오히려 그들은 철학적 올가미로부터 벗어났어야 했다. 만약 무슬림 철학자가 신은 분노(anger)와 같은 물질적인 존재가 아니라는 사실을 증명한다고 하자. 비록 코란이 알라가 죄인들에게 분노한다고 표현한다해도 철학자는 종교적 원문을

---

2) Averroes, Decisive Treatise, *Determining the Nature of the Connection Between the Law and Wisdom*(1179-1180), *RFWC*, pp. 210-14, 참조바람.

다루는데 있어서 어느 정도 "해석적 자유(the interpretative freedom)"를 적용할 필요가 있다. 계시된 성경은 철학자들이나 신학자들에게만이 아니라 모든 인류에게 주어진 것이다. 그러므로 그것은 모든 사람들이 쉽게 이해되는 부드러운 언어로 구사하지 않으면 안 된다. 철학적으로 교육받은 사람들은 알라가 실제로 분노하지 않고, 그 수사적인 언어가 대중들을 악한 길로 가지 않도록 설득하는데 효력이 있다는 것을 알고 있다. 그러므로 코란의 의인화된 언어가 그 역할만 제대로 한다면 어떤 해도 주지 않을 것이다. 많은 경우에 코란의 철학적 해석은 교육받지 않은 사람들에게 공개되어서는 안 된다. 왜냐하면 그것은 혼란만 초래하기 때문이다. 요컨대, 아베로스의 두 가지의 가르침(철학과 코란)은 두 가지의 원칙(아리스토텔레스의 논리와 이슬람의 전통)에 기초하고 있으므로 전달만 올바르게 이루어진다면 두 가지의 가르침은 동일하며, 인류와 사회에 평화와 질서를 가져다준다는 것이다.

창조와 영혼불멸

아베로스는 종교적 문제에 대한 "해석적 자유"의 적용에도 불구하고 세계의 창조와 인간영혼의 불멸문제에 대해서는 여전히 어려움을 겪었다. 그는 아리스토텔레스의 우주의 영원성을 어떻게 코란의 우주의 창조론에 갖다 붙일 수 있을가 고민하였다. 그는 드디어 이전의 무슬림 철학자들(알 파라비, 아비세나)의 영향을 받지 않고, 오히려 플라톤과 플로티누스(Plotinus: 205-271)의 후기 해석자들에게로 소급되는 소위 "영원한 창조(eternal creation)"로 알려진 이론을 발전시켰다. 그에 의하면, 세계가 과거와 미래에 있어서 그 기간이 무한한 (infinite) 한, 아리스토텔레스가 주장한대로, 세계는 영원하다. 그러나 세계는 모든 사물의 첫 번째 효율적인 원인인 신에 의해 야기된 것이므로 그것은 창조된 것이다. 아리스토텔레스의 주장대로, 땅의 변화를 결정하는 천체의 운동들은 궁극적인 원동력(the Unmoved Mover)인 신에 의해 야기된다. 그런고로 아리스토텔레스와 코란 사이에는 어떤 갈등도 없다. 창조와 관련된 자세한 일들은 종교적 관례와 관련된 관심의 문제가 결코 아니다. 그 문제들은 신학자들이 아니라 철학자들이 결정할 문제이다.

영혼불멸의 문제는 아베로스에게 더욱 어려운 과제였다. 이 문제에 대한 아리스토텔레스의 견해는 불분명하고 모호하였다. 아베로스는 이 문제에 대하여 많이 썼는데, 대부분 이교적으로 보이는 결론이 많았다. 아베로스는 근본적으로 우리 모두에게는 하나의 인간의 지성(one human intellect)이 존재한다고 결론지었다. 이 지성은 각 개체 안에 존재하면서 주관적 인식, 상상, 감성에 의해 특수화(개별화) 되어 진다. 그러나 죽음을 당해 후자(인식, 상상, 감성)가 사라지게 되면, 이 단일적 지성은 특수(개별)성으로부터 "정화되어(purified)", 지성이 완전하게 실현되는 비물질적인 실체와 같은 본질적인 불멸성을 나타내게 된다. 이러한 차원에서 더 이상의 개체나 인간적인 요소는 존재하지 않는다. 그러나 주관성에서 잃은 것은 영원성에서 얻어진다. 이와 같은 그의 주장이 그 당시 수많은 철학자들과 신학자들로부터 원성과 비난을 받게 되었다는 것은 그리 놀라운 일이 아니다. 왜냐하면 앞에서 지적한대로 그의 주장들에는 이교적인 색채가 너무 많이 포함되어있기 때문이다.

모세 마이모니데스

"제2의 모세"로 알려진 모세 마이모니데스(Moses Maimonides: 1135-1204)[3)]는 아베로스보다 몇 년 뒤에 코르도바에서 태어났다. 그의 가족은 북 아프리카의 무슬림의 침공을 피해 이집트로 가서 거기에 정착하였다. 그는 유대공동체의 지도자이면서 이집트 술탄의 주치의였다. 그는 철학과 과학을 연구하였으며, 유명한 저서 *Guide to the Perplexed*를 아랍어로 출간하였다. 이 책은 히브리어판으로 나오면서 오늘날까지도 유대 사상가들에게 가장 크나큰 영향력을 주는 저서가 되었다. 이 책은 또한 토마스 아퀴나스와 같은 기독교사상가들에게도 적지 않은 감동을 주는 저서가 되었다. 그는 아베로스와 같이 종교를 철학, 특별히 아리스토텔레스의 철학과 조화키려고 힘썼다. 그는 그의 저

---

3) "M. Maimonides" *ODCC, RE, RER, RFWC*(pp. 214-17), 참고바람.

서(Guide)에서 철학교육을 받은 유대인들에게 토라와 아리스토텔레스가 많은 부분들에서 서로 일치하고 있다고 주장하였다. 그는 "해석의 문은 닫혀있지 않다"고 부르짖었다. 그러나 그는 철학과 종교가 모든 문제에서 합일하고 있는 것은 아니라고 믿었다. 특히 우주의 창조와 신의 섭리와 같은 문제들이 그러하였다. 그는 Guide 1편의 대부분을 성경의 의인화부분을 밝히기 위한 시도에서 성경의 언어를 분석하는데 할애하였다. 왜냐하면 성경의 의인화 부분은 초보적인 독자에게는 하나님이 육체적 특성을 가진 것으로 보여지기 때문이다. 이것은 바로 우상화나 다름없다. "하나님은 바위이다"라고 말하는 것은 바위가 강함(철)의 근원인 것처럼, 하나님은 모든 실재의 근원이나 같다는 뜻이다.

그는 창조의 문제에 대해서는 아베로스와는 다른 결론을 냈다.[4] 즉, 토라를 믿는 사람, 혹은 계시종교를 믿는 사람은 다음과 같은 "양자택일"의 문제(either-or dilemma)에 봉착한다. 즉, 이 세계가 하나님에 의해 창조되어 시작한 시간을 가지며, 하나님의 목적과 계획을 나타내고 있거나, 아니면 어떤 특별한 목적없이 하나님으로부터 영구적이고 필연적으로 유출된 것이거나 둘 가운데 한 가지이다. 만약 전자의 경우, 기적들은 가능하다. 후자일 경우, 기적들은 불가능한 일이다. 토라는 수많은 기적들을 말하고 있으므로 토라자체가 가장 위대한 기적이며 창조는 토라신앙의 기초가 된다. 하나님의 영원하고 필연적인 결과로 된 세계는 자연의 불변적 고정법칙에 따르며, 기적의 가능성은 배제되는 세계이다... 그러나 마이모니데스는 성경진리의 권위 혹은 그 중요한 가설에 호소하는 것에 만족하지 않았다. 그는 여러 군데의 장들에서 창조와 어긋나게 제기된 주장들은 타당하지 않다고 이의를 달았다. 즉, 아리스토텔레스도 그러한 주장들에 대하여 변증법적인(불분명한) 것들이라고 믿었을 것이다. 아리스토텔레스학파의 이와 같은 주장들은 나의 주장과 비슷하다. 이 세상을 창조하는 행위는 고정된 물리적 법칙의 틀 안에서 일어나지 않으면 안 된다. 세계

---

4) Maimonides, *Guide of the Perplexed*(1190), *RFWC*, pp. 215, 참조바람.

의 창조와 함께 창조된 것은 바로 이러한 법칙의 틀인 것이다. 우리는 처음의 시간, 창조에 역행해서는 안 된다. 왜냐하면 그 순간은 창조자에게 독특하기 때문이다. 다시 말해 그 순간은 "자유롭고(free)" 어떤 것에도 묶여있지 않은 상태이다. 일단 자연의 법칙이 시작되면 "자연은 그 코스를 따를 뿐이다."5)

마이모니데스는 창조의 논리적 가능성 이상의 어떤 것도 주장하지 않았다. 그는 창조를 증명하지 못했다. 즉, 창조에 대한 성경적 신앙이 어떤 반론에 의해 망가지지 않는 한, 논리적으로 타당하다는 것이다. 그의 다음 과업은 아리스토텔레스와 그의 추종자들에 의해 변호된 "영원한 창조론"보다 그의 창조론을 더욱 많이 "개연적으로(plausible)" 만드는 일이었다. 이를 위하여 그는 아리스토텔레스가 설명할 수 없었던 "변칙들(anomalies)", "불합리들(surds)"을 들고 나왔다. 아리스토텔레스에 의하면, 모든 자연의 사건들은 필연적으로 고정된 법칙에 순응하며 법칙에 의해서만 설명될 수 있다. 천체는 동일하며, 다른 색상을 가질 수 없다. 그런데 화성의 붉은 색깔이나 금성의 푸른 은빛 색깔을 상상해 보라. 너무나 기상천외한 일이 아닌가. 만약 하나님이 자유의지대로 세상을 창조했다면 이 기상천외한 변칙들은 창조자의 틀 속에서 설명되어져야만 할 것이다. 왜냐하면 이들 변칙적 사실들은 특별한 목적과 이유로 인해 하나님에 의해 특수화(개별화) 되어졌기 때문이다. 이러한 의미에서 불규칙성이 창조의 증거가 되는 셈이다… 마이모니데스의 주장들을 요약하면 대략 다음과 같다. 첫 번째로 그는 창조를 설명하는데 *ex nihio*(from nothing)를 포함시키지 않았다. 그는 창조문제를 철학적이라기보다는 전통에 의존하였다. 만약 영원한 무형의 물질로부터의 플라톤의 창조론이 철학적으로 증명된다면, 그것을 토라에 적응하여 해석해도 무방하다. 왜냐하면 그 이론은 성경의 기적신앙과 모순되지 않기 때문이다. 그러나 플라톤의 이론은 증명되지 않았으므로 그렇게 할 필요가 없다. 두 번째로 그는 기적의 역할을 영원한 창조원리에 적용하여 그 기적들을 순화(naturalized, 자연화)시키려고 하였다. 기적들은 창조 때 만

---

5) *Ibid*.

들어진 하나님의 계획들이다. 그의 영혼불멸의 주장 역시 풀리기 어려운 문제이다. 불행하게도 그의 영혼불멸은 잘 알려져 있지 않다. 그는 아마도 개인적으로 개별화된 영혼불멸은 믿지 않았던 것 같다. 그러나 그는 지적 완전성에 의존하면서 보다 전통적인 개인주의적 영혼불멸에 기우러졌던 것 같다.

토마스 아퀴나스

아베로스와 마이모니데스를 이어 받은 위대한 서구 중세의 사상가는 "천사의 박사"로 알려진 토마스 아퀴나스(Thomas Aquinas: 1225-1274)였다. 그는 이들 사상가들의 중요한 교리들을 다루는 글들을 그의 주저 『신학대전(Summa Theologicae)』에 실었다. 그는 이들의 업적을 찬양하고, 아리스토텔레스의 저서들에 대한 주석들을 펴냈다. 그는 그의 아리스토텔레스에 대한 깊고 예리한 철학적인 통찰에도 불구하고 그들(아베로스와 마이모니데스)보다 훨씬 기독교적이고 신학적인 면모를 드러냈다. 이것이 그를 그들과 차별나게 만드는 동시에 철학과 신학을 구분하게 만드는 소이가 되었다. 그는 특히 3위1체와 성육신 교리에 대해서는 엄격하게 선을 그었다.[6] 이들 교리들은 철학적인 분석이나 증거로 근접할 수는 없다. 왜냐하면 그들은 이성과 모순되지는 않지만 그렇다고 해서 철학의 수단에 의해 논증될 수는 없기 때문이다. 신앙과 권위는 결정적인 것이다. 그러한 신념들(3위1체, 성육신)은 신앙의 "정관(the Articles)"이나 마찬가지이다. 아베로스와 마이모니데스의 주장대로 하나님의 존재와 하나님의 합일과 같은 철학과 종교의 공동영역을 구성하는 명제들이 있을 수 있다. 그러한 교리들은 신앙의 "서론(preamble, 前文)"에 속한다. 이들 신앙들은 철학에 의해 논증되어질 수 있다. 그리고 신학자들은 철학적 논의로부터 많은 것을 배우지 않으면 안 된다.. 다시 말해 마이모니데스는 신념(belief)을 주지주의적으로 정의함으로써 신념과 신앙 사이의 구별을 없앤 반면에, 아퀴나스는 이

---

6) Thomas Aquinas, *Summa Theologica*(1276); Marian Mckenna, *History of Catholicism*, New York, 1976, 참조바람.

성에 의해 나온 신념들과 계시에 의해 나온 신념들을 각각 분명하게 구분하였다.[7] ... 계시적 신념들은 물론 "신앙"을 통하여 믿어지는 것이다. 그러므로 신앙은 종교와 잘 맞는다. 신앙은 또한 의지의 한 요소를 가진다. 종교적 신념들은 본질적으로 주의주의적 동의(voluntary assent)를 가진다. 우리는 신앙을 일시적으로 혹은 조건적으로 가지지 못한다. 그 신앙은 어떤 의심도 초월하며 그 명제가 진실하다고 동의한 견고한 확신에 근거한다. 이러한 의미에서 신앙은 "자유스러운(free)" 것이다.

이와 같은 구별은 그의 창조문제에서 훌륭하게 그려지고 있다. 그는 마이모니데스처럼, 우주는 영원하다고 믿지 않았으며, 아리스토텔레스의 주장을 거부하였다. 그러나 그의 창조론은 마이모니데스와는 다르며, 창조를 단순히 하나님에 의해 만들어진 수단으로 보려는 아베로스에 더 가까웠다. 간단히 이야기해서, 아베로스와 아퀴나스의 창조는 일시적으로 중립화된 개념에 불과하다. 이러한 의미에서 창조는 개연적이다. 창조는 신앙의 서론에 해당된다. 우주가 영원하지 않다거나 과거가 제한적이라는 것은 또 다른 문제이다. 이것(우주와 과거의 제한)은 성경이 가르치는 바이다. 그러나 그것은 신앙의 정관이며, 철학적으로 증명할 수 없는 문제이다. 아퀴나스는 그렇지만 마이모니데스와는 달리, 이를 위해 어떤 철학적인 주장을 내놓지는 않았다. 대신 그는 그것을 신학적인 권위 위에 올려놓았다.

토마스 아퀴나스는 영혼불멸에 대해서는 아베로스와 마이모니데스와 현격한 차이를 보였다. 그는 사후 개인적 보상과 형벌에 대하여 전통적이며 종교적인 신앙을 버리려고 하지 않았으며, 개별적인 영혼불멸을 고수하였다. 참으로 그에게 영혼불멸의 주제가 되는 것은 지성이 아니라 개인적 실체와 같은 전체인간의 영혼이었다. 그것의 실체적 특성, 독립적 실재로서의 끈질긴 존재는 육체적 붕괴이후 견뎌내는 영혼의 능력을 설명해 준다. 더군다나 영혼자체는 각 개인을 개별화하는 감각인식과 같은 비지성적 양상을 지니고 있으며,

---

7) *Ibid.*, 참조바람.

이들 특수화하는 요인들은 육체의 사후에도 남아있다. 그러므로 우리 각각은 우리가 개인적으로 받을만한 것을 얻는다는 것이다.

B. 신비주의와의 해후

중세의 종교들과 교합관계를 가진 두 번째의 헬레니즘 세계는 신비주의이다. 신비주의(mysticism)는 모든 종교적 전통에 나타나는 편재현상으로 알려져 있다. 그러나 그 정의는 어떤 한 가지로 분명하게 말하기 어려울 만큼 복잡하고 다양하다. 일반적으로 신비주의란 개인이 신, 혹은 절대자(궁극적인 실재)와 영적 관계를 가지려는 종교사상을 의미하는데, 신비주의의 해석에는 두 가지의 대표적인 집단이 있다. 그 하나는 본질주의집단(the essentialists)이고, 다른 하나는 상황주의집단(the contextualists)이다. 전자는 본질상 신비주의적인 경험의 동일성을 인정하려는 경향성을 가진다. 다시 말해 인간의 본성은 시간에 따라 변화하지 않으며, 지리적 환경과 일치한다는 가설에 기초한다. 후자는 이와는 대조적으로 영구적인 철학이나 불변적인 핵심의 통념을 거부하고, 대신 소위 "신비주의적인" 특수적인 경험과 관련된 특정의 문화적 상황에 초점을 두려는 경향성을 가진다.

양자의 집단은 그들 접근방법의 기본적인 다양성에도 불구하고 긍정적이거나 아니면 부정적이거나 간에 동일한 현상에 대해 논의하고 있다는 점에서 일치하고 있다. 앞에서도 시사한 바와 같이 신비주의적 요소는 유신론의 신, 혹은 무신론의 절대자(the Absolute)로 표현되는 궁극적인 실재(the ultimate reality)의 의식과 긴밀하게 연결되어 있다. 이 의식의 상태가 불러들이는 심적 집중의 독특한 상태-즉 심적 집중을 다시 주의깊게 극복하려는, 생각할 수 없는 것을 생각하게 하는 인간 사상의 특별한 능력-는 개인에게 정상적으로 깨어있는 상태에서 인간의 마음에 접근할 수 없는 존재와 관계하게 하는 기회를 준다. 모든 인간의 경험과 지식이 인식론적으로 언어와 문화적 요인들에 의해 중재된다고 주장하는 상황주의자들에게까지도 이러한 신비주의적 상태에서 나타나는 것은 감각적 인식의 대상도 아니고 논리적으로 연역된 합리적 진리도 아니다.

그리하여 일부 학자들은 인간의 이해를 뛰어넘어있는 진리를 잡으려는 "초월(transcendence)"이라는 단어를 사용한다. 사실은 이 단어(초월)까지도 너무 제한적이어서 무제한적인 존재를 상정하려고 하지만 쉬운 일이 아니다. 그러나 일단 신비주의적 경험이란 인간의 인식과 지식의 범위 바깥에 있는 실재의 근거라고 믿어지는 것과의 해후를 추구하는 체험이라고 말할 수 있다.[8]

어원적으로 mystic이라는 말은 개인이 스스로 노력하여 우주적이고 거룩한 비밀들의 지식을 얻는 고대 그리스의 신비적인 의식에 그 기원을 두고 있다. 이 신비적인 의식에 들어간 사람은 역사와 시간으로부터 구원받고 영원으로 나시 태어난다. 단어 mystic에서 기원한 mystery라는 말은 myein이라는 어근에서 나온 것인데, 그 뜻은 볼 수 없는 실재를 이해한 신비 속으로 들어간 선택받은 사람이라고 생각하여 이 속세의 문제들에 대하여 눈을 감는 것을 의미한다. 이러한 신비적 의식에 기원을 둔 서구의 mysticism은 점차로 신비주의자에 의해 얻어지는 절대자에 대한 신비적 경험과 특성의 지식을 강조하게 되었다. 이와 같은 신비스러운 지식의 특성은 두 가지로 나타난다. 그 하나는 보잘 것 없는 무가치한 대중에게는 쉽게 나타나지 않는 다는 것, 다른 하나는 이성이나 지성은 이 지혜를 이해할 수 없다는 것이다. 그리고 신비주의에 대한 정의도 대략 다음과 같이 간추려질 수 있다고 보여진다. 즉, 신비주의는 분류학적으로 볼 때 모든 존재 가운데 가장 핵심이 되는 참된 근거와의 직접적인 해후를 목표로 하고 있는 종교사상이라는 것이다.

그러므로 신비적 의식은 존재의 절대적 근거인 궁극적인 실재와의 해후를 강조한다. 그것은 경험적인 관찰이나 논리적 연역을 통해서가 아니라 즉시적 경험(an experience of immediacy)을 통해서 나타난다. 이 즉시적 경험은 단어, 이미지, 개념과 같은 모든 매체들이 절대자 안에 투명하게 주어져 이루어지는 수피파가 말하기 좋아하는 소위 "음미하는 것(a tasting)"을 뜻한다. 이 절대자는 차이와 차별을 초월하는 루미날의 어두움(a luminal darkness)을 말하고, 반

---

8) Rufus Jones, "Mysticism," *ERE, ER*.; Evelyn Underhill, *The Mystics and the Church*, New York, n. d.

대들과의 일치(a coincidence of opposites)를 말한다. 즉, 검정이 흰 것이고 흰 것이 검정이며, 밤이 낮이고 낮이 밤이며, 진리가 기만이고 기만이 진리이며, 그리고 선이 악이고 악이 선이 된다. 이러한 관점에서 중세후기의 유대교인, 기독교인, 무슬림들은 그들의 복잡한 갈래에도 불구하고 서로 다른 언어와 서로 다른 종교와 문화의 범주를 뛰어넘는 합일의 이상(an ideal of union)을 나타내려 했던 것이다. 요컨대, 신비주의자들의 가르침의 핵심은 차이의 정체성(the identity of difference)에도 불구하고 정체성의 차이(the difference of identity)를 인정했다는 것이다.

플로티누스

이제까지 이야기한 세 종교들의 신비적 영성에 영향을 준 중요한 인물은 앞에서 잠깐 비친 바 있는 3세기의 이방 철학자 플로티누스(Plotinus: 205-271)였다. 그는 인간의 마음이 알 수 없는, 이름 없는 일자(nameless One)를 명상하기 위해서는 일자(the One, 하나)와 동일하게 되지 않으면 안 된다고 생각하였다. 이 일자는 플라톤이 "존재를 초월한(beyond being)"(Republic 509B9-10), 선(the Good)으로 표현되는 제1의 원리를 의미한다. 이 가설에 깔려있는 논리는 유사한 성질의 사물들은 서로 서로 끌어당겨지고 있다는 아낙사고라스의 격언에 나오는 고대 헬레니즘시대의 지혜에 기초하고 있거나, 아니면 지혜는 인식과 동일하거나 혹은 아주 유사하기 때문에 "유유상종(like by like)"으로 구성되어 있다는 엠페도클레스의 공식에 기초하고 있다. 요컨대, 그는 아는 자(the knower, 주체)는 알려진 것(the thing to be known, 객체)과 동일하지 않으면 안 된다는 소크라테스 이전 철학자들의 원리에 근거한 아리스토텔레스의 공식에 바탕을 두고 있다는 것이다.[9]

그의 주장에 더 다가가 보자. 인간의 마음은 "내적 성찰(the inner sight)", 눈을 감으면 보게 되는 진정한 형태의 "알 수 없는 아름다움(inconceivable

---

9) Julius R. Weinberg, *A History of Medieval Philosophy*, New Jersey, 1975; "Plotinus," *ODCC, ER, ERE*; De Anima 429a13-17, *RFWC* 참조바람.

beauty)"을 이해할 수 있다. 만약 인간의 마음이 육체의 문제들로부터 충분히 정화되어 지적 영역으로의 상승, 즉 내면으로 향하게 된다면, 자로는 측정할 수 없는 "진정한 빛(the true light)"을 보게 될 것이다. 내적 시각(inner vision)으로 마음의 눈은 안도 없고 바깥도 없는 것을 보게 되어, 결국 구경꾼(the spectator, 주체)과 광경(the spectacles, 객체)이 더 이상 다를 수 없게 된다. 왜냐하면 인간은 보여지는 것과 동일하거나 아주 비슷하게 보여지는 능력을 가지고 관찰에 다가가지 않으면 안 되기 때문이다. 어떤 눈도 태양처럼 되지 않고는 태양을 보지 못하고 어떤 영혼도 아름답게 되지 않고는 아름다움을 볼 수 없기 때문이다. 만약 명신이 신과 아름다움을 보기를 바란다면 무엇보다도 먼저 신과 같이(all godlike) 되고 아름답게(all beautiful) 되지 않으면 안 되기 때문이다.10)

플로티누스는 지적 아름다움(the intelligible beauty)으로 특징되는 형식 혹은 이념의 장소(the place of forms or ideas)인 지성의 비전(the vision of the Intellect)과, 아름다움의 "창(screen)"을 초월하는 근원인 "제1의 아름다움(the primary beauty)", 선의 비전(the vision of the Good)"을 구별하였다. 그러나 만약 일자(the One)가 아주 독특한 것이라면 그 일자는 그 어떤 다른 것과 같을 수 없다. 참으로 그 절대적 특수성에서 일자는 형식이나 실체를 가질 수 없다. 그리고 일자와 "같이(like)" 되는 유일한 길은 일자와 동화되는 것이다. 그렇지만 소위 "존재를 초월한" 것으로 동화되는 것은 그리 간단한 일이 결코 아니다. 다만 인간의 마음이 감각적 경험의 데이타를 이해하고 분류하는 이성의 범주인 지성의 여과들을 정리함으로써 그 자신의 존재의 특수성을 초월하지 않으면 안 될 뿐이다. 모든 형식을 버리는 우상파괴식으로 되어지면 오직 형식없는 것을 명상적으로 바라보게 되는 경지에 이르게 된다. 플로티누스는 이 아름다움을 점진적으로 이해할 수 있는 마음의 상승에는 다음의 세 단계들이 있다고 설명하고 있다.11)

---

10) *Ibid.,Enneads* 1.6.9.
11) *Ibid., Enneads* V. 5.6.

신비주의의 방법

그 첫 번째 단계는 감각적 세계에 맞는 귀납적인 추론적 지식으로부터 상승시키는 일이다. 다시 말해 논리체계를 가설로부터 결론으로, 그리고 한 가지의 과도기적 목표로부터 다른 목표로 옮기는 일이다. 그 두 번째 단계는 지성의 내적 비전과, 주체와 객체 사이의 구별이 초월되는 이상적 형식의 세계(the world of ideal forms)를 불러오는 일이다. 그리고 그 세 번째 단계는 형식없는 것(the formless), 지성과 언어를 초월하는 빛나는 어두움(the radiant darkness), 궁극적 아름다움의 근원인 선을 바라보는 일이다. 즉 플로티누스는 자신의 지식을 얻는 방법으로서, 죽기 전에 죽음을 만나는 방법으로서 철학적인 생활에 대한 플라톤적 이해의 충동을 가지고 상승을 감지한다. 소위 플라톤의 중심사상은 근본적으로 파라독스(모순) 자체이다. 인간이 감각세계의 다양성으로부터 지성의 복잡성으로, 다시 일자의 단순성으로 기어 올라가면서 자기지식의 사다리로 더 높이 상승하면 할수록, 인간은 자신의 의식을 더 많이 잃어버리게 되며, 그리고 자신의 지식을 더 많이 얻게 된다.

플로티누스가 서양종교의 신비주의적 경건주의역사에 기여한 명상의 길은 이미지, 개념, 말로 가득 찬 마음을 비우면서 정화하는 과정이다. 그러나 마지막 세 번째 단계, 인간의 "혼자(alone)"에서 일자의 "혼자(Alone)"로의 복귀에서, 비록 보는 자와 보이는 자 사이의 구별이 더 이상 존재하지 않음에도 불구하고 그 정화과정은 하나의 비전으로 절정에 이른다. 즉, 보는 눈은 보여지는 눈이며, 보여지는 눈은 보는 눈이다. 이러한 역설적인(모순적인) 가르침에서 우리는 기독교, 유대교, 이슬람교의 신비주의에서 발달한 무아지경적 이상(the ecstatic ideal)의 경험적 기초를 발견할 수 있다. 다시 말해 사상하는 것(thinking), 사상가(thinker), 사상(thought)이 더 이상 구별될 수 없는 명상의 상태에서 인간의 마음은 그 한계를 초월하여 의식은 없지만 온전히 모든 존재의식의 근원으로 흡수되도록 뻗혀나가게 된다. 지성은 일자의 가장 완전한 이미지(형상)이다. 그러나 그 이미지마저도 우리가 적절하게 말할 수 없는 형상(이미지) 없는 빛을 보게 된다면 초월되지 않으면 안 된다. 일자라는 것은 그 자신 옆에 그리고 그 자신 안에 있는 모든 것들이라 말할 수 있다. 왜냐하면 일자는 그 자신 안에 모든 것들을 품고 있으며 그것들은 단지 그 안에 참여함으로써만 존재하기 때문이다. 반면에 일자는 그것들(모든 것들)이 결코 아니다. 왜냐하면 그 일자의 존재는 절대로 그것들에 의존해 있지 않기 때문이다. 플로티누스에게, 인간이 말하고 생각하는 것들의 명칭은 모두 불분명하다. 왜냐하면 인간은 기껏해야 목표에 대한 기호나 이집트의 상형문자에 불과할 정도로만 나타낼 수 있기 때문이다. 요컨대, 보지 않는 것(not-seeing)은 모든 개념들과 이미지들을 포기함으로써 보여지게 되는 반면에, 보는 것(a seeing)은 오히려 유리를 통해 보는 것처럼 침침하고 어둡게 잘 보이지 않는다는 것이다.

플로티누스의 영향

플로티누스의 역설적이고 반어적 신비주의사상은 서양 중세의 종교와 신학에 적지 않은 영향을 끼쳤다. 신비주의 사상은 기독교, 유대교, 이슬람에 각각 침투되어 여러 가지 형태로 발전되어 갔기 때문에 그 나타난 사상의 일반적인 특성을 정의하기란 용이한 일이 결코 아니다. 그러나 그들 신비주의자들 가운데 공통적으로 드러난 특징을 한 가지 든다면 그들은 어느 종교에 속하든 관계없이 신의 임재와 신의 영광을 직접 보거나 체험하는 신비주의적 욕구를 추구한다는 섬이다. 그 중에서도 고대 이스라엘인들의 종교적 예배관습은 다른 근동의 종교적 관습과 상당한 차이를 드러냈다. 그것은 이스라엘인들에게는 원칙적으로 우상숭배가 금지되어 있었다는 사실이다. 다만 시적 재능을 가진 사람들에게는 하나님을 물질적 형태의 구상 대신 정신적 도형의 형태(graphic form)로 그려내는 방법이 허용되었다. 그리하여 그들은 가능한 한 금지된 형식에 걸리지 않는 틀 안에서 최선을 다하여야만 했다. 기독교, 유대교, 이슬람교의 신비주의자들에게 영향을 준 것은 바로 나타낼 수 없는 것을 나타낼 수 있게 해주는 우상을 배제한 상상적이며 상징적인 정신이었다. 그들은 이미 특수한 명상적인 종교의 관습으로 불가시적인 것의 비전을 얻는 방법을 개발하고 있었다.

그들은 각각 그들의 역사지리적 환경에 따라 점차로 볼 수 없고 표현할 수 없는 것을 볼 수 있게 하고 표현할 수 있게 하는 과정에서 다른 길들을 가게 되었다. 일반적으로 서양중세의 신비주의 상상가들(mystic visionaries)은 두 가지로 대별된다. 하나는 성상주의자들(iconographers)이고, 다른 하나는 성상파괴주의자들(iconoclasts)이다. 전자는 신화적 상상력을 총동원하여 신의 형상을 그리려하고, 후자는 신을 몸으로 그리는 것을 절대로 반대한다. 그 영상(비전)의 장소는 상징적으로 마음(heart)에, 상상가의 상상에 자리하고 있다. 그 자리는 내면과 외면 사이의 분계선(division)이 이중적 비춤(double mirroring)에 의해 해체되는 바로 그 자리이다. 이중적 비춤이란 마음의 영상을 비추는 그 영상을 마음이 비추는 것을 뜻한다. 이것이 바로 신의 지혜(a wisdom of God)인 "사변적" 신지학(theosophy)이라는 유신론적 신비주의를 뜻한다. 신의 지혜는 빛으로 계몽된 마음의 거울(speculum)로 인식되며, 그 마음은 서로 다른 존재들의 세계 안에 굴절된 신의 내재성을 반영할 뿐 아니라 이에서 더 나아가 영상과 형태가 없는 하나의 참된 존재의 초월성을 반영한다.

종교사가들에 의하면, 신비주의적 요소는 이미지 신비주의(image mysticism)와 반어적 신비주의(apophatic mysticism)의 병렬로부터 나온다. 즉, 그것은 어떤 형식(any form), 모든 형태를 초월하는 존재에 돌리려는 가능성을 부인하는 신비주의와 관계하여 하나님의 형상을 볼 수 있다는 가정하에 있는 신비주의로부터 나온다. 이 경우 초월적 존재는 존재의 본성을 부인하지 않고는 존재의 속성을 캘 수 없는 존재를 의미한다. 유대교, 기독교, 이슬람에 있어서 성경에 대한 신비주의적 설명에서 상상의 조화로운 경험이 중재되는 가장 중요한 길은 경전의 연구를 통해서 이루어지는 것이다. 이 경험들은 언어의 한계를 뛰어넘을 수 있다. 그러나 그것은 그들 한계들이 뛰어넘어(초월되어)지는 언어를 통해서만 나타난다. 순수한 무형식적 의식의 모든 형태의 감각적 상상(imaging)을 밑으로 가라앉히려는 반어적 경향성은 신 현존 안에서의 존재의 가능성에 대한 카타페틱(kataphatic, 반복적, 긍정적) 주장으로부터 완전히 벗어날 수는 없다. 요컨대, 카타페틱 신학과 아포페틱(반어적, 부정적) 신학, 긍정적 신학과 부정적 신학의 병렬이 무언(말함이 없음, an unsaying)의 신비주의적 말의 비밀스로운 지혜에서 시작된 사람들의 의식을 촉진시켜 주었다는 것이다. 이 때 무언은 침묵(silence)이나 말하지 않는 것(not-speaking)이 아니라 오히려 형언할 수 없지만 어떤 말하여지고 있는 그런 상태, 알 수는 없지만 무언가 알려져 있는 상태, 볼 수는 없지만 무언가 보여지고 있는 그런 상태를 뜻한다. 마치 무언이 말하지 않는 것과 대조되고, 무지(앎이 없는 것, unknowing)가 알지 못하는 것(not-knowing)과 대조를 이루는 것처럼, 무견(봄이 없는 것, unseeing)은 보지 않는 것(not-seeing)과 구별되는 것이다.

성 그레고리

반어적 역설적 신비주의로 4세기경 초대교회에 영향을 준 신학자는 니사의 성 그레고리(St. Gregory of Nyssa: 330-395)였다. 그는 성경과 플라톤, 오리겐과 클레멘트를 두루 연구한 문인으로 유명하였다. 오리겐에게, 영혼은 하나님으로 가는 빛의 길인 반면에 그레고리에게 그 여행은 빛(light)으로부터 어두움(darkness)으로 가는 길이었다. 그의 어두움은 너무 빛나서 어두움일 수밖에 없는 더욱 온전히 빛나는 그런 어두움이었다. 그레고리는 볼 수 없는 불가시적 하나님을 볼 수 있는 세 가지의 단계를 다음과 같이 설명한다.[12]

그 첫 번째 우주론적 단계(the cosmological level)에서는 세계 안에서 행동하는 신의 에너지와 잠재력의 명상으로 신이 보여진다. 다시 말해 유추의 방법에 의한 보여짐이다. 그 두 번째 인류학적 단계(the anthropological level)에서는 신의 형상대로 창조된 인간의 존재를 통해서 하나님이 보여진다. 다시 말해 내적 마음의 보여짐이다. 그 세 번째 현현적(顯現的) 단계(the theophanic level)에서는 불붙는 떨기나무(the burning bush)의 현현에 의해 보여진다. 모세는 그 자신이 세상의 껍질로부터 벗어나서 떨기나무의 불꽃(빛)을 바라보았다. 이 불꽃(빛)은 바로 광채, 하나의 참된 존재, "초월적 본질이며 우주의 원인"을

---

12) *RFWC* pp. 252-64, *OEDCC*, *ERE*. 참조바람.

가리키는데, 아버지의 형상인 아들의 성육신의 신비를 예시하는 고난의 육신을 통해 발하는 빛을 뜻한다.

아버지의 비전(보는 것)은 모세에게 다가왔던 형용할 수 없고 신비스러운 비춤을 보는 것이다. 즉, 이것은 무견(unseeing)의 봄이며, 모든 존재들을 초월하는 존재의 근원인 빛나는 어두움의 어두운 광명이다. 모세의 인생은 신비주의적 여행을 나타내고 있는데, 시내산에서 그가 어두운 구름(arafel) 속으로 들어가는 성경적 이미지로 요약되고 있다(출 20:21). 이것은 바로 우리가 볼 수 없는 것을 보는 참된 비전(보는 것)에 대한 비유적 설명을 의미한다. 그런고로 하나님을 보려는 욕망은 이루어질 수 없다. 왜냐하면 하나님은 볼 수 없고 형태가 없는 존재로서 말고는 보여질 수 없기 때문이다. 이것은 하나님이 모세에게 "네가 내 얼굴을 보지 못하리니 나를 보고 살 자가 없음이니라(출 33:20)"는 말씀에 대한 영적 의미를 가리킨다. 다시 말해 인생은 이처럼 신을 보려는 문제로 점철되는데, 이것은 바꾸어 말하면 인간이 시각적으로는 영원히 이해할 수 없기 때문에 더욱 더 보려는 욕망을 가진다는 것이다. 하나님을 보려는 문제는 결국 죽음으로 실현된다. 하나님의 특성은 모든 특징들을 초월하는고로, 하나님은 알 수 있는 그 무엇이라고 생각하는 사람은 어떤 지식(아는 것)도 결코 가지지 못한다. 요컨대, 신을 본다는 것은 신을 볼 수 없다는 것을 아는 것이요, 더 나아가 볼 수 없는 것을 보려는 끈질긴 추구는 결국 인간의 무지임을 인식하게 된다는 것이다.

디오니시우스 아레오파기테

긍정적 신학과 부정적 신학이 서로 연결되어 발달하게 된 것은 6세기경 시리아의 수도승 디오니시우스 아레오파기테(Dionysius the Areopagite, c. 500)를 통해서였다. 그의 사상은 서구와 동구, 더 나아가 유대교와 이슬람의 신비주의 사상에 크나큰 영향을 주었다. 그는 논리적 분석의 철저성과 시적 감각의 열정을 한데 합쳐서 성경적 신앙의 카타파시스(kataphasis, 반복, 긍정)와 철학적 명상의 아포파시스(apophasis, 반어, 부정)에 합하는 신비주의 신학을 발전시켰다. 그에 의하면, 하나님은 숨겨져 있는 초월적 존재이므로 모든 담론과 모든 지식을 능가한다. 그러므로 하나님에게 합법적으로 돌릴 수 있는 유일한 긍정적 속성은 성경의 언어로부터 나오는 특성들이다.13) 이러한 차원에서 그는 반어적 신학과 반복적 신학을 결합시키려는 유대교, 기독교, 이슬람교 신학자들의 신비주의적 해석에 부응하는 새로운 모형을 만들었다. 그러나 이러한 해석은 여전히 일자에 대한 무지와 표현불가능에 관한 철학적 관찰과 하나님의 계시된 말씀을 중요시 한다. 이와 같은 종교적 경험의 병렬은 디오니시우스에 의해 나타난 파라독스(역설)로 연결되었으며, 신비주의적 상상가들에 의해 나디닌 어떤 모양으로 반복되었다. 그러므로 하나님은 모든 사물들 안에 알려져 있지만 모든 사물들과는 구별된다는 것이다. 요컨대, 하나님은 초월적(transcendent) 존재인 동시에 내재적인(immanent) 존재라는 논리이다.

다시 그의 주장에 귀를 기우려 보자. 하나님 바깥에 어떤 것도 존재할 수 없는 한, 하나님은 "모든 사물들안의 모든 사물들(all things in all things)"이다. 그런고로 하나님은 모든 사물들안에 알려져 있다는 논리가 성립된다. 그러나 하나님은 모든 사물들 가운데 어떤 사물이 아니다. 왜냐하면 사물은 어떤 하나의 실체로 정해질 수도, 그렇다고 포함될 수도 없으며 무한한 것으로 남아 있을 수도 없기 때문이다. 그런고로 하나님은 모든 것과 분리되어 있고 알려져 있지 않다. 하나님이 진실로 알려져 있다는 것은 바로 아주 신비스러운 문제이지만 "무지(앎이 없는 것, unknowing)"에 있다는 것이다.14) 그는 그의 저서 (*Mystical Theology*)에서 그레고리 니사의 주장을 따르고 있다. 모세는 진실로 무지의 신비한 어두움으로 잠입하면서 "보는 것과 보이는 것"에서 자신을 해방하였다. 여기에서 모세는 만질 수 없는 것과 볼 수 없는 것 속에 온전히 휩싸여, 마음에 품는 모든 것을 거부하면서 모든 것을 초월하는 존재에 온전히 소속하게 되었다. 이와 같이 인간은 모든 지식의 무위(무활동)에 의해 온전히 알려져 있지 않은 것과 연합된다. 그리고 아무 것도 알지 못하는 것에 의해

---

13) *Ibid.*, Divine Names. 593A.
14) *Ibid.*, 597C.

마음을 초월하여 알게 된다.15)

디오니시우스는 신비주의적 불가지주의(mystical agnosticism)-지식의 최고수준인 알 수 없게 태어난 능력-는 세 가지 단계들 가운데 마지막 단계에서 이루어진다고 생각하였다. 그 세 가지 단계들은 정화(purgation), 비춤(illumination), 그리고 연합(union)을 가리키는데, 그가 말한 마지막 단계는 연합을 뜻한다. 연합(union, henosis)의 개념은 플로티누스로부터 나온 것이다. 그러나 디오니시우스는 이것을 더욱 자세하게 소위 신격화(divinization, theosis) 하였다. 그의 주장에 다가가 보자.16) 인간이 이러한 상태로 오르는 길은 무지(앎이 없는 것, unknowing, *agnosia*)에 의해, 즉, 마음으로부터 감각과 합리적 개념들과 관련된 모든 긍정적 지식들을 벗어버림에 의해 이루진다. 그래야 인간은 비로소 모든 존재와 지식을 초월하는 소위 "지적 빛(the intellectual light)"과 연합된다. 다시 말하면, 무지를 통해 오는 하나님에 대한 가장 거룩한 지식은 마음을 훨씬 초월하는 연합에서 성취된다. 그 때 마음은 모든 사물들로부터, 마음 자체로부터 벗어나게 되며, 마음은 눈부신 광선과 하나가 되며, 그리고 불가해한 지혜의 심연(the inscrutable deopth of Wisdom)에 의해 빛을 받게 된다. 명상생활은 모든 이미지들을 뛰어넘어 이미지없는 데로 옮기는 것을 뜻한다. 하나님을 보는 사람은 실제로는 하나님을 본 것이 아니다. 하나님은 알려져 있지 않고 비존재자이다. 그는 존재를 초월하여 존재하며, 마음을 초월하여 알려져 있다. 이러한 철저한 무지는 알려진 모든 것을 뛰어넘어 있는 그를 아는 것이다. 요컨대, 알려져 있는 모든 것을 초월하는 하나님을 아는 것은 완전한 무지(앎이 없는 것)를 통해서만 가능하다는 것이다.

수피파의 신비주의

이제 이슬람 수피파의 신비주의에 대하여 살펴볼 차례에 이르렀다. 수피파 지도자들은 보일 수 없는 신의 얼굴의 이미지를 그들 강조의 중심에 두면서

---

15) *Ibid.*, 1001A.

유사한 파라독스(역설)를 중요시 하였다. 그들은 신이 보여지는 가능성을 철저히 부정하면서도 "보이지 않는(ghayb, unseen)"이란 말을 알라와 연결시키고 있다. 그들은 "너희가 그(신)를 본 것처럼(as if you see him)" 신을 숭배하라는 무하마드의 가르침을 따르고 있다. 이것은 보이지 않는 것(the unseen)에 대한 신앙을 이슬람의 5대 기초규정인 기도(salat)보다 선행시키는 코란(2:3)과 대조된다. 한편 신의 얼굴을 보는 것과 기도 사이의 관계들이 코란의 여러 군데(6:52, 13:22, 18:28)에서 명시되고 있다. 코란에 나타난 또 한 가지의 논쟁문제(4:153)는 이스라엘의 백성을 "경전의 백성(the people of the Book)"으로 표시하고 있다는 것이다. 코란은 금송아지 숭배로 예시된 우상을 신을 바라보려는 욕망과 연결시키고 있다. 즉 그와 같은 요청은 이스라엘의 모든 백성에 의한 것으로, 영광을 정면으로 보려는 청원이 모세 홀로 이루어지고 있는 토라의 설명(출 33:12-20)을 오해하게 하였다. 다시 말해 그러한 청원이 이스라엘의 민족적 집단의 운명과 복잡하게 얽히게 되었다는 것이다.

이와 같은 상황에서 "너희가 그(신)를 본 것처럼 신을 숭배하라"는 수피파의 모토는 중세 유대교와 기독교의 신비주의적인 경건의 전통인 신에 대한 성상의 표현을 지지하게 하였다. 더군다나 수피파는 신플라톤주의와 조화를 이루면서 합일적 경험과 이미지(보는 것) 사이의 복잡한 관계를 상정하게 되었다. 즉, 우리가 얼굴로 되었을 때만 얼굴을 볼 수 있다는 것이다. 그들은 이슬람의 5대 기초규정의 하나인 증언(Shahada, 신앙고백)을 비전(ru'ya, 보는 것)과 더욱 긴밀하게 연결시키고 있다.[17] 비전의 장소는 마음(the heart, ru'yat al-qalb)이다. 그 마음은 그 본 것 안에 있지 않다. 그렇다고 그(신)와 다툴 것인가. 비전(보는 것)에 대한 선지자의 긍정은 마음을 영적 비전과 신비주의적 지식의 도구로 합법화 시켜주는 성경의 닻이 되었다. "아무도 본 자(the seer)와 보여진 자(the seen) 외에는 그가 본 것을 알지 못한다. 사랑하는 자(the lover)는 그를 신뢰하

---

16) *Ibid*., 827A-B, 1065A.
17) Q 53: 12, 33: 20, 7: 143).

고 친하게 될 때 사랑받는 자(the beloved)에게 가까이 다가온다." 이러한 상상(이미지, 보는 것)의 생각은, 즉 비전, 애정, 죽음, 그리고 합일 사이의 관계는 쟈파르(Ja'far) 선지자의 성경해석(출 33:20, 코란 7:143-144)에서 나온 것이다.

출애굽기(33: 23)에 의하면, 하나님의 영광을 보려는 모세의 요청은 그가 앞(얼굴)을 보지 못하고 등을 보는 것으로 끝난다. 코란에서는 모세는 하나님을 전연 보지못한 것으로 나타난다. 왜냐하면 영광이 산에 나타났을 때 먼지로 변하였기 때문이다. 이것은 무엇을 뜻하는가. 만약 영광이 그대로 머무른다면 그의 요구가 긍정적으로 대답되어졌을 것이며, 그렇지 않으면 산만 바라보아야 한다는 모세에 대한 하나님의 응답이 결과적으로는 무견(the unseeing, 보는 것이 없음)을 보는 것이 보지 않는 것(not-seeing)임을 뜻한다는 것이다. 요컨대, 볼 수 있는 게 아무 것도 없기 때문에 보여질 수 없는 고로, 보지 않는 게 보는 것이라는 것이다.

쟈파르에 의하면, 신은 '네가 죽기 때문에 나를 볼 수 없다'고 말씀한다. 죽는(fanin) 자가 어떻게 산(baqin) 자의 길을 발견할 수 있는가…종에 대하여 주가 얼굴과 얼굴로 대면하여 보면(the Lord's face-to-face vision in respect to the servant) 종은 멸절한다. 종이 얼굴과 얼굴을 대면하여 주를 보면(the servant's face-to-face vision to the Lord), 그리고 주안에서 보면 영존한다.[18] 수피파의 가르침에는 두 가지의 말들(죽음과 삶)이 신비적으로 결합되어 있다. 이들 말들의 경전의 기초(Q 55:26)는 "땅위에 사는 모든 것들은 멸망(fanin)한다. 그러나 빛나는 위대한 주의 얼굴은 살(fa-yabqa) 것이다"에 있다. 그 살아있는 실재는 신의 얼굴로 은유적으로 표현되는 신의 본질을 의미하며, 몇 군데에서 '그 이외에 다른 신은 없다'로 명시되어 있다. 모든 것은 신 자신의 얼굴 이외에는 (모두) 멸망할 것이다(Q 28: 88). 신비주의적 해석에 의하면, 영혼과 육체의 물질을 잇는 결속을 없애버리고 헛된 자아로부터 풀려남으로써 더 높은 자아가 사랑

---

18) Michael Sell, tr. ed., *Early Islamic Myaticism: Sufi, Quran, Miraj, and Theological Writings,* New York, 1996, pp. 83-5, *RFWC*.

하는 자와 더불어 살게 된다. 더 나아가 사는 자는 무견을 보는 것으로 나타나며, 가시적 형태를 볼 수 없는 얼굴을 바라보게 된다. 11세기 이란의 신비주의자 아브 알 가자리(Abu Hanid Muhammad al'Ghazali)에 의하면, 말의 내적 의미는 베일의 제거를 뜻하며, "선택받은 자 중의 선택받은 자(the elect of the elect)"의 입장에서 합일(tawhid, 통일)의 상징적 행동을 뜻하며, 일자와는 다른 실재와 같은 자아를 멸절시키는 최고의 신비적 상태를 뜻한다. 거짓 모양은 자아가 자멸되는 황홀한 비전으로 변화된다. 그리하여 보는 자와 보이는 자가 없이 보는 비전(보는 것)만 남는다. 요컨대, 그러한 사람들은 그들 자신들로부터 소멸되어, 그들의 관찰을 중지하게 되며, 그리고 다 사라지고 일 자(the One), 실재(the Real)만이 남게 되는데, 이것이 바로 모든 사람들의 궁극적 목적지라는 것이다.19)

카발라주의의 경건

중세 신비주의적 사상가들의 가르침과 함께 나타난 것은 소위 카발라주의(cabbalism, kabbalism)였다.20) 이들 카발라 사상가들은 이미지 없는 것을 이미지화하고 몸체 없는 것을 몸체로 구체화 하는 것을 그들의 주된 업무로 삼았다. 형태와 형태 없는 것의 소위 *coincidentia oppositorium*(반대의 일치)의 장소로서 작용하는 기능은 상상이다. 이 상상(imagination)은 마음(the heart)으로 나타난다. 마음속의 이미지(images)를 통하여 신은 상상적 임재의 무형(the formlessness) 속에 나타난다. 이 신의 본질은 모든 형태와 모순된다. 13세기 후

---

19) *RFWC*, p. 257.
20) 카발라(cabbala, Kabbala, Quabbalah)는 히브리어로 "이어 받은 것," "전통"이라는 뜻을 가진 말이다. 즉 아담, 아브라함 등으로부터 전해 내려온 유대교의 비교적(秘敎的) 해석들을 의미한다. 카발라주의는 신플라톤주의의 영향을 받았으며, 그 중심사상은 유출설이다. 이것은 고대 바빌로니아에서 기원되어졌다고 전해지며 그 후 이탈리아, 독일, 스페인 등지에서 발달하여 오늘날까지 영향을 주고 있다. 이것은 성령과 교감되어 일종의 종교적 비밀결사를 만들기도 하였다. 그들의 경전은 9세기의 『창조편(Jezirah)』과 13세기의 『광요편(Zuehar)』으로 알려져 있다.

반 스페인 북부의 카스틸에서 시작한 카발라주의의 주요 교리의 내용은 다음과 같다. 즉 모든 것의 무한한 근원인 *Ein Sof(Ensoph)*가 유출한 필연적인 자기현현이 바로 이 세계이다. 이 유출의 제1단계에서 10개의 *sefirot(sephiroth)*가 나왔으며, 이들의 통일체로 성립된 것이 불변적인 완전한 초월계(Azilah)인 아담 카드몬(Adam Kadmon)이다. 이를 계승하기 위하여 다시 베리아, 제지라, 아시자를 유출하였다. 신(무한한 근원)의 빛나는 발산물인 *sefirot*는 "10개의 거룩한 이름의 거룩한 왕관(ten holy crowns of the holy name, *asarah kitrin qaddishin di'shema qaddisha*)"을 의미한다. 세피로트의 발산물들은 다양한 빛들로 묘사된다. 이 빛들은 표현될 수 없는 무한한 광휘를 나타내는 신의 이름이다. 그들의 설명에 다가가 보자.[21]

> …나는 천상의 숨겨진 섬광으로부터 빛나는 광채를 보았다.. 각 등급에서 빛이 나타난다. 그리고 모든 빛들은 연합되고…그리고 하나는 다른 것과 분리된다. 왕의 왕관들이라 불리는 모든 섬광들의 빛은 내적 깊은 곳의 빛과 연합되며, 외부와 분리되지 않으며, 그 모든 것들은 하나로 결합되어 관이 씌워진다. 그와 그 이름은 하나다. 나타난 빛은 왕의 옷, 안의 빛이라 불린다…발산되는 모든 빛들이 응시되어질 때, 숨겨져 있고 나타나지 않은 천상의 광채 이외에는 아무 것도 발견되지 않는다….

세피로트의 등급으로 구성된 이름, "영괴스러운 옷", "가치있는 옷", "참된 숨겨진 무한한 빛", "천상의 광채"가 잠재적으로 많은 기호의 굴절과 변화의 상상으로 구성된다. 그 나타난 이미지의 주된 형태는 원래의 아담이나 사람모양으로 보이기도 한다. 이처럼 숨겨진 하나님이 인류에게 다양한 형태로 나타나는 파라독스는 여러 시대를 거쳐 오면서 유대교에게 영향을 주었고 그리고 도전을 안겨다 주었다. 아이러니컬하게도 하나님 숭배를 위한 이미지 사용에 반대하는 우상파괴주의는 종교사에 있어서 신을 상상적으로 표현하려는 움직임을 더욱 과감하게 배양시키는 결과를 낳았다. 참으로 이미지 없는 하나님의

---

21) *Ibid.*, pp. 260-61.

이미지를 위한 상징적 중재로서 작용하는 이미지화의 역할은 예언적, 종말론적, 시적 문서에서 확인되고 있다. 이 역할은 중세의 신비주의 문서나 라인란트 유대경건주의자들의 비교(秘敎)저술, 카발라의 신지학저술 등을 통하여 발전해 나아갔다.

14세기 명상방법에 관한 신비주의자의 일기에 의하면, "내가 여호와를 항상 내 앞에 모심이여(시편 16: 8)"와 같이 나의 마음속에 10세피로트의 이미지들을 모신다. 내가 YHWH 문자들을 마음 안에 둔다는 것은 카발라식으로 상상의 가능성을 불러오도록 필연에 의지하는 것이다. 왜냐하면 세피로트(sefirot)는 그 이름 안에 포함되어 있기 때문이다. 더군다나 그 이미지의 본질은 "아담"과 비슷한 신인동형적 말로 묘사되어있다. 명상적 방법의 목표는 모든 이름들을 초월하는 모든 것의 무한한 근원인 *Ein Sof*와 결합하는 것이다. 그러나 그 목적을 얻는 유일한 길은 그 정해진 이름의 문자들을 통해서이다. 나는 이 사닥다리, 거룩한 일자의 이름을 명상하는 한, 나는 나의 영혼이 *Ein Sof*에 의존하는 것을 본다.22) 이름(명칭)은 카발라주의자를 이름을 초월하는 것과 연결시키는 사닥다리이다. 그러나 이름을 통하지 않고는 그 이름을 초월하여 얻는 길은 없다. 요컨대, 각 개인의 몸은 특정의 성으로 구현됨 속에서 경험되는 것이기 때문에 하나님의 상상적인 몸은 이와 비슷하게 성의 특성으로 나타난다는 것이다.

신비주의의 영향

유대교, 기독교, 이슬람교의 신비주의 사상에서 이미지 없는 신의 이미지의 비전(a vision of the image of the imageless God)을 추구하려는 끈질긴 문제는 우상숭배의 충동을 불러주면서 오히려 유일신교의 심층부에 자리잡게 되었다. 이러한 우상숭배의 충동은 보이지 않는 신은 신이 아니라는 궁극적 파라독스로 연결되었다. 그리하여 이 이미지 없는 것에 대한 이미지의 추구는 종교적 영혼의 시적 감성 속에 깊이 자리잡게 되었다. 이미지화로 연합된 하나님의

---

22) *Ibid*., pp. 261-62.

이미지는 소위 "불가시적 하나님의 성상(icon)"으로 간주되어졌다.

그러나 명상자들의 이상은 접근할 수 없는 빛, 빛을 초월한 빛과 같이 하나님의 이미지 없는 비전에서 절정을 이룬다. 이 빛의 개념은 신플라톤주의에서 기인한 것이다. 그러므로 명상은 무지, 무견, 무언과 같은 apophatic(부정적) 표현으로 특징지워진다. 더 나아가 이것(명상)은 관례적인 거룩한 예배형식을 대체하는 최고예배형식으로서 "이미지 없는 기도(imageless prayer)"를 발전시켜 주었다. 명상의 신비적 사닥다리는 생각될 수 없 것을 생각하는 사상의 파라독스에서 절정에 이른다. 다시 말해 어두움은 어두움으로 빛나고, 측량불가는 측량불가로 측정되어야 한다는 뜻이다.

이와는 대조적으로 유대, 기독교, 이슬람의 신비주의자들은 그들의 성경적 전통의 kataphatic(긍정적) 유산을 또한 무시할 수 없었다. 왜냐하면 무형식의 접근은 항상 주어진 문화적 상황의 특정의 형태를 통하여 중재되어지게 때문이다. 그리하여 그들은 반복해서 형태의 수단에 의하지 않고는 형태없는 것을 가시화 하는 길은 없다고 강조한다. 이것은 마치 셀 수 없이 많은 이름들을 통하지 않고는 이름 없는 것이 발음될 수 없는 것과 같은 이치이다.

그 결과 명상자들과 신비주의자들의 끊임없는 다툼 속에서 그들의 결합은 오히려 불가피하게 되어졌다. 그것은 그들이 서로 상대방을 공격하고 자신들을 보호하는 가운데 그들 주장들의 강점들과 약점들을 발견할 수 있었기 때문이다. 그리하여 그들은 apophatic 방법과 kataphatic 방법의 결합을 통한 궁극적 실재의 추구에서 새로운 독특한 접근방법을 창출하게 되었다. 즉, 벗겨질 것이 없는 전라의 진리는 존재하지 않는다. 왜냐하면 진리란 물리적 우주를 반영하는 상상적 형태로 옷이 입혀졌을 때에만 이해될 수 있기 때문이다. 이처럼 중세의 신비주의 역사에서 부정적 방법과 긍정적 방법의 조화는 각각 상대방에게 중요한 합일의 교훈을 일러주었다. 요컨대, 신비주의적 세계관에서 인간은 길을 넘어서(초월하여) 길을 걷지만 만약 인간이 지속적으로 그 길을 걷지 않는다면 그 길을 넘어서 얻는 것은 결코 없다는 것이다.

7. 중세의 유대교, 기독교, 이슬람은 어떻게 충돌하였는가?

A. 성지회복: 십자군전쟁
　• 전쟁과 성경　• 십자군전쟁전야　• 제1차 십자군원정, 5개 원정단파견, 안디옥 공략, 라틴 예루살렘왕국　• 십자군의 해체와 분열, 기사단의 창설　• 제2차 십자군원정, 이슬람의 재기, 라틴귀족의 분열　• 제3차 십자군원정　• 제4차 십자군원정　• 후기 십자군　• 십자군의 유산

B. 스페인: 종교적 공존과 갈등
　• 이슬람 스페인: "안달루시아"　• 기독교의 재정복　• 13세기의 상황　• 종교재판과 축출

C. 발칸반도: 기독교와 이슬람
　• "발칸반도"의 특성　• 오토만제국 이전, 헤시참운동　• 오토만제국 치하, 밀레트조직　• 발칸의 종교성, 종교적 변화과정, 이슬람의 증가, 종교현상의 변화패턴　• 현대의 발칸 반도　• 마무리

서양문명의 정체성
-헤브라이즘과 헬레니즘의 만남-

7. 중세의 유대교, 기독교, 이슬람은 어떻게 충돌하였는가?

    이제까지 우리는 기독교, 이슬람교, 유대교가 사상적으로 신학적으로 어떻게 헬레니즘 세계와 교류하였는지에 관하여 살펴보았다. 그들은 그들의 교리의 체계화, 합리화, 정당화를 위하여 철학적 논리와 신비주의적 사상을 적용하고 이것을 이단, 이교, 이설 등 반대파를 공격하고 물리치는데 최선을 다하였다. 그러면 그들이 실제적으로 이해관계의 상충에 의해 서로 대립하고 싸우는 과정에 대하여 둘러보도록 하자. 그들이 겨루던 전쟁의 주요 무대는 팔레스타인, 이베리아 반도, 그리고 발칸 반도였다. 팔레스타인에서는 이스라엘의 성지(예루살렘)를 둘러싸고, 그리고 이베리아 반도의 스페인, 포르투갈과 발칸 반도의 그리스, 소아시아에서는 종교적 갈등과 종교적 생존을 둘러싸고 각각 종교전쟁이 야기되었다. 역사적으로 종교적 다툼만큼 치열하고 피비린내 나는 전쟁도 찾아보기 힘들 것이다. 그것은 단순한 세속적 이해관계 뿐 아니라 이념과 교리, 신앙과 같은 종교적 이해관계가 깊숙이 개재된 전쟁이기 때문이다.

A. 성지회복: 십자군전쟁

중세 서유럽의 기독교와 이슬람이 성지탈환을 둘러싸고 충돌한 것은 위에서 말한 바와 같이 11세기 말이었다.[1] 이 충돌 사건을 일반적으로 십자군전쟁(1096-1270)이라고 부른다. 이 사건은 빼앗긴 거룩한 성지를 회복하려는 기독교 전사들에 의해 시작되었다. 그들은 예수와 그의 제자들과 긴밀히 연결된 동부 지중해의 땅을 찾으려는 운동을 성스러운 임무라고 생각하고 그들 기신들을 성지 순례자들이라고 불렀다. 그들은 성지들, 그 가운데서도 거룩한 도시 예루살렘이 이슬람에 의해 오염되었다고 생각하였다.

원래 신실한 유럽의 기독교인들은 4세기 초부터 예루살렘 성지를 순례하기 시작하였다. 그러나 위에서 말한 대로 11세기 중엽 투르크족에 의해 시리아와 팔레스타인이 침략당하면서 성지순례는 점차로 위험에 직면하게 되었다. 그리하여 순례자들은 이들 이슬람의 공격을 막기 위하여 집단을 형성하면서 성지 여행을 시도하였다. 성지순례는 기독교인들의 목표하는 바로 성경 여러 곳에서 강조되고 있다. 바울 사도는 고린도인들에게 이 세상에 살면서 하나님 나라에 여행하는 순례자나 나그네로 살 것을 권면하고 있다(고후 5: 6-8, 히 11:13).

중세 신앙고백자들과 교회 지도자들은 성지순례를 통하여 중죄를 범한 사람들이 죄 사함을 얻을 것을 요구하였다. 이와 같은 고해성사를 목표로 하는 그들의 성지순례는 전통적으로 돈 넣는 지갑 하나와 필수품 몇 가지, 지팡이 정도를 지닌 채 맨몸으로 이루어지는 것이 상례였다. 그러나 위에서 말한 대로 11세기 중엽을 지나 말경이 되면서부터 시리아와 팔레스타인을 여행하는

---

[1] 이슬람군이 처음 서유럽을 쳐들어간 것은 8세기경이었다. 우마이야 왕국은 7세기 말 아프리카 북부일대(베르베르인)를 정복하고 이어 이베리아반도의 서고트족을 멸하고 (711) 이슬람국을 세웠다.

일은 매우 위험한 모험으로 바뀌게 되었다. 그리하여 성지순례자들은 말과 무기를 필수품으로 준비해야 했다. 성지십자군은 바로 이들의 후예였으며, 거룩한 전쟁의 이념은 성지회복을 갈망한 이들의 사상으로부터 기인한 것이었다.2)

전쟁과 성경

전쟁과 폭력에 대한 기독교의 입장은 처음부터 애매하였다. 어떤 성경구절에서는 전쟁과 폭력을 죄악시 했는가 하면, 어떤 성경구절에서는 그것들을 정당화하였다. 복음서는 분노와 피 흘림을 피하라고 권면하고, 한 쪽 뺨을 맞으면 다른 쪽 뺨을 들이댈 것이며, 나쁜 짓 한 사람들을 용서할 것이며, 칼을 사용하는 사람은 칼로 망할 것임을 선언하고 있다(마5:39, 41, 7:1, 26:52, 롬12:19, 13:13). 반면에 이와는 대조적으로 성경은 그가 화평을 주기 위하여 온 것이 아니라 검을 주기 위하여 온 것이라고 말하고 있다(마 10:34).

말하자면 중세 교회는 이들 두 가지의 전통을 모두 물려받았다. 11세기 중세 교회지도자들은 전쟁을 제한할 것을 강력히 지지하고 나섰다. 하나님의 평화와 휴전(the Peace and Truce of God)으로 알려진 이 운동은 10세기 말 프랑스에서 시작되었다. 989년 샤루스대회(the Synod of Charroux)에서 개최된 일련의 교회회의들은 전쟁에서 사람을 죽이거나 부상하게 하는 일, 다른 사람의 재산을 파괴하는 일을 금지시켰다. 더욱이나 교회의 거룩한 날들에는 절대로 금하도록 정하였다. 이들을 어긴 사람들은 중한 형벌을 받아야 했다. 전쟁에서 돌아온 군인들은 비록 자기방어나 제3자의 방어라 할지라도 피 흘리게 했을 경우 고해성사를 통하여 속죄를 해야 하였다. 예를 들면, 노르만 주교대회는 1066년 하스팅전투에 참전한 윌리엄 정복 왕 군대의 군인들에게 고해성사를 명령하였다.3) 정복 왕 자신도 전투가 벌어진 장소에 새 수도원(the Battle

---

2) Kenneth M. Setton, *History of the Crusades*, 2 vols., Wisconsin, 1970, 참조바람.
3) 하스팅전투(1066)에서 승리한 정복 왕 윌리엄(윌리엄 1세)은 영국의 게르만족(앵글로색슨족)의 시대를 마감하고 중세의 영국을 단일왕국으로 발전시키는 틀을 마련하였다. 전쟁에서 한 사람을 죽인 군인은 1년간, 한 사람을 부상당하게 했고, 그 사람이 부상당

Abbey)을 건립하여 죽은 사람들의 영혼을 위해 기도하고 왕 자신의 죄도 용서하도록 하였다. 동시에 교회로 하여금 기독교 전사들이 사용한 검과 무기에 복을 빌도록 하고 아울러 나이트(기사)의 축복을 기원하게 하였다.

위에서 밝힌 바처럼, 이슬람군대가 8세기경 서유럽을 침입하기 시작했을 때 교황들은 이들 침입자들을 격퇴하기 위하여 군인들을 모집하였었다. 기독교인들의 공격을 받은 이슬람군대는 물러나면서, 이베리아반도로 방향을 바꾸어 그 지역의 대부분을 정복하였다. 이 시기부터 교황들은 이슬람으로부터의 영토탈환을 그들의 장기간의 정책목표로 삼았다. 그들은 스페인과 포르투갈로부디 이슬람을 격퇴시키고 대신 기독교왕권을 세울 것을 지상목표로 내세웠다. 그러나 그러한 일은 700여년이 지나서야 성취될 수 있었다.

기독교 종교지도자들은 기독교 유럽으로부터 이슬람을 물리치는 싸움이야말로 절실한 자기방어의 문제라는 근거에서 전쟁을 정당화 하였다. 이러한 주장들에는 물론 일찍부터 신학적인 기초가 뒤따르고 있었다. 어거스틴(d. 430)은 일찍이 정의로운 전쟁(a just war)에서 기독교인들이 폭력사용하는 것은 정당하다는 원칙을 내세운 바 있다. 성 이시도르(Saint Isidore of Seville:c. 560-636)는 공격자들을 격퇴하기 위하여, 혹은 재산을 회복하기 위하여 합법적 지배자의 명령에 따라 전쟁하는 것은 정당하다고 주장하였다. 요컨대, 기독교인들이 영토를 회복하기 위하여 무슬림을 물리치는 일은 범죄가 아니라 오히려 찬양을 받을만한 가치있는 일이라는 것이다.

십자군전쟁 전야

기독교와 이슬람의 충돌은 1071년 만지커트전투(the battle of Manzikert)에서 시작되었다. 그것은 그 당시 지중해세계에서 가장 강력한 기독교세력이었던 비잔틴제국의 주력군대가 셀주크 투르크에 의해 전멸되었기 때문이다. 설상가

했는지 죽었는지 알지 못하는 군인은 40일간을, 그리고 몇 사람을 죽였는지 부상당하게 했는지 알지 못하는 군인은 매주 1일씩 각각 고해성사를 하도록 정해졌다(*RFWC*, p. 269).

상으로 이들의 침략을 힘입어 다른 투르크족들(the Pechenegs, the Uzes)도 발칸 반도의 비잔틴제국 북부를 강타함으로써 비잔틴제국은 문자 그대로 폐허가 되고 말았다. 이에 동 로마 교황 알렉시스 콤네소스(Alexis Comnesos :1081-1118)는 서유럽의 기독교인들에게 구원을 요청하게 되었다. 그는 일이 심상치 않다고 판단되어 로마교황 우르반 2세(Urba II:1088-1099)에게 사절들을 급파하였다. 그는 사절단과 함께 1095년 이탈리아 북부 피아센자로 달려가서 우르반을 만났다. 비록 비잔틴교회와 로마교회 사이의 관계는 수 년 동안 좋지는 않았지만,[4] 우르반은 사태의 심각성을 고려하여 적극적인 수습책을 강구하기로 결심하였다. 더군다나 그의 마음을 움직인 것은 예루살렘과 그리스도의 무덤이 이교도들에 의해 파괴되고 있다는 사실이었다.

우르반은 알프스를 넘어 프랑스 르 푸이에서 1095년 8월 프랑스의 주교들과 귀족들을 소환하였다. 11월 18일 크레르몽에서 교회회의가 열렸을 때 수백 명의 주교들, 대주교들, 수도원장들, 그 외 교회고위성직자들이 참석하였다. 그들은 우선 10일 동안 주로 교회사업과 교회훈련들에 관하여 논의하였다. 그리고 우르반은 드디어 11월 27일 화요일 승려와 일반 신자들이 초청된 교회회의 총회연설을 통하여 십자군 원정의 필요성을 강조하였다. 그의 연설의 내용이 무엇인지는 확실하게 밝혀져 있지 않지만 로버트 수도사에 의해 알려진 내용의 요지를 소개하면 대략 다음과 같다.[5]

> …프랑스 국민 여러분, 알프스를 건너온 여러분은 하나님의 선택과 사랑을 받은 분들입니다…우리는 이 말씀을 드립니다…이 설교를 여러분에게 드립니다. 우리는 여러분들을 위협하는 위험을 알기를 바랍니다…예루살렘 지역으로부터, 콘스탄티노플 도시로부터 아주 서글픈 소식이 왔습니다…하나님과는 전연

---

4) 로마교황의 사절이 1054년 미카엘 케로우라리우스(Michael Keroularius: 1043-1058) 대주교를 파문한 이래 양측의 관계는 매우 악화되어 있었다.
5) *RFWC*, pp. 273-74.

관계없는, 소외된 백성 페르시아인들이 기독교영역을 침략하여 약탈하고 불질 렀다는 슬픈 소식입니다. 그들은 기독교인들을 사로잡아 인질로 삼았으며, 재산을 빼앗고 갖은 고문을 일삼았으며, 여인들에게 갖은 행패를 자행하였습니다...여러분 누가 우리들의 이 원수를 갚아줄 것이며, 도대체 누가 우리들의 손해를 보상해 줄 것입니까…일어나서 여러분의 조상들의 의연한 행동들을 기억하십시오. 샤르르메인과 그의 아들 루이, 다른 왕들의 용맹을 바라보십시오. 저들이 우리의 성스러운 도시와 교회, 거룩한 무덤을 헐어버렸습니다…우리는 가만히 앉아서 그들이 더러운 침략을 당해야 합니까…예루살렘은 세계의 심장입니다. 이 도시는 어느 도시보다 영광과 즐거움이 깃든 영원한 도시입니다. 이 도시는 인류의 대속자가 성령을 받고, 죽으시고, 부활하시고, 장차 다시 오실 메시아의 땅이며, 세계의 한 가운데 위치한 왕실도시입니다.…이 도시는 여러분이 성지순례를 통해 속죄를 받는 귀중한 하늘나라의 도시입니다….

우르반이 설교를 마치자 감동받은 수많은 군중들이 "하나님이 이루어주실 것이다! 하나님이 이루어주실 것이다!"라고 한 목소리로 외쳤다고 전해진다. 군중들의 외침이 가라앉자 우르반은 그가 계획한 원정대의 조직에 대하여 설명하였다. 참석자들은 한 결 같이 그들 미션의 심볼로서 외투에 십자가를 달기로 하였다. 교황 우르반은 1096년 8월 15일을 그들 원정대의 공식적인 출발일로 정하고, 그 기간 동안 자원하는 사람들이 더 많이 응모할 수 있게 하였으며, 여정에 필요한 물품들과 자비를 준비하게 하였다. 우르반교황은 그의 교황사절로 르 푸이의 아데마르주교(Bishop Adhmar of Le Puy)를 임명하여 군대를 감독하게 하였다. 마지막으로 교회회의는 십자군 원정대에 참여한 사람들에게 응분의 영적 보상을 인정하는 교회법을 결의하였다.

즉, 영광 자체나 부 자체를 위해서가 아니라 오직 헌신의 마음으로부터 예루살렘에 있는 하나님의 교회를 해방시키기 위하여 원정에 참가한 사람들은 누구나 모든 고해성사를 면하게 해 주었다. 이것이 계기가 되어 소위 십자군의 면죄부(the indulgences of the crusads)가 시작되었다. 우르반은 처음에는 종복들, 대장쟁이들, 장인들, 기타 보조원들보다는 유능한 전문적인 군인들, 말하자면 귀족들, 말 타고 싸우는 기사들, 훈련된 보병들의 더 많은 참여를 기대하였었다. 그러나 의외로 시간이 지나면서 종교적 열정을 가진 일반인들의 참전의 물결이 넘쳐 나게 되었다. 일반적으로 근대 역사가들이 "민간인 십자군(popular crusads)"이라고 명명하는 이 집단 속에는 도시의 하층계급, 북부 프랑스와 라인란트의 농촌 농민들이 들어가 있었다.

그들 가운데 가장 잘 알려진 원정단은 은둔자 피터(Peter Hermit)에 의해 결성된 십자군이었다. 그는 바싹 마른 몸매에 키가 작은 호감을 주지 못하는 은둔자였다. 그는 주로 맨발로 다니면서 물고기와 포도주 정도로 연명하는 운둔자 생활에 젖은 사람이었다. 그러나 그의 웅변에 감명받은 많은 추종자들이 따르고 있었다. 십자군원정에서의 그들의 역할은 그리 크지 못하였다. 그들은 발칸반도에서 투르크군대에 혼 줄이 나서 도망가고 말았다. 왜냐하면 그들은 훈련도 제대로 받지 못하였고 군비물품의 공급도 충분히 받지 못한 오합지졸의 사람들이었기 때문이다. 이러한 사정은 다른 민간인 십자군집단들도 다를 바 없었다. 그들은 대부분 집으로 되돌아갔으며, 남아있는 사람들도 최전선에는 나가지 못했다. 그들은 때때로 모젤르와 라인계곡의 도시들에 사는 유대교 공동체를 공격하는 일을 자행하였다.

제1차 십자군원정

1096년에 접어들면서 이와 같은 원정집단들의 혼란과 분열을 막기 위하여 본격적인 군대의 조직화가 시도되었다. 십자군부대의 주류는 대부분 기사들과 귀족들로 구성되어 있었다. 이들은 비교적 경제적으로나 종교적으로 높은 지위에 있는 사람들이었다. 그들의 지도자들은 우선 이들 군 내부의 단합에 힘쓰지 않으면 안 되었다. 그들의 고민은 자신들보다 밑에 있는 하급 기사들과 귀족들을 어떻게 끌어안느냐 하는 문제였다. 다음으로는 그들의 전투에 필요한 장비, 말, 보병, 물자, 그리고 그들의 후원자들을 어떻게 모으느냐 하는 문제였다. 그리고 이와 더불어 전투를 구체적으로 어떻게 이끌어나갈 것인가 하는 그들의 병참과 전술계획의 수립도 너무나 중요한 업무였다. 이들을 마련하는데 필요한 것은 말할 것도 없이 충분한 경비였다. 그 당시 그들의 재산은 대부분 토지에 묶여 있었으므로 이 토지를 매매와 임대, 저당 등의 방법을 통해 돈으로 전환하지 않으면 안 되었다. 그들은 이것을 이루기 위하여 그들의 식구들을 충분히 설득하여야 했다. 전쟁에 나가서 죽을 수도 있고 부상당할 수도 있는 위험한 모험이었기 때문이다. 여기에 무엇보다도 그들에게 수반되어야 할 문제는 그들의 종교적 신앙적 헌신적 열정이었다. 다시 말해 십기군 원정은 시간과 에너지, 경비, 헌신, 신앙적 열정의 자원이 끊임없이 요구되는 참으로 어려운 종교적 미션이었다. 원정대 가운데는 자발적으로 지원한 사람들도 있었지만, 자의반 타의반 교회와 장원의 강한 권고로 나온 사람들도 적지 않았다.

5개 원정단 파견

5개 원정단으로 구성된 제1차 십자군은 1096년 여름에 모집되기 시작하였다. 이 원정단들은 각 지도자의 지휘에 따라 별도로 움직였으며, 최후의 목표는 발칸을 지나 콘스탄티노플에 도달하는 것이었다. 최초의 원정단은 가장 규모가 작은 집단으로 8월 중순에 떠났다. 이들은 파리근교 지역의 기사들로 구성되었으며 지도자는 파문된 프랑스왕 필립1세의 동생 휴(Hugh of Vermandois, d. 1101)였다. 두 번째 원정단은 갓프레이(Godfrey of Bouillon, d. 1100)에 의해 곧바로 출정되었다. 남부 이탈리아와 시칠리아의 노르만 모험자들로 구성된 세 번째 원정단은 왕자 보헤문드(Bohemund of Taranto, d. 1111)에 의해 1096년 10월 이후에 출발되었다. 네 번째 원정단은 가장 규모가 큰 집단으로 부유한 레이몽(Raymond of Toulous, Count of Saint Gilles, d. 1105)에 의해 인도되었다. 이들은 주로 남부 프랑스로부터 충원되었다. 마지막으로 출정한 원정단은 브리타니, 플랑드르, 노르망디로부터 충원된 노르만 군대였다. 이들은 윌리엄 정복 왕의 장자 로버트, 정복 왕의 사위 스테븐, 그리고 노르만 공작의 사촌 플랑드르의 로버트 세 왕자들에 의해 지휘되었다.

이들 원정단들이 1096년 겨울과 1097년 봄에 콘스탄티노플에 도착했을 때 비잔틴제국의 황제 알렉시스는 원정단들에게 비잔틴제국의 영토에 손을 대지 않기로 약속해줄 것을 간청하였다. 이에 일부 원정단은 찬성하고 일부 원정단은 불응하였다. 대부분의 원정단들은 이 요구에는 어떤 계략이 있다고 생각하여 반발하였다. 그러나 그들은 사태가 사태인만큼 마음에 내키지는 않았지만 동의하는 쪽으로 기울었다. 이 시기부터 비잔틴과 원정대지도자들 사이에는 보이지 않는 긴장감이 일어나기 시작하였다. 노르만 왕자들을 마지막으로 하는 그들 원정단은 알렉시스의 허락으로 1097년 5월 소아시아에 도착하였다. 그들은 비잔틴의 도움으로 니케아 도시를 공격하였다. 그리고 그들은 투르크군이 잠복해 있는 건조한 아나톨리아 평원에 이르렀다. 투르크군은 전에 피터 은둔군을 쉽게 무너트린 경험이 있어 소홀히 하다가 오히려 격퇴되고 말았다. 그리하여 원정단들은 1097년 10월 안디옥에 어렵지 않게 도착하였다.

안디옥 공략

안디옥은 문자 그대로 난공불락의 장벽이었다. 안디옥의 성벽은 너무나 견고하고 두터워서 뛰어넘을 수가 없었다. 그 도시의 규모도 광대하여 쉽게 돌아갈 수가 없었다. 그들은 거기서 거의 7개월 이상을 머물러 있어야 했다. 원정군 거의가 기아상태에 빠지게 되었다. 그러나 살아남을 길이 간신히 열렸다. 그것은 제3원정단의 지도자 보헤문드의 지략 때문이었다. 그는 한 적군을 만나 거액의 대가를 지불하는 대신 아군을 통과하게 해주는 협상을 성공시켰다. 그리하여 그들은 1098년 6월 안디옥의 높은 탑을 무사히 기어올라 성벽을 넘어가는데 성공하였다. 그 일로 안디옥 성안에 남아있던 사람들 가운데 무참히 살해된 사람들이 적지 않았다. 원정단들은 모술로부터의 기나긴 전투 후 소탕작전을 펼쳐 안디옥 근역의 모든 지역들을 그들의 손아귀에 집어넣었다. 십자군은 1098년 말 안디옥에서 1년 이상의 고난을 끝내고 예루살렘을 향하여 출발하였다. 안디옥에서 예루살렘으로 가는 길은 결코 쉽지 않았다. 그들은 남부

시리아와 레바논을 거쳐 해변의 여러 도시들을 우회하지 않으면 안 되었다. 그들이 팔레스타인의 북부지역에 도달한 것은 1099년 5월 19일이었다. 그리고 그들은 그들의 마지막 목적지를 바라보면서 야영에 들어갔다.

라틴 예루살렘왕국

예루살렘은 이집트의 지배아래 있었던 연고로 요새화가 공고하게 되어 있었고 각종 장비가 충분히 저장되어 있었다. 이러한 도시를 공략한다는 것은 십자군에게 너무나 버거운 과업이었다. 이슬람군은 디군다나 인근 시방을 나니면서 들의 곡식을 태워버렸고 샘물터를 모조리 묻어버렸다. 당시 여름더위가 한창인지라 안디옥에서와 같은 질질 끄는 포위는 불가능한 일이었다. 도시의 벽을 돌파하려는 첫 번째 공격이 실패한 후 그들은 안디옥에서 부족했던 포위장비들을 만들기 위하여 잠시 시간을 벌어야했다. 다행하게도 때마침 제네바 함대 한척이 자파(Jaffa)항에 들어와 여러 가지 물품들을 공급받을 수 있었다. 그들은 음식, 인력뿐 아니라 재목도 얻을 수 있어서 필요한 장비들을 수리할 수 있었다. 그들이 전쟁준비를 마치는 데는 거의 한달 이상이 걸렸다. 그들은 예루살렘으로 쳐들이가기 진에 몇 가지의 엉석 준비과정을 치렀다. 그들은 삼일에 한번 씩 금식을 행하고 고해성사를 행하였다. 이것을 바라보는 이슬람군들은 야유하고 침을 뱉곤 하였다. 이에 아랑곳하지 않고 십자군 원정대는 도시성벽을 기어올라 막판 공격을 성공할 수 있었다. 그들이 밤낮을 가리지 않고 싸운 결과 예루살렘을 탈환한 것은 7월 14일 아침이었다.

예루살렘을 장악한 다음 그들은 그 도시에 새로운 정부를 건설하기를 원하였다. 약 일주일이 지난 다음 십자군 원정단 지도자들은 이를 상의하기 위하여 한 군데 모였다. 그들은 거룩한 도시(the Holy City)의 지배자로 성직자만이 적합하다는 주장을 일축하였다. 그들은 약간의 논쟁 끝에 그들 지도자들 가운데 한 사람을 선출하기로 결의하였다. 라틴 예루살렘왕국(the Latin Kingdom of Jerusalem)의 첫 번째 왕으로 뽑힌 사람은 십자군 제2원정단 지도자인 갓프레이였다. 그들은 며칠 후 아르눌프 말코른(Arnulf Malecorne, d. 1118)을 예루살렘의 대주교(patriarch)로 임명하고 그리스도의 성묘(the Holy Sepulcher)와 도시의 기타 교회들을 관장하게 하였다. 아르눌프는 즉시 전 도시에 걸쳐 라틴 예배를 실시하기 위한 조처를 취하였다. 이 조치로 지방 기독교인들의 실망은 이만 저만이 아니었다. 왜냐하면 그리스, 아르메니아, 시리아 출신의 성직자들이 성묘에서 뿐 아니라 대부분의 사원과 교회로부터 쫓겨났기 때문이다. 이즈음 또 다른 위기가 그들에게 닥쳐왔다. 그것은 가공할만한 이집트군대의 침입이었다. 그러나 그들은 여러 가지 어려운 고비를 거치면서 이집트군의 공격으로부터 벗어날 수 있었다. 결국 그들은 8월 14일 승전군으로 예루살렘에 돌아왔다.

십자군의 해체와 분열

성지십자군 원정단은 그들의 임무가 이루어지자 해체하기 시작하였다. 그들의 대부분은 거의 3년 동안이나 떨어져 있었던 사랑하는 아내와 자식, 그리고 친구들을 보고 싶어 했다. 그들은 집에 돌아가기 전에 거룩한 땅을 둘러보고 요단강에 가서 목욕도 하였다. 어떤 사람들은 약간의 귀한 성골과 기념물들을 수집하였으며, 어떤 사람들은 승전의 기념으로 종려나무 잎을 구하기도 하였다. 그리하여 성지로부터 귀환하는 순례자들은 오랜 동안 파머(Palmer, 종려나무 잎을 가진 사람, 중세의 순례자)라고 불리어졌다. 그들의 귀한은 8월 말부터 시작되었다. 동부지역에 그대로 남은 사람들은 소수에 불과하였다. 그들의 일부는 레이몽과 합류하여 예루살렘으로 가는 해변 가 도시들에 머물렀다. 이들은 나중에 트리폴리 카운티로 알려진 십자군국가를 건설하였다. 트리폴리 카운티는 예루살렘 왕국과 보헤몬드가 안디옥에서 만든 공국을 서로 연결시키는 결과를 가져왔다. 그들의 다른 일부는 티그리스와 유프라테스 계곡에 공국을 만든 볼드윈과 합류하였다. 이렇게 해서 그들은 각 지역에 십자군 국가들을 만들었다. 그들은 대체적으로 1099년 이후 점차로 그들 국가들의 영역을 넓혀 나갔다.

그러나 십자군 국가에 다시 변동이 일어났다. 이들 정착민들은 기후의 변동이 심하고 기상온도가 일정치 않아 안심하고 살기가 쉽지 않았다. 그리하여 그들은 일정한 기간만 동부지역에 머물러 장사하고 대부분의 기간은 다시 본국으로 돌아가곤 하였다. 대부분의 사람들은 그들의 토지를 원주민들에 맡겼다. 그들은 주로 아랍어, 그리스어, 아르메니아어를 구사하는 원주민들로 하여금 토지를 일구고 집을 청소하고 기타 일상생활에 필요한 모든 일들을 도맡아 하게 하였다. 한편으로 그 곳에 정착한 소수의 라틴인들은 원주민들과 동화하기 위하여 그들의 언어를 배우고 그들의 전통과 습관을 익히기 위하여 안간힘을 다하였다. 그 당시 한 십자군 목사의 글을 통해보면 그들이 어려운 생활 속에서도 얼마나 열심히 적응하려고 애썼는가를 짐작할 수 있다.6)

…나는 하나님께 감사한다. 하나님이 우리 서부 사람들을 동부 사람들로 바꾸어주신 것을 감사한다. 서양인인 우리가 이렇게 동양인들로 변화되었다. 로마인이나 프랑크인이었던 사람이 갈릴리인이나 팔레스타인인으로 바뀌었다. 전에는 프랑스의 시민이나 샤르르의 시민이었던 사람이 이제는 티르나 안디옥의 시민이 되었다…우리는 재산도 많이 모았고 우리의 부인들도 이 지역 여자들로 선택하였다. 우리 고향이 따로 어디 있는가. 우리가 사는 곳이 우리 고향이다. 우리의 언어는 한 가지가 아니라 여러 가지이다..하나님은 우리를 축복하셔서 이곳에 정착하게 하셨다. 참으로 '사자와 여우가 나란히 서서 먹이를 먹을 날' 이 온 것이다…하나님이 앞으로도 우리 앞날을 지켜주시고 인도하여 주실 것으로 믿는다.

그러나 그들에게 가장 어려운 일은 이슬람들의 종교적 관습을 따르는 일이었다. 그 가운데서도 이슬람의 종교적 교리는 그들에게 매우 고통스럽게 다가왔다. 그들은 이슬람의 모스크에서 예배드리다가 도중에 쫓겨나는 일이 자주 있었다. 그들에게 모든 것이 너무나 낯설게 보였다. 그들에게서 풍기는 종교적 이방인의 냄새는 쉽게 가라앉지 않았다. 시간이 경과하면서 서서히 나아지긴

---

6) *Ibid*., pp. 283-4.

했지만 그들의 서먹한 분위기를 만회하는 일은 결코 쉬운 일이 아니었다. 그렇지만 그런대로 그들은 이슬람의 공동체 적응에 최선을 다하였다.

이러한 상황 속에서 새로 건설된 십자군국가들에 정착한 라틴인들을 중심으로 하는 새로운 움직임의 물결이 출렁대기 시작하였다. 그것은 라틴인들이 소수집단으로서 언제 어떻게 몰려날지 모른다는 위기감 때문이었다. 여기에 살상가상으로 위에서 잠간 비친 대로 그들은 말코른 대주교의 라틴예배강압으로 지방의 기독교인들로부터 지지를 받지 못하는 궁지에 몰려 있었다. 그러나 그들의 반발이 격해지자 이를 감지한 말코른은 점차로 포용정책을 전개하기 시작하였다. 이에 힘을 얻은 라틴인들은 새로운 활로를 위한 대책을 모색하기로 의견을 모았다. 그들은 드디어 지방의 기독교인들과 기타 지역의 모든 기독교인들을 아우르는 대규모 용병을 모집하려는 계획을 수립하였다. 그리고 그들은 이것을 이루기 위하여 전문적으로 훈련된 군대와 필요한 군사비용을 서유럽으로부터 얻어야 된다고 생각하였다.

기사단의 창설

그들은 12세기 초 종교적 군인집단을 만들기로 계획하였다. 그들의 소위 종교적 군인기사단(the military orders)은 수도원을 닮은 혼합조직으로 이루어졌다. 그들의 구성원들은 종교적 선서를 해야 하고, 구별된 종교관습과 일일 헌신을 정해 실천해야 하며, 선배들이 주재하는 공동체에 살아야 했다. 그러나 그들의 공동체는 수도원과는 달랐다. 왜냐하면 그들의 주요 업무는 기도가 아니라 전투였기 때문이다. 그들은 말하자면 전사들로 구성된 수도원이었다. 그 첫 번째 기사단은 1118년 창설된 템플러 기사단(the Knights Templar)이었다. 이 기사단의 구성원들은 대주교의 주도하에 하나님을 경외하고 그리스도에 충성을 맹세한 귀족계층의 종교인들이었다. 그들은 교회법에 따라 순결과 복종을 지상명령으로 삼았다. 그들의 지도자들은 집도 교회도 정해져 있지 않았기 때문에 왕이 하사한 성전 근처의 궁전에서 임시 살아야 했다. 그들의 생활비는 주로 왕, 대주교, 교회 고위성직자로부터 충당되었다.

이로부터 20년이 지난 다음 또 다른 기사단이 만들어졌다. 그것은 호스피탈러(the Hospitallers)로 알려진 성 요한 기사단(the Knights of Saint John)이었다. 주로 병원에서 일하는 남자간호원들로 구성된 이 기사단은 성지순례를 위해 결성된 다음 환자업무와 더불어 군인임무도 겸임하게 되었다. 그들은 1168년 500명의 기사들과 500명의 경기마대를 결성하여 라틴 예루살렘왕국을 도우러 출정하였다. 템플러 기사단과 요한 기사단은 12세게 말 제 3의 기사단 튜톤 기사단(the Teutonic Knights)으로 통합되었다. 이 튜톤 기사단은 주로 요한 기사단과 마찬가지로 주로 독일순례자들을 위해 결성된 병원의 간호원들로부터 기원된 집단이었다. 십자군 국가들은 이들 기사단들로부터 필요한 상비군을 제공받았을 뿐 아니라 서유럽으로부터 모금된 자금을 가지고 필요한 전투작전을 수립하고 그들 생활에 필요한 모든 것들을 충당하였다. 이러한 준비는 결과적으로 그들의 적수인 이슬람을 방어하는데 크나큰 도움을 주었다. 그들은 제1차 십자군원정의 승리를 하나님의 전적인 은혜로 돌렸다. 그들은 하나님이 자신들을 긍휼이 여겨 베푸신 기적이라고 확신하였다.

한편으로 이슬람들은 제1차 십자군의 패배에 대하여 심각하게 반성하기 시작하였다. 그들은 그들의 실패가 그들 이슬람 세력들 간의 갈등과 분열에 있었다고 분석하였다. 그리하여 그들은 우선 레반트에서 무슬림정권의 결속을 위하여 안간힘을 다하였다. 그들은 무엇보다도 무력강화에 최선을 다하였다. 드디어 모술과 알레포의 지배자 이마드 아드딘 젱기(Imad ad'Din Zengi, d. 1146)는 처음으로 1144년 라틴국가들의 취약 지역인 에데사주(County of Edessa)를 침공하였다. 그는 번개같은 전술로 에데사를 포위하고 이어 그 주변의 요새들을 손에 넣는데 성공하였다. 젱기에게 가장 절실하게 다가온 것은 라틴족에 대항할 수 있는 反십자군을 결성하는 일이었다. 아랍문인들은 라틴족을 프랑크족이라고 표현하였다. 그는 이전 이슬람법이나 신학에서 그렇게 중요하게 여기지 않았던 지하드의 개념을 다시 전면으로 부상시켰다. 그는 지하드를 그 자신의 명성 뿐 아니라 더 나아가 예루살렘과 남은 라틴족을 재정복하는 선전의 도구로 이용하였다. 그는 불행하게도 그의 과업을 수행하기 전에 그 자신의 한 종복에 의해 살해되었다.

제2차 십자군원정

1145년 가을 에데사의 함락소식이 전해지자 서유럽의 세계는 온통 경악으로 가득 찼다. 교황 유진 3세(Eugene III)는 즉각 프랑스의 루이 7세(1137-1180)에게 연락하여 대책을 논의했다. 교황은 크레보의 대수도원장 성 베르나르에 명령하여 십자군원정의 대결성을 재촉하였다. 베르나르는 프랑스, 독일, 영국으로부터 성지의 이슬람을 공격하기 위한 군대를 모집하고, 스페인과 포르투갈에 있는 무슬림지도자들을 축출하기 위한 추가군대도 충원하였다. 그는 이에서 더 나아가 독일동부국경의 슬라브족 이방인들을 몰아낼 십자군도 아울러 모집하였다. 그는 특히 슬라브족 십자군(the Slavic crusade)에게 슬라브인들 뿐 아니라 그들의 종교도 몰아낼 것을 명령하였다. 1148년 슬라브족 십자군은 궁극적으로 에스토니아, 라트비아, 리투아니아, 브란덴부르크, 프러시아의 기독교화를 목적으로 하는 정복을 시작하였다. 그들은 이베리아반도의 원정대와 마찬가지로 무슬림의 기독교개종을 우선목표로 삼았다. 이와는 대조적으로 근동의 십자군은 개종이 아니라 정복을 그들의 주목표로 삼았다. 사실상 제1차 십자군에서의 선교활동은 그리 중요한 사업이 되지 못하였다. 13세기에 가서야 비로소 개종활동이 그들의 두드러진 테마가 되었는데, 그 중심역할을 한 사람들은 성지원정단의 탁발수사들이었다.

1147-1149년 성지순례 십자군은 두 갈래로 나뉘어 싸웠는데 모두 실패로 그쳤다. 그 첫 번째 십자군은 황제 콘라드 3세(1138-1152)가 이끈 대규모 독일군이었다. 황제와 그의 군대는 수많은 순례자들과 비전투요원들을 데리고 1147년 9월 콘스탄티노플에 도착하였다. 그들은 프랑스 루이 7세의 군대와의 합류를 기다릴 틈도 없이 성급히 소아시아의 투르크군과 만나 싸우다가 패배하고 말았다. 황제와 살아남은 사람들은 다시 기회를 틈타 프랑스군과 합류하였지만 끝내 성공하지 못하고 대부분 해상으로 귀가하고 말았다. 그 두 번째 십자군은 프랑스의 루이 7세 군대였다. 이들은 이미 밝힌 바처럼 살아남은 독

일군대와 합류하여 소아시아를 간신히 넘어 1148년 1월 중순 해안남쪽의 아달리아(Adalia)에 도착하였다. 루이는 군대 일부는 바다로 가게하고 다른 일부는 육로로 쳐들어가게 남겨 두었다. 그러나 일이 여의치 않아 남겨둔 군대는 거의 전멸하고 프랑스와 독일군대도 급감하여 간신히 예루살렘으로 돌아가지 않으면 안 되었다. 성지의 라틴 지도자들도 시리아의 수도 다마스쿠스를 공격하여 전쟁을 어느 정도 만회하려고 하였으나 성공하지 못하였다. 독일과 프랑스 두 나라 왕들은 목숨만 유지한 채 살아남은 군사들과 함께 유럽으로 돌아가고 말았다.

이슬람의 재기

젱기의 뒤를 이어받은 아들 누르 아드딘(Nur ad'Din:1146-1174)은 안디옥, 다마스쿠스, 트리폴리를 포함하는 시리아 주변의 넓은 영역을 두루 정복하였다. 그는 1169년 그의 부하들 가운데 한 사람인 셔르쿠(Shirkuh)를 이집트에 파견하여 정복케 하였다. 셔르쿠는 아드딘에 대한 충성심을 계속 지닌 채 이집트를 평정한 다음 즉시 그 지역의 지배자와 가족을 죽이고 그 자신이 지배자가 되었다. 누르 아드딘은 그의 아버지와 마찬가지로 교묘히게 지하드개념을 이용하여 이슬람세계를 통일하는데 성공하였다. 그는 전쟁을 수행하면서 이슬람의 신학, 법학, 시, 교육 등을 육성하는데 심혈을 기울였다. 그가 죽은 다음 그의 부하들 사이에 심한 쟁탈전이 벌어졌다. 최후의 승자는 이집트 셔르쿠의 사촌인 살라딘(Saladin)이었다. 그는 아드딘이 차지했던 영역을 거의 다 다스리게 되었다. 그는 드디어 지중해 연안의 라틴국가들에 관심을 돌리기 시작하였다.

라틴귀족의 분열

이 당시 라틴국가들의 프랑크 귀족들 사이에는 군사적, 외교적 정책에 대한 문제로 충돌이 잦았다. 그들은 두 집단으로 나뉘어 있었는데 하나는 제1차 십자군을 따라 레반트에 정착한 유럽의 자손들이고, 다른 하나는 토지를 획득하기 위하여 최근 이민해 온 라틴귀족들이다. 전자는 초기 라틴 예루살렘 왕국과 라틴국가들의 치세 동안 정착한 귀족들로서 모험을 원치 않는 소위 "토착귀족(native barons)"이었다. 반면에 후자는 적극적인 확장을 통하여 더 많은 기회를 포착하려는 "신참귀족(newcomers)"이었다. 이러한 양자 사이의 불화로 서유럽 기독교집단의 통합은 거의 불가능한 상태였다.

설상가상으로 나이 어린 라틴 예루살렘왕국의 볼드윈 4세(1174-1185)가 불치병에 걸려 임시섭정을 선출해야할 처지에 놓였다. 그리하여 트리폴리의 레이몽 3세 백작이 그 자리에 앉게 되었다. 레이몽은 어린 왕의 가까운 친척으로 위에서 말한 소위 토착귀족(전자)의 좌장이었다. 그런데 이즈음 복잡한 문제가 발생하였다. 1180년 볼드윈의 누이 시블이 소위 신참귀족인 가이(Guy of Lusignan, d. 1192)와 결혼하여 섭정은 물론 왕위계승까지 주장하고 나선 것이다. 이로 인하여 두 집단 사이에는 긴장이 극도로 달아오르게 되었다.

그리하여 건강이 악화된 볼드윈은 할 수 없이 매부 가이를 그의 섭정으로 앉혔다. 그러나 가이의 섭정으로 라틴귀족의 양분화는 더욱 심해지고 살라딘의 침공까지 받게되자 볼드윈은 가이를 물러가게 하고 다시 레이몽 3세를 불러들였다. 그리고 볼드윈 4세는 1185년 3월 24세의 나이로 세상을 떠났다. 이와 같은 분열된 상황에서 살라딘의 승리는 불 보듯 분명하였다. 1187년에 시작된 이슬람의 침공은 예루살렘, 티베리아스, 갈릴리를 차례로 무너트렸다. 하틴(Hattin)에서의 기독교군대의 패배는 제1차 십자군이 9년 전에 만든 모든 군력을 거의 소진하게 하였다. 이슬람은 살라딘의 군대에 저항하는 소수의 정예 수비대를 제외하고는 베이루트, 자파, 아스칼론, 시돈 등 거의 모든 주요 도시들을 장악하는데 성공하였다. 트리폴리와 안디옥은 간신히 살아남았지만 그 주변의 인근지역들은 그들의 손에서 벗어날 수 없었다. 결국 살라딘은 1188년 초 라틴국가들을 고립무원의 소집단으로 남겨놓고 그의 군대와 함께 철수하였다.

제3차 십자군원정

예루살렘의 함락에 가장 충격을 받은 사람은 교황 그레고리 8세(1187-1188)였다. 그는 1188년 그 소식을 접한 다음 즉각 하나님의 징벌이 라틴국가들에

사는 사람들의 죄로 말미암아 내려졌다고 탄식하였다.7)

> 나는 예루살렘에 하나님의 심판이 내려졌다는 이 무섭고 슬픈 소식을 듣고 놀랍기 그지없다. 나는 무엇을 어떻게 할지 당황스럽다.····우리는 이 일들이 광포한 법관의 불의를 통하여 일어난 것이라기보다는 범죄한 사람들의 불의를 통하여 일어났다고 생각한다.····주님은 항상 그의 뜻에 따라 행하신다. 그러므로 우리가 무어라고 질의할 수 없다. 그의 긍휼에 의해 구원도 받고 저주도 받는 것이다···.

그레고리는 즉시 모든 신실한 교인들에게 금요일 금식을 하게 하여 죄의 용서를 받도록 명령하였다. 그리고 그는 기독교 지도자들에게 성지탈환을 위한 또 다른 원정단을 조직할 것을 호소하였다. 새로 결성된 제3차 십자군은 순조롭게 세 집단으로 구성되었다. 그 하나는 독일의 황제 프리데릭 바르바로사(Frederick Barbarossa:1152-1190)에 의해 결성된 집단이고, 다른 하나는 프랑스의 왕 필립 아우구스투스(Philiph Augustus:1179-1223)에 의해 결성된 집단이며, 그리고 또 다른 하나는 영국의 왕 리처드 리온허트(Richard Lionheart:1189-1199)에 의해 설성된 집단이었다.

이들 집단들은 군장비, 비용, 훈련, 목표에서는 별문제가 없지만 상호간에 얼마나 협력하고 단결할 수 있느냐에는 의문점들이 적지 않았다. 제일 먼저 출정한 집단은 독일군대였다. 그들은 1189년 3월 레겐부르크를 출발하여 이전대로 헝가리와 발칸을 거쳐 콘스탄티노플에 도착하였다. 그들은 소아시아에서 약간의 전투를 치루면서 1190년 승리를 거두었다. 그러나 6월 10일 불행한 일이 일어났다. 프리데릭황제가 살레프강을 건너다 익사한 것이다. 이 사건으로 독일군대의 일부는 회의를 느낀 나머지 고향으로 돌아가고 나머지 군대는 세 군데로 분산되었다. 그들은 트리폴리와 안디옥으로 향하였으나 여의치 않

---

7) *Ibid.*, p. 296.

아 아커(Acre)에서 예루살렘의 가이와 해후하여 간신히 전력을 가다듬었다.

한편 프랑스군대는 1190년 7월 베즈레이에서 영국군대와 해후하였다. 필립왕은 제노아로부터, 리처드왕은 마르세이유로부터 각각 출발하여 팔레스타인에 이르렀다. 그들은 메시나에 도착했으나 지중해에서 겨울을 만나 시칠리아에서 묵어야 했다. 그들의 연합군은 아커를 정복했으나 양자(필립과 리처드) 사이의 의견 차이로 더 이상 성공적인 전투작전을 펼 수가 없었다. 집으로 먼저 돌아가려는 필립을 막을 수 없어 영국의 리처드는 1187-88년 살라딘에 의해 정복당한 지역들을 회복하기 시작하였다. 리처드는 다음 해 다시 일련의 군사적 성공을 거둔 뒤 그가 일생 꿈꾸었던 예루살렘을 탈환하려는 계획을 세웠다. 그러나 그의 앞에는 어려운 장애물들이 도사리고 있었다. 영국에서는 그의 동생 존이 그(리처드)의 신하들과 다툼을 벌이고 있었으며, 국제적으로는 프랑스의 필립이 영국의 노르망디 공국을 침입하고 있었다. 리처드는 하는 수 없이 살라딘과 협상할 수밖에 없었다. 살라딘의 군대도 거의 5년이나 걸린 전쟁으로 지칠대로 지친지라 더 이상 지속할 수가 없었다. 그들은 3년의 휴전에 합의하였다. 살라딘은 트리폴리와 안디옥을 포함하여 티르와 자파 사이의 좁은 해협을 공격하지 않는 대신, 리처드도 이슬람상인들의 무역활동을 방해하지 않기로 약속하였다. 그리하여 양측은 모두 무사하게 마음대로 팔레스타인과 예루살렘, 기타 사원들을 여행할 수 있게 되었다.

제3차 십자군은 한마디로 이야기해서 절반의 성공을 거둔 전쟁이었다. 비록 상당히 축소는 되었지만 재건된 라틴왕국은 그대로 남겨졌다. 예루살렘은 이슬람의 손에 들어갔지만, 재정복된 해변지역의 도시들은 라틴왕국에 시리아와 팔레스타인의 기지를 제공해 주었다. 이들 도시들의 창고와 항만들은 서유럽의 상인들에게 여러 가지의 편의를 제공하였다. 제노아, 피사, 베니스로부터 온 상인들은 이들 도시들에 식민지들을 건설하여 자국의 법과 관습을 그대로 지켰고 교회를 건설했으며, 그리고 서구식 제도들을 그대로 이식할 수 있었다. 그들은 각종 상업행위에 대한 관세도 부과하여 본국정부의 재정과 군대를 도울 수 있었다. 그리하여 양측의 사람들은 전쟁이 아니라 이러한 계속된 평화에 의해 성지순례를 비롯하여 각종 문물교류를 누릴 수 있게 되었다.

제4차 십자군 원정

이와 같은 계속된 평화에도 불구하고 서구인들은 예루살렘과 레반트의 성지회복에 대한 꿈을 접지 못하였다. 새로 교황에 들어선 인노센트 3세(1198-1216)는 1198년 8월 대주교들, 주교들, 수도원장들에게 편지를 발송하였다. 그의 편지내용은 클레몽에서의 우르반 2세의 메시지내용과 거의 비슷하였다. 그는 무슬림 치하에서의 예루살렘의 고통을 호소하고 십자군이 재소집을 간절히 종용하였다. 그는 성지 기독교 군주들의 사치와 범죄로 인하여 전쟁에서 패배한 것을 인정하고 그들을 응징하였다. 그는 전체 기독교 고위성직자들에게 다시 한 번 원정군을 조직해줄 것을 호소하였다. 그 원정대의 비용은 교황청의 재정으로 충당할 것이며 출정군의 면죄부와 그들 가족들의 보호는 교황청이 책임질 것이라고 선언하였다.

인노센트의 적극적인 호소로 제4차 십자군은 서서히 움직이기 시작하였다. 교황은 일을 더욱 신속히 추진하기 위하여 프랑스와 영국의 왕들에게 접근하여 협조를 당부하였다. 드디어 1201년 그의 노력은 실현되었다. 인노센트와 그의 보좌관들은 이집트를 그들의 첫 번째 공격목표로 삼기로 정하였다. 그 당시 이집트는 이슬람세력의 주요 근거지였기 때문이다. 그들은 이집트를 육로가 아닌 해로로 접근하기로 하였다. 이를 위해서는 함대가 필수적으로 필요했기 때문에 베니스의 협력을 얻지 않으면 안 되었다. 어려운 협상 끝에 베니스정부는 94,000 실버 마르크를 받는 조건으로 함대와 말, 장비 등을 공급하기로 결의하였다. 그러나 실제로 1202년 4월 베니스로부터 공급받은 것은 전체의 3분의 2에 불과하였다. 그들은 60,000마르크만을 베니스에 주기로 하였다. 이에 베니스는 정복을 마친 다음 그들에게 아드리아해 동쪽의 자라(Zara) 도시를 넘겨줄 것을 제안하였다. 격렬한 논쟁을 거치면서 그들은 하는 수 없이 이에 동의하기로 정하였다. 그들이 이집트에 이른 것은 11월이었다. 그런데 다시 새로운 문제가 일어났다. 그것은 콘스탄티노플에 혁명이 일어나서 황제가 폐위된 것이다. 이에 물러난 황제의 왕자가 베니스에 접근하여 자기를 황제의 자리에 올려달라는 것이었다. 그 대신 베니스에 대한 십자군의 빚을 다 갚아주고 이집트원정에 필요한 비잔틴군대도 결성해 준다는 것이었다.

이 제안에 대하여 대부분의 베니스 지도자들은 찬성했지만 십자군지도자들은 심한 갈등을 겪었다. 결국 십자군은 이 제안을 따랐고 일부는 실망한 나머지 흩어져 집으로 돌아가기도 하였다. 나머지 십자군은 1203년 4월 콘스탄티노플로 향하였다. 그들은 협상을 제안한 왕자(자칭 알렉시우스 4세)의 말대로 도시에 가까스로 들어갔으나 약속을 지킬 수 없는 상황이었다. 왜냐하면 혁명정부가 알렉시우스 5세를 내세워 약속을 파기하려고 했기 때문이다. 십자군은 이에 도시(콘스탄티노플)를 점령하고(1204년 4월), 그들의 정부를 건설하였다. 한마디로 말하여 제4차 십자군에 의한 콘스탄티노플 정복은 레반트 라틴국가들에게 어떤 도움도 주지 못하였다. 그들은 긴 기간 동안 비잔틴과 다투고 협상하느라 시간만 낭비하고 말았다. 비잔틴이 종종 라틴국가들에게 지원을 해주긴 했지만 결과적으로 십자군 세력의 약화만 가져왔을 뿐이다.

후기 십자군

제4차 십자군 이후에도 인노센트 3세 교황과 그 후계자들은 성지 십자군의 꿈을 버리지 않았다. 제5차 십자군(1218-1221)은 제4차 때와는 달리 실제로 이집트를 공격하였으며, 잠시 동안이지만 다미에타(Damietta) 시를 점령하였다. 독일의 황제 프리데릭 2세(1197-1250)가 모든 십자군을 지휘하였다. 그는 1215년 십자군을 장악했지만 실제로는 13년 동안이나 출정을 지연시켰다. 이로 인하여 그는 출정 직전 교황 그레고리 9세(1227-1241)에 의해 파문되었다. 프리데릭은 성지에 도착하자 전쟁보다는 외교정책에 의해 문제를 해결하려고 하였다. 그는 1229년 2월 이집트의 술탄 알 카밀(1218-1238)과의 조약으로 예루살렘을 장악할 수 있었다. 그러나 그는 정작 라틴국가들의 귀족들로부터 파문당한 신분이라는 이유로 냉대를 받았다. 교황은 이를 이용하여 남부 이탈리아와 시칠리아에 있는 그의 영역을 공격하였다. 이에 프리데릭도 할 수 없이 아커

시민들의 야유에도 불구하고 1229년 5월 발길을 이탈리아로 돌려야 했다.

1248년 또 다른 십자군원정대가 결성되었다. 그것은 이 때 이집트와의 평화조약이 끝나 무슬림의 군대가 예루살렘을 재점령했기 때문이다. 1248년의 십자군은 프랑스의 루이 9세(1226-1270)에 의해 지휘되었다. 루이는 이전 십자군들의 전철을 잘 연구하여 적절한 작전을 구사하였다. 그는 이집트를 공략하고 이어 1249년 다미에타를 성공적으로 점령하였다. 그러나 그는 카이로를 포위하기 위해 남쪽으로 진군을 계속하는 과정에서 우군 측면에 허를 찔리는 과오를 저지르고 말았다. 이 실수로 이집트군은 나일강으로 몰려와 십자군의 많은 사람들을 죽이고 포로로 잡아갔다. 루이는 그들 포로들을 석방하는 대가로 프랑스 왕국의 1년 예산에 해당되는 액수의 보상금을 약속하였다. 그는 대가를 지불한 다음 남은 군인들을 데리고 아커로 갔다. 그는 라틴국가에서 거의 4년을 머물러야 했다. 그는 1254년 프랑스로 돌아갔다. 그는 그 후에도 여러 차례에 걸쳐 성지원정을 시도했으나 모두 실패로 끝났다. 그는 마지막으로 1270년 십자군을 결성하여 사르디니아를 거쳐 튀니지로 진군했다. 그러나 그는 그 곳에서 병에 걸려 1270년 8월 25일 세상을 떠나고 말았다.

루이의 1270년 십자군은 성지탈환을 위한 최후의 십자군이 되었다. 이후 라틴국가들은 독자적으로 이슬람을 방어하지 않으면 안 되었다. 그들은 이집트와 시리아의 맘루크 술탄의 침입을 피할 수가 없었다. 그들의 도시들은 하나하나 이슬람의 손으로 넘어가고 말았다. 1291년 5월 아커 도시마져 맘루크 술탄 알 아슈라프 카릴(1290-1293)에게 넘겨졌다. 유명무실한 예루살렘의 왕 헨리 2세(Henry II of Lusignan:1286-1291)는 키프로스로 도망가고, 결국 1099년 제1차 십자군 말엽에 이루었던 라틴국가들은 그 막을 내리고 말았다.

십자군의 유산

십자군의 망령은 아커의 멸망 이후에도 수세기 동안 지중해세계를 떠나지 않고 맴돌고 있었다. 키프로스의 지배자들은 수세대 동안 여전히 예루살렘 왕의 지위에 계속하여 영향을 미치려고 하였다. 로드스를 1523년까지, 그리고 말타를 1798년까지 다스렸던 호스피탈러 기사단은 그들 스스로를 십자군전통의 계승자로 자처하였다. 그리하여 21세기까지도 "십자군"이란 말은 이슬람세계에서 증오, 공포, 혐오를 뜻하는 말로 통하였다.

그러나 십자군은 서유럽에 적지 않은 유산을 남겼다. 그들의 목표, 범위, 특성은 역사를 통하여 지속적인 변화와 팽창을 가져다주었다. 주지하는 바와 같이 십자군은 원래 성지를 군사적으로 정복하려는 운동이었다. 그러나 차츰 예루살렘, 베들레헴, 기타 예수의 생애와 그의 제자들과 관련된 지역들을 두루 장악하려는 서유럽의 운동으로 바뀌었다. 12세기 초기에 이르러 교황들은 스페인과 포르투갈의 무슬림을 물리치려는 운동으로 십자군의 개념을 넓게 생각하였다. 12세기 중엽 제2차 십자군이 슬라브족과 중부 유럽의 이방인들과 싸울 때는 십자군의 개념은 더 넓게 사용되었다. 13세기 십자군은 브란덴부르크, 프러시아, 그리고 발트제국(에스토니아, 라트비아, 리투아니아)에 대한 독일십자군의 정복운동을 뜻하는 개념으로 넓어졌다.

13세기 초엽 교황 인노센트 3세가 프랑스 남부의 카타리파(the Cathars)와 알비파(the Albigensians)로 알려진 이교도들을 치기 위하여 십자군을 결성하면서부터는 그 개념의 뜻은 더욱 달라지게 되었다.[8] 인노센트 3세는 교황정책에 반대하는 황제의 청직이 마크와드(Markward of Anweiler)와 같은 기독교인들에 반대하는 십자군을 요청하기도 하였다. 그의 후계자들도 프리데릭 2세의 아들 시칠리아의 주지사 만프레드(Manfred:1250-1258)와 아라곤의 페드로 3세(Pedro III:1276-1285)를 십자군의 표적으로 선언하고 나섰다. 16세기와 17세기의 교황들은 여전이 아메리카, 필리핀, 기타 새로 발견된 지역에서의 스페인과 포르투갈의 정복전쟁을 십자군으로 간주하였다. 이와 같이 십자군은 점차로 하나의 전진적 사회조직으로 발전하게 되었다. 그리하여 십자군은 종교적 교황정책을 용이하게 만들어줄 뿐 아니라 더 나아가 유럽 지배자들의 팽창주의 계획을 편

---

[8] 카타리파(the Cathars)는 11-13세기경 엄격한 금욕주의를 주창한 이원론에 기초한 중세 이교파의 하나이며, 알비파(the Albigensians)는 11세기 프랑스 알비에서 일어난 로마 교황에 반대하는 종파의 하나이다.

하게 만들어 주는 메커니즘으로 변신하게 되었다.

B. 스페인: 종교적 공존과 갈등

유대교, 기독교, 이슬람이 서로 종교적 공존관계를 가지게 된 곳은 중세의 스페인이었다. 스페인은 말하자면 종교적 관용과 신앙적 상호협력, 그리고 종교적 불관용과 종교적 박해의 실험장소가 되었다. 주지하는 바와 같이 스페인의 남부는 오랜 세기동안(711-1492) 이슬람에 의해 지배된 반면에, 그 북부는 기독교의 통치하에 놓여있었다. 이슬람의 지중해세계에서처럼, 이슬람 스페인(아랍어로 '안달루스<al-Andalus>'라고 부름)에 사는 소수집단은 유대인과 기독교인이었지만, 반대로 기독교 카스틸라와 아라곤 왕국에 사는 소수집단은 이슬람인과 유대인이었다. 이 양쪽의 어느 지역에서나 종교적 소수집단에 대한 종교적 관용과 박해는 병존하였다.

한 가지 명심할 일은 이 시대에 있어서 종교적 관용과 평등의 개념은 오늘날과는 다르다는 사실이다. 중세인들이 아마도 "모든 사람은 평등하게 태어났다"는 현대적 개념을 이해하기는 힘들 것이다. 그들은 종교에서 뿐 아니라 정치, 사회, 경제에서도 그들의 차별을 이상하게 받아들이지 않았을 것이다. 그들의 소수집단은 반드시 압박을 받은 것은 아니었고, 자주 번영하기도 하였다. 특별히 이 경우는 이베리아반도에 거주한 유대인에게 해당된다. 유대인들의 생활은 항상 다수집단에 의해 눌리긴 했지만, 그들은 경제적, 지적, 정치적, 전문적 분야에 있어서 특정의 위치를 차지할 수 있었다.

이슬람 스페인: "안달루시아"

중세초기 스페인은 서고트족에 의해 지배되어 있었다. 이 아리안족의 기독교집단은 5세기 로마의 지배로부터 이베리아반도를 빼앗아 독차지하였으며, 그리고 그들은 6세기 가톨릭으로 개종하였다. 다시 말해 서고트족의 치하에서 스페인은 에스파니아·로마인, 고트족, 유대인으로 혼합된 민족들로 구성되었다.

스페인의 정치와 종교의 균형이 극적으로 깨진 것은 8세기경이었다. 그것은 이슬람이 711년 근동과 북아프리카로부터 이베리아반도로 쳐들어왔기 때문이다. 그들은 서고트족의 마지막 지배자를 무너트리고 수도 톨레도(Toledo)를 점령하였다. 그들은 다음 4세기 동안 때로는 하나의 통합왕국(수도는 코르도바, Cordoba)으로, 때로는 여러 작은 도시 국가들로 반도를 다스려 나아갔다. 후자(작은 도시국가들)의 대표적인 예가 바로 11세기의 그라나다(Granada)였다. 이 도시지역은 지리드(Zirids)로 알려진 버버(Berber) 왕조에 의해 다스려졌다. 이 지역은 유대인의 상황을 아는데 매우 중요하다. 이곳에서 가장 중요한 유대인 행정가는 사무엘 이븐 나그렐라(Samuel ibn Naghrela)와 그의 아들 요셉 이븐 나그렐라(Joseph ibn Naghrela)였다. 이들은 지리드 궁전의 주요 권력자들로서 인기도에 의존하여 그들의 자리를 유지하였다. 유대인들은 안달루시아에 살면서 그들의 생활과 행동들을 히브리어와 아랍어로 저술하였다. 이와는 대조적으로 이슬람 지역(안달루시아)에 거주한 기독교인('모사라베<mozarabs>'라고 부름)에 대한 기록은 많지 않다. 안달루시아 기독교인들에 대한 순교행적들이 여기저기서 나타날 뿐이다. 이후 모사라베들은 서서히 사라져버렸다.

그러면 사무엘 이븐 나그렐라(993-1056)에 대하여 잠시 살펴보도록 하자. 그는 11세기 그라나다 유대공동체의 가장 위대한 첫 번째 시인으로 소위 "히브리 황금기"의 유대공동체 문화를 일으킨 문예인이었다. 그는 히브리 성경을 인용하면서 세속적이고 종교적인 시들을 만들기 시작하였다. 그는 시를 통하여 그의 시대의 사건들과 열정을 대변하였다. 그는 시인으로서 뿐 아니라 무슬림 그라나다 유대인공동체의 정치인으로서도 유명하였다. 그와 그의 아들(요셉 이븐 나그렐라)은 지리드왕조의 고급관리(vizier)로 일하였다. 그는 특히 "조정-랍비(courtier-rabbi)"로서 이슬람과 유대공동체에서 중요한 지위를 담당하였다. 이 당시 안달루시아 이슬람지배자들은 유대행정가들을 자주 기용하였는데, 그 이유는 그들이 그들의 정치에 위협을 주지 않았기 때문이다. 유대인들도 물론 이에 상응하여 상당한 도움을 받았다. 그러나 유대인들이 경우에 따라 이슬람에 불만을 터트릴 때는 그들의 입지도 위험하게 되곤 하였다. 1066년 요셉 나글레라가 직위에서 물러났을 때 일어난 유대인들의 학살이 그 대표적인 사건이었다. 이슬람과 유대인관계 이외에도 비이슬람들의 규례에 대해서도 몇 가지의 자료가 나와 있다.9)

기독교의 재정복

기독교 왕국은 9세기부터 반도 북부를 중심으로 모습을 드러내기 시작하였다. 그 영역도 점차로 남부로 넓혀갔다. 11세기를 중심으로 일어난 이 정복을 "재정복(reconquest, reconquista)"이라고 부른다. 왜냐하면 그들의 입장에서 이것은 8세기 이슬람에 의해 빼앗긴 서고트족의 고토를 다시 찾는 일이었기 때문이다. 이 재정복 사업은 카스틸라의 알폰소 6세(Alfonso VI)에 의해 톨레도가 1086년 점령된 후 11세기 말엽에서 12세기 사이에 일어났다. 우연하게도 이 때는 예루살렘에 십자군이 출정한 시기와 거의 일치하였다. 13세기는 참으로 중요한 일대 전환점을 이룬 시기였다. 기독교군대는 1259년경 코르도바, 세비야, 바렌치아와 같은 중요한 도시들을 포함하는 반도 남부 대부분을 정복하였다. 이후 그라나다 왕국만이 이슬람의 손에 남아있었다. 그라나다는 1492년 카스틸의 이사벨라여왕과 아리곤의 페르디넌드왕에 의해 정복될 때까지 스페인의 이슬람 마지막 교두보로서의 역할을 유지하였다.

정복에 의한 경계변경은 기독교, 이슬람, 유대교 사이의 새로운 균형관계를 만들어 주었다. 북부가 점령된 다음 지방의 이슬람들은 기독교의 행정체제 아래 놓이게 되었다. 일부 이슬람들은 기독교의 지배를 피하여 그라나다나 북아프리카로 옮겨갔으나 대부분의 이슬람들은 그대로 남아있었다. 그러나 유대인의 경우는 사정이 달랐다. 왜냐하면 다수의 유대인들은 이미 12세기 박해를 피해 안달루시아에 정착했기 때문이다. 이들은 거의 대부분 북부의 기독교국

---

9) 이슬람과 유대인 사이의 싸움은 사무엘 나그렐라의 서술("the Battle of Alfuente")에 잘 나타나 있으며, 세비야아에서의 비이슬람 규례도 12세기 자료(Hisba)에 잘 나타나 있다(Rafael Altamira, tr., Muna Lee, *A History of Spain*, New York, 1976, 참조바람).

에 합류하면서 유대공동체를 형성하면서 살았던 사람들이다. 그리하여 13세기 말엽 카스틸라와 아라곤의 왕들은 기독교인들과 더불어 이슬람들과 유대인들까지 지배하게 되었다. 이들 왕들은 새로 법을 제정하여 이들(유대인, 기독교인, 이슬람)이 함께 종교적으로 공존할 수 있도록 허락하였다. 이들 종교인들은 이후 오랜 동안 평화롭게 함께 살게 되었다. 역사가들은 이 상황을 뜻하는 말로 스페인어 *conviventia*('living together')를 사용하였다. 이 말은 원래 초기 안달루시아의 종교적 공존을 나타내는데서 기원하였다.

13세기의 상황

그러면 재정복 이후 13세기 이슬람, 유대인, 기독교인의 관계는 어떻게 전개되었는가. 13세기 초 카스틸라와 아라곤의 군대가 남쪽으로 내려가 안달루시아를 점령하면서 기독교의 영역은 극적으로 팽창하였다. 카스틸라의 페르디난드 III세는 1236년 코르도바를, 그리고 1248년 세비야를 점령하였다. 동쪽에서는 아라곤의 제임스 I세가 말로르카(1229)와 발렌치아(1238)를 정복하였다. 13세기 중엽에는 나스리드왕조에 의해 다스려진 작은 남부의 그라나다왕국만이 이슬람의 손에 남아있었다. 그리하여 정복당한 대부분의 이슬람들은 나스리드 그라나다로 피난가거나 아니면 북아프리카와 중동으로 이전하였다. 그럼에도 불구하고 세비야, 발렌치아 등지의 이슬람인들은 그대로 기독교의 지배하에 남아서 살았다. 그러나 이들의 생활은 결코 쉽지 않았다. 아주 흔한 경우는 아니지만 그들 일부는 시골이나 도시의 특정구역으로 옮겨 새로운 둥지(*morerias*)를 만들기도 하였다. 시간이 지나면서 기독교 스페인에 사는 이슬람들은 *mudejars*라고 칭하게 되었다.

한편으로 기독교 스페인에 사는 유대인들의 상황은 어떤 면에서는 이와 비슷하였으나 아주 다른 면도 적지 않았다. 그들은 서고트족 이래 기독교 스페인에 유대인공동체를 이루고 살았던 사람들로, 그 대부분은 13세기의 핍박을 피해 안달루시아로부터 기독교 스페인으로 이전한 사람들이었다. 이러한 연유로 그들은 북부 도시를 중심으로 이미 안정된 생활을 이루고 있었다. 그들의 일부는 물론 이슬람과 같이 따로 분리된 도시(juderia, calle)를 이루고 살았다. 그들은 기독교 지배에 아주 친숙해 있었으며 카탈로니아어를 알고 있었기 때문에 이슬람인들보다 더 많은 직업을 얻을 수 있었으며 더 많은 경제적 이득을 얻을 수 있었다. 그들은 전문적인 직업(의술 등)과 상업에 종사함으로써 기독교인들과 더 많은 관계를 갖게 되었다. 그들은 궁정에도 고용되었다. 이것이 농사나 노동일에 종사해야하는 이슬람인들(mudejars)의 경우와 달랐다.

이슬람과 유대인은 언제나 기독교사회에서 제2급 시민으로 살아야했다. 그들의 생활과 재산은 일반적으로 왕에 의해 보호를 받았으며, 그들이 종교도 허락되었으나, 기독교인들과 접촉하는 사회적 기회는 심한 제한을 받아야했다. 이와 같은 그들 사이의 불안한 균형은 그런대로 14세기 말엽까지 지속될 수 있었다. 그러나 1391년의 유대인학살과 15세기의 재정복의 재발은 그들의 신앙과 관계에 있어서 새로운 국면을 일으키게 하였다. 그것은 바로 종교재판을 통한 이베리아반도로부터의 유대인과 이슬람인의 축출이었다. 이슬람인, 유대인, 기독교인 3자 관계에 대한 자료들은 이 시기(13세기)의 상황을 잘 말해주고 있다.10)

종교재판과 축출

위에서 밝힌 바와 같이 15세기 후엽은 스페인에 새로운 국면을 가져다준 시기였다. 그것은 바로 스페인에 있는 이슬람, 유대인, 기독교인 사이의 신앙적 종교적 균형관계가 깨지는 것을 뜻한다. 1391년 대학살 이후에 일어난 유대인들의 개종은 15세기 경 소위 conversos라고 일컫는 "새로운 기독교인들"의 공동체를 형성케 하였다. 처음에 이들 새로운 기독교인들은 기독교공동체 안에 그대로 수용되었지만, 차츰 시간이 경과함에 따라 그들의 신앙문제들에

---

10) 첫 번째는 이슬람 발렌치아의 굴복(Charter to Valencia City, 1238, Charter to the Muslims of Eslida and Five Other Villages, 1242), 두 번째는 카스틸라와 알폰소 X세 치하에서의 이슬람과 유대인의 법적 지위(the Siete Partidas), 그리고 세 번째는 알폰소 X세 궁전에서 쓰여진 두 시들(the Cantigas de Santa Maria)이다.

관해 의문을 가지기 시작하였다. 대부분의 개종자들과 그들의 자손들은 유대식 관습('유대화, Judaizing'라 일컬음)을 선호하였다. 그들은 그들의 유대관습으로 인하여 비난을 면치 못하였다. 그리하여 이들 유대관습을 따르는 혐의자들을 가려내기 위하여 소위 종교재판(the Inquisition)이 실시되었다. 이 종교재판과정은 새로운 것이 아니라 13세기 이래 이교도들에 대해 실시해오던 재판을 좀 더 엄격하게 고친 것이었다. 혐의자들은 그들의 이교교리를 고백하고 회개하여야 했으며, 만약 죄가 발견될 경우 그 해당자는 징벌을 받거나 처형되었다. 그 가장 대표적인 예가 인내스 로페즈의 심판이었다.[11] 종교재판은 원칙적으로 개종에 그 목적이 있었지만 유대인에게는 해당되지 않았다. 기독교인들은 유대인들이 개종자의 정당한 기독교신앙을 오염시키는 모델을 만들지 않을까 심히 우려하였다. 이러한 두려움이 바로 1492년 카스틸라와 아라곤으로부터, 그리고 이후 전체 이베리아반도로부터 모든 유대인들을 축출하게 되는 결과를 만들어 냈던 것이다.

다시 한 번 정리해보자. 스페인은 8-15세기까지 이슬람에 의해 지배되다가, 1492년 페르디난드와 이사벨라에 의해 탈환되었다. 이후 이베리아반도는 기독교 왕국으로서 이슬람과 유대인을 포함하는 영역이 되었다. 그러나 이러한 종교적 공존의 다양성은 상당한 대가를 치러야 했다. 비록 소수집단이 번영하는 관용의 긴 기간도 있었지만, 반면에 불관용과 박해의 기간들도 있었다. 15세기를 시작으로 스페인의 기독교인, 이슬람인, 유대인 사이의 관계에는 중대한 변화가 일어났다. 페르디난드와 이사벨라는 종교재판과 축출의 이중적 과정을 통하여 카스틸라와 아라곤 왕국의 유대인들에게 치명적인 불관용의 굴레를 씌워주었다. 기독교사회와 분리되어 살았던 이슬람 가운데 일부 사람들(mudejars)은 얼마간 이에서 제외되기는 했지만, 오래 가지는 못하였다. 아라곤의 이슬람

---

11) Ines Lopez는 1464년에 태어난 구두제조공의 딸로 29세에 과부가 되었다. 그녀는 두 번(1495-1496, 1511-1512)에 걸쳐 종교재판을 받았다. 그는 징벌을 받고 풀려난 다음에도 거의 15년간 감금상태에서 살아야 했다. 그의 가족들도 형벌을 받았다. 그의 자매 Leonor는 종신형에, Violante는 1494년 화형에 처해졌다.

은 1525년 개종하거나 축출하도록 강압되었으며, 1609년에는 개종된 이슬람인(moriscos)까지도 쫓겨나지 않으면 안 되었다. 그리하여 17세기 초엽 이베리아반도는 전적으로 기독교인의 영역이 되었다.

C. 발칸반도:기독교와 이슬람

기독교, 유대교, 이슬람의 종교적 공존이 이루어졌던 또 하나의 장소는 발칸반도였다. 그 가운데서도 기독교와 이슬람은 15세기에서 20세기에 걸쳐 주도권을 놓고 치열한 싸움을 펼쳤다. 발칸반도는 일반적으로 세계전쟁의 화약고라고 불리만큼 지리적으로, 인종적으로, 역사적으로, 군사적으로, 정치적으로, 사회적으로, 그리고 종교적으로 복잡한 이해관계가 얽힌 중요한 지역임에 틀림없다. 그 가운데서도 가장 어렵고 간과할 수 없는 문제는 종교와 연루된 문제들이었다. 그러면 먼저 발칸반도의 특성부터 살펴보도록 하자.

"발칸반도"의 특성

일반적으로 "발칸반도(the Balkans)"는 혼란, 무질서, 폭력, 야만, 원시주의, 분열, 후진과 같은 부정적 의미의 "소국분할화(Balkanization)"를 나타내는 말의 대명사로 통해왔다. "발칸반도"는 20세기에 비로소 사용된 용어로서, 종교적, 민족적, 정치적 다양성을 가진 지역으로 널리 인식되어졌다.

발칸반도를 연구한 대표적인 역사가는 Mark Mazower이다. 그러면 발칸반도에 관한 그의 설명을 살펴보자.12) 지리적으로 아드리아해와 흑해 사이에 있는 "발칸"은 원래 알프스로 뻗힌 산맥을 뜻하는 말이었다. 이 지역은 오토만시대(15-20세기 초)까지 "Rumeli(로마와 비잔틴의 땅)"라고 불리었다. 이곳은 오

---

12) Mark Mazower, *The Balkans: A History* (New York, 2000), *RFWC*, 참조바람.

토만 터키의 지배하에 있었기 때문에 유럽인들은 "유럽안의 터키(Turky in Europe)"라고 불렀다. 이 지역이 정치외교적으로 쟁점화 된 것은 19세기말에서 20세기 초 소위 슬라브 민족주의의 대두로 말미암은 것이다. 더군다나 그리스, 불가리아, 세르비아, 루마니아, 몬테니그로, 알바니아와 같은 국가들의 등장으로 이 지역은 모든 세계인들의 관심을 집중시켰다. 사람들은 "유럽안의 터키" 대신 차츰 "발칸(Balkan)"이라는 말을 쓰게 되었다. 그러다가 급기야 제1차 발칸전쟁(1912)과 제1차 세계대전(1914)의 발발로 인하여 역사가들은 이 지역의 정치적 변화무쌍을 의미하는 말로 "발칸반도(Balkan Peninsula, the Balkans)"라는 명칭을 사용하게 되었다.

이 지역은 근대에 들어와서 서양사상과의 깊은 접촉으로 긴장을 가지게 되었는데, 그 하나가 그리스정교와 로마 가톨릭과의 긴장이요 다른 하나가 기독교와 이슬람과의 긴장이다. 이미 앞에서 설명한 바와 같이, 전자는 1204년 십자군의 콘스탄티노플 정복을 통하여 이루어진 사건이다. 전자보다 더욱 심한 긴장을 가져온 것은 후자이다. 더 넓게 바라본다면 기독교와 이슬람은 거의 1000년 이상이나 오랜 갈등을 겪어왔다. 오토만제국이 쇠퇴하면서 그들의 세계는 독재, 타락, 후진을 나타내는 대명사로 일컬어지게 되었다. 더욱이나 발칸반도는 높은 산, 거친 기후, 숨겨진 계곡들, 고립된 마을들, 그리고 지리적으로 오토만제국과 유럽의 변두리라는 지정학적 환경조건으로 경이로운 장소로 세상에 알려지게 되었다. 여기에 동양(아시아)과 서양의 혼합으로 이루어진 부조화(피부색깔, 언어, 관습, 전통 등)는 수많은 사람들을 당혹하게 만들고도 남음이 있었다. 그 가장 커다란 원인으로 거론된 것은 말할 것도 없이 이슬람이었다.

그리하여 19-20세기에 들어오면서 서양인들은 새로운 발칸의 국민국가들을 중심으로 유럽의 근대화를 이룩할 수 있다는 종교적 인종적 착시에 빠지게 되었다. 기독교 유럽은 드디어 이슬람을 축출하기 시작하였다. 그들은 마치 유대인을 스페인으로부터, 프로테스탄트를 프랑스로부터 내어 쫓은 것처럼, 발칸을 기독교영역으로 형성시키기 위하여 모든 이슬람을 내몰았다. 통계에 의하면, 1821-

1922년 동안 500만의 이슬람들이 발칸반도와 흑해지역으로부터 축출된 것으로 나타나있다. 그 후 1990년도와 20세기에 일어난 보스니아-헤르체고비나에서의 이슬람인종청소는 너무나 잘 알려진 악명높은 사건이다. 그리하여 이후 서양인들은 점차로 인종과 문화, 종교, 전통, 정치에 관해 보다 폭넓은 시야를 갖기 시작하였다. 다시 말해 그들은 발칸제국을 후진성과 주변성, 야만성, 저주성이라는 편견에서 벗어나 올바른 그들의 인류성, 도덕성, 인간본성이라는 보편적 관점에서 바라보게 되었다.

오토만제국 이전

오토만제국 이전의 발칸반도는 소위 "비잔틴 공화국(the Byzantine commonwealth)"에 속해 있었다. 발칸인들은 약간의 예외는 있었지만 대부분 동부 정통교회(the Eastern Orthodox Church, 그리스 정교회)에 의해 기독교화 되어있었다. 주지하는 바와 같이 동부 정통교회는 비잔틴제국의 그리스어를 말하는 사람들로 구성되어있는 교회로, 4세기 이래 콘스탄티노플을 중심으로 하는 영적 보편적 지도력을 가졌다. 로마 가톨릭교회와 그리스 정교회는 긴장과 라이벌의 긴 역사를 공유하고 있었다. 그들은 콘스탄티노플이 로마제국이 수도("새 로마")로 등징한 이래 라틴어와 그리스어를 구사하는 두 영역 사이의 깊은 간극을 체험하지 않으면 안 되었다. 그들 사이의 간극의 결과는 급기야 삼위일체와 교황권과 같은 중세초기의 교리문제들로 비화되었다. 전자(삼위일체)에 관하여, 서부 로마 가톨릭교회는 단독으로 특정의 가설들을 니케아 종교회의(381)를 통하여 결정하였으며, 후자(교황권)에 관해서도 로마 가톨릭교회 단독으로 교황에게 세속적인 권한과 교회적인 권한을 모두 다 부여하려고 하였다. 이에 대하여 동부 정교회는 강력하게 반발하였다.

동부 정교회는 특히 교황권에 관하여, 교황은 다른 교부들보다 조금 위에 있을 뿐 절대적 권력은 불가하다고 맞섰다. 동부 정교회는 가톨릭과는 대조적으로 동등한 영적 권위를 공유한 5개의 대교구(patriarchates)로 분화시켰다. 결국 1054년 이 문제에 대한 논쟁은 상호 파문으로 번지는 정교-가톨릭의 대분열(the Orthodox-Catholic schism)로 치닫게 하였다.[13] 그러나 양자가 다시 돌아올 수 없는 치명적인 관계로 전환된 것은 위에서 비친 대로 1204년 가톨릭군대가 콘스탄티노플에 들어와 노략질했기 때문이다.

그렇다면 9세기에 시작된 선교활동 이래 발칸반도에 지대한 영향을 끼친 동부 정교회의 종교와 문화는 도대체 어떤 특성을 가진 것인가. 가장 중요한 그들의 선교활동은 성경의 지방 슬라브어 번역사업이었다. 이 사업은 데살로니카의 수사형제(Cyril, Methodius)에 의해 이루어졌다. 이것은 발칸의 슬라브어 지역을 그리스정교의 주요 발판으로 전환시켰을 뿐 아니라 슬라브족의 국가적 종교를 만들어주는 결실을 맺게 하였다. 불가리에는 독립적 대주교구가 927년에, 세르비야에는 867년과 874년 사이에 만들어졌다. 주로 라틴어를 사용하는 루마니아에는 14세기경에 형성되었다. 모든 사람들은 각각 지방어를 말하면서 동시에 보편적 통일의 감정을 감추지 못하였다. 그들은 지역에 관계없이 신앙과 예배의 공통적인 패턴을 준수하였다. 그들은 언어, 전통, 혈통을 뛰어넘어 종교로 하나가 될 수 있었다. 그리하여 그들은 11세기경 비잔틴제국으로 온전히 융합하게 되었다. 그들 가운데는 물론 여러 가지의 잡음과 갈등이 없었던 것은 아니지만 이러한 문제들을 해결할 수 있었던 것은 말할 것도 없이 그리스 정교였다. 14세기 헝가리와 크로아티아가 로마 가톨릭으로 돌아갔으나, 그 나머지 발칸반도의 대부분은 콘스탄티노플의 정교회에 그대로 남았다.

비잔틴 정교회의 특성은 한 마디로 가르침과 전통의 통일성(the uniformity)이라고 요약할 수 있다. 대중종교는 예외이지만, 적어도 비잔틴 정교회는 신앙의 동질성에 어긋나는 것은 일체 허용하지 않았다. 그들은 불가분의 통일성을 최고의 성스러운 미덕으로 삼았다. 그 대표적인 특징의 하나가 바로 수도원제도(monasticism)였다. 이 수도원 조직은 843년 성상금지령이 파기되면서 이에

---

13) 동로마 레오 3세의 성상금지령(726)에 의해 가톨릭교회와 정교회는 이미 동서교회 분열의 계기를 맞았었다. 이후 이레네여제 때(787) 성상금지령이 포기되다가 레오 5세 때(815) 다시 채택되었으며, 843년 성상금지령이 다시 파기되었다.

자극을 받아 더욱 강화되었다. 사실상 성상금지령은 로마 가톨릭과의 싸움에서 그리스 정교회의 자존심을 고양시켜주는 기초적 디딤돌이 되었었다. 이 잃어버린 디딤돌을 되찾으려는 것이 바로 수도원제도의 최대의 목표였기 때문이다. 수도원의 생활양식은 몇 가지의 형태들을 가지고 있었다. 첫째는 개인적 금욕주의의 전통("은둔자의 전통")이다. 이 전통은 정치적 쇠퇴기에도 여전히 발칸반도에서 번성하였다. 둘째는 lavra로 알려진 공동체조직이다. 이 조직의 수사들은 각각 분리되어 살지만, 매 주일 성찬식에는 한데 모여 수도원장의 지휘를 받았다. 셋째는 그들의 중앙집권적 수도생활이다. 그들은 개인소유를 가지지 못하고 수도원장의 휘하의 공동훈련과 종교의식을 받았다. 그들은 각각 그들이 원하는 자선행위를 행하며 공공학교를 운영하였다.

헤시참 운동

넷째는 묵상과 명상의 무언집단이다. 이 형태는 1330년 비잔틴의 위대한 수행자 성 그레고리(St. Gregory of Sinai)에 의해 불가리아 남부에 세워진 집단으로 수많은 제자들이 따랐다. 이것은 Hesycham(그리스어 hesychia, quietude)으로 일컬어졌는데, 내적 침묵과 마음이 기도를 통해 하나님의 지식에 도달하는 회상의 상태를 뜻한다. 이 헤시참운동(Hesychast movement)은 14세기 후엽 수사들을 중심으로 하는 지적, 종교적, 정치적 운동으로 발전하였다. 대부분의 수사들은 서로 지역적으로 때로는 국제적으로 긴밀하게 교제하면서 종교와 정치문제 전반에 걸쳐 의견을 교환하게 되었다. 그 결과 그들은 비잔틴 정통교회의 가르침과 교리들을 전파하고 인도하는 중심집단을 이루게 되었다. 특히 아토스산(Mount Athos), 콘스탄티노플, 그리고 좀 낮게는 데살로니카는 이들 집단의 중심지였다. 이 운동을 중심으로 통일적인 비잔틴 에토스가 이루어졌으며, 그리스 정통교회의 기본적인 생활모범이 형성되었다.[14]

---

14) Jacob Neusner, *op. cit.*, pp. 355-8.

그러므로 비잔틴의 황제들은 지상의 지배와 하늘의 하나님왕국을 연결하는 성스러운 속성들을 지니게 되었다. 군주의 관직(office)은 일반의 것보다 높아졌다. basileus라는 말은 신성(hagios, theios)이라는 뜻으로 황제의 신격성을 가지게 하였다. 그럼에도 불구하고 비잔틴의 황제는 결코 비잔틴세계의 중심축으로 서지는 못하였다. 거기에는 인종적 다양성과 같은 많은 이유들이 있지만, 가장 중요한 것은 개인적 군주권보다는 관직이 더욱 중하게 존경받아야 한다는 비잔틴의 종교적 전통에 그 원인이 있다고 보인다. 그리하여 역사적으로 강제적으로 축출된 황제들이 적지 않게 나타났다.

발칸에 대한 오토만제국의 정복 이후에도 비잔틴의 영향은 오랜 동안 지속되었다. 예를 들면, 비잔틴 초기의 회계제도는 그대로 살아남아서 오토만에게 넘겨졌다. 초기 오토만 술탄들은 자신들을 비잔틴 황제들의 후예들이라고 자처하였다. 술탄 메메트 2세는 많은 그리스인들을 콘스탄티노플로 이전시키고 이스탄불이라는 새로운 이름을 붙였다. 정교회 교인들은 비록 하층계급이긴 하지만 분리된 "밀레트(millet, nation)"로서 그들의 관습은 그대로 지탱하도록 허락되었다. 거의 모든 정통교회 신하들은 오토만 고위관리로 대접받는 콘스탄티노플의 대주교 관구 아래 속할 수 있었다. 콘스탄티노플의 총대주교는 술탄에 의해 세속적이고 영적인 지도자로 인정을 받았다.

오토만제국 치하

중세의 발칸제국은 14세기 말에서 15세기 사이 서서히 오토만제국의 지배하에 들어가기 시작하였다. 오토만의 정복은 발칸제국 전반에 지대한 영향을 미쳤다. 종교적 변화에 있어서 그들의 패턴은 두 가지로 그 하나는 개종의 과정을 거치는 것이었고, 다른 하나는 그들의 종교를 중심으로 따로 집단화하는 것이었다. 그러나 어떤 것이든 단순하게 한 노선으로 변화되는 것은 아니었다. 각 지역에 따라 어떤 곳에서는 이슬람이나 기독교인으로의 개종이 병행하는 다면적 과정을 밟기도 하였다. 예를 들면, 가톨릭과 정교회가 지방의 "보스니아 교회(Bosnian Church, Bosanska crkva)"로 공존하는 보스니아-헤르체고비나에서 그들의 개종은 대량적이고 다각적으로 이루어졌다. 그리하여 보스니아 교회의 교인들은 이슬람, 정교회, 가톨릭으로 개종하였으며 경우에 따라서는 아예 사라지기도 하였다. 보스니아교회는 보고밀파의 이원론(Bogomil dualism)에 연결되어 있었다.15) 한 보고서에 의하면, 이 당시 가톨릭은 그 수가 줄어드는 반면에 정교회의 교인수는 꾸준히 늘고 있었던 것으로 나타나있다. 그것은 아마도 가톨릭이 서유럽의 강대국 오스트리아-헝가리의 종교로서 오토만의 적으로 지목받고 있었기 때문인 것으로 추측된다. 15세기 말엽 오토만 술탄은 스페인의 재정복정책을 피해 도망해 오는 라디노 유대인들(Ladino Jews)을 기꺼이 맞아들여 소아시아와 발칸에 정착시켰다. 이리하여 발칸은 인종적 종교적 다양성을 지닌 역사적 장소로서 세계의 이목을 집중시키게 되었다.

밀레트의 조직

오토만은 이러한 새로운 과업(종교적 관용정책)을 이룩하기 위하여 기존의 구조와 관습에 의존하면서 앞에서 말한 바대로, 각 민족의 종교에 따라 집단화하는 소위 밀레트 조직(millet system)을 도입하였다. 이 밀레트 조직은 학자에 따라 그 기원, 구성, 목표에 약간의 차이가 있긴 하지만 근본적으로는 핵심지역 바깥에 있는 사람들을 동등하게 끌어 모으는 것이 그 주목표였다고 말할 수 있다. 밀레트의 우두머리들은 술탄의 지명을 받은 국가 관리들로서, 이들은 교회는 물론 밀레트의 재정적, 법적 관할권을 행사하였다. 그들의 중앙집권적 권위에도 불구하고 그들의 내적 다양성은 종종 존재하였다. 예컨대, 가장 규모가 큰 정교회 밀레트는 이스탄불의 그리스 대주교의 관할에 놓여있는 것처럼, 세르비아인들의 독립적인 대주교관구도 1557년 허용되었다. 그러나 불가리아인들에게는 허용되지 않았다. 유대인의 경우, 술탄은 그들의 전적인 지지가 없었음에도 불구하고 이스탄불에 그들의 최고 랍비를 임명하였다. 이와 같은 술

---

15) 보고밀파의 이원론은 중세 불가리아에서 성행한 기독교의 한 파. 그들은 금욕적인 수행을 통한 구원을 강조하는 한편, 구약과 교회조직을 완강히 거부하였다.

탄의 관용을 틈타서 민간인 차원의 신앙과 관습은 그대로 존속될 수 있었다. 더군다나 비잔틴에서 이슬람의 행정권으로 옮겨가는 과정에서 그들의 문화적 종교적 변화, 그 가운데서도 민간인의 종교적 변화는 상당한 수준인 것으로 밝혀졌다.

그러면 발칸의 여러 가지의 종교적 변화과정을 이 분야에 권위있는 Speros Vryonis의 연구를 중심으로 간단하게 살펴보도록 하자.16) 비잔틴과 터키가 14-16세기 서로 교체, 변화되는 과정에서 발칸에는 두 가지의 기본적인 종교-정치조직이 존재하게 되었다. 동방 정교회 총대주교(Orthodox Basilea)와 무슬림 술탄(Muslim Sultanate)을 중심으로 하는 조직들이 바로 그것들이다. 그러나 발칸의 종교적 변화를 올바로 이해하기 위해서는 그 지역의 지배계층 뿐 아니라 민간인 차원의 종교적 변화도 살펴야 된다. 왜냐하면 이 당시 지배계층은 전체인구의 단지 10%에 불과하였기 때문이다.

발칸의 종교성

발칸은 콘스탄티노플의 총대주교(Patriarch)와 이스탄불의 쉐울 이슬람(Sheyh-ul-Islam)의 세력권으로 나누어져 긴장이 고조되어 있었다. 여기에 소수집단에 속하는 가톨릭, 아르메니안, 유대인이 끼어들어 그들의 긴장은 더욱 고조되었다. 터키가 침입해 들어갔을 때 발칸은 동방 정교회의 치하에 놓여있었다. 정교회는 통일된 교리와 7 공의회에 의해 정해진 교회법을 가지고 발칸의 종교와 정치를 아울러 다스리고 있었다. 비잔틴제국이 쇠퇴하면서 발칸의 세 국가들(비잔티움, 세르비아, 불가리아)이 등장하였다. 이와는 대조적으로 라틴 기독교계 소수집단들이 이오니아, 에에게, 갈라타, 콘스탄티노플, 알바니아, 달마치아, 크로아티아, 슬로베니아, 보스니아 등지에 운집하고 있었다. 유대인들도 상

---

16) Speros Vryonis, "Religious Changes and Patterns in the Balkans, 14th-16th Centuries," *Aspects of the Balkans: Continuity and Change*, ed., H. Birnbaum and S. Vryonis, The Hague, 1972, RFWC, 참조바람.

인, 장인을 중심으로 뭉치고 있었다. 한편으로 민간인들은 기독교와 이슬람보다 훨씬 앞서 그들의 이교적 고대 신앙의 뿌리를 펼치고 있었다. 특히 농민들은 동물희생, 미신적 관습, 무언극, 춤을 통해 그들 나름대로의 신앙생활을 영위하였다. 이러한 그들의 종교행태들은 그들의 달력과 절기, 전통, 건강 등 그들의 전체생활을 지배하게 되었으며, 급기야 영웅숭배와 다신교사상을 낳게 하였다.

이와 같은 상황에서 발칸의 민간인 기독교는 주술, 애니미즘, 유일신적 교리, 다신교적 관습, 일원론, 이원론 등의 혼합주의(syncretism)로 흘러가게 되었다. 이에 기독교는 그들의 주요 신들을 없애고 대신 삼위일체신으로 바꾸지 않으면 안 되었다. 그러나 민간인들의 신앙을 온전히 말살할 수는 없었다. 그리하여 그들의 신앙 밑에는 여전히 다양한 종교적 요소들이 섞인 "종교적 발칸주의(religious Balkanism)"가 그대로 존속하게 되었다.

그러면 이슬람의 형편은 어떠했는가. 이슬람의 술탄은 수니파의 영향으로 주로 수니파의 종교적 관습을 준수하였다. 이슬람은 이에 따른 종교학교, 법률제도를 만들고, 종교적 기부금을 가지고 각종 사회사업을 전개하였다. 그들은 기독교의 경우와는 달리 종교적 이교들에 매우 관대하였다. 그리하여 그들은 민간인의 신앙, 신비적 관습, 미신 등을 허용하였다. 이런 의미에서 그들은 기독교에 비해 훨씬 개방된 다양성을 인정하였다. 그들은 결과적으로 중앙아시아, 이란, 이라크, 아제르바이젠, 시리아, 아나톨리아(Anatolia, 소아시아 터키의 현대적 명칭) 등 수많은 지역들을 순방하면서 그들의 문화와 종교, 전통, 정치를 전하고 그들을 흡수할 수 있었다.

종교적 변화 과정: 이슬람의 증가

오토만의 침입당시 발칸은 거의가 기독교인들로 채워있었다. 그러나 2세기 후 전인구의 18.8%가 이슬람, 80.7%가 기독교인, 그리고 0.5%가 유대인으로 변화되었다. 이슬람은 트레이스, 마케도니아, 데살리, 보스니아, 헤르체고비나, 실리스트리아에 많이 살았다. 가장 두드러진 현상은 그들의 수가 지방보다는 도시에 많았다는 사실이다. 소피아 도시는 무슬림이 66.4%인 반면에 소피아 외곽은 단지 6%에 불과하였다. 이슬람은 1453년 점령이후 기독교와 유대교에 관용정책을 베풀고 정교회의 총관구를 그대로 존속하게 허락하였다. 그리고 아나톨리아를 중심으로 정교회 기독교인들이 선호했던 금욕주의적 신앙관습을 유지하게 도와주었다. 이 당시 이슬람교에는 금욕주의적 베크타시스교단(Bektashis, Mevlevis)의 역할이 활발하였다. 이슬람교로의 개종에는 이들 정치적 종교적 역할 뿐 아니라 국제결혼의 역할이 상당히 컸다. 특히 이슬람 남자와 기독교 여자와의 결혼에서 여자의 중재역할은 대단하였다.

그들(기독교인과 유대인)의 개종에는 몇 가지의 원인들이 작용하였다. 첫째로는 이슬람의 조세정책이었다. 이슬람은 그들에게 세금부담을 줄여줌으로써 경제적으로 도움이 되게 하였다. 둘째로는 위에서 비친 대로 이슬람의 종교적 신비주의적 관용정책이었다. 이슬람은 이들 정책을 가지고 그들에게 친근감과 애정으로 다가갔다. 마지막으로 이슬람의 끈질긴 개종정책이었다. 이슬람은 그들에게 두려움을 주면서 개종을 권유하였다. 그럼에도 불구하고 소아시아(아나톨리아)에서의 성공적인 이슬람화와는 대조적으로, 발칸에서의 이슬람정책은 그렇게 성공적이지 못하였다. 소아시아에서 이슬람은 다수집단을 이룩했지만 발칸에서는 소수집단에 불과하였다. 보스니아는 이슬람이 다수집단으로 번성하였다. 그리하여 오토만 발칸에서 기독교인은 그 숫자는 많이 줄어들었지만 여전히 다수집단으로서 존속하게 되었다.

종교현상의 변화패턴

발칸반도의 이슬람세계에는 두 가지의 종교현상이 현저하게 나타났다. 한 가지는 영웅숭배(hagiolatry) 현상이고, 다른 한 가지는 금욕주의적 현상이다. 전자는 기독교에서, 후자는 이슬람에서 우세했던, 그러나 둘 다 민간신앙과 밀접한 관계를 가진 현상이다. 오토만의 정복도 이들 민간인의 종교-주술적 관습을 제거하지는 못하였다. 이들 두 가지 요소들은 오히려 알바니아인, 보스니아인, 불가리아인, 그리스인들의 대량개종을 통하여 그들 속으로 침투하게 하였다. 이들은 국제결혼을 통하여 더욱 긴밀한 관계를 유지하게 되었다. 사회적으로 이들 신비주의적 교단들의 혼합주의는 기독교적 관습을 쉽게 받아들이게 허용하였다. 특히 오토만의 상업생활에서 기독교인들의 대중문화와 관습은 이슬람의 문화와 종교를 이해하고 수용하는 기회를 만들어 주었다. 예컨대, 기독교의 침례는 기독교 특유의 종교의식임에도 불구하고 이슬람개종자들에게 실시되어 이방적 관습인 동물희생이나 건강기원과 연결되게 하였다. 이슬람인들과 기독교인들은 구별없이 성자들을 숭배하였다. 몇몇 성자들은 이슬람인이거나 기독교인이었으며, 그들 공통의 숭배대상이 되어졌다.

이제까지 설명한 것을 요약하면 다음과 같다. 첫째로 오토만 정복이전 발칸에는 우상숭배적 이교주의가 발칸의 대중 기독교와 유목민 이슬람 샤마니즘의 특성을 이루고 있었다. 둘째로 아나톨리아(소아시아)는 예외지만, 발칸의 이슬람은 대체적으로 소수집단의 주변적 현상으로 머물러 있었다. 양 지역(아나톨리아와 발칸)의 차이는 물론 정복의 성격과 긴밀하게 관련되어 있었다. 셋째로 발칸에 들어온 이슬람은 형식적으로 "정통적인 종교"이지만, 대중적 차원에서는 고대적 이교주의와 개종된 기독교에 의해 깊은 영향을 받았다. 이슬람의 수는 증가되었지만, 발칸의 다수는 개종되지 않은 기독교인으로 남아있있다. 그러므로 오토만의 지배로 인한 종교적 변화에도 불구하고, 적어도 초기의 발칸의 종교생활은 변화되지 않은 채 그대로 지속성을 유지하였다.

현대의 발칸반도

오늘날 발칸반도는 종교, 민족, 문화가 서로 모자이크된 지역으로 알려져 있다. 이처럼 혼성으로 이루어진 이 지역은 비교적 동질적인 국민으로 구성된 서구인들에게는 위험한 정치적 화약통으로, 때로는 매력적인 황홀경으로 다가오곤 하였다. 이곳에서는 이슬람까지도 민족적으로, 언어적으로, 전통적으로 동질적 집단이 결코 아니었다. 알바니아의 이슬람은 70%의 다수집단을 이루고 있으며, 보스니아-헤르체고비나의 이슬람은 40%을 이루고 있다. 터키는 90% 이상이며, 불가리아는 13%이다. 알바니아의 이슬람은 코소보 인구의

90%를 이루고 있으며, 슬라브의 이슬람은 세르비아 산드자크지역의 53%를 이루고 있다. 마케도니아의 이슬람은 30%이며, 그리스의 트레이스에는 그리스 전체인구의 1.2%에 해당되는 120.000명의 이슬람이 살고 있다. 이와 같이 발칸에는 인종적으로, 언어적으로, 문화적으로 그리고 종교적으로 다양한 민족들이 서로 다른 정치질서와 비이슬람권과 연결되어 살고 있다. 발칸에 있는 대부분의 이슬람들은 순니파이며, 주요 이슬람 교단들은 수피파에 속하고 있다. 그리고 그렇게 많은 수는 아니지만 시아파, 수피파, 터키 민간인 관습이 서로 혼합하여 이루어진 베크타시스파가 존재한다. 이와 같은 모자이크적인 구성에도 불구하고 발칸반도의 이슬람들은 발칸 여러 나라들에 있어서 그들의 소수집단적 위상과 관련되어, 더군다나 그들의 지역적 상호관계성과 관련되어 관심의 대상이 되어오지 않았다. 그러나 지난 20-30년부터 소위 "발칸제도의 이슬람 문제(the Muslims question of the Balkans)"가 그들의 정치적 격변으로 인해 새로운 주요 이슈로 부각되고 있다. 이것은 현대의 이슬람-기독교관계가 상호 공존을 유지해온 역사적 실체의 붕괴로 인한 것임을 시사하고 있다.

발칸반도의 소수집단의 문제와 그들의 민족적 종교적 집단화의 양상에 관하여 연구한 학자는 Hugh Poulton이다. 발칸반도의 문제를 총 정리한다는 차원에서 다시 한 번 그의 설명에 주의를 모아보자.[17] 발칸의 이슬람 공동체는 14-5세기 오토만제국과 함께 들어온 사람들과 이슬람으로 개종한 사람들로 구성되었다. 알바니아를 제외한 이들 공동체는 거의 소수집단으로 발칸에 존속하였다. 이미 설명한대로 최근의 발칸의 긴장은 주로 동방 정교회 기독교인과 무슬림들 사이에서 연유되었다. 1991년 유고슬라비아의 해체와 보스니아-헤르체고비나의 비극은 이러한 역사적 사실을 잘 시사한다.

그러므로 오늘날 발칸의 주요 구성부분으로 되어있는 이슬람 소수집단의 특성을 이해하는 일은 매우 중요하다. 오늘날 발칸의 모든 국가들은 근자에

---

17) H. Poulton, "Islam, Ethnicity, and State in the Contemporary Balkans," *Muslim Idetity and the Balkan State*, New York, 1997, *RFWC*, pp. 365-69, 참조바람.

형성되었다. 가장 오래된 국가라야 1830년도에 나타난 것이다. 국가들의 정체성을 강조하는 세속적 국민국가의 이념은 서유럽으로부터 들어온 것이다. 그러나 이와 같은 종교와 정체성(국가들의) 사이의 긴밀한 관계는 위에서 말한 것처럼 종교에 따라 집단화한 오토만의 "밀레트" 조직에서 온 것이다. 특히 종교, 민족, 시민권이 혼합된 그리스의 정교회에서 잘 보여지고 있다. 발칸의 이슬람은 수니파가 지배적이지만 알바니아의 시아파의 베크타시스파도 존재하였다. 이 베크타시스파는 아나톨리아의 수피파에서 기원된 것으로, 민간인 신앙관습과 기독교·시아파 가르침의 결합이 특징적이다. 대체적으로 발칸의 이슬람에는 세르비아-크로아티아어, 알바니아어, 터키어의 세 가지 언어가 사용되었다.

주지하는 바와 같이 오토만의 정복 이후 발칸의 많은 지역사람들이 이슬람으로 개종했지만 그럼에도 불구하고 민간의 토속적 신앙은 여전히 존재하였고 그들의 종교적 다양성은 막을 수 없었다. 따라서 발칸인들은 각각의 정체성과 문화를 지탱하였다. 그들은 대부분 오토만 이전의 신앙에 깊이 잠입해 있었다. 이러한 그들의 주장들이 되살아난 것은 19세기 국민국가적 각성을 통해서였다. 그 결과 나타난 것이 마케도니아 공화국이었다. 19세기 오토만의 점진적 쇠퇴로 오토만제국의 주변에는 작은 규모의 동방 정교회 기독교 국가들이 형성되어졌다. 세르비아, 그리스가 제일 먼저, 그 다음으로 루마니아, 불가리아, 몬테니그로가 떨어져 나왔다. 1877년 전쟁으로 새로운 불가리아가 형성된 이후 다수의 이슬람들이 오토만제국으로 옮겨갔다. 그 후 이어 슬라브인들과 알바니아인들, 터키인들이 옮겨갔다.

1953년 이후 유고슬라비아는 "투르크족(Turks)"의 터키로의 대량 이주를 허용하였다. 실제로 "투르크족"이란 말은 민족적일 뿐 아니라 종교적 의미를 지닌 개념이었다. 이주는 그리스에서도 일어났다. 그러한 대규모의 이주에도 불구하고 그대로 남아 있던 이슬람들도 적지 않았다. 이들 남아있는 소수집단은 주권적 국민국가의 정체성으로 인하여 새로운 적지 않은 문제들을 야기시키지 않으면 안 되었다. 오토만의 밀레트 조직이 오랫동안 지속됨에 따라 종교는 점차 차별화의 중요한 요인이 되었다. 소수집단이 정교회 기독교에 속한 경우(브라크인, 로마인), 쉽게 국가에 동화된 반면에, 이슬람과 유대인은 동화되기가 훨씬 어려웠다.

그래도 유대인에 비해 이슬람은 잘 동화되었다. 그것은 이 밀레트 조직이 수많은 소수집단들에게 안전의 확신을 주었을 뿐 아니라 국가를 초월하는 공동체의 개념을 주었기 때문이다. 유고슬라비아와 같은 동부 정교회의 기독교 국민국가로 인식되지 않은 국가들에서의 이슬람의 운명은 매우 어려운 상황에 처해 있었다. 19세기 보스니아-헤르체고비나의 이슬람들은 그들(이슬람들)을 공동의 민족으로 간주한 세르비아 민족주의 정치가들의 목표물이 되었다. 오스트리아-헝가리 정부가 1878년 보스니아-헤르체고비나의 영토를 점령했을 때와 붕괴되었을 때, 그리고 유고슬라비아가 형성되었을 때(1918), 그들(이슬람들)은 비로소 그들의 생존을 위해서 중앙정부와 협력해야한다는 사실을 깨달았다. 그 국가의 세르비아인들이 이슬람들을 이슬람신앙의 세르비아민족으로 간주하고, 크로아티아인들이 그들을 크로아티아인이라고 생각하는 동안, 그들은 아무런 소외감을 가지지 않았다.

이러한 상황은 제2차 세계대전 후 공산주의가 권력을 잡았을 때까지 지속되었다. 드디어 보스니아 이슬람 민족의 소유권을 놓고 세르비아와 크로아티아의 싸움이 벌어졌다. 이 둘 사이의 싸움을 종식시키기 위하여 티토는 1971년의 인구조사를 토대로 새로운 인종-민족 개념의 범주를 만들어냈다. 이 유명한 "무슬림인(Muslims)"이라는 말은 세르비아인(동부 정교회)과 크로아티아인(가톨릭)에게 공통으로 액면 그대로 사용되었다. 그러나 1992년 보스니아-헤르체고비나에서 일어난 전쟁은 그 때까지만 해도 약했던 이슬람의 민족적 차별감정을 야기시키고 말았다. 그리고 이슬람의 이 새로운 민족감정은 세르비아인과 크로아티아인의 민족주의 감정을 자극하여 수많은 무슬림을 살해하는 비극을 빚게 하고 말았다.

한편으로 무슬림 다수집단으로 구성된 알바니아는 그들과는 다른 민족집단적 루트의 길을 걸었다. 만약 알바니아인들이 그들 자신의 길을 걷지 않았다면 그들은 북은 세르비아인과 몬테니그로인으로, 남은 그리스인으로 나뉘는 분열의 운명에 처해 있었기 때문이다. 1913년에 형성된 첫 번째 알바니아국가는 정치적으로 약해서 이탈리아의 관할 아래 놓이게 되었다. 제2차 세계대전 이후 공산주의 정권(Enver Hoxa)이 들어서면서 모든 종교적 활동은 일체 금지되었다. 그러나 공산주의의 붕괴 이후 그들(알바니아인들)은 발칸에서는 보기 힘든 종교적 관용을 누렸다. 그들은 알바니아와 다른 이웃 국가에서 잘 적응하였다. 그들은 코소보의 옛 유고슬로비아 지역에서도, 그리고 티토 밑에서도 보호를 받으면서 잘 살았다. 그러나 양자(알바니아와 유고슬라비아)는 밀로세비키에 의해 낭뇌고 말았다. 밀로세비치는 오토만 이전의 과거로 되돌려 코소보를 세르비아로 복귀시키려는 야심을 가졌다. 그럼에도 알바니아인들은 마케도니아의 여러 지역에서 다수집단을 이룩할 수 있었다.

이와 같은 처지에서 발칸반도는 다시 한 번 뒤를 돌아보면서 앞날을 바라보지 않으면 안 되게 되었다. 그들은 무엇보다도 먼저 오토만 이후 등장한 국민국가에 대해서 숙고하지 않으면 안 되었다. 국가란 한 민족에 기초한 자연적 영토를 가진 국민공동체라는 이데올로기이다보니 정치적 권력이 다수집단 한 군데로 집중되는 것이 상례였다. 그러므로 자연히 종교는 뒷전으로 물러나게 될 수밖에 없었다. 여기에서 가장 어려운 곤경에 빠진 것은 이슬람의 소수집단이었다. 유고슬라비아는 예외였지만 1991년 티토의 실각 이후에는 이미 살핀 대로 밀로세비치의 대학살 후유증이 일어나지 않으면 안 되었다. 그리하여 유고슬라비아 이후 보스니아-헤르체고비나와 마케도니아(이미 형성되었다)를 제외한 거의 모든 발칸지역은 서유럽의 국가모델을 따라 중앙집권적 국가를 형성하게 되었다.

오늘날 소수집단의 문제는 여전히 발칸의 가장 어려운 난제로 부상되고 있다. 이 문제를 해결하기 위해 발칸의 국가들은 문화와 교육을 통해 민족주의의 국가이데올로기를 국민 속에 심으려고 계몽하고 있다. 그렇다고 문제가 해결되지는 않는다. 일반 대중 속에 뿌리내린 오토만 이전의 전통이나 신앙은 쉽게 사라지는 것이 아니며, 근대적 국민국가의 이데올로기 또한 쉽게 포기되는 것이 결코 아니다. 그리하여 발칸은 이 양자의 틈바구니에서 신음하지 않으면 안 되는 어려움에 처해 있다. 그러나 근자에는 이러한 상황이 점차 변화되고 있는 추세이다. 그것은 소위 "정보혁신(the communication revolution)"을 통하여 국가와 민족의 벽을 넘어서 세계 어디든지 다양한 문화, 전통, 종교가 널리 확산되고 있기 때문이다. 그리고 무엇보다도 중요한 것은 터키를 비롯하여 그리스 및 기타 지역에서 일어나고 있는 소수집단의 종교문제가 크게 부상하고 있다는 사실이다. 드디어 이슬람이 가톨릭, 정교회 민족주의자들의 적지 않은 불만에도 불구하고 지역적인 정치와 문화에서 주요구성자로 부상하기에 이르렀다. 문제는 그들 공동체가 세속적 틀로 들어와 얼마나 정치적 발전을 이룩할 수 있느냐에 달려있다고 판단된다. 그리고 그들(이슬람과 비이슬람)이 얼마나 양보하면서(관용과 세속) 서로 공존하려고 노력하려고 하느냐 하는 의지에 달려있다고 판단된다.

마무리

발칸반도는 중세초기 이래 다양한 종교들이 다투는 만남의 장소였다. 14세기까지는 서로 다른 종파의 기독교교회들이 서로 자웅을 겨루면서 존재하였다. 그러나 15-20세기에는 오토만제국의 정복으로 이슬람이 다른 종교들과 자웅을 겨루면서 공존하였다. 물론 동방 정교회가 주류를 이루고 이슬람은 소수집단을 이루었다. 오늘날 보스니아-헤르체고비나와 알바니아와 같은 지역들에서는 이슬람이 다수집단을 이루었다. 더군다나 1492년 스페인의 재정복 이후 오토만 술탄의 관용정책으로 많은 스페인의 유대인들이 발칸에 정착하였다.

발칸에는 다양한 종교들이 각각 그들의 특성을 유지하였지만 그들은 서로 공존하면서 함께 교류하였다. 거기에는 발칸의 산악지형이 한 몫을 했다. 그들은 열악한 자연환경 속에서 서로 부족한 자연자원을 공유하면서 생존하지 않으면 안 되었기 때문이다. 이 외에 종교적인 제도가 한 몫을 해냈다. 이 지역에서는 어떤 종교집단도 발칸사람들을 하나로 묶을 수 없었으므로 여러 종교적 가르침들이 지방의 문화관습과 공동체속으로 스며들어갈 수 있었기 때문이다. 이들 수많은 관습들은 기독교, 이슬람, 유대교의 것들보다 오래된 것들로서 발칸사람들의 전통 속으로 침투하여 문화적 혼합주의를 이룩하게 만들었다.

이미 말한 바대로 19-20세기 오토만과 오스트리아-헝가리 제국들의 붕괴로 발칸은 서유럽의 모델에 따른 국민국가들을 형성함으로써 불안한 분화의 과정을 밟았다. 이 과정은 일반적으로 종교적 소수집단을 제치고 다수집단의 종교와 결합하는 것이 관례였다. 예컨대 그리스 헌법은 동방 정통기독교를 그리스시민의 종교로 정하였다. 이러한 정치적 분열과정은 발칸 고유의 종교적 모자이크의 역사적 균형을 무너트리고 종교적 소수집단들간의 긴장을 만들어 내는 결과를 가져왔다. 이와 같은 긴장은 더 나아가 발칸반도를 종교들간의 영원한 싸움터인 것처럼 세상에 부정적인 이미지를 알리게 하였다. 그러나 모든 종교들의 공존이 발칸반도의 오래된 역사적 실체로서, 창조적이며 동시에 파괴적인 에너지를 만들 수 있으며, 포용과 동시에 배타의 관습으로 이끌 수 있다는 사실을 잊어서는 결코 안 될 것이다.

8. 근대문명과 종교는 어떤 관계를 가졌는가?

- A. 기독교
  르네상스: 휴머니즘, 레오나르도 다빈치, 에라스무스/ 종교개혁: 베드로 대성당의 재건, 마르틴 루터, 종교개혁의 영향/ 서구 기독교의 분열/ 종교전쟁: 30년 전쟁/ 계몽사상, 과학과 철학, 낭만주의

- B. 유대교
  "거룩한 백성, 이스라엘"/ 유대인의 정치적 해방/ 개혁유대교와 정통유대교: 개혁유대교의 강령, 정통유대교/ 역사학파와 보수적 유대교: 중도노선

- C. 이슬람교
  파키스탄의 근대화: 파즈루르 라만

서양문명의 정체성
-헤브라이즘과 헬레니즘의 만남-

8. 근대문명과 종교는 어떤 관계를 가졌는가

　서양의 주요 종교들은 근대에 들어오면서 근대문명과 사회에 적응하려는 적극적인 움직임을 보였다. 주지하는 바와 같이 서양의 근대화는 서구의 르네상스와 종교개혁으로부터 시작되었다. 르네상스와 종교개혁은 과거지향적인 보수적 운동이었으나 실제로는 혁명이나 다를 바 없는 혁신운동이었다. 왜냐하면 이들은 중세의 사회와 종교자체를 거부하고 고대의 그리스-로마문명, 원시기독교로 돌아가려는 운동이었으므로, 기존의 전통과 문화의 혁신과 파괴가 필연적으로 수반되어야 했기 때문이다. 이에 따라 유대교, 기독교, 이슬람도 근대문명과의 긴밀한 관계를 유지하지 않으면 안 되는 처지에 놓이게 되었다. 다시 말해 그들의 근대화는 서양문명의 근대화와 병행하게 되었다는 뜻이다. 그들의 근대화에서 선두를 달린 것은 말할 것도 없이 기독교였다. 기독교는 르네상스와 종교개혁이 일어나는 14-6세기에 출발하였지만, 다른 종교들은 이보다 훨씬 늦게 시작되었다. 유대교는 프랑스혁명과 미국혁명이 일어나는 18세기경에, 그리고 이슬람은 19세기 말에 가서야 비로소 근대화의 목소리를 낼 수 있었다. 이들의 근대화가 늦어진 것은 근대화에 대한 그들의 인식과 가치가 각각 달랐을 뿐 아니라 그들의 처한 상황들도 같지 않았기 때문이다. 그러나 그들 종교의 근대화에 속도가 붙으면 붙을수록 그들은 그들의 세속화에 대해 고민하지 않으면 안되었다. 그것은 그들의 정체성 문제 때문이었다. 그러면 그들이 일어난 순서에 따라 하나하나 살펴보도록 하자.

A. 기독교

이미 밝힌 대로 기독교의 근대적 운동은 중세를 거부하는 르네상스와 종교개혁에 의해 시작되었는데, 두 가지 사건들 모두 과거지향적인 점이 공통적인 특성이다. 전자는 고전문화를 통하여, 그리고 후자는 원시기독교를 통하여 그들의 세계를 각각 근대화 하려고 하였다. 서양역사상 어떤 운동도 보수적 개혁의 목표를 이처럼 성공시킨 일은 일찍이 없었다. 전자의 위대한 예술가들은 고전적인 이상들을 현실에 적용시켰으며, 후자의 종교개혁가들은 성경에 어긋나는 교리들을 물리쳤다. 전자는 말하자면 중세교회에 대한 반발로 나타난 헬레니즘의 등장이었다면, 후자는 르네상스에 대한 자극으로 나타난 헤브라이즘의 재현이라고 말할 수 있다. 그들의 보수적인 개혁의 노력들은 중세의 사회와 문화는 물론 중세의 종교, 가톨릭 신학의 전면적인 개혁과 수정을 불가피하게 만들었다. 그들은 더 나아가 새로운 역동적인 에너지를 분출시켜준 반면에, 유럽을 20세기에 이르기까지 피비린내 나는 최악의 폭력세계로 내몰지 않으면 안 되었다.

르네상스

십자군전쟁으로 인한 동방(이슬람, 아시아)과의 문화_상업의 교류는 서유럽 도시들의 급격한 발전을 불러왔다. 11세기 볼로냐와 12세기 파리에서 창립된 대학들은 중세학문을 독점했던 수도원제도에 도전하였다. 지방의 농촌생활도 상업의 발달로 구조적인 변화를 겪지 않으면 안 되었다. 토지는 매매되었고, 농업의 기술은 개발되었으며, 인구는 1000-1300년간 배로 증가되었다. 토지 젠트리는 더 이상 노예노동에 의존할 수 없었으며, 고용노동으로 눈을 돌리지 않으면 안 되었다. 기사계층도 새로운 군주와의 동맹을 통한 국가형성으로 교황청과 신성로마제국에 대항하지 않으면 안 되었다. 르네상스에 일어난 두드러진 변화는 크게 두 가지로 대별된다. 그 첫 번째는 이슬람과의 접촉으로 인한 지적 변화였다. 예컨대, 톨레도와 살레르노가 가장 대표적인 접촉지역이었다. 이슬람이 전해준 아리스토텔레스의 저술들은 유럽의 자연철학, 윤리학, 형이상학을 발전시켰으며, 대학들의 학문분야, 특히 파리대학의 피터 아벨라르(1079)와 토마스 아퀴나스(1225-1274)를 배출시켰다. 그 두 번째는 이미 전술한 바 있는 인구의 증가였다. 주지하는 바와 같이 유럽은 질병과 기아, 전쟁으로 전인구의 3분의 1 이상을 잃었었다.[1] 그러나 1300년을 기준으로 유럽의 인구는 최절정에 달하여 17세기까지 이어졌다.

휴머니즘

중세의 가톨릭 문화를 거부하고 고전시대의 헬레니즘의 세계를 재생하려는 르네상스운동은 단테 이후의 걸출한 문예 대가들에 의해 진행되었다. 그들 가운데서도 프란체스코 페트라르카(F. Petrarca: 1304-1374)는 르네상스를 대표하는 고전학문의 모델이었다. 그는 고전어, 특히 라틴어에 능통하였으며, 수사학의 선구자였다. 그는 대학과 교황·왕실의 고문서보관청을 돌아다니면서 고전필사본들을 수집하여 이들을 연구하였다. 그의 학문적 경향은 새로운 것이라기보다는 절충적 방법에 치우쳐 있었다. 그는 스토아철학의 키케로를 모델로 찬양했는가 하면, 성 어거스틴의 거룩한 신앙열정을 흠모하였다. 그는 고전시대의 자유로운 학문을 찬양했으며, 특별히 모국어로 표현된 시와 산문을 권장하였다. 이탈리아어, 영어, 프랑스어와 같은 각국의 모국어들이 예술표현의 중요한 도구가 되었다. 그 결과 유럽인구 감소에 관계없이 부유층 뿐 아니라 농촌

---

[1] 14세기 중엽에 일어난 흑사병(Black Death)은 전유럽 인구의 3분의 1을 감소시켰다. 1347년에는 전이탈리아에, 1348년에는 프랑스 전체에, 1349년에는 영국 전체에, 1350년에는 북유럽, 러시아에 번졌다. 흑사병의 영향으로 중세 말기 유럽의 사회경제구조는 근본적으로 파괴되었다.

과 도시계층 사람들의 관심을 끌어 모을 수 있었다.

르네상스 초기의 예술발전은 이를 뒷받침해준 후원자들을 통해서였다. 이들의 후원은 당시 아름다운 미덕으로 널리 인정되었다. 그 대표적인 사람이 교황 니콜라스 5세(Nicholas V: 1447-55)였다. 그는 로마의 교황청과 산 스테파노 로톤도, 판테온을 재건축하였으며, 성 베드로성당의 대형아치를 건설하였다. 이러한 위대한 건축의 재건과 부활의 움직임은 미켈란젤로를 1496년 로마로 보내 르네상스의 거장이 되게 하였다. 일반적으로 학문하는 사람들은 고전학문을 부활시키고 그것의 목표를 확산시키려는 순수한 휴머니스트들(humanists)이었다. 그들의 정신이 바로 휴머니즘(humanism)의 본질이었다. 13세기 토마스 아퀴나스는 이미 아리스토텔레스를 교회의 성자로 되게 만들었다. 아퀴나스의 가르침에서 지적 요소는 계시에 반대하려는 것이 아니라 오히려 은혜의 인식을 통하여 이성의 발견들을 완전하게 하려는 것이었다. 예컨대, 성만찬에서 빵과 포도주의 "우유성(accident, 偶有性)", 혹은 물질적 구성부분은 변화되지 않는다. 그러나 그들의 "실체(substance, 實體)", 혹은 지적, 비물질적 실재는 그리스도의 몸과 피로 변한다는 것이다. 이것이 바로 이른 바 토마스의 "화체설(transubstantiation, 化體說)"이라는 것이다. 이것은 고전적 전통의 경험적 관찰과, "실체"를 이념적으로 인식한 플라톤적 교회론의 연결을 의미한다.

이와 같이 토마스 아퀴나스는 엄격한 기독교신앙의 주장들과 함께 고전적 전통의 주장들의 중요성을 상기시켜 주었다. 더 나아가 르네상스의 자연에 대한 창의적 조사는 철학의 연구와 더불어 근대과학의 시작을 장식하게 하였다. 이 외에도 천문학분야에 지오반니 돈디(Giovanni Dondi dall'Orologio, d. 1388), 언어학분야에 로렌조 발라의 역할이 각각 두드러지게 나타났다. 철학의 부활은 찬란하고 절충적이었다. 아리스토텔레스의 재발견은 다른 철학자들의 관심을 결코 배제하지 않았다. 플라톤의 저술이 각광을 받았는가 하면 비교(秘敎)에 대한 관심도 적지 않았다. 아퀴나스가 아리스토텔레스를 플라톤의 실재론과 조화를 이루게 한 것처럼, 르네상스 열광주의의 대표자인 마르실리오 피치노(Marsilio Ficino)는 플라톤이 지구의 물질적 요소를 포괄한다고 주장하였다.

피치노는 플로렌스에 플라톤 아카데미를 창설하고 학문연구에 매진하였다. 르네상스의 사상가들은 서로 다른 사람들의 입장을 이해하려는 고전적 사상가들의 아량을 최대한 받아들였다.

레오나르도 다빈치

르네상스 회화의 절정은 레오나르도 다빈치, 미켈란젤로, 라파엘로와 같은 위대한 예술가들에 의해 이루어졌다. 그 가운데서도 가장 뛰어난 예술가는 레오나르도 다빈치(Leonardo da Vinci: 1452-1519)였다. 그는 미술가일 뿐 아니라 조각가이며 음악가이며 과학자이며 그리고 철학자였다. 플로렌스의 한 공증인의 사생아로 태어난 그는 유명한 안드레아 델 베로치오의 문하에서 건축, 해부학을 비롯하여 미술과 조각을 배웠다. 철학적이면서 다혈질적인 그는 플라톤에 보다는 아리스토텔레스에 더 많은 관심을 가졌다. 그는 근대적 회의주의에 경사되어 있었다. 만약 감각을 통해 얻어지는 사물의 확실성에 대해 의심을 가진다면 하나님의 본질이나 영혼의 본질과 같은 감각에 상충되는 것들에 대해서는 더 큰 의심을 가져야 마땅할 것이라고 생각하였다. 이와 같은 감각에 대한 철저한 검증성은 그를 느리게 움직이는 장인으로 만들어 줄 수 있었다. 그는 눈에 보이는 것들은 어떤 것이든지 철저하게 살피고 조사했다. 그는 30구 이상의 시체와, 곤충, 새, 파도, 바위, 각종 공구, 더 나아가 태아가 들어있는 여인의 자궁까지도 조사를 불사하였다.

그는 로도비코와 도미니칸파에 대한 보답으로 산타 마리아 델라 그라지에 교회(the Church of Santa Maria della Grazie)를 위해 『최후의 만찬(the Last Supper)』(1495-1498)을 그렸다. 원래 수도사들을 위해 그린 이 작품은 그리스도의 운명에 대한 제자들의 경악, 공포, 죄의식 등 개인들의 심리상태를 놀라울 정도로 묘사한 그림으로 평가받고 있다. 그는 프레스코기법을 발명하여 수채화대신 건조화로의 복귀를 가능케 하였다. 물론 자료가 불안정하여 2-30년 안에 파멸되는 약점이 있었다. 그러나 수학적 각도, 심리적이고 물리적인 관찰과, 그리고 전통적인 형태의 완숙 사이의 조화는 이 작품을 르네상스 불후의 걸작품으로 만들어 주었다. 그의 말대로 화가는 본성(자연)적으로 태어나는 것이다. 왜냐하면 눈에 보이는 모든 것들은 본성(자연)에 의해 만들어지기 때문이다. 말하자면 회화는 르네상스의 과학이었으며, 그(다빈치)는 과학의 아인스타인이었다.

레오나르도의 『최후의 만찬』보다 더 유명해진 작품은 프로렌스의 한 부인의 초상을 그린 『모나리자(Mona Lisa)』였다.[2] 이 그림이 세상에 널리 알려진 것은 리자라는 여인에 대한 다빈치의 경탄할만한 인물묘사이다. 마치 여인이 살아서 우리를 보고 다가오는 것처럼 보이기도 하고 그 여인의 마음속에 영혼이 깃들어 있는 것처럼 보인다. 그 여인은 우리를 조롱하는 것 같기도 하고 슬픔에 잠긴 것 같기도 하며 즐거운 것 같기도 하다. 그 여인은 볼 때마다 달리 보이는 신비를 가지고 있다. 이제까지 어떤 화가도 이런 그림을 그린 적이 없었다. 이와 같은 그의 창안화법은 "스프마토(sfumato)"기법이라고 불려진다. 즉, 그림을 그릴 때 화폭의 일부분을 보는 사람들이 상상할 수 있게끔 여백을 남겨둔다는 것이다. 또 한 가지 여인의 표정에서 두드러진 것은 눈 가장자리와 입 가장자리를 부드러운 그림자 속으로 사라지게 묘사함으로써 신비를 자아내게 했다는 것이다. 그리고 이 그림의 특성을 다시 든다면 리자의 배경을 환상적인 풍경으로 깔고, 그림의 왼쪽과 오른 쪽을 서로 맞지 않게 그렸다는 것이다. 즉 왼쪽의 시평선을 오른 쪽의 지평선보다 훨씬 낮게 묘사함으로써 보는 쪽에 따라 여인의 크기가 달리 보이게 했다는 것이다. 말하자면 그의 회화는 자연과 인간에 대한 그의 끈질긴 집착이 과학과 예술을 통하여 빛과 구성으로 화폭에 그려진 낙관주의적 르네상스의 세계관이라고 말할 수 있다.

에라스무스

에라스무스(Desiderius Erasmus of Rotterdam: 1466-1536)는 북유럽의 휴머니즘을 대표하는 16세기 최대의 거장이었다. 레오나르도 다빈치 부류의 사람들을 경시했던 피치노와 같은 지적 철학자들은 기독교의 학문적 기초를 연구하는

---

[2] Ernst H. Joseph Gombrich, *The Story of Art*, Prentice Hall, 1995, 참고바람.

데로 경사되었다. 그들 가운데 한 사람이 바로 에라스무스였다. 그는 다빈치처럼 사생아로 태어났다. 그러나 그는 르네상스시대의 그 어느 누구와도 비견할 수 없는 학문인으로서, 기독교신앙의 개념을 재형성한 종교인으로서 그의 자리를 지켰다. 그는 소년시절부터 기독교적 금욕주의운동이 활발한 네덜란드의 경건주의집단들의 영향을 많이 받았다. 그 가운데 가장 대표적인 집단이 14세기 게라드 그루테에 의해 창단된 공동형제단(the Sisters and Brothers of Common Life)이었다. 이 집단은 소위 "오늘의 헌신(devotio moderna)"이라 부르는 실천적 신비주의의 가르침을 따랐는데, 유명한 토마스 아켐피스의 『그리스도를 본받아』에 잘 나타나있다. 남녀가 각각 분리된 공동체에 살면서 기도, 명상, 선업 훈련에 참가하였으며, 수도원적 선서는 배제되었다. 각 공동체에는 평신도와 성직자들이 아무런 구분없이 함께 살았다.

그는 그의 아버지가 죽은 다음 공동생활형제단의 기숙사에 들어가게 되었다. 그는 14세의 나이에 어거스틴 수도원에 들어가 성직자 생활과 라틴어에 친숙하게 되었다. 그는 특히 성 제롬을 존경하고 그를 스승으로 삼았다. 그는 그를 통하여 기독교의 생활철학 안에서 고전학문과 참된 헌신을 결합시킬 수 있었다. 이러한 종합의 작업이 그의 생활의 목표가 되었다. 그는 모든 휴머니스트들이 선호하는 인문학의 열광주의자가 되었다, 아름답고 우아한 라틴어를 자유자재로 구사하는 그는 수도원에 보다는 인문주의에 더 관심을 쏟았다. 그는 결국 수도원을 떠나 상좌주교 라틴어 비서로 일하였다. 그의 뛰어난 저술활동과 종합적 자질은 전 유럽으로부터 널리 인정받게 되었다. 그는 특히 영국학자들을 통해 그리스어의 중요성을 인식하게 되었다. 그는 서른의 나이에 그리스어를 마스터했다. 그는 교부저술가들의 도전자의 한 사람인 오리겐을 읽었다. 오리겐의 저술은 유명한 그의 저술(*Handbook of the Chistian Soldier*, 1503)에 영향을 주었다.

그는 스토아철학의 윤리로 보완된 산상수훈을 실제 생활에 적용하려고 애썼다. 성직자들의 부도덕에 대한 그의 비판은 교회에 대한 유럽인들의 불만을 더욱 자극하였으며, 그는 특히 초대교회 사도들의 가르침과 그리스도의 도덕을 강조하였다. 그는 더 나아가 민족과 국가를 초월하는 휴머니스트적, 키케로적 라틴어를 사랑하는 세계시민으로 자처하였다. 그는 북 유럽의 이른 바 기독교적 휴머니즘(christian humanism)을 창출케 하여 르네상스와 종교개혁의 연결고리를 만들어 주었다.3) 그리하여 그는 종교에 일정한 한계를 세워두려고 하였다. 왜냐하면 지나친 종교로의 쏠림은 세계 인류의 자유에 위협이 될 수 있다고 생각되었기 때문이다. 그러한 연유로 그는 프로테스탄트 개혁자들과 분리되어야 한다는 강력한 비판을 받지 않으면 안 되었다. 그 결과 그는 북유럽의 기독교적 휴머니스트들과 함께 종교개혁의 거대한 소용돌이에서 거의 비껴져 있어야만 했으며, 명상의 생활을 선호하면서 소극적인 개혁을 부르짖어야만 했다. 그들은 또 인간의 선을 강조하고 어거스틴의 원죄론을 간과함으로써 고전과 기독교의 결합으로 나타나는 문제들에 대하여 매우 낙관적인 입장을 가졌다. 그리하여 그들은 원시 기독교의 순수성을 강조하는 루터(의인설), 칼빈(예정론)과 갈라서지 않으면 안 되게 되었다. 그러나 위에서 말한 바처럼, 그를 통하여 이루어진 헤브라이즘과 헬레니즘의 조우는 결코 간과되어서는 안 될 업적으로 평가된다.

종교개혁

르네상스와 종교개혁은 중세의 봉건체제와 가톨릭체제에 다 같이 반발하고 나섰지만 그 방향과 강도에 있어서는 상당한 차이를 나타냈다. 전자가 문화적 측면에서 중세에서 벗어나려 했다면 후자는 종교적 측면에서 가톨릭에서 탈피하려 했다. 따라서 전자가 완만하고 소극적인 혁신운동이었다면, 후자는 좀 더 급격하고 적극적인 혁명운동이었다. 왜냐하면 중세의 골격인 종교의 구각을

---

3) 16세기 중엽 이탈리아의 휴머니즘이 북유럽(특히 독일)에 흘러들어와 그 곳의 신비주의, 민족주의, 사회문제와 연결되어 북유럽의 휴머니즘을 새롭게 이룩하게 되었는데, 이것을 "기독교적 휴머니즘" 혹은 "성경적 휴머니즘(biblical humanism)"이라고 부른다(Hyma, The Christian Renaissance: A History of 'the Devotio Moderna', 1924; 홍치모, 『북구 르네상스와 종교개혁』, 성광사, 1984, 참조바람).

벗어나려는 것은 바로 혁명적 차원의 변화를 뜻하는 것이었기 때문이다. 그리하여 서양근대문명과 관련하여 살펴볼 때 전자보다는 후자가 더 많은 영향을 주었다고 말할 수 있다. 여기에 종교개혁의 역사적 중요성이 있게 되는 것이다. 그러면 종교개혁을 일으키게 된 실제적 종교적 배경부터 살펴보도록 하자.[4]

베드로 대성당의 재건

교황 율리우스 2세(1503-1513)는 교황청의 땅을 늘리기 위하여 기독교국가들과의 전쟁을 불사하였다. 그리고 그는 예술을 장려하기 위하여 교회관직의 매매까지도 마다하지 않았다. 이에 격렬한 공격을 퍼부은 사람은 바로 다름 아닌 에라스무스였다. 그는 『하늘나라에서 축출된 율리우스(Julius Excluded from Heaven)』라는 저술을 펴내면서 교황을 비판하였다. 이에 맞서 율리우스는 자신을 정당화하기 위하여 당대의 거장 미켈란젤로로 하여금 새로운 교황관저에 붙어있는 시스틴 성당(Sistine Chapel)을 장식하게 하였다. 이것이 바로 르네상스의 가치를 드러내는 돌과 색으로 신앙의 특성을 부각시키려는 건축계획의 일환으로, 여러 교황들에게 그대로 승계되어졌다.

로마의 성 베드로 대성당(Saint Peter's Basilica)의 복원과 확장은 4세기 이래 계속되어왔다. 율리우스와 그의 건축가 도나토 브라만테(Donato Bramante)는 성 베드로의 유골을 안장하기 위하여 이 성당을 르네상스식으로 바꾸기로 계획하였다. 그러나 실제로 새로운 베드로 대성당은 율리우스가 죽은 다음 거의 한 세기가 지난 1626년에 가서야 봉헌되었다. 미켈란젤로도 봉헌식을 보지 못하고 돌아가고 말았다. 이것은 야망으로 가득 찬 거대한 대공사인 반면에 완공을 위해서는 엄청난 비용과 희생이 끊이지 않고 뒤따라야 하였다. 율리우스의 뒤를 승계한 플로렌스의 지오반니 메디치는 이름을 레오 10세로 바꾸었다. 그는 처음에 새로운 십자군계획으로 사업을 추진하려 했으나 뜻대로 되지 않았다. 그는 이 막대한 재정을 해결하기 위하여 면죄부판매를 결정하게 되었는데, 이

---

4) 졸저, 『루터 · 칼빈 · 웨슬리 다시읽기』, 그리심, 2006, 참조바람.

것이 바로 르네상스가 종교개혁으로 전환되는 발단이 되었다.

면죄부(the indulgence)의 신학은 에라스무스와 휴머니스트들이 싫어하는 아리스토텔레스 논리학으로의 전환을 의미하였다. 모든 것들이 스콜라철학의 방법으로 해석되었다. 면죄부는 십자군 때 도입된 것으로, 십자군으로 출정한 사람은 죄의 사면을 약속받게 되었다. 그러나 시간이 흐르면서 교황들은 순교에 부족한 행동들은 순례와 헌금과 같은 것으로 연옥의 형벌을 면할 수 있도록 선처하였다. 비록 지옥은 교황의 관할에 속한 것은 아니라 하더라도 연옥에 대한 선고는 교회의 권위에 의해 단축될 수 있다는 논리이다. 다시 말해 살아 있을 동안 범한 죄에 대한 연옥에서의 일시적 형벌은 교황에게 달려있다는 것이다. 이것이 구체화 된 것은 교황 클레멘트 6세에 의해서였다. 클레멘트는 프랑스의 강압에 의해 아비뇽에 거주해야 했기 때문에 교황의 궁전을 짓기 위한 비용을 면죄부 판매로 해결하지 않으면 안 되었다. 그리하여 그는 1343년 교서(*Unigentius*)를 발표하여 이를 확실하게 매듭지었다. 이로써 교황청의 재정적 네트워크가 마련되었다.

레오 10세는 이러한 방법을 메디치가 스타일로 밀고 나가기로 결심하고 구체적인 계획을 세웠다. 그는 면죄부를 가지고 마인츠의 대주교 알버트와 수익계약을 맺었다. 27세의 나이로 마그데부르크의 대주교가 된 알버트는 교회관직들을 관장하기 위해서는 로마의 허가(dispensation)가 있어야 했다. 그는 아우구스부르크의 푸가가 은행으로부터 대부금을 빌려다가 교황청에 지불하였다. 그리고 면죄부 총 판매책으로 1517년 도미니쿠스파 요한 테첼을 독일에 불러들여 판매사업을 실시하게 하였다. 테첼은 이 세상에 사는 사람들 뿐 아니라 연옥의 친척들의 죄 사면을 위해서 면죄부는 필요하다고 대중에게 역설하였다. 그는 각 지방마다 교황의 깃발과 대형 십자가를 앞세우고 종을 치면서 대중에게 "여러분이 내는 헌금의 소리가 연옥에 있는 여러분의 친척의 영혼은 풀려나게 될 것"이라고 외쳤다. 이것은 특정지역에서 라틴어로 행해졌다. 1529년 에라스무스는 이 면죄부판매를 신랄하게 비판하였다.

비텐베르크는 브란덴부르크 근처에 있었는데, 테첼은 그 곳에 가는 것이 금지되어 있었다. "현공(the Wise)"이라고 불리는 삭소니의 선제후 프리데릭이 그 것을 허락하지 않았다. 프리데릭은 당시 적지 않은 양의 성골을 수집하고 있었다. 그는 면죄를 위해 그의 성골을 관람하는 사람들로부터 상당한 수익을 얻고 있었다. 그의 수장품(5,005점)을 계산해보면 연옥으로부터 면죄 받는 연수는 거의 1,443년에 달하였다. 따라서 테첼의 접근은 그에게 달가운 일이 결코 아니었다. 이러한 복잡한 상황에서 어거스틴의 수도사 마르틴 루터는 면죄부 자체에 대한 근본적인 문제를 제기하고 나섰다. 그는 프리데릭의 수장품 면죄수익에 대해서도 물론 비판하였다. 테첼이 판매한 면죄부에 비하면 아무 것도 아니었다. 그렇다고 해서 에라스무스를 비롯한 기독교 휴머니스트들에게 묵인될 수 있는 문제는 아니었다.

마르틴 루터

루터는 1505년 벼락사건 이후 에르푸르트 대학교에서의 법률학공부를 접고 어거스틴 수도원에 들어갔다. 에라스무스가 플라톤사상을 위해 어거스틴을 읽은 것과는 달리, 루터는 회심의 체험을 위해 어거스틴을 읽었다. 그는 성경연구에 열정을 다했으며, 히브리어와 그리스어를 배웠다. 그는 특히 시편과 로마서를 집중적으로 읽었다. 그의 신학의 핵심은 "오직 의인은 믿음으로 말미암아 살리라(롬 1:17)"였다. 즉, 하나님에 대한 신앙만이 구원에 이르는 유일한 길 (의)이라는 것이다. 그는 1515년 로마서를 이미 강의하고 있었으며, 1517년 테첼의 판매운동이 판을 치고 있었을 때 그의 이름은 널리 알려져 있었다. 그는 소교구의 사제로서 지방 신학대학의 교수에 불과했지만 그의 올바른 주장은 결코 간과될 수 없었다. 그는 처음에 정중하게 알버트 대주교에게 면죄부판매의 시정과 토론을 요구했으나 아무런 응답을 받지 못하였다. 그리하여 그는 1517년 성인절을 기하여 비텐베르크 대학교 성교회 문에 95개조항에 이르는 "면죄부의 능력과 효능에 대한 토론"이라는 벽보를 붙이게 되었다.

그는 95개조의 처음 10개조항들을 통하여 교황 면죄부제도에 대한 전반적인 잘못된 점들을 지적하였다. 그는 이어 하나님이 어떻게 인간을 용서할 수 있는지, 그리고 인간이 어떻게 하나님의 능력을 침해하지 않으면서 자기한계를 뛰어넘을 수 있는지에 대한 소위 법정적 방법을 전개하였다. 그가 주장하려는 요지는 소위 "의인설(Justification by faith alone, 칭의설, *sola fide*)"이었다. 즉, 하나님의 용서는 법정에서 재판관이 피고의 입장을 고려하여 법적으로 감안해주는 신앙의 선물이라는 뜻이다. 그는 사탄을 너무 심각하게 받아들일 필요가 없는 단순한 세력(a genuine force)으로 바라보았다…악마가 밤에 나를 괴롭힐 때, 나는 '악마야, 지금은 내가 잠을 자야한다. 우리가 낮에는 일하고 밤에는 자는 것이 하나님의 명령이다' 라고 말한다. 그래도 계속해서 나를 괴롭히고 죄를 짓게 한다면, 나는 대답한다. "사랑하는 악마야, 나는 모든 것을 다 안다. 나는 너를 더러운 것으로 뭉게 버리고 말 것이다." 그는 이처럼 하나님에 대한 온전하고 인격적인 믿음으로 자신의 내적 고통을 극복해 나아갔다.

이미 말한 대로, 삭소니의 프리데릭은 면죄부에 관한한 루터를 지지할 입장은 아니었다. 그러나 그의 영역에 대한 외부의 침입을 묵과할만한 치졸한 지도자는 아니었다. 다시 말해 루터가 그의 일(수장품수익)을 반대한다 할지라도 테첼 쪽으로 기울어질 수는 없었다. 그는 결국 알버트 대주교의 말대로 "무뢰한 수도사" 편으로 다가갔다. 이에 레오 10세는 새로운 해결사로 키제탄 추기경(Cardinal Cajetan)을 파견하였다. 카제탄은 처음에는 순리적으로 루터와 해결하려고 노력했으나 시간이 경과하면서 차츰 벽에 부딪히게 되었다. 그것은 카제탄이 95개조의 철회를 요구했기 때문이다. 더군다나 95개조가 독일어로 번역되면서 대중의 관심이 루터에게 쏠리게 되었다. 결국 95개조의 직접적이고 열정적인 문장들은 독일 민족주의의 자존심을 일으키는 기폭제가 되었다.

카제탄은 무장을 하고 아우구스부르크에 들어온 반면에, 루터는 어두움을 틈타 피신하지 않으면 안 되었다. 1415년 요한 후스가 이미 성경번역과 종교적 혁신프로그램으로 화형에 처해진 바 있었다. 체코의 민족주의의 기운은 아직도 가셔지지 않고 있었다. 가톨릭의 종교재판, 마녀화형, 반유대인정책, 스페인으로부터의 무슬림과 유대인 축출사건 등은 아직도 유럽인들을 무서운 공포 속에 사로잡고 있었다. 그러나 교황은 루터 자신 뿐 아니라 루터를 지지하는 대중을 더 무서워하지 않으면 안 되었다. 교황은 될 수 있는 대로 외교적으로 일을 해결하려고 한 반면에 루터는 지지기반이 강한 교회총회의 소집을 요구하였다. 이에 사태의 심각성을 감지한 레오는 1520년 6월 드디어 루터를 단죄하는 교서(Exsurge, domine)를 발표하였다.

루터는 60일 이내에 주장을 철회해야 하며 책을 불살라야 했다. 만약 불응하면 파면을 면하지 못하게 되었다. 그는 교황의 칙서와 교회법의 복사본을 공개적으로 불살라버렸다. 그는 신성로마제국의 독일황제 찰스 5세의 압력도 아울러 피할 수 없었다. 그는 『독일 크리스천 귀족에게 고함』이라는 글을 써서 황제에게 호소하였다.[5] 찰스황제는 일을 쉽게 하기 위하여 루터를 설득하려고 하였다. 그러나 그렇게 간단한 문제는 아니었다. 그는 레오 교황측과 프리데릭 현공측의 사이에서 고민하다가 후자의 주장대로 보름스의회에 넘기기로 결의하였다. 보름스의회가 드디어 1521년 개최되었다. 루터는 제국의 보호아래 참석하였다. 찰스황제는 다시 한 번 그의 주장을 철회할 것을 요구하였다(4월 18일). 그러나 루터는 "나는 성경에 의해서, 혹은 어떤 분명한 이유에 의해서 잘못된 것이 밝혀지지 않는 한, 철회할 수 없다. 양심까지 거스르는 것은 올바르지 않다. 하나님은 나를 도와주실 것이다. 아멘"이라고 담대하게 답하였다. 그는 그 곳을 빠져나와 은신처인 바르트부르크성으로 갔다. 그는 그 곳에서 독일의 종교개혁운동과 독일인들의 지적 생활에 적지 않은 영향을 끼치게 된 저 유명한 독일어 성경번역을 내놓았다.

종교개혁의 영향

종교개혁은 몇 가지의 중요한 영향들을 끼쳤다. 우선 무엇보다도 성만찬에

---

5) 루터는 1520년 면죄부를 비롯한 교황의 주장들에 대항하기 위하여 이 글을 썼다. 그는 왕과 제후들의 도움을 요청하였다. 신약에 의하면, 모든 크리스천들은 사제들이다. 그러므로 세속적 지도자들은 성경의 권위를 지키기 위하여 궐기해야 한다. 교황은 세 가지의 벽을 쌓고 우리의 신앙을 방해한다. 첫째는 영적 문제에서, 둘째는 성경해석에서, 셋째는 교회회의에서 주도권을 휘두르면서 권력을 자행한다. 그러므로 교황의 독재를 막기 위해서는 그의 세 가지 벽들은 반드시 허물어져야 한다는 것이다.

서 일반 신자들에게도 빵과 포도주를 둘 다 허용하는 등 기본적인 예배의 내용이 개혁되었다. 사제의 복장도 단순화 되었으며, 사제들에게도 결혼이 허락되었다. 그리고 너무 치장된 제단도 변화되었다. 시당국은 더욱 조직적인 차원에서 교회기금을 몰수하여 사회봉사를 위하여 관리하기 시작하였다. 이러한 일들은 루터가 1522년 비텐베르크에 돌아오면서 더욱 활성화 되었다.

1522-1525년에는 독일 남부를 중심으로 일련의 농민폭동이 일어났다. 루터는 매우 열정적인 태도로 이에 응하였다. 그는 그의 팜플렛(Against the Murdering, Thieving Hordes of Peasants)에서 "이 시점은 특별한 시대여서 군주가 기노보다는 피 흘림에 의해 하늘을 더욱 쉽게 얻을 수 있다"고 갈파하였다. 즉, 모든 믿는 자들이 사제라는 것(만인사제론)은 그들이 하나님과 교회에 무거운 책임이 있다는 뜻이다. 이와 같이 이 세상의 자연적 권력에도 책임문제를 적용될 필요가 있다. 그리하여 이 세상에 하나님은 두 가지 정부, 하나는 성령에 의해 크리스천들을 다스리는 영적 정부, 다른 하나는 비크리스천들과 악한 사람들을 다스리는 세속적 정부를 만들어 질서를 유지하게 만들었다. 요컨대, 농민들은 군주에게 폭력을 행사해서는 결코 안 된다는 것이다.

독일의 개혁운동은 내란, 전통적인 동질성의 분열, 더 나아가 종교적 급진운동, 이단사상을 불가피하게 하였다 뮌스터에서는 1533년 재세례파 지도자 베르나르드 로트만(Bernard Rothman)이 시의회를 장악하고 레이덴의 존(John of Leyden)의 가르침을 따랐다. 재세례파는 신약성경대로 진정한 세례를 강조하였다. 그들은 세례를 통해서만이 영적 크리스천으로 다시 태어날 수 있다고 주장하였다. 존은 이에서 더 나아가 자신을 시온의 왕이라 칭하고 이스라엘 족장의 풍습대로 일부다처주의를 주창하였다. 그는 1535년 지방주교 군대에 의해 살해되었다. 프랑스에서는 프랑소아 1세의 박해가 일어나 상당수의 프로테스탄트 지도자들이 스위스로 빠져나갔다.

스위스의 종교개혁은 루터운동보다 훨씬 조직적인 양상을 나타냈다. 취리히의 울리히 츠빙글리(Ulrich Zwingli)는 루터의 주장들을 그대로 받아들였으나 보다 성경적이고 전투적인 개혁프로그램에 집착하였다. 그는 크리스천들의 관습은 성경적으로 올바르게 바로잡아야 할 뿐 아니라 실제로 실천해야 한다고 믿었다. 그는 성만찬에 관한 루터의 가르침에 회의를 가졌다. 그는 빵과 포도주의 화체설을 거부했으며, 루터의 소위 공재설까지도 받아들이지 않았다. 그는 그리스도의 몸과 피를 영적인 차원에서 이해하였다. 이것은 에라스무스의 기독교적 휴머니즘의 입장과 비슷하였다. 그는 1529년 공개적 토론 이후에도 루터와 화해하지 않았다. 취리히 시의회의 지지를 받은 그는 개혁교회의 특징을 나타내는 시 자체의 개혁을 주도하는 프로그램을 실시하였다. 그는 가톨릭 반대파와 싸우다가 1531년 채포되어 무참히 살해되었다.

개혁운동은 스트라스부르크의 마르틴 부처(Martin Bucer)에 의해 더욱 발전하였다. 그의 운동은 프랑스를 떠나 베른 시의회의 보호아래 제네바에 도착한 화렐(Guillaume Farel)에 의해 제네바에 소개되었다. 그 당시 제네바는 지방주교에 매여 있지 않는 독립도시였다. 다음 해 화렐은 동료 프랑스 개혁가 존 칼빈(Jean Calvin)을 제네바에 초빙하였다. 칼빈은 종교개혁의 제1세대인 루터라니즘을 이어받은 종교개혁의 제2세대의 주역이 되었다.

칼빈은 제네바의 어렵고 복잡한 정치적 환경 속에서 신학적이며 조직적인 원칙들을 세우기 위하여 투쟁하지 않으면 안 되었다. 그러나 그는 그의 두 가지 주요 저서(the Institutes of the Christian Religion, the Ecclesiastical Ordinances)를 통하여 어려운 곤경을 풀어나갔다. 이 업적들은 개신교 신앙과 정치에 크나큰 영향을 주었다. 전자는 1536년에 출간되었고, 후자는 1541년에 만들어진 것으로 1564년 그가 죽을 때까지 혼신을 거기에 바쳤다. 칼빈은 목회자들이 시의회와 상의하여 교사들을 임명하는 계획을 받아들였다. 반대로 시의회는 목회자들과 상의하여 장로들을 임명하였다. 장로들은 사적 공적으로 시의 도덕성을 둘러보고, 이단, 가톨릭관계, 춤, 변절 등을 엄격하게 감시하는 일을 행하였다. 스코틀랜드의 개혁가 존 낙스(John Knox)는 제네바를 가리켜 "사도시대 이래 지구상에 있었던 가장 완벽한 그리스도의 학교"라고 극찬하였다.

칼빈의 천재성은 신학과 조직에서도 유감없이 발휘되었다. 그는 의인설(the principle of justification by faith)에 대해 다음과 같이 설명하였다.

우리가 그에 의해서만 의롭게 인정되는 것을 선언하는 데 있어서, 그리스도의 순종 안에 우리의 의를 두는 것 외에 무슨 다른 방법이 있겠는가? 왜냐하면 그리스도의 순종은 의를 우리 자신의 것처럼 해주었기 때문이다. 이것을 잘 설명한 사람은 야곱의 축복과 관련하여 의를 설명한 암브로이스였다. 즉, 장자권이 없는 야곱이 형의 옷을 입고 염소의 가죽을 이용하여 형의 흉내를 냄으로써 하나님의 축복을 받은 것처럼(창 27:27), 우리도 우리의 첫 번째 형이신 그리스도를 힘입어 하나님에게 의롭게 인정받았다. 이삭이 야곱의 옷의 향취를 맡았다는 것은 우리가 행위에 의해서가 아니라 믿음에 의해서 의롭게 되었다는 것을 의미한다. 육체의 약함은 행위의 걸림돌이지만 아들을 용서하는 믿음의 밝음은 행위의 잘못들을 덮어준다…참으로 그(암브로이스)의 설명은 진실하다. 왜냐하면 우리가 하나님의 면전에서 구원으로 나타나기 위해서는 우리자신을 숨기고 대신 그리스도의 향취를 가지고 냄새 맡지 않으면 안 되며, 우리의 악들은 그의 완전함에 의해 덮어지고 묻혀지지 않으면 안 되기 때문이다…[6]

이와 같은 칼빈의 논리적이고 우아하고, 감동적인 설명은 *sola fide*와 관련히여 제네바 시민들의 마음을 사로잡기에 충분하였다. 또 한 가지 칼빈의 사상 가운데 특징적인 것은 목적론적인 신학사상이었다. 즉, 아무리 선하고 아름다운 일을 할지라도 하나님으로부터 떨어져 있는 사람은 아무런 보상을 받을 수 없고 오히려 형벌만이 있을 뿐이다. 왜냐하면 그런 사람들은 근본적으로 자기 사랑과 자기이익을 위해 일하는 것이며, 하나님에게 목적이 있는 것이 아니기 때문이다. 참된 의는 그들 안에 있는 것이 아니라 하나님 안에 있다. 인간의 행위들은 목적에 의해 평가되는 것이지 결과에 의해 평가되는 것이 아니다. 다시 말해 하나님에 의해 진실하게 받아들여지는 것은 하나님을 향한 인간의 목적을 가진 것뿐이라는 것이다. 이것은 자연히 그의 예정론과 연결되

---

[6] *Institutes* 3. 11. 23.

었다. 그는 인간이 만드는 모든 선택들의 결과를 아시는 분은 오직 하나님 한 분이라고 믿었다. 이러한 점에서 그는 어거스틴과 일치하였다. 구원이냐 아니면 저주냐 하는 선택의 예정은 오직 하나님에게 속한 문제이며, 하나님에게 속한 신비로운 하나님의 문제일 뿐이다. 그리하여 현대신학자 베르나르 코트레는 이 예정론을 "개혁신학의 잔인한 야수"라고 평하였다.[7] 결국 이것은 가톨릭신학과 프로테스탄트신학을 가르는 중요한 분수령이 되었다.

이 외에도 독일의 종교개혁은 네덜란드의 독립전쟁(1579), 영국과 스페인전쟁(1588), 프랑스의 위그노전쟁(1562), 독일의 30년전쟁(1618)과 같은 종교전쟁을 야기시켰으며, 그리고 영국의 종교개혁(1534)을 일으키는데 중요한 조타수 역할을 하였다.

서구 기독교의 분열

그러나 가톨릭과 종교개혁자들과의 화해의 기회는 여전히 남아있었다. 왜냐하면 교황 바울 3세(1534년 등극)가 에라스무스에게 추기경직을 제안했기 때문이다. 이 제안으로 1541년 레겐스부르크에서 열린 프로테스탄트 신학자들과의 토론은 상당한 정도의 성과를 가져왔다. 그들은 의인화(sola fide)에 대해서는 대체적으로 근접한 의견의 합의를 얻어냈다. 그러나 화체설과 교황우위론은 그들이 가장 풀기 어려운 난제였다. 위에서 말한 것과 같이 프로테스탄트의 종교적 개혁운동은 영국에 영향을 미쳤다. 영국은 원래부터 철저한 로마 가톨릭 노선에 서 있었다. 그리하여 헨리 8세는 6개조를 반포하여(1539) 화체설을 어기는 사람과 승려의 독신을 위반하는 사람에 대해서는 엄격한 형벌을 내렸다. 토마스 크랜머는 루터파 신학자 오시안더의 조카와 결혼한터라 6개조에 반대하였었다. 그러나 교황세력의 지나친 간섭에 대해서는 두 사람 모두다 외세의 침입으로 간주하여, 의기가 투합되어 있었다. 결국 헨리 8세는 이혼문제로 로마가톨릭과 결별하고 새로 영국교회(anglicanism)를 세우게 되었다. 영국은

---

7) *RFWC*, p. 454. 참조바람.

1547년 에드워드 6세의 등극으로 종교개혁의 물고를 트게 되었다. 에드워드는 6개조를 완전히 폐지하고 승려의 결혼을 허락하였다. 그리고 성상을 교회로부터 치우고 성찬 때 포도주와 빵을 모두 허용하였다.

영국교회는 드디어 1549년 『일반기도서』를 새로 만들었다. 크랜머에 의해 이루어진 이 기도서는 다시 1552년 수정·발간되었다. 성찬에 관한 기도서 내용의 차이는 매우 시사적인 의미를 나타냈다. 즉 전자(1549년의 기도서)에서 성찬 때 그리스도의 몸은 인간에게 영원한 생명을 부어주지만, 후자(1552년의 기도서)에서 그리스도의 몸은 인간에게 감사의 마음과 더불어 그리스도가 인간을 위해 죽으신 일을 기억하게 하고 인간이 마음에 믿음을 일으키게 하는 것으로 되어졌다. 이러한 의식의 내용은 스코틀랜드로 건너가면 더욱 개혁적으로 나타났다. 존 낙스는 성찬 때 무릎 꿇는 것까지 반대하고 나섰다. 왜냐하면 그리스도의 실제 몸과 피는 성찬에 나타나는 것이 아니기 때문이다.

이에 1542년부터 교황은 철저한 대응정책을 들고 나왔다. 교황은 새로운 교서(Licit ab initio)를 발표하고 이교도들을 근절시키기 위하여 스페인식 이탈리아의 종교재판을 실시하였다. 종교재판은 진행중인 재산몰수, 투옥, 고문, 처형의 전통적인 방법들을 그대로 인정하였다. 이 종교재판을 시작한 카라파 추기경(Cardinal Caraffa)은 가톨릭에 반대하는 프로테스탄트와 재세례파를 포함한 일체의 세력들을 공격하였다. 그는 1555년 교황(Paul IV)에 오르자 금서목록을 정하고 에라스무스와 보카치오를 비롯한 주요 인사들의 저서들을 불살라버렸다. 그리고 그는 이어 유대인들을 게토에 살게 하고 노란 모자를 착용하게 하는 법을 만들었다. 그는 결국 반대파에 의해 1559년 살해당하고 말았다.

드디어 1545년에서 1563년까지 알프스 남부 트리엔트에서 교황주재의 종교회의가 열렸다. 처음에는 28명의 주교들이 참석했지만 끝날 무렵에는 거의 200명 이상의 주교들이 참석하였다. 그들은 한 결 같이 프로테스탄트 교리를 거부하고, 라틴어 불가테와 라틴어 미사, 그리고 화체설을 정통교리로 확정하였다. 그들은 『기독교강요』의 칼빈에 대응하여 토마스 아퀴나스를 그들 가톨릭의 대표적 조직신학자로 추앙하였다. 그들은 소위 가톨릭 종교개혁, 혹은 반동종교개혁(the Catholic Reformation, or the Counter Reformation)이라 불리는 순수한 개혁운동을 전개하였다. 그리하여 그들은 부재자 승려문제, 성직자의 부도덕문제, 면죄부판매문제 등을 바로잡고 순수한 전도와 교육을 부르짖었다.

예수 집단(the Society of Jesus)의 구성원들로 알려진 예수회(Jesuits)는 가톨릭 개혁운동에 중요한 역할을 담당하였다. 이그나티우스 로욜라(Ignatius Loyola)라는 스페인 출신의 예수회 지도자는 빰쁘로나 전투에서 부상당하였다. 그의 심한 다리부상은 군인으로서의 그의 생애를 마감하는 것을 의미하였다. 그러나 그는 그리스도의 군병으로서의 생활을 지속하기로 결심하였다. 그는 그의 저서(Spiritual Exercises)에서 인간이 어떻게 그리스도의 신부로서 교회에 순종하며, 자신의 영혼을 치유하기 위하여 예수의 고통을 몸소 체험할 수 있는가를 서술하였다. 예수회는 1540년 교황 바울 3세에 의해 허락되어 가톨릭 종교개혁의 이상적인 모범으로 인정받았다. 로욜라는 하나님의 "지상 대리자(the vicar on earth)"로 임명된 교황에 온전히 순종하기 위하여 *devotio moderna*와 특히 아켐피스의 『그리스도를 본받아』를 채택하여 실천하게 하였다.

유럽의 종교(기독교)는 실제로 1542년부터 로마 가톨릭과 프로테스탄트로 갈라졌다. 그 분계선은 국민국가들로 구분되는 경우도 있었고, 국민국가들 안에서 다시 갈라지는 경우도 있었다. 그들은 어느 경우가 되던 그들의 진리를 보호하기 위하여 세속적 권력과 야합하지 않으면 안 되었다. 프로테스탄트측은 죄의 형벌을 올바르게 다스리고 악을 빛으로 인도하여 그리스도인을 자유롭게 해주는 일을 목표로 내세웠으며, 로마 가톨릭측은 하나님의 "지상 대리자" 교황에게만 순종함으로써 폭력적 분파주의와 유럽의 전쟁을 종식시키는 일을 목표로 내세웠다.

그러나 어느 측이든 그들의 논쟁과 주장은 합리적인 방법보다는 지나친 스콜라주의적 방법으로 쏠릴 수밖에 별도리가 없었다. 그 결과 종교개혁은 유럽에 상상할 수 없는 크나큰 위험을 안겨다 주게 되었다. 그것은 바로 양측 사이에서 벌어진 피할 수 없는 피의 전쟁이었다.

종교전쟁

1563년 트리엔트 종교회의가 끝난 후 유럽의 국민국가들은 그들의 이해관계에 따라 로마 가톨릭이든 프로테스탄트든 어느 한 쪽 편에 다가서지 않으면 안 되었다. 그리고 이러한 한 쪽 편의 선택은 바로 무장된 폭력으로의 전환을 의미하였다. 이것이 이른 바 종교전쟁(the Wars of Religion)이라는 양상으로 나타났다. 즉, 종교전쟁은 종교개혁의 후유증으로 야기된 가톨릭(구교)과 프로테스탄트(신교), 그리고 새로 일어난 왕권과의 3파전이라고 요약할 수 있다. 종교전쟁은 한편으로는 최후의 중세적 종교전쟁이며, 다른 한편으로는 처음이 근대적 국민국가 전쟁이라고 말할 수 있다.[8]

스페인은 로마 가톨릭으로 다가간 반면에 영국과 스칸디아비아는 프로테스탄트로 다가갔다. 중간에 위치한 프랑스는 양측으로 갈라져 있었지만 가톨릭에 더 근접하였다. 이탈리아의 도시국가들은 바티칸과 우위권을 놓고 다투기는 하였지만 그들의 전통적인 가톨릭 신앙노선에는 변함이 없었다. 독일은 가톨릭과 프로테스탄트로 깊이 갈라져 있었으며, 네덜란드도 같은 입장이었다. 그들은 하나님의 보증없이는 합법적으로 다스릴 수 없었기 때문에 그들의 국민들을 한 가지의 교파로 통일시키지 않으면 안 되었다. 그들은 때로는 국민국가일 수도 있었고, 때로는 도시국가 혹은 그 보다 작은 규모의 지역들일 수도 있었다. 프랑스에서는 가톨릭과 프로테스탄트 양측이 귀족과 왕족의 힘을 빌려 싸움을 벌였다. 그 대표적인 것이 성 바르돌로메 대학살사건이었다.[9]

---

[8] Richard S. Dunn, *The Age of Religious Wars: 1559-1689*, New York, 1970, 참조바람.
[9] 성 바르돌로메의 날(the Saint Bartholomew's Day, 1572. 8. 23)을 맞아 가톨릭왕가의 카더린 드 메디치의 딸과 프로테스탄트 나바르의 앙리와의 화해적 결혼을 축하하기 위하여 수많은 위그노 지도자들이 초청된 자리에서 가톨릭의 습격으로 일어난 학살사건을 말한다. 이 학살은 가톨릭의 강경파 귀즈공과 샤르9세의 치밀한 계획에 의해 자행되었으며, 희생자들의 수는 2,000명 이상에 달하였다. 귀즈공은 국왕 앙리 3세에 의해 살해되고, 앙리3세는 격분한 반대파에 의해 살해되고 말았다. 결국 가톨릭으로 개종한 나바르의 앙리가 앙리4세(1589-1610)로 즉위하게 되었다. 그러나 앙리4세는 4년 후 낭트칙령(1598)의 반포로 위그노에게 신앙의 자유를 제한적으로 허용함으로써 프랑스의 종교전쟁을 종식시켰다.

종교전쟁은 가톨릭의 종교개혁으로 세력을 정비한 스페인의 필립2세(1556-1598)가 국내는 물론 국외에까지 그의 권력을 확장하려는 야망에서부터 비롯되었다. 그 첫 번째로 타격을 입은 나라들은 네덜란드와 영국이었다. 네덜란드는 중세이래로 상공업과 시민계층이 발달한 나라였다. 그 북부(홀란드)는 칼빈주의의 영향으로 상공업이 발달하였고, 남부(벨지움)는 가톨릭의 영향으로 농업이 발달하였다. 이러한 상황에서 스페인의 필립 2세는 가톨릭의 획일주의로 북부의 홀란드를 강압하려 하였다. 이에 반기를 들고 나선 것이 이미 말한 홀란드의 독립전쟁이었다. 홀란드는 오렌지 공 윌리엄의 지휘아래 동맹을 결성하고 북부 7주를 중심으로 네덜란드합중국의 독립을 선언하였다(1581). 이에 자극을 받은 것은 바로 위의 영국이었다. 엘리자베스 1세는 통일령의 선포로 국교의 자리를 굳혔으나 분리파 등 국내외적으로 불안한데다가 스코틀랜드의 매리 스튜아트 여왕의 왕위옹립 움직임이 심상치 않은 상태였다. 영국은 필립과의 전쟁을 피할 수 없다고 판단하여 전쟁을 각오하고 있었다. 드디어 영국의 명제독 드레이크에 의해 스페인의 무적함대가 1588년 무너지고 말았다.

30년 전쟁

종교전쟁의 최후의 결판은 보헤미아에서 일어난 30년전쟁(1618-1648)이었다. 보헤미아는 아우구스부르크 종교화의(1555)로 종교문제는 일단 봉합된 상태였다. 그런데, 1618년 신성로마제국의 황제 마티아스(Mattias)가 오스트리아 합스부르크가의 세력을 구축하기 위하여 그의 친척 페르디난드 공을 보헤미아의 왕위에 임명함으로써 문제가 야기되었다. 이제까지 수면 아래 있었던 신구교의 세력다툼이 노골화 된 것이다.10) 여기에 후스의 개혁정신과 체코의 민족주의정신이 연결되어 오스트리아(합스부르크가)에 대한 반발이 일어났다. 30년 전쟁은

---

10) 신교는 팔츠선제후(프리데릭)를 중심으로 하는 '복음주의연합(Evangelical Union)'을, 구교는 바바리아공 막스밀리안을 중심으로 하는 '가톨릭동맹(Catholic League)'을 결성하여 서로 맞섰다.

대체로 4단계의 과정을 거치면서 진행되었다. 첫 번째의 단계는 보헤미아의 시기(1618-1623)로, 페르디난드가 가톨릭동맹과 스페인의 도움으로 승리를 거둔 단계이다. 두 번째 단계는 덴마크의 시기(1625-29)로, 덴마크의 크리스첸 4세의 활동이 두드러진 단계이다. 그러나 결과적으로 가톨릭으로 개종한 발레스타인의 승리로 신교 측의 기세가 꺾인 시기이다. 세 번째의 단계는 스웨덴의 시기(1630-35)로, 구스타프 아돌프가 승리한 단계이다. 그리고 마지막 단계는 프랑스의 시기(1635-48)로, 프랑스와 스웨덴이 합세하여 전쟁을 승리로 이끄는 단계이다. 결국 합스부르크가와 부르봉가와의 대결에서 부르봉가의 승리로 끝난 것이다. 30년전쟁은 프랑스와 스웨덴이 승리한 가운데 유명한 베스트팔렌조약(1648)으로 마무리되었다.

베스트팔렌조약으로 가장 커다란 이익을 챙긴 나라들은 프랑스와 스웨덴이었으며, 네덜란드와 스위스는 독립을 국제적으로 인정받게 되었다. 그리고 각 국가들은 가톨릭과 프로테스탄트(루터파와 칼빈파) 가운데 한 가지 종교를 기초로 하는 국민국가로서의 주권을 얻게 되었다. 다시 말해 그들(국민국가들)은 비록 왕권신수설을 바탕으로 하는 중앙집권적 왕권국가의 길로 들어서긴 했으나 과도기적인 근대국가의 체제를 갖춤으로써 프랑스혁명이 일어나기까지 거의 1세기 간 국제질서를 유지할 수 있게 되었다. 그리하여 앞에서 이미 밝힌 대로, 베스트팔렌조약을 계기로 이후부터는 서양은 종교를 축으로 하는데서 벗어나, 정치를 중심축으로 여기에 종교와 문화 등이 개입되는 새로운 장이 펼쳐지게 되었다. 다시 말해 종교와 정치 관계에서 주객이 바뀐 것이다.

계몽사상

1648년 베스트팔렌 조약 이후, 독일에서는 30년 전쟁의 후유증으로 고갈된 정신적 영적 부흥을 바라는 경건주의운동(the Pietism Movement)이 일어난 반면에, 프랑스를 중심으로 하는 승전지역에서는 이성을 내세우는 계몽주의운동(the Enlightenment movement)이 일어났다. 전자(경건주의운동)는 교리적으로 경직화된 종교개혁의 정통주의를 비판하고 신앙의 내면과 체험, 개인의 감성을 중시하였다. 그 대표적인 사람들은 필립 슈페너(Philipp Jakob Spener: 1635-1705), 프랑케(August Hermann Francke: 1663-1727), 진젠도르프(Nicolaus Ludwig von Zinzendorf: 1700-1760) 등이었다. 이 경건주의는 아직은 밀려들어오는 계몽사조를 극복할 만한 신학적이며 내적 창조성을 구비하지지는 못하였다. 그러나 이 사조는 이후 18세기 영국의 웨슬리 신앙부흥운동과 19세기 미국의 교회각성운동에 적지 않은 영향을 끼쳤다.[11]

이와는 대조적으로 후자(계몽주의운동)는 종교전쟁의 소용돌이로 깊은 비관주의의적 감정의 늪 속에 빠진 유럽을 이성의 쇠사슬로 구출하려고 하였다. 르네상스와 계몽주의 운동은 서로 아주 다른 시대에 나타난 것들이지만, 후자(계몽주의)는 전자(르네상스)로부터 낙관주의를 물려받았다. 말하자면 지나친 감성의 구덩이로부터 벗어나려는 것이 바로 이성 위주의 계몽주의라고 말할 수 있다. 계몽사상은 17세기 말경 영국에서 시작되어 북유럽과 아메리카에 퍼진 사조로 그 중심지는 프랑스였으며 그 절정기는 18세기였다. 그 사상의 요지는 지혜에 이르는 유일한 안내자는 이성이라는 것, 이 우주는 불변적 법칙에 의해 운행되는 기계조직이라는 것, 이 세상에 죄와 같은 개념은 존재하지 않는다는 것 등이다. 계몽사상은 데카르트, 스피노자, 홉스, 밀턴과 같은 사상가들의 영향을 많이 받았지만 그 실제적인 창단멤버는 뉴턴과 로크였다.

계몽사상에 기초한 정치이론을 주장한 사상가는 존 로크(John Locke: 1632-1704)였다. 그는 절대왕조의 전횡적 권력남용을 비판하고 생명, 자유, 재산에 대한 개인의 자연권을 주장하였다. 그는 존 밀턴(John Milton: 1608-1674)의 영향

---

11) 존 웨슬리(John Wesley: 1703-1791)를 중심으로 영국에서 일어난 감리교운동은 계몽사상과 산업혁명의 후유증으로 신앙적 고갈과 유물주의로 타락한 영국인들을 구출하는데 결정적인 견인차 역할을 수행하였다. 그의 운동은 영국의 교회 뿐 아니라 영국의 사회를 재건하는데도 크게 기여하였다. 그의 감리교운동은 점차로 교리화되어 칼빈주의와 심하게 맞서게 되었다. 그러나 미국으로 건너가 미국의 각성운동으로 연결되어 초교파적인 복음주의(evangelicalism)로 승화되었다. 미국의 대각성운동(the Great Awakening Movement)은 조나단 에드워즈로부터 무디와 빌리 그래함으로까지 이어졌다.

을 많이 받았다. 밀턴은 크롬웰의 공화국에 가담한 열렬한 청교주의자로 왕권신수설 대신 지배자와 피치자 사이의 계약사상에 의한 이상적 사회를 추구하였다. 그에 의하면, 인간은 각각 하나님의 형상과 모양으로 태어난 자유로운 존재이다. 그러나 아담의 타락으로 이러한 자유가 파괴될 위험에 이르게 되어, 공동적 동맹(common league)을 통하여 방해와 손해를 막는데 합의하지 않으면 안 되었다…모든 인간은 자기방어와 자기보존의 자연적 권리를 가지고 있다. 그리하여 도시, 촌락, 공화국(commonwealth)이 형성되었다. 그리고 하나님의 형상은 왕의 권력이나 하늘의 구원보다 모든 인간 안(in every human being)에 원초적으로 더 깊숙하게 자리를 잡고 있다.[12]

이것은 유세비우스가 지상에 그리스도의 형상대로 거룩한 왕권을 세우려고 한 것과는 크게 대조되는 주장이다. 로크는 "하나님의 형상이 모든 인간 안에 원초적으로 자리잡고 있다"에 착안하여 "인민(people)"이 왕보다 이성을 더 잘 행사할 수 있을 것이라는 개념을 발전시켰다. 즉, 사람들 사이에서 일어난 논쟁을 결정할 수 있는 재판관은 이 세상에 존재하지 않는다. 하나님만이 재판관이다. 그 분만이 정의의 재판자이다. 그러나 모든 인간은 각각 자신을 위한 재판관이다. 군주와 인민 사이에 논쟁이 일어나서 해결되지 않는다면 정당한 중재인은 인민의 기구(the Body of the People)가 되어야 한다. 다시 말해 인민을 대표하는 기구만이 지배자와 피치자 사이의 문제를 해결할 수 있다는 것이다. 로크는 이에 그치지 않고 모든 구성원들인 개인들이 양도한 권력을 가진 인민의 기구가 원래의 합의에 어긋나게 행하고 사회공동체의 공동번영에 반한다면 어떻게 할 것인가에 대해서 고민하지 않으면 안 되었다.

그리하여 그는 밀턴처럼, 구약의 창세기를 읽으면서 정치의 근거로서 이성이라는 말로 표현되는 양심(conscience)을 지켜나가는 길을 구상하였다. 즉, 이성(양심)에 호소하여 열린 정부와 공적 일들을 실천하자는 것이다. 종교가 서로 다른 사람들을 관용하는 일은 예수 그리스도의 복음과 인류의 순수한 이성에

---

12) William Haller, *The Works of John Miton,* New York, 1932, pp. 8-9.

들어맞는다. 무엇보다도 종교의 일과 시민정부의 일을 구별하는 일이 시급하다..만약 이것이 이루어지지 않는다면 인간의 논쟁은 끝날 수 없다. 공화국(the commonwealth, 共榮國)은 오직 시민의 이익을 조달하고, 보호하며, 진척시키기 위하여 이루어진 사회를 의미한다. 시민의 이익은 바로 개인의 생명과, 자유, 및 재산이다. 그 일의 의무는 관리에게 있다. 그의 일은 영혼의 구원에 있는 것이 결코 아니다. 만약 종교의 열정이 너무 과격하게 된다면 그것은 시민의 이익을 위하여 적절히 조절되지 않으면 안 된다(*Letters concerning Toleration*, 1689-1693). 요컨대, 교회, 국가, 개인의 이해관계는 이성적 기준으로 상호적 합의를 이끌어내야 하며, 종교에 대한 과격한 열정은 합리적이며 현명한 지도력에 의해 시정되어야 한다는 것이다.

종교의 과격성을 신랄하게 비판한 사람은 샤프츠베리 백작이었다. 그는 종교적 열광주의(enthusiasm)를 광신주의로 몰아치면서 과격한 종교의 비합리성과 미신성을 지적하였다. 그는 개인과 국가에 대한 지나친 종교정책에 대하여 부정적 입장을 취하였다. 그리고 그는 더 나아가서 열광주의의 희생에서 벗어나기 위하여 이성의 기초 위에서 종교에 관한 국가적 합의를 이끌어낼 것을 촉구하였다. 그는 지나친 종교적 열정에 대하여 강경책을 내놓는 반면, 다른 한편으로는 유화책을 시행하자는 것이다. 그 결과 나타난 것이 소위 왕의 신성한 권리를 인정하는 것이었다. 즉, 이성이 하지 못하는 한계를 신성한 왕권을 통해 인간사회의 모든 양상들을 충족시켜 보자는 것이다. 신성한 왕권은 영국, 홀란드, 스웨덴에서는 입헌적으로 나타난 반면에, 프랑스와 독일에서는 절대군주로 등장하게 되었다. 그리고 종교적으로는 소위 이성을 중심으로 하는 이신론(Deism)의 출현을 보게 하였다.[13] 다시 말해 이것은 계몽사상이 이성을 통치

---

13) 이신론의 주요 교리는 대략 다음과 같다. 우주를 만들고 관장하는 분은 신이라는 것, 이 신은 인간의 문제에 간섭하지 않는다는 것, 기도, 성사, 종교의식은 모두 거짓들이라는 것, 인간에게는 온전한 자유가 신에 의해 주어졌다는 것, 그리고 사후의 보상과 형벌은 이 세상에서 개인의 행위에 의해 결정된다는 것 등이다. 이신론을 처음 시작한 사상가는 영국의 허버트 경(Lord Herbert of Cherbury: 1583-1648)이며, 이것을

자의 입장에서 바라보려는 사람들과 인민의 양심의 입장에서 바라보려는 사람들 사이의 논쟁을 정치적으로 해결하지 못해 나타난 결과라고 말할 수 있다.

과학과 철학

이성의 힘을 뒷받침해 준 것은 과학의 발달이었다. 과학의 원리는 합리적 질서를 더욱 정당화시켜 주었다. 과학의 발달에 기여한 사람들로는 로저 베이컨, 쿠자누스, 토스카넬리, 다빈치, 갈릴레오, 케플러, 코페르니쿠스, 구텐베르크, 뉴턴 등을 들 수 있다. 이들에 의해 지구구형설, 지동설, 천체구조, 낙하법칙, 인쇄술, 만유인력의 법칙 등이 밝혀졌다. 이들 과학의 원리들을 기초로 데카르트(1596-1650)는 물질은 수학의 법칙을 따르고 마음(정신)은 하나님의 원리에 따른다는 이원론과 더불어 본유관념의 존재를 주장하였다. 그는 "나는 생각한다. 그런고로 나는 존재한다"는 명제로부터 보편적 지식체계의 추론이 가능하다고 역설하였다. 특히 물질세계에 관한 그의 수학적 설명방법은 뉴턴(1642-1727)에게 이어져 근대과학의 데카르트-뉴턴적 모델을 형성하게 하였다. 그에 의하면, 이 우주는 신에 의해 창조된 '하나의 크나큰 기계(a big machine)' 이다. 그러나 신은 그 자체의 원리에 의해 운행되는 이 우주를 더 이상 간섭히 시 않고 그 일을 인간에게 맡겼다. 그러므로 인간은 이성을 통하여 이 우주와 세상일에 대하여 책임을 져야한다. 즉, 신 대신 인간이 이성을 통하여 이 우주와 세상의 주인이 되어야 한다는 것이다.

뉴턴은 그의 기계론적 우주관 이외에도 관찰과 실험을 통해 자연을 귀납적으로 알아내려는 방법을 강조함으로써 종교에도 적지 않은 영향을 끼쳤다. 그리하여 신인동형적 교사로서 이해된 그의 우주, 자연(Nature)은 데카르트가 이원론적으로 바라본 물질과 정신의 간극을 극복하게 만들었다. 이런 점에서는 프란시스 베이컨의 사상도 동일하였다. 다시 말해 신의 대리인으로서의 인간

18세기에 전파한 사람들은 볼테르, 디드로, 루소, 토마스 페인, 벤자민 프랭클린, 제퍼슨 등이다.

은 자연의 종복인 동시에 그 해석자라는 것이다. 드디어 이성은 하나님의 마음을 조명하는 계시의 대명사로 다가오게 되었다. 이성이 자연에 영향을 주는 한, 신의 마음도 읽을 수 있다는 것이다. 그리하여 1712년 조셉 애디슨은 시편 19편[14])을 인용하여 하나님의 존재와 이성을 동일하게 해석하였다. 그는 하늘의 천사들이 자연의 법칙(뉴턴)으로 서서히 바뀌는 시대에, 시편을 로마서(1: 19-20)[15])에 있는 바울의 서술과 연결시켜, 자연세계로 하여금 보이지 않는 하나님의 능력과 초월성을 증명하려 하였다. 즉, 그는 자연의 법칙으로 대체된 천사들을 통하여 경이로움으로 하나님의 마음을 이해할 수 있다는 것이다.

결과적으로 이성은 중세나 르네상스, 종교개혁시대의 왕국들보다 더욱 올바르고 합리적인 정치체제를 만들어내게 하였다. 왕들의 신성한 권리는 시민의 사회계약과 권력균형에 의해 바뀌지게 되었다. 루소(1712-78)와 몽테스키외(1689-1755)는 존 로크의 뒤를 밟은 대표적인 계몽사상가들이었다. 프랑스와 아메리카 식민지에서의 그들의 영향은 가히 혁명적이었다. 루소는 특히 이성의 직관을 종교의 감각과 연결시켰다.

> 나는 세계가 현명하고 강력한 "의지(Will)"에 의해 다스려진다고 믿는다..세계는 영원한 것인가, 아니면 창조된 것인가. 모든 사물은 하나의 자존적인 원리로부터 유래한 것인가, 아니면 둘 이상의 것들로부터 유래한 것인가. 나는 알 수 없다. 나는 알 필요도 없다. 하나의 존재(the Being)가 있어서, 그의 의지가 그의 행위이며, 그 행위의 원리가 그 자신 안에 있으며, 우주의 만물에 운동을

---

14) 하늘이 하나님의 영광을 선포하고 궁창이 그 손으로 하신 일을 나타내는도다. 날은 날에게 말하고 밤은 밤에게 지식을 전하니, 언어가 없고 들리는 소리도 없으나 그 소리가 온 땅에 통하고 그 말씀이 세계 끝까지 이르도다. 하나님이 해를 위하여 하늘에 장막을 베푸셨도다…(시 19편).
15) 이는 하나님을 알만한 것이 저희 속에 보임이라. 하나님께서 이를 저희에게 보이셨느니라. 창세로부터 그의 보이지 아니하는 것들 곧 그의 영원하신 능력과 신성이 그 만드신 만물에 분명히 보여 알게 되나니 그러므로 저희가 핑계치 못할지니라(롬 1:19-20).

부여하고 다스린다. 나는 이것을 신(GOD)이라 부른다..그리고 이 신은 나의 감각들과 오성으로부터 동일한 거리에 머물러있다. 나는 더 이상 모른다..나는 그를 내 안에서 느낄 뿐이다.

루소는 다시 로크의 사회계약을 밀턴의 신비스러운 원래의 계약과 결합시켰다. 그리하여 여러 가지의 회의 속에서도 계몽사상의 정점에서 종교와 이성은 손을 맞잡게 되었다. 프랑스의 위대한 수학자이며 가톨릭인 파스칼(d. 1662)은 엄격한 논리(the rigorous logic)와 아브라함, 이삭, 야곱의 하나님의 계시(the revelation of God)를 상호 보완적인 관계로 바라보았다. 즉 그리스도의 진리는 자연과 역사 안에서 논증될 수 있다는 것이다. 세상이 시작된 이래 메시아의 기대와 숭배는 해석없이도 존재해 왔다. 하나님이 일찍부터 그의 백성에 대하여 계시하고 그의 백성을 구원할 구세주에 대하여 말씀하셨다. 그의 계시대로 아브라함으로부터 이삭, 야곱, 모세, 종국에는 예수 그리스도의 탄생까지 이루어주었다. 이 얼마나 영광스러운 일인가!

세속적인 사상가들은 파스칼의 신앙적 합리주의와 합리주의적 신앙의 모순에 대한 질타를 그치지 않았다. 그러나 파스칼은 이에 굴하지 않고 이성과 계시는 모두 하나님의 마음으로부터 나온 것이라고 주장하였다. 미국의 요나단 에드워드는 그의 저서(*Treatise Concerning Religious Affections*, 1746)에서 계시에서의 감성의 역할을 강조하고 나섰다. 그에 의하면, 이성은 경험적일 뿐 아니라 감성의 영역에까지 들어가 인간이 순수하게 창조주 앞에 설 수 있게 해준다. 계몽사상은 단순히 건조한 연역의 문제뿐 아니라 생각하고 믿는 사람을 온전하게 변화시켜준다. 말하자면 에드워드와 파스칼은 계몽사상을 최대의 아군으로 받아들인 셈이다. 그러나 그들 이후 상황은 바뀌었다. 사건과 조사는 이성과 계시의 조화를 받아들이려 하지 않았다. 이성과, 감성, 그리고 계시는 각각 다른 것으로 판명되었다.

이미 밝힌 대로 데카르트는 물질과 마음(정신)을 이원적으로 바라보았는데, 이 이원론은 임마누엘 칸트(Immanuel Kant: 724-1804)의 사상과 함께 이성 자체

속으로 침투되었다. 그러나 칸트는 순수이성(the pure reason)을 현상에 대한 회상으로, 실천이성(the practical reason)을 윤리적 판단의 길잡이로 바라보면서 각각 다른 인식의 종류로 해석하였다. 다시 말해 그는 전자(순수이성)를 이론적, 사변적 개념으로, 후자(실천이성)를 의지와 행위의 개념으로 설정함으로써 기독교를 도덕적 종교로 세속화 하였다. 그는 특히 종교의 관용을 강조하면서 계몽군주 프리데릭을 찬양하였다. 그는 결국 '종교의 자유로' 부터 '종교로부터의 자유'를 부르짖었다. 이와 같은 계몽사상은 미국의 제퍼슨과 프랭클린 등에게 영향을 주었다. 이들은 종교의 기적들을 거부하고 폭넓은 하나님의 섭리를 강조함으로써 이신론의 대표자들이 되었다. 다시 말해 기적은 자연의 법칙을 어긴다는 것이다. 이러한 사상은 이미 흄에 의해 주장되어졌다. 철학과 종교의 분리는 시민혁명에 의해 더욱 강화되었다. 가톨릭의 성직자들 가운데는 순수이성에 의지하는 사람들이 많았다.

낭만주의

한편으로 프랑스혁명을 통해 테러리즘과 폭력은 이성의 이름을 빌려 더욱 기세를 부렸다. 폭력과 무질서가 난무하는 가운데 계몽사상의 합리적인 정치적 이론들은 점차로 서야 될 자리를 잃게 되었다. 더군다나 나폴레옹의 득세는 전유럽을 보수와 반동, 진보의 싸움터로 몰아넣었다. 이러한 혼란은 계몽주의에 대한 반동으로 나타났다. 종교와 정치는 다시 보수적으로 회귀하였다. 그것은 그들에게 가장 절실하게 필요한 중요한 덕목은 안정과 질서였기 때문이다. 그러는 가운데 그들은 특히 비인체제(1815)를 중심으로 과거지향적이며 보수반동적인 흐름에 편승하게 되었다. 그리하여 보편적이고 객관적인 이성은 뒷전으로 밀려나고 감성을 우선으로 하는 낭만주의(the Romanticism)가 그 자리를 차지하게 되었다. 19세기 낭만주의를 대표하는 종교사상가가 바로 슐라이어마허(Friedrich Schleiermacher: 1768-1834)였다. 그는 모라비안적 경건주의와 낭만주의의 이상을 결합한 새로운 신학체계를 만들었다. 그는 통찰은 어디까지나 직관과 감성의 문제이지 관찰에 의한 추론의 문제가 결코 아니라고 주장하였다.

그리하여 그는 비판적 계몽주의 신학을 거부하고 신학의 근거를 초월적인 존재자에 대한 절대의존감정으로 환원시켰다.16)

슐라이어마허보다 더욱 훨씬 많은 영향을 끼친 낭만주의 관념론17)의 역사철학자는 헤겔(1770-1831)이었다. 그는 이 세계를 의식현상으로부터 해방시키는 궁극적인 관념론을 발전시켰다. 즉, 그는 세계를 하나의 실제적 '이성의 체계' 혹은 '정신의 필연적인 산물'로 파악하려고 하였다. 그리하여 그는 물의 출렁거림처럼 역사의 진보는 상충하는 이념들의 상호작용(정·반)을 통하여 정신(종합)에 이르는 변증법의 이론을 주장하였다. 그는 종교와 철학, 종교와 정치, 문학과 종교를 한 가지로 종합하려고 애썼다. 그는 구체적으로 국가와 종교의 상호작용이 그 과정이며, 하나의 통일된 힘으로 모아지게 되는데, 그것이 바로 국가와 종교가 분리되지 않는 결합의 상태가 현현되는 자유라고 주장하였다. 말하자면 국가가 종교와 일치될 때 비로소 인류가 가지는 최고의 경지인 자유라는 하나의 개념을 갖게 되며, 하나님의 나쁜 개념을 갖는 국민들은 나쁜 국가, 나쁜 정부, 그리고 나쁜 법을 갖게 된다는 것이다. 그러나 그는 역사를 단순한 자유를 향한 절대정신의 자아실현의 과정으로 바라봄으로써 하나님의 섭리사관을 더욱 세속화 시키는 결과를 낳았다.

칼 마르크스(1818-1883)는 헤겔의 변증법이론을 정치적, 경제적 체계로 대입하여 사회혁명적인 해석을 시도하였다. 그에게 역사를 변화시킬 수 있는 열쇠는 헤겔의 소위 관념론적 분야가 아니라 인간의 실제, 특히 경제에서 나타나는 인간의 본질, 인간성으로부터의 소외(estrangement)에서 야기되는 긴장이었

---

16) 그러나 슐라이어마허는 지나치게 감성에 호소하는 가운데 하나님의 객관적 존재와 성경의 주요 내용들(동정녀탄생, 부활, 승천, 재림 등)을 회의적으로 해석하는 약점을 노출하였다.
17) 진리에 대한 낭만주의적 이론과 우주에 대한 관념론적 개념이 결합한 철학으로 엄밀한 의미에서 합리주의적인 것도 아니고 물질적인 것도 아니다. 그것은 오히려 이성적이고 직관적인 지식의 정당성을 추구하였으며, 부분적으로는 우주를 영적으로 설명하려 하였다. 그것은 개인주의와 휴머니즘으로부터 벗어나 집단을 선호하였다. 사회적 집단에서 이탈한 개인은 그 의미를 상실한 것으로 간주되었다.

다. 따라서 그는 헤겔과 마찬가지로 권위의 모델로서 신권으로의 복귀를 선호한 것이 아니라 인간 공동체의 여러 힘들을 하나의 힘의 결합으로 복귀시키는 것을 최상의 과제로 선호하였다. 그러나 마르크스의 영향으로 일어난 1848년의 혁명들과 미국의 남북전쟁으로 야기된 혼란과 기아, 그리고 극도의 긴장은 이성에의 희망을 버리게 하였으며, 급기야 헤겔의 끈질긴 노력에도 불구하고 이성과 계시의 결합을 저버리게 만들었다. 더군다나 마르크스의 유물론적 철학이론은 종교자체를 거부함으로써 기독교에 치명적인 타격을 가하였다.

이러한 양자(이성과 계시)의 결렬은 그 후 찰스 다윈의 저서(『종의 기원』, 1859)로 더욱 악화되었으며, 르낭(Joseph E. Renan: 1823-1892)의 저서(*La vie de Jesus*, 1863)를 통하여 오히려 더 나빠졌다. 르낭은 신앙과 합리주의가 봉착한 난관을 해결하기 위하여 예수의 생애가 교리를 통해서가 아니라 역사적으로 이해될 수 있다는 것을 보여주기 위하여 집필하였다. 그러나 다윈은 창세기의 창조설을 부인하는 결과를 가져다주었으며, 르낭의 역사는 예수의 신격화를 오히려 더 이상 받아들일 수 없게 만들었다. 결국 과학과 철학의 협력으로 정통적인 계시종교는 더 이상 발붙일 수 없게 되고 말았다. 이러한 계몽주의의 사조를 배경으로 프로테스탄트에서는 새로운 사조의 신학이 등장하게 되었다. 그것이 바로 현대주의(modernism)였다. 그리고 이 현대주의에 대한 반발로 나타난 것이 보수주의적 근본주의(fundamentalism)라 말할 수 있다. 말하자면 근본주의는 제1차 세계대전으로 더 이상 현대주의의 소산인 자본주의적 산업사회가 명맥을 유지할 수 없게 되었을 때, 즉 탈계몽주의시대(post-Enlightenment)의 소위 포스트모더니즘[18]을 배경으로 나타난 보수주의사조라고 말할 수 있다. 이에 대

---

18) 포스트모더니즘(postmodernism)은 1960년대 시작되어 1970-80년대 본격화된 사조이다. 이 사조는 다음과 같은 과정을 거쳐 형성되었다. 즉, 19세기 사실주의(realism)에 대한 반발이 거세짐으로 그 결과 20세기 전반 모더니즘(현대주의)이 등장하게 되었으며, 다시 이에 대한 반발이 나타나게 되었는데, 이것이 바로 포스트모더니즘이었다. 포스트모더니즘은 경우에 따라 후기 현대주의, 탈현대주의, 해체주의, 탈구조주의로 불리어진다. 그 특성으로는 대체로 다원성, 상대성, 비결정성, 불안정성, 주관성, 단절성, 반도그마성, 불합리성, 해체성, 부조화성, 불균형성, 반과학성, 반조직성, 반체제성,

해서는 다시 후술될 것이다.

B. 유대교

유대교의 근대화는 근대문명의 정치적 변화와 함께 시작되었다. 유대인들은 특히 미국헌법(1787)과 프랑스혁명(1789)을 통하여 그들이 법 앞에 평등한 시민들임을 깨닫게 되었다. 그것은 이들 사건들이 그들에게 인간의 자연권과 평등권, 주권재민, 재산권, 삼권분립 등의 서양 근대적 정치사상을 심어주었기 때문이다. 그리하여 그들은 그들의 정체성에 대하여 다시 숙고하지 않으면 안 되었다. 그들은 드디어 종래의 그들의 "거룩한 이스라엘민족"에 관하여 생각해야 했다. 그들은 다른 서양인들과 함께 공유하기 위해서는 그들이 살아온 성스러운 땅(이스라엘)의 정치, 문화와는 분리된 공동체를 형성하지 않으면 안 되었기 때문이다. 즉, 마치 독일인과 영국인이 국적에 의해 인식되는 것처럼, 그들은 단순히 종교에 의해 인식되는 국민이 되어야 한다는 것이다. 이것을 주도한 운동이 바로 유명한 개혁 유대교(Reform Judaism)이다. 이 집단은 곧바로 정통유대교(Orthodox Judaism)의 반대에 부딪히게 되었으며, 다시 중재집단인 보수적 유대교(Conservative Judaism)의 협공을 받아야 했다. 그러면 이들 세 집단들이 어떻게 서양근대사에서 유대교를 이끌어 나갔는지를 살펴보도록 하자.

"거룩한 백성, 이스라엘"

고대로부터 현대(19세기)에 이르기까지 서구의 유대인들은 이방인들의 세계에서 조그마한 섬들을 이루고 살아온 반면에, 기독교인들은 유럽의 전지역에서, 그리고 이슬람들은 주로 근동에서 자리를 잡고 살아왔다. 유대인들은 하나

반전체성, 반총체성, 반효율성, 복수성, 경계해체성, 탈장르성, 주변성, 국부성, 파편성 등을 들 수 있다. 다시 말해 포스트모더니즘은 근대 과학과 철학이 이루어 놓은 일체의 지식체계와 가치체계를 부정하려는 해체주의를 강조하는 것이 특징이다.

님의 거룩한 백성(the holy people of God)으로서 토라를 믿는 단일 주권의 "이스라엘"로 오로지 살아왔다. 그들은 그들 자신의 언어(이디시)를 사용하였으며, 독특한 의복을 착용하였으며, 그들만의 음식을 먹었다. 그리고 그들은 그들 나름대로의 대규모 경제구역을 운영하는 독특한 민족집단으로 살아왔다. 그 이유는 간단하다. 그들은 신학적으로나 사회적으로나 하나님의 유일한 거룩한 백성이기 때문이다. 그들의 랍비 유대체제에 대해서는 이미 설명한 있다. 그러므로 그들은 아주 오랫동안 특별한 집단의 카스트를 형성하게 되었다. 그 어떤 사람들이나 집단도 이에 의문을 제기할 수 없었다.

그러나 서양의 국민국가의 형성과 함께, 새로운 의문이 제기되었다. 그들(유대인)는 어떻게, 그리고 어째서 유대인이면서 미국인인가. 그들은 어떻게, 어째서 유대인이면서, 독일인이고, 프랑스인이며, 영국인인가. 이와 같은 의문은 이미 1807년 나폴레옹 황제가 파리에서 프랑스 랍비들의 산헤드린을 열면서 해결하려던 문제였었다. 이 유대인의 문제는 시간이 지나면서 유대인만이 해결해야할 단순한 문제가 아니라 서양인들이 함께 해결해야 할 문제로 바뀌게 되었다. 이제 국민국가의 형성과 강화로 오랫동안 간직하면서 살아왔던 거룩한 백성 이스라엘의 개념은 변화되지 않으면 안 될 국면에 이르렀다. 이미 말한 미국헌법(1787)과 프랑스혁명(1789)은 유대인의 역사에서 새로운 획기적 변화를 예고하였다. 미국헌법은 법 앞의 평등을 공포했으며, 프랑스혁명은 문화나 종교에 관계없이 모든 사람들을 동일한 시민으로 다룰 것을 선포하였다. 이들의 정책 속에는 "독특한 민족에게는 어떤 것도 없지만(nothing), 국민국가의 시민으로서의 유대인들게는 모든 것(everything)을 준다"는 약속이 들어있었다.

이에 힘을 입어 국민국가는 모든 시민들이 공동의 민족주의에 따를 것을 요구하였다. 유대인들은 더 이상 그들 특유의 성스러운 이스라엘을 고집할 수 없게 되었다. 그들은 유대인이면서 미국인이며, 영국인이며, 프랑스인이 되게끔 그들 자신을 재정립하지 않으면 안 되었다. 프랑스, 영국, 미국에서 먼저 문제가 풀리기 시작하였다. 그 열쇠는 바로 종교의 자유이었다. 그것은 국민이 특유의 민족적 충성심에 의해서가 아니라 종교적 신앙에 의해 그들의 이웃 국민들과 구별될 수 있다는 것을 의미하였다. 다시 말해 미국인들이나 영국인들이 그들의 국적에 의해 구별되는 것처럼, 유대인들도 단순한 종교에 의해 구별될 수 있다는 것이다. 그것은 바로 약속된 그들의 정치적 변화, 정치적 해방을 의미하는 것이었다.

유대인의 정치적 해방

농노나 노예, 여자, 가톨릭 할 것 없이 누구나 법 앞에서 평등한 시민의 권리를 보장해주려는 운동인 소위 "해방(emancipation)의 과정"은 유대인에게도 예외는 아니었다. 벤지온 디누르(Benzion Dinur)에 의하면, 유대인의 정치적 해방의 과정은 다음과 같다.[19] 유대인들의 해방은 특히 그들에게 자행된 무능력과 불공평의 폐지를 의미한다. 그리고 더 나아가 그들을 다른 시민들과 평등하게 인정해 주는 것, 시민권의 의무와 권리를 그들에게 공식적으로 허용하는 것을 의미한다. 그러므로 해방의 법적 행위가 대부분의 다른 국가에서도 그들에 대한 사회적 적개심과 심리적 혐오가 축소되게끔 본질적으로 실천되어야 한다.. 아직 반감이 없어지지도 않았고, 국가에 의해 법으로 선포된 후에도 여전히 지속적으로 평등의 실현이 방해를 받고 있다. 요컨대, 유대인의 해방, 다시 말해 유대인들에게 적용된 시민으로서의 권리와 의무가 제대로 실행되지 않고 있다는 것이다.

이와 같은 해방으로 표현되는 유대인들의 정치적 변화는 18세기에 시작되어 반세기만에 크나큰 결실을 얻게 되었다. 디누르는 유대인의 해방의 역사를 세 가지의 시대로 나누어 추적하였다. 그 첫 번째 시대는 1740년에서 1789년에 이르는 시기로서, 프랑스혁명을 통하여 유대인의 해방이 논의된 시기이다. 유대인의 해방을 변호하는 사람들은 종교적 불관용이 바로 유대인을 하류계층의 지위로 몰아넣었다고 생각하였다. 그리하여 그들은 종교적 불관용은 철폐되어야 하며, 평등한 시민으로서 서구의 정치와 문화생활에 동참해야 한다고

---

19) *RFWC*, pp. 487-9. 참조바람.

강조하였다. 그 두 번째 시대는 1789년에서 1878년에 이르는 시기로서, 유럽의 국민국가의 등장으로 새로운 정부가 유대인의 시민권을 허용한 시기이다. 이 기간에 개혁 유대교는 실제로 독일을 중심으로 유대인의 두 가지의 욕구들, 즉 유대인으로 남아있으면서, 독일인과 함께 "동료 시민"으로 살아가려는 욕구를 실천하였다. 19세기 중반에 그들의 결실은 대단할 정도였다. 그러나 이 개혁 유대교에 반대하는 움직임이 등장하였다. 그들이 바로 앞에서 말한 정통 유대교였다. 이들은 서구 민주주의의 전통 속에서 유대교의 유산과 율법을 받아들이면서 유대인들이 독일인들과 공존할 수 있는 방법을 모색하였다. 그리고 그 세 번째 시대는 1878년에서 1933년에 이르는 시기로서, 정치적 반유대주의의 인종주의에 의해 유대인의 대학살이 자행된 시기이다. 유대인들은 그들의 시민권과 정치적 평등의 법적 인정이 자동적으로 사회적 평등의 인정을 가져오지 않는다는 사실을 깨달았다. 그리하여 그들은 분리된 소집단으로 뭉치는 일을 그치지 않았다.

개혁 유대교와 정통 유대교

1800-1850년 사이에 두 가지의 주요 조직들이 만들어졌다. 그 하나는 개혁 유대교이며, 다른 하나는 정통 유대교이다. 개혁 유대교는 이미 말한 바와 같이 19세기 초엽 독일에서 이루어졌다. 개혁 유대교 지도자들은 안식일에 오르간의 사용과 랍비의 설교를 허용하는 등 먼저 예배의식에서의 변화를 시도하였다. 그들은 유대인을 거룩한 백성으로서가 아닌 단순한 종교적 공동체로 바라보았다. 그들은 다음으로 돼지고기를 금하는 등의 음식제한을 철폐하고 이웃 이방인들과 구별되는 관습들을 걷어치웠다. 그들은 구전적 토라를 받아들이지 않았다. 그들은 이런 일들의 실천이 바로 개혁의 중요한 변화라고 간주하였다. 이와는 대조적으로 정통 유대교 지도자들은 개혁 유대교와는 반대로 기존의 율법과 신학을 재긍정하는 대신 서구문화에의 동참을 주장하였다. 그들은 변화의 문제를 다루되 유대교의 역사적 초월성을 강조하고 하나님의 역할을 중시하였다. 그들에게 변화는 결코 개혁이 아니며, 따라서 개혁 유대교는

유대교가 될 수 없었다. 그들은 과학과 토라연구에 헌신할 수 있었으며 근대 정치와 문화에 동화되는 것이 허용되었다. 이러한 관점에서 원리에 있어서, 그들은 개혁 유대교와 크게 다른 점이 없었다. 다만 개혁에 있어서 정도의 차이만 있을 뿐이었다.

개혁 유대교의 강령

개혁 유대교의 이념과 강령은 유럽이 아니라 미국에서 만들어졌다. 1885년 개혁 랍비들은 피츠버그 회의를 통해서 그들이 당면한 문제들을 해결하는 권위있는 진술들을 결의하였다. 소위 피츠버그 강령은 현대(19세기) 유대인의 정치적 상황에 걸 맞는 내용들을 채택하였다. 그 요지는 이스라엘은 더 이상 하나님의 토라에 준거하여 살아가는 거룩한 백성이 아니라 근대에 맞는 종교적 공동체에 불과하다는 것이다. 즉, 유대인은 모세의 인도에 따라 율법을 지키는 거룩한 백성이었음은 자명하다. 그러나 근대적 문명의 이념과 관습에 적용되지 않는 것들은 받아들일 수 없다. 누가 이스라엘인가. 그들의 생활방식은 과연 무엇인가. 그들은 어떻게 특별한 집단인가. 그들은 서구문명의 구성요소일 뿐이다. 그들은 서구민주주의사회에 살아가는 시민일 뿐이다.

개혁 유대교의 지도자들은 그들의 변화의 중심지를 시나고그의 공중예배 의식에서부터 시작하였다. 그들은 점차로 수많은 유대인들이 시나고그를 떠나는 것을 알고 떠나간 사람들이 다시 돌아와 머물 수 있도록 시나고그를 다시 재정비하였다. 그들은 변화를 추구하고 실행하되 그 변화는 어디까지나 랍비 유대교의 전통과 신학을 토대로 그 위에 승계하고 있다는 사실을 널리 알렸다. 그리하여 그들은 그들 개혁의 정당성을 입증하기 위하여 소위 프로테스탄트 종교개혁의 모델을 그들 개혁의 모델로 택하였다. 그들의 개혁운동이 독일에서 전개된 것도 결코 우연이 아니었다.

마치 마르틴 루터가 기독교 역사에 호소하여 종교개혁의 정당성을 입증한 것처럼, 루터의 땅 독일에서 개혁 유대교도 역사에 호소해야 했다. 루터는 가톨릭의 오류를 바로 잡기 위해 초대교회의 역사적 전통이 어떤 경로를 밟아

16세기까지 이어져 내려왔는가를 추적하였다. 그는 중세의 길목에서 가톨릭의 빗나간 것들을 끄집어낼 수 있었다. 그리하여 그는 가톨릭의 외적, 형식적 예배의식을 비판하고 내적, 내면적 예배의식을 회복할 것을 외쳤다. 개혁 유대교도 이와 마찬가지이다. 그들의 변화는 단절적이고 혁명적인 것이 결코 아니다. 그것은 고대 율법과 일치되는 변화이고 신앙의 내면을 찾으려는 변화일 뿐이다. 유대교는 하나의 긴 역사를 가지고 있다. 그것이 시간의 경로를 따라 굴곡을 거쳐 단일 노선으로 현재 여기까지 왔다. 그리고 그 유대교의 단일 노선의 끝이 바로 개혁 유대교이다. 이렇게 그들은 그들 개혁의 정당성을 입증하였다. 이에 대하여 정통 유대교는 유대교의 역사성을 전면적으로 부인하였다. 그리고 미국의 보수주의적 유대교는 다시 역사를 긍정적으로 변호하고 나서되 개혁 유대교의 것들과는 다른 역사의 목표를 추구하려고 하였다.

아브라함 가이거

개혁 유대교의 기초적 이론을 세운 사람은 아브라함 가이거(Abraham Geiger: 1810-1874)였다. 그는 프랑크푸르트에서 자라서 하이델베르크에서 대학교육을 받았다. 그는 특히 철학과 셈족연구에 관심이 많았다. 대부분의 유대인들이 학교교육에 관심을 가지지 못한 때 그는 대학교육을 통하여 많은 개혁 유대교 지도자들을 배출시켰다. 그는 유대교의 자료를 분석하고 유대교의 발전과정을 연구하였다. 그는 1835년 『유대신학의 과학잡지』를 만들어 운영하였다. 그는 개혁 유대교의 기초 이론자로서 유대교의 역사적 발전과정을 간명하게 정리하고 유대교의 단일 변화노선을 정립하였다. 그는 성경의 비판연구를 통하여 역사적 사실에 호소하였다.[20] 그에 의하면, 유대교는 항존적 진화유기체(a evolving organism)이다. 성경적 유대교는 고전적 랍비 유대교와는 다른 것이다. 근대시대는 마찬가지로 변화된 환경과 일치하는 발전(진화)을 요구한다.. 초기의 랍비들이 성경적 유대교에 적응할 권리를 가진 것처럼, 근대의 랍비들은 중세

---

20) *Ibid.*, pp. 494-96.

의 유대교에 적응할 권리가 있다. 성경 자체 속에서 진화의 흔적이 발견되어야 한다. 유대교의 변화는 언제나 유기적이었다. 근대적 변화는 과거로부터 나오지 않으면 안 되며, 그리고 그 과거와 급격한 단절로 나타나서는 안 된다.. 요컨대, 개혁 유대교의 변화는 과거 유대교와의 단절이 아니라 그것의 요소를 잇는 새로운 전통의 단일노선이다. 왜냐하면 그것의 껍데기는 변화하여도 그 속의 핵심인 종교적 의식은 변함이 없기 때문이라는 논지이다.

정통 유대교

19세기 독일의 개혁 유대교에 반대하여 일어난 정통 유대교는 하나님의 계시와 토라의 권위를 믿으며, 모든 국가들에 산재해 있는 모든 유대인들(거룩한 이스라엘)의 통합을 목표로 하였다. 정통 유대교는 유대인들의 토라는 물론 철학의 연구를 허락하며, 그들이 사는 국가의 문화와 사회질서와의 교류를 인정하였다. 그러나 이에 반대하는 다른 정통 유대교 집단이 등장하였다. 이 집단은 소위 거룩한 이스라엘민족과 이방인들을 철저하게 분리하여 높은 담을 쌓고, 특별한 제한된 상거래 이외에는 서로 접촉하는 것을 금하였다. 이들 집단을 자아분리주의 정통 유대교(self-segregationist Orthodox Judaism)라 부르고, 전자의 집단을 이들과 구분하여 통합주의 정통 유대교(integrationist Orthodox Judaism)라 부른다.

이미 설명한 바와 같이 개혁 유대교가 변화와 역사를 받아들인 반면에, 통합주의 정통 유대교는 결코 변화될 수 있는 것이 아니라고 거부하였다. 즉 유대교는 시내산의 하나님의 뜻으로부터 이루어진 것이기 때문에 영원하고 초자연적인 것이지 역사적이거나 인간에 의해 만들어진 것이 결코 아니라는 것이다. 그러나 유대교가 독특하고 자율적인 정치·사회 집단, 즉 "생활의 나머지 부분(the rest of life)"[21]과 연결된 종교를 형성했다는 점에서, 개혁 유대교의 자

---

21) 토라는 이스라엘민족의 생활의 전부(all of life)를 규정하고 있으므로, 사회적 정치적 집단은 제2차적 집단의 생활이라는 뜻이다.

아의식적인 믿음의 세계와 다를 바가 없게 되었다. 그러므로 정통 유대교 지도자들은 개혁 유대교의 사람들의 동일한 문제들에 봉착하게 되었다.

그것은 바로 유대인들이 과연 그들이 사는 국가들의 정치와 문화에 통합될 수 있는지와 같은 정치적 해방과 연루된 문제들을 의미한다. 이미 비친 바처럼, 그들은 개혁 유대교와는 좀 다른 방법들을 내놓았다. 그들은 토라를 중심으로 거룩한 백성 이스라엘의 전통유대교를 엄격하게 따르되 약간의 변화를 허용하였다. 그들은 비유대인들의 옷을 입었으며, 비유대인들과 어울리는 직업을 가졌으며, 그들과 함께 경제생활을 해나갔다. 개혁 유대교 사람들은 변화를 정당화한 반면에, 그들은 변화가 항상 가능하다는 것을 거부하였다. 그들은 규범적인 유대교에 부딪히지 않는 범위에서 유대교를 "시대정신(the spirit of the time)"에 적응시키려고 하였다. 이 시대정신은 바로 서유럽의 국민국가의 시민에 걸 맞는 정치적 권리와 깊이 연루된 것을 의미한다. 그러나 전자가 정치적 해방을 제일의적으로 바라본 반면에, 후자(정통 유대교)는 그렇지 않았다. 전자가 역사적 변화를 합법적으로 인정한 반면에, 후자는 그렇지 않았다.

통합주의 정통 유대교의 가장 중요한 특성은 "토라"를 "유대교"로 본다는 것이며, 그 두 번째 특성은 그 "유대교"를 다시 하나의 "종교"로 본다는 점이다. 그렇다면 "토라", "유대교", "종교"란 각각 어떤 의미를 가진 개념들인가. "유대교(Judaism)"와 "토라(Torah)"는 둘 다 동일한 생활방식과 세계관, 사회집단을 포함하고 있지만 각각 다른 카테고리를 가지고 있다. 전자(유대교)는 철학적이고 이데올로기적인 사상체제의 행동을 지시하는 개념인 반면에, 후자(토라)는 범주 전체를 포함하는 상징적이며 모든 세목을 아우르는 심볼이다. 후자는 전체적 방향을 가리키는 상징이지만, 전자는 실제로 가르치고 말하는 조직화된 주요내용의 진술이며 교리이다.

이에 비해 "종교(a religion)"는 "세속(secular)"과 대치되는 개념이다. 전자(종교)가 교회와 신앙생활과 관계되는 사항들을 받아들이는 반면에, 후자(세속)는 일반적인 "생활의 전부(all of life)"를 포함한다. 그러나 유대인의 경우는 상황이 달랐다. 그들에게 토라는 그들 생활의 전부를 의미하였다. 왜냐하면 토라는 그들의 교회생활 뿐 아니라 세속적인 부분 전부에 대해 규정하고 있었기 때문이다. 예컨대, 토라는 정치, 경제, 사회분야까지도 포함시켰다. 그러므로 그들이 다른 민족과 동일하다는 인식에 이르는 일은 장구한 시간이 필요했다. 왜냐하면 그들은 오로지 토라와 유대교 속에서 살아왔기 때문이다. 이에 반해, "종교"가 다른 사회적, 정치적 집단과 구분되는 일은 서구인들에게는 그리 어려운 일이 아니었다. 말하자면 종교와 세속의 분리는 양자의 공유를 뜻한다는 것이다. 그리하여 그리스 정교는 짜르 러시아에서, 로마 가톨릭은 폴란드에서 각각 국가와 공유하였다. 그리고 독일에서는 가톨릭과 프로테스탄트가 상쟁하면서 공존하였다. 결국 종교와 국가가 결정적으로 평화롭게 손을 잡은 것은 독일을 폐허로 만든 30년 전쟁(1618-48)이었다. 베스트팔렌조약은 군주가 종교를 선택하도록 규정하였다. 이 협정은 조금은 어설프긴 했지만 군주의 생활방식과 세계관이 종교를 정할 수 있다는 것을 보여주었다. 이것은 19세기 미국의 권리장전으로 이어져 교회와 국가의 분리를 실현시키는 결과를 가져왔다. 다시 말해 종교의 관용으로 국민국가의 시민들의 자유가 크게 신장되었다는 것이다.

다시 본론으로 돌아가자. 그렇다면 정통 유대교는 개혁유대교와 무엇이 다른 것인가. 정통 유대교가 토라를 유대교로 바라보고, 다시 유대교를 종교로 바라본다면 세속과의 관계를 끊지 않고 연결고리를 유지한다는 뜻이 아닌가. 그것은 종교가 사회집단들 가운데 하나의 집단임을 뜻하는 것이기 때문이다. 위에서도 말한 바와 같이, 양자는 세부적인 상황에서는 서로 다르지만 그 기본적인 틀에서는 일치한다고 보여진다. 즉 의복, 언어, 교육 등 일반적인 생활에서는 별반 차이가 없다. 다만 통합주의 정통 유대교 사람들이 메시아의 도래와 유대인국가의 부활과 같은 정치적 이념을 강력하게 추구하고 있다는 점에서 개혁 유대교 사람들과 차이를 가질 뿐이다.

삼손 라파엘 허쉬

개혁 유대교를 대표하는 신학자가 아브라함 가이거인 것처럼, 통합주의 정통 유대교의 창단자는 라파엘 허쉬(Raphael Samson Hirsch: 1808-1888)였다. 허쉬는 토라를 비롯하여 고전어, 역사, 교육, 철학 등 일반학문을 두루 연구하였다. 그는 근본적으로 토라에 대해서는 확고한 신앙을 견지하였다. 그에게, 자연의 사실들이 의심의 여지가 없는 것처럼, 토라의 가르침도 모든 의심을 초월한다. 왜냐하면 토라에는 하나님의 계시와 뜻이 들어있기 때문이다.

그럼에도 불구하고 그는 토라를 세속교육과 연결시키려는 철학을 통하여 토라와 근대문화의 종합을 시도하였다. 그는 기존의 제도를 바탕으로 새로운 제도를 혁신하려는 소위 새로운 유대교(new Judaism)를 만들었다. "신정통(neo-Orthodox)"이라 부르는 그의 입장은 온전한 정통생활을 유지하면서 세속세계와의 삶을 살아가는 것이었다. 그는 개혁자들의 주장 가운데 한 가지, 즉 유대인을 근대사회와 통합시키는 일이었다. 그는 실제로 근대 독일의 문화와 전통적인 오르독스의 공생을 시도하였다. 그는 토라자체만을 위한 연구를 포기하는 대신 실제적인 "할라카(halakhah, law)"를 채택하였다.

그는 공중예배 때 전통주의자들이 싫어하는 목사가운을 착용하고, 설교내용도 토라 뿐 아니라 다른 성경문제들을 폭넓게 다루었다. 그는 찬양대, 대중찬송, 지방방언설교를 포함하는 예배의 변화를 꾀하였으며, 공중기도는 히브리어로만 하도록 요구하였다. 그는 경우에 따라 개혁자들과의 관계를 유지하였으나 기도서의 전면적인 변화에는 응하지 않았다. 그는 또 음식규례를 없애려는 개혁자들에는 반대하였다. 다시 한 번 말하거니와 그들은 개혁 유대교사람들과는 원칙적인 크나큰 틀에서는 일치하지만 세분적인 항목들에서는 상치할 뿐이다. 그러므로 그들이 어느 정도로 변화를 받아들여야 하느냐 하는 문제는 여전히 풀기 어려운 문제로 남게 되었다.

"역사학파"와 보수적 유대교

유대교 근대화의 세 번째 집단은 19세기 독일 유대교학자들의 집단인 역사학파(the Historical School)와 미국 유대교학자들의 집단인 보수적 유대교(Conservative Judaism)였다. 이들 집단들은 정통 유대교와 개혁 유대교 사이에서 중재역할을 담당하였다. 보수적 유대교는 온건한 변화, "전통"과 근대생활의 동화, 그리고 무엇보다도 환경에 대한 적응을 강조하였다. 그들은 1886-1887년 아메리카 유대인 신학세미나(the Jewish Theological Seminary of America)를 조직하였으며, 이어 그들의 보수적 운동을 주도하였다. 역사학파는 그들의 세계관을 형성하였으며, 보수적 유대교는 그 세계관을 그들의 조직에 주입시켰다. 한 동안 그들은 미국의 유대인들에게 적지 않은 영향을 주었다.

보수적 유대교는 올바른 정통교리 대신 교리와 관계없는 올바른 행동들, 즉 올바른 습관체제(a system of orthopraxy)를 선호하였다. 그들의 이념은 그들의 지성인들과 학자들의 이상야릇한 슬로건("코셔<Kosher>를 먹어라 그리고 비코셔<Traif>를 생각하라") 속에서 발견될 수 있다. 코셔는 유대인 법이 정한 정결한 음식을 의미하며, Traif(unKosher)는 유대인 법이 금한 부정한 음식을 뜻한다. "올바른 일을 행하라 그러나 그것은 당신이 믿는 것과는 아무런 상관이 없다." 이러한 진술은 사람들이 거룩한 생활방식의 규례를 지키지만 그들의 확신과는 아무런 관계가 없다는 것을 의미한다. 그리하여 어떤 사람들은 이것을 교리가 아니라 행위를 강조하는 종교로 바라보았다. 그리고 어떤 사람들은 이것을 "교리없는 유대교의 교리"를 의미하는 종교로 혹평하였다.

중도노선

그들은 양자(개혁과 정통 유대교)의 극단에서 중간의 길을 택하였다. 이미 비친 바와 같이 개혁과 정통 유대교는 여러 가지 면에서 비슷한 점들이 많았다. 그들은 특히 "이스라엘민족"의 교리라는 점에서 노선을 함께 하였다. 보수적 유대교 지도자들은 사람들이 무엇을 하느냐에 초점을 맞추었으며, 이스라엘이 종교적 민족 전체를 의미한다는 차원에서 "가톨릭적 이스라엘"이라고 칭하였다. 그들은 개혁 유대교의 주장대로 유대인을 종교적 공동체로 보는 관점이나, 정통 유대교의 주장대로 유대인을 독특한 거룩한 민족으로 보는 관점을 모두 배격하고, 유대인을 하나의 민족(a people)으로 바라보려고 하였다. 그들은 공동체 전체의 통일을 중시하여, 그들의 운동이 한창 무르익을 무렵에는 시오니즘

(Zionism) 운동의 편에 다가섰다. 시오니즘에 대해서는 후술될 것이다.

보수적 유대교와 개혁 유대교를 가르는 분수령은 준수(observance)의 문제였다. 기존(랍비유대교)의 생활방식에 대한 근본적인 충성(준수)이 독일의 역사학파와 미국의 보수적 유대교를 각각 개혁 유대교와 갈라지게 만들었다. 전통적인 종교적 관습의 정당성에 대하여, 개혁 유대교는 왜 그것이 정당 하느냐를 물었고, 보수적 유대교는 왜 정당해서는 안되느냐고 물었으며, 그리고 정통 유대교는 아무런 응답도 하지 않았다. 주지하는 바와 같이 유대교의 세계관이 단순한 역사적 사실에 기초하고 있다는 기본원리는 개혁 유대교로부터 나왔다. 이에 대해 정통 유대교는 물론 찬동하지 않았다. 보수적 유대교는 더욱 실증주의적 입장을 취하여 "실증적 역사학파"의 이름을 채택하였다. 역사적 사실에 근거한 연구, 신학적 전통과 변화에 대한 진위조사를 추구하려는 역사학파는 자연히 수많은 지성인들을 포함하게 되었다.

그리고 특히 미국을 중심으로 신실한 유대 랍비들에게 의존하게 되었다. 왜냐하면 랍비들은 기존의 유대교의 규례를 철저히 지켜온 유대교의 지도자들이기 때문이다. 그리하여 보수적 유대교는 "개혁유대인들로 구성된 보수적 시나고그를 섬기는 정통 랍비들의 유대교"란 별명을 가지게 되었다. 보수적 유대교는 오랫동안 미국과 캐나다에서 상당한 수의 유대교인들을 끌어들일 수 있었다. 1950년도 그들의 세력은 절정기에 이르러 미국에서 가장 크나큰 유대인 다수집단을 확보하였다.

그러나 20세기 말에 다다르면서 점점 떨어져 개혁 유대교에도 미치지 못할 정도로 교세가 쇠퇴하였다. 그들의 엘리트그룹은 정통 유대교로, 그리고 일반인들은 개혁 유대교로 자리를 옮겨갔다. 그것은 그들이 철저한 역사적 사실의 규명에 매달리면서 성경의 진리보다는 역사적 사실에 머무는 딜레마에 걸리게 되고, 더 나아가서 그들이 예배, 음식규례, 안식일, 축제 등의 준수에 있어서 언제나 정통과 개혁의 중간을 지키려는 어정정한 입장을 버리지 않음으로써 신앙적 혼란을 가져왔기 때문이다.

C. 이슬람교

19세기 이전의 이슬람의 종교적 개혁과 부흥운동은 근본적으로 신학적이며 정치적인 문제보다는 단순한 윤리문제에 더욱 치중한 것이 특징이었다. 알 가잘리(al-Ggazaki, d. 1111), 이븐 타이미야(ibn Taymiyah, d. 1328), 샤 왈리 알라(Sha Wali Allah of Delhi, d. 1762), 이븐 아브드 알와하브(Ibn al-Wahhab, d. 1791) 등이 그 중심적인 인물들이었다. 이들은 주로 이슬람 사회의 정화와 부도덕한 관습의 타파에 힘을 기우렸다. 그들은 또한 이슬람 공동체를 코란의 가르침과 선지자 무하미드의 모범적 생활로 복귀시키는데 전력을 다하였다. 이슬람의 정치적 차원의 개혁의 목소리는 19세기 말과 20세기에 가서야 비로소 나타났다. 이들을 자극한 것은 서유럽의 식민주의, 정치적 주도권, 선교적 활동 등이었다. 그들은 드디어 민족주의, 세속주의, 계시, 이성, 과학, 의학, 기술, 근대화, 휴머니즘, 교육, 인권 등의 문제들과 씨름하지 않으면 안 되게 되었다. 이러한 상황은 다른 종교들의 상황과 전연 다르지 않았다.

19세기 중엽 이슬람의 자유주의 지성인들을 중심으로 코란의 이슬람 사회와 근대적 문명사회와의 연결을 가지려는 움직임이 일어났다. 이들 이슬람 근대주의자들의 목표는 이슬람 사회를 다시 소생시키는 일이었다. 그들의 근대주의는 전통적인 이슬람 개혁의 중요한 수단으로서 자립적인 인간이성(*ijtihad*), 공적 이익의 선을 강조하였다. 특히 그들은 정치, 법률, 교육, 여성권리의 개혁을 주장하였다. 초기 이집트의 개혁주의자 무하마드 압두(Muhammad Abduh, d. 1905)는 코란의 계시와 근대과학은 서로 모순되지 않으며, 근대적 과학교육은 사회적, 종교적, 율법적 개혁의 필수적인 것이라고 주장하였다. 더 나아가 압두와 다른 근대주의자들은 근대과학이 실제로 이슬람들의 유산이며 산물이었다고 갈파하였다. 그의 사상은 이슬람 세계와 인도네시아로 퍼져나갔으며, 인도로 건너가서는 유명한 사이드 아마드 칸(Sayyid Ahmad Khan, d. 1898)을 낳게 하였다. 칸은 인도의 민족주의와 근대교육을 발전시키기 위한 범인도 무슬림연맹을 결성하는데 조타수 역할을 하였다.

파키스탄의 근대화

인도는 이집트, 인도네시아, 터키, 이란과는 달리 소수의 이슬람집단을 이루고 있었다. 그리하여 무하마드 이크발(Muhammad Iqbal, d. 1938)과 같은 근대주의자들은 그 곳에 분리된 무슬림 국가건설을 원하였다. 그의 꿈은 1948년 파키스탄의 창설과 함께 성취되었다. 수십 년에 걸쳐서 파키스탄은 헌법을 만들고 이상적인 이슬람 사회를 건설하기 위하여 투쟁하였다. 물론 거기에는 그들과 다른 정치적, 종교적 이념을 가진 지도자들이 많았다. 여러 다른 이념들을 한데 아우르고 올바른 이슬람원리에 기초된 파키스탄 사회를 이룩하기 위하여 1956년과 1961년의 헌법들은 이슬람 이데올로기 자문위원회(Advisory Council of Islam Ideology)를 만들어 통치하도록 규정하였다. 동시에 이 헌법들은 "근대 세계의 지적, 과학적 진보를 활성화 하도록 합리적이고 자유로운 방법으로" 이슬람의 근본 원리를 정의하는 이슬람연구중앙기구(the Central Institute of Islamic Research)를 만들도록 규정하였다.

파즈루르 라만

1962년 라만(Fazlur Rahman) 박사는 위의 자문위원회 회원 외에도 이슬람중앙기구의 회장직에 임명되었다. 그는 파키스탄에서 전통적인 무슬림교육을 받았으며, 영국 옥스퍼드에서 철학박사 학위를 받았다. 그러나 그의 근대주의적 이슬람연구는 적지 않은 보수적이며 전통주의 이슬람지도자들을 분노하게 만들었다. 종교적 행동주의자 아브 알 알라 마오두디(Abu al-Ala Maududi, d. 1979)와 그를 추종하는 수많은 대중들이 라만에 반기를 들었다. 이에 할 수 없이 그와 그의 가족은 위험을 피해 1968년 캐나다로 이주하였다. 파키스탄은 다시 근대주의적 이상에서 물러나 수십 년 동안 전통적인 이슬람으로 복귀하였다. 이런 데에는 정부의 지원이 컸다. 대통령 무하마드 지아울 하크(Muhammad Zia-ul-Haq, d. 1988)는 공개적으로 정부와 사회의 "이슬람화"를 펼쳤으며 이슬람법을 어긴 사람들에게는 매질, 절단, 돌로 치기 등의 전통적인 형벌을 가하였다. 그의 정책은 물론 비판의 대상이 되기도 하였으나 상황은 여전하였다.

그 후 라만은 시카고 대학교의 이슬람교수로 들어가 1988년 돌아갈 때까지 학생들을 가르쳤다. 라만은 수많은 저술들을 펴냈다. 그들 가운데 "이슬람 여성의 지위: 근대주의적 해석"(1982)은 널리 알려진 논문이다. 그는 매우 조심스럽게 여성의 사회적 종교적 지위와 여성의 천 가리기, 일부다처, 상속, 기타 문제들을 풀기 위해 코란의 내용들을 탐독하였다. 그는 코란이 남자와 여자 사이의 종교적 사회적 평등과 정의를 증진시킨 사실을 발견하였으며, "코란이 근본적으로 목적한 것은 여자들이 종속되어 있는 악습들의 제거였다"는 것을 찾아냈다. 그리하여 그는 다음과 같은 결론에 다다랐다. 즉, 코란의 많은 법적 규례들은 오늘날 더 이상 들어맞지 않는 특정의 사회적 역사적 상황에만 적용되어졌다. 코란의 법에서 더욱 영구적인 것은 사회적 목적들이며 도덕적 원리들이다. 그러므로 개혁이나 입법은 이들 분명한 목적들과 원리들에 비추어 실행되어야 할 것이지, 낡은 규례들이나 규정들에 맞추어서는 결코 안 된다..

이와 같은 라만의 주장은 여성의 위엄과 권리를 주장하려는 수많은 근대주의자들에게 크나큰 기폭제가 되었다. 특히 1970년대 이래 이슬람 여성의 지위와 관련된 글들이 수없이 많이 쏟아져 나왔다. 그 가장 대표적인 사람이 바로 유명한 리파트 하산(Riffat Hassan)이었다.22) 그는 켄터키 루이스빌 대학교 종교학과 인문학 교수로서, 여권과 특히 이슬람 여성운동을 주도하였다. 하산을 비롯하여 라만 등의 무슬림 근대주의자들은 주로 서유럽과 북아메리카를 중심으로 활동하였다. 그들의 운동에 반대하는 반무슬림과 반아랍 사람들도 물론 적지 않다. 그럼에도 불구하고 그들은 굴하지 않고 열심히 싸워왔다.

지난 수십 년 동안 유감스럽게도 이슬람 국가들 안에 전투적인 무슬림 집단이 등장하여 이슬람을 괴롭히고 있다. 이들 급진적 이슬람주의자들은 그들이 배교자들이라고 추정하는 정치가들, 저술가들, 기자들, 학자들을 무차별하게 겨냥하여 왔다. 이미 비친 바처럼, 슬프게도 라만의 가족은 종교적 이념 때

---

22) Riffat Hassan, *The Issue of Woman-Man Equality in the Islamic Tradition*, *RFWC*, pp. 549-70, 참조바람.

문에 고향을 떠나게 되지 않으면 안 되었다. 최근에는 이집트의 나스르 하메드 아브 자이드(Nasr Hamed Abu Zeid)도 같은 신세가 되었다. 자이드는 카이로 대학교 교수로서 수없는 책들을 썼다. 그는 코란은 7세기 아라비아의 역사적 배경 속에서 읽혀져야 하며 그리고 이해되어야 한다고 주장하였다. 그 결과 1955년 전투적 집단 알 지하드는 공개적으로 그를 배교자로 선포하고 그의 결혼취소와 처형을 요구하였다. 이슬람 법률가들은 그의 취소소송을 법정에 제출하여 1966년 승소하였다. 그리하여 자이드 박사와 그의 아내 이브티할 유니스 박사는 네덜란드로 강제, 추방되어 라이든 대학교에서 학생들을 가르치게 되었다. 이슬람의 근대화에 대해서는 이슬람의 민족주의와 관련된 독립운동을 설명할 때 다시 상술될 것이다.

9. 유대교, 기독교, 이슬람의 정치적 이데올로기는 무엇인가?

- A. 유대교: 시오니즘
  시오니즘의 문제점, 시오니즘과 유럽의 민족주의, 시오니즘의 분화, 사회주의적 시오니즘, 시오니즘과 유대교의 갈등, 시오니즘과 홀로코스트, 마무리

- B. 기독교: 제국주의
  초기 기독교 사상가들, 로마제국 이후, 국민국가 이후

- C. 이슬람교: 정치적 민족주의
  종교적 개혁운동, 서구의 진출과 이슬람의 동향, 이슬람과 유럽의 국민국가, 이슬람의 독립운동, 하마스와 오사마 빈라덴, 이슬람폭력의 원인들

서양문명의 정체성
-헤브라이즘과 헬레니즘의 만남-

9. 유대교, 기독교, 이슬람의 정치적 이데올로기는 무엇인가?

이미 살펴본 대로 유대교, 기독교, 이슬람교는 중세의 팔레스타인, 스페인, 그리고 발칸반도(근대초기)에서 충돌하였다. 그러나 그들은 이에서 그치지 않고 근대에 들어와서도 그들의 싸움은 계속되었다. 이것은 앞으로도 계속되어야할 운명으로 판단된다. 그들은 특히 서양근대의 주도적인 자리를 차지한 기독교를 한 가운데 올려놓고 서로 자웅을 겨루지 않으면 안 되게 되었다. 그리하여 그들은 각각 그들이 쌓아올린 이상적인 과거의 영광을 다시 회복하기 위하여 길을 찾기 시작하였다. 그들은 최후의 승리를 위해서 강력한 정치적 강령과 정책을 새로 내세우지 않으면 안 되었다. 그들은 과연 어떤 이데올로기를 각각 치켜세웠을까. Neusner는 소위 시오니즘(Zionism), 제국주의(Imperial-ism), 그리고 민족주의(nationalism)가 유대교와 기독교, 그리고 이슬람의 이데올로기로 각각 적용되었다고 주장하고 있다. 그러면 이들에 대해 하나하나 살펴보도록 하자.

A. 유대교: 시오니즘(Zionism)

시오니즘(시온주의)은 1897년 헤르츨(Theodore Herzl: 1860-1904)에 의해 창단된 유대민족주의 운동으로, 1948년 이스라엘국가를 건설하였다. 시오니즘은 정치적인 반유대주의로 불거진 "유대인의 문제(the Jewish problem)"를 해결하는 것을 주목표로 삼았다. 그러기 위해서는 그는 유대민족의 주권을 가진 유대국가가 이루어져야 한다고 확신하였다. 유럽에서 "반유대주의(anti-Semitism)"는 유대인들이 모든 사회적 질서를 어지럽힌다는 정치적 강령으로 통하고 있었다. 처음부터 기독교의 반유대교(anti-Judaism)의 특성과는 구별되는 이러한 정치적 반유대주의는 1933-1945년 독일에서 자행된 거의 600만명에 달하는 유대인 대학살(the Holocaust)에서 그 절정에 다다랐다.

비엔나의 저널리스트인 헤르츨은 파리의 드레퓌스재판으로 재현되는 반유대주의에 충격을 받고 그의 민족운동을 계획하였다. 유대인인 드레퓌스는 프랑스 육군대위로 군대의 기밀을 독일에 넘겼다는 혐의로 군법회의에서 종신형을 받았다.[1] 헤르츨은 말하기를 이것은 군중이 반역자에 대하여 소리를 지른 것이 아니라 바로 유대인에 대하여 소리를 지른 것이라고 지적하였다. 그는 그 시대의 반유대적 정서 속에서 "유대인의 문제"는 바로 정치적 차원의 문제라고 규정하고 이를 해결하기 위하여 시오니즘을 전개한다고 주장하였다. 즉 세계 어디에서나 유대인은 한 가지 상황, 반유대주의 속에서 살고 있다. 그러므로 그들은 이제 단일 지역에서, 그리고 그들 자신의 국가에서 살아야 한다. 그들은 유럽에서 벗어나 안전한 안식처로 옮겨오지 않으면 안된다. 시오니즘의 안티테제를 형성한 반유대주의, 유럽의 정치상황에서 불거진 반유대주의는

---

1) 드레퓌스의 무죄를 위해 에밀 졸라는 "나는 고발한다(J'Accuse)"라는 공개장을 발표하였다. 그를 둘러싸고 유죄를 주장하는 파(군부, 가톨릭, 왕당파)와 무죄를 주장하는 파(공화파, 사회주의파, 좌파)들로 갈라졌다. 그는 결국 조작된 문서에 의해 유죄가 되었다는 판결이 나왔다. 1899년 재심으로 그는 다시 군법회의 유죄를 선고받았다. 그러나 그는 1906년 무죄로 최종 확정되어 군에 복귀하였다.

그들의 국가를 만들어 "유대인의 문제"를 해결하는 것을 도와줄 것이다. 그리하여 그들은 70년 로마제국이 예루살렘성전을 무너트리고 유대의 독립국가를 빼앗은 이래 2000년 동안 가져보지 못했던 정치적 실체를 되찾을 수 있을 것이다. 요컨대, 유대인은 시오니즘에 의해 주권이 인정된 독립된 국가를 회복해야 한다는 것이다.

헤르츨은 예언자의 역할을 담당하였다. 그는 1897년 바젤에 시오니즘 기구(the Zionist Organization)를 창설하고 유대국가를 출범시키면서 반세기 안에 세계는 반드시 유대국가를 인정할 것이라고 말하였다. 실제로 그의 예언은 들어맞았다. 50년이 지난 다음 1947년 11월 유엔총회는 팔레스타인과 이스라엘 땅에 두 국가의 창설을 인정하였다. 그 하나는 이스라엘 국가(1948. 5. 15)요, 다른 하나는 팔레스타인의 아랍국가였다. 결과적으로 시오니즘은 정치적 문제를 해결하기 위한 정치적 수단을 제안하였고 50년 안에 그 목표가 달성된 셈이다. 그러므로 종교적 기초 위에 이루어진 정치적 운동인 시오니즘은 현대 유대교로부터 나온 가장 중요한 단일 기구라고 말할 수 있다.

시오니즘의 문제점

그러나 시오니즘은 모든 유대인들의 지지를 얻지 못했다. 처음부터 서유럽 민주의의의 다수유대집단의 거센 항의를 받아야 했다. 그들은 그들이 사는 독일, 프랑스, 영국, 미국의 시민이라고 자처하면서 유대인의 주권국가창설을 지지하지 않았다. 그 뿐 아니라 정통적인 랍비 유대교도 이러한 세속적인 정치강령(시오니즘)에 따를 수 없다고 반발하였다. 이들에 의하면, 유대민족은 거룩하고 성별된 민족으로 세속적 민족국가에 동참할 수 없다. 유대민족은 유대국가를 회복하여 거룩한 땅으로 인도할 메시아를 기다리지 않으면 안 된다. 하나님이 메시아를 보낼 때까지는 어떤 일도 이루어질 수 없다.. 이와 같은 입장은 개혁유대교와 정통유대교도 마찬가지였다. 시오니즘은 단지 메시아 소망의 세속화에 불과하다는 것이다. 왜냐하면 시오니즘은 그들 자신이 시온에 돌아온다고 주장하기 때문이다. 그리하여 독일의 개혁랍비들도 반대하고 나섰다.

동중부 유럽 정통유대교의 대부분도 반대하였다.

시오니즘은 분명히 종교적 가르침에 의해 성장한 세속적 운동임에 틀림없다. 그렇다고 시오니즘이 유대교로부터 분리되어질 수는 없다. 왜냐하면 그것은 어디까지나 히브리 성경에 기초하고 있기 때문이다. 즉 그것은 유대교나 마찬가지로 창세기에서 열왕기에 이르는 잃어버린 약속의 땅을 다시 찾는 이스라엘의 거룩한 백성에 대한 기나긴 역사를 19-20세기에 전개되는 그들의 정치적 운동에 다시 그대로 적용하고 있기 때문이다. 이에 관해 헤르츨은 굽히지 않고 유대국가의 장점들(정치회의, 은행제도, 신문매체, 중앙집권적 조직과 지도사제체 능)을 강조하였다. 그것들은 바젤의 제1차 시오니즘 의회의 결과로 결실을 맺게 되었다. 그는 1897년 이후 대부분의 생애를 유대국가의 국제적 인준을 추구하다가 약 10년 뒤 1904년 이 세상을 떠났다. 영국정부는 그가 바랐던 아프리카의 땅을 주었다. 그의 목표들은 전체적으로 세속적이었다. 성경의 가르침들은 그의 정책들대로 되어주지 못하였다. 그러나 그가 동부 아프리카에 한 국가를 세우려는 제안에 대하여 시오니즘 의회는 거절하였다. 이스라엘만이 성지로서 합당하다는 것이다. 이렇게 해서 시오니즘의 목표로서의 성지에 대한 강조는 단지 유대의 종교적 반응을 불러냈을 뿐이다.

제1차 세계대전을 통하여 유럽 유대인들의 시오니즘 운동은 매우 활발하였다. 그들은 토지를 농업용으로 매입하여 수많은 유대인들을 정착시켜 주었다. 아직도 시오니즘은 유럽과 미국의 유대교 공동체 가운데 소수집단을 형성하고 있다. 그러나 정치적 사건은 시오니즘의 위상을 변화시켰다. 즉 제1차 세계대전 중 영국을 중심으로 하는 연합군은 이스라엘 땅에 유대인의 정착을 이루려는 시오니즘의 목적을 승인하였다. 영국과 아랍 연합군이 세계대전 중 오토만 터키로부터 팔레스타인을 정복했을 때, 런던의 제국정부는 1917년 11월 2일 소위 발포어 선언(the Balfour Declaration)을 발표하였다. 이것은 말할 것도 없이 팔레스타인 안에 유대국가의 건설을 인정하는 것으로, 헤르츨 평생과업의 성취를 뜻하는 것이기도 하였다. 발포어 선언은 더 나아가서 팔레스타인 안의 비유대인의 시민권과 종교권을 보호하고 다른 곳에 사는 유대인의 지위까지도 영향을 받지 않도록 규정하였다. 결국 이 선언은 여타 국가들과 국제연맹의 승인을 받아냄으로써, 시오니즘은 급기야 이론의 영역으로부터 국가건설이라는 실천의 영역으로 옮기기 시작하였다.

시오니즘과 유럽의 민족주의

시오니즘은 지난 50년간(1897-1947) 유럽의 역사와 정치에서, 더욱이 미국에서 괄목할만한 성과를 얻어냈다. 시오니즘은 소위 "유럽 민족주의의 환경 속에서(within the milieu of European nationalism)" 일어난 민족운동이었다. 그러나 시오니즘은 다른 유럽의 국가들과는 차별된다는 것을 알아야 한다. 주지하는 바와 같이 대부분의 유럽의 국가들은 복수언어적, 복수문화적, 그리고 다양한 제국들(empires)로 이루어져 있었다. 러시아, 오스트리아-헝가리, 독일이 그 좋은 본보기들이다. 이들 제국 안에 살고 있는 사람들은 언어적-문화적-종교적-민족적 실체들로서 그들만의 국민국가를 바라고 있었고 실천하였다. 이에 따라 러시아의 지배를 받는 핀란드인, 라트비안, 리투아니아인, 에스토니아인, 폴란드인이, 또한 오스트리아-헝가리의 지배를 받는 체코인, 세르비아인, 다른 폴란드인이 각각 그들만의 국민국가를 이루기를 바란 것과 마찬가지로, 시온주의자들은 유대인만의 국가를 만들기를 원하여 왔던 것이다. 그러나 시오니즘은 이들 유럽의 민족주의와는 크게 구별된 다는 사실을 명심하지 않으면 안 된다. 유명한 시오니즘 사상가인 아더 헤르츠베르크(Arthur Hertzberg)는 그들과의 차별을 다음과 같이 말하였다.

> 유럽의 모든 19세기 민족주의는 그들의 정치적 주권을 위한 투쟁을 이미 존재하는 국토와 언어에 기초하고 있었다…그러나 시오니즘은 민족주의적 의지의 열정에 의해 이들 민족적 정체성의 일반적인 선제조건들(국토와 언어)을 둘 다 획득하지 않으면 안 되었다…2)

그리하여 시온주의자들은 영토(territory)를 민족(the people)과 연결시키지 않

---

2) *RFWC*, p. 379.

으면 안 되었다. 유럽의 유대인은 그들이 사는 곳의 언어를 사용하고 있었기 때문에 시오니즘은 모든 유대인들이 공유하는 새로운 언어를 찾지 않으면 안 되었다. 그러므로 시오니즘은 정치적 과업 뿐 아니라 문화적 과업을 또한 이루지 않으면 안 되었다. 시오니즘은 유대인을 중간층으로 만드는 전통적인 경제적 역할을 거부하고, 그들을 생산적인 농부와 산업노동자로 만들기를 원하였다.

시오니즘의 분화

시오니즘은 처음부터 몇 갈래로 분화되었다. 하나는 유대인의 정치적 과업을 강조하려는 분파요, 다른 하나는 유대인의 문화, 언어, 문학을 강조하려는 분파이며, 그리고 또 다른 하나는 정치적 목표나 다른 어떤 것보다 생산수단의 공유에 기초된 경제를 만들기 위한 사회주의적 분파이다. 헤르츨에 의해 형성된 정치적 시오니즘(Political Zionism)은 동부 유럽으로부터 유대민족의 이주를 주장하였다. 정치적 시오니즘의 목적은 유대인들이 한 천 년 동안 떠돌며 살았던 땅에서 벗어나 원래의 그들의 고토에 고국을 세우는 일이었다. 유대인의 다수는 독일, 러시아, 오스트리아-헝가리 제국 뿐 아니라 루마니아에 살고 있었다. 러시아와 오스트리아-헝가리는 마침 정치적 분열로 인해 경제적 혼란에 빠져있었다. 그리하여 그들은 안전한 피난처를 찾는데 피나는 노력을 다해야했다. 시오니즘이야말로 대학살을 미리 예견하고 살 길을 찾으려는 유일한 현대적 유대교운동이었다. 헤르츨은 특별히 유대국가의 국제적 인정을 우선으로 하고, 정치적 수단을 통한 유대인의 실제적 구원을 시오니즘의 근본적인 목표로 내세웠다.

이와는 대조적으로 문화적 시오니즘(Cultural Zionism)은 러시아의 오데사에 사는 사회철학자 긴즈버그(Asher Ginzberg, Ahad HaAm-"One of the People")에 의해 이루어졌다. 문화적 시오니즘은 모든 분야의 유대인들을 연합하기 위하여 시온(Zion)을 강조하였다. 그것은 정신적 준비와 이데올로기적 문화적 행동의 중요성을 강조하였다. 그것은 현실적인 프로젝트 뿐 아니라 장기적인 지적 문제를 중요시 하였다. 그것은 국민국가를 건설하려는 세속적 민족으로서의 유대인의 시오니즘을 강조하였다. 문화적 시오니즘은 모든 유대인들이 사용한 이디시어(yiddish, 유대인의 방언)[3]가 아니라 현대유대인을 위한 고대 히브리어를 선정하였다. 그리하여 히브리어는 되살아나서 문학과 과학기술의 언어로 사용되었다. 유대 저술가들은 시오니즘에 고무되어 히브리어를 사용하게 되었으며, 시와 소설을 포함하는 문학은 새로운 활기를 찾기 시작하였다.

문화적 시오니즘으로 발달하게 된 또 다른 분야는 유대교와 유대인역사에 대한 연구이다. 그것은 바로 제1차 세계대전 이후 설립된 예루살렘의 히브리 대학교(the Hebrew University of Jerusalem)를 통하여 이루어졌다. 이 대학교는 예루살렘 문화의 중심지로서 수학과, 유대역사와 문화를 전문으로 하는 유대학(Jewish Studies)으로 유명하였다. 시오니즘은 유대인들이 어떻게 "하나의 민족(a people)"을 형성하게 되었는지를 설명하였다. 그러기 위하여 시오니즘은 일관되게 하나의 단일 민족으로 끈질기게 이어온 "유대인의 역사"에 의존하게 되었다. 그들의 역사에 의하면, 모든 유대인들은 하나의 장소로부터 나와서, 다 함께 같이 먼 길을 떠났다가, 다시 동일한 하나의 장소, 하나의 민족으로 되돌아 온다는 것이다. 시오니즘 이론은 말하자면 이와 같은 역사연구로부터 그들 민족주의 이데올로기의 정당성을 이끌어내는 결실을 얻어냈다. 그리하여 그것은 이전의 토라에 의한 전례를 거부하고 세속적 실체로서의 이스라엘민족의 역사를 유일한 역사로 받아들였다.

사회주의적 시오니즘

마지막으로 사회주의적 시오니즘(Socialist Zionism)은 유대국가를 사회주의적 사회와 경제로 전환시키려는 목적을 가졌다. 실제로 처음 3세기 동안 이스라

---

[3] 유대에는 세계 130여개 국가들로부터 이민온 사람들로 구성되어 있으며 그들이 사용하는 언어만도 80여개에 달한다. 그들 가운데 동서유럽, 아메리카, 오스트레일리아에서 이민온 사람들(Ashkenazim, 아슈케나짐)이 사용하는 언어를 이디시어라고 부른다. 이 것은 고대 히브리어와 독일어가 섞여서 이루어진 혼합어이다.

엘 국가는 사회주의체제로 유지되었다. 주지하는 바와 같이 사회주의는 유대적 전통과는 아무런 관련이 없이 일반적으로 생산수단의 주도권을 놓고 노동계급과 중산계급 사이의 투쟁을 유도해내려는 것이었다. 그리하여 이들 사회주의자들은 유대인들을 계급이 아닌 한 민족으로 간주하여, 그들의 민족주의를 부르주아지로 끌어내리려고 하였다. 그러면 유대인들은 계급투쟁에서 아무런 역할을 할 것이 없을 것이고, 결국 프로레타리아의 승리로 유대인의 문제는 해결될 것으로 기대하였었다. 그러나 시오니즘의 사회주의자들은 이와는 전연 다른 측면에서 유대인의 사회주의를 구상하였다.[4]

> …유대국가에서 일어나는 계급투쟁은 유대인들을 유대국가의 경제건설을 위한 노동계급으로 만들어줄 것이다. 그들의 이주는 소자본과 노동의 생산국가를 만들어 줄 것이다…그리하여 그들의 경제는 도시로부터 농촌경제로, 소비자의 상품생산으로부터 기본적인 산업형태로 전환될 것이다…이 땅은 유대인의 유일한 장소가 될 것이며…대자본은 발을 들이지 못할 것이며…그리하여 시오니즘의 궁극적 목표인 팔레스타인의 정치적 독립지역이 이루어질 것이다…프로레타리아 시온주의자들에게 이것은 사회주의로 향하는 한 단계가 될 것이다….

사회주의 시오니즘은 동부 유럽 유대인들의 많은 지지를 얻어냈다. 그것은 이스라엘의 정착에 적지 않은 영향을 주면서 1975년까지 약 75년간 정치분야를 지배하였다. 시오니즘 사회주의자들은 노동조합, 대규모의 산업분야들, 건강·복지·교육조직들을 만들었으며, 국가제도들, 신문매체, 군사조직, 정부조직, 대학을 만들었다. 사회주의적 시오니즘으로 이루어진 괄목할만한 또 다른 업적은 농장의 집단정착제도이다. 키부츠(Kibbutzim)라고 불리는 이스라엘의 집단농장은 농업적인 것이 특징이다. 이것은 이론 그대로 정착자들이 각자 능력에 따라 일하고, 각자 필요에 따라 가져가는 것을 원칙으로 하였다. 그들은 집단적으로 산업체들을 만들고, 강력한 전국적 규모의 노동조합과 그리고 노

---

[4] Ibid., pp. 383-84.

동자 · 농민의 정당을 결성하였다. 이스라엘 땅에 정착하는 일은 쉬운 일이 결코 아니었다. 그것은 특정한 방법으로의 정착이 요구되어졌기 때문이다. 이러한 생활방식은 사회주의적 시오니즘 특유의 세계관을 나타냈다. 그것은 시오니즘의 핵심적인 목표로, 유대인의 땅에, 농업으로, 유대인 민족에 의해, 이상적인 사회를 건설해야만 하였다. 사회주의적 시온주의자들은 유대인들이 생산노동자들이 아니라 기식자들로 구성된 사람들이라는 사회주의의 비판을 받아들였다. 그것은 그들이 농업노동자들이 아니라 소매상인이며, 공장노동자들이 아니라 소무역상이었기 때문이다.

그러나 사회주의적 시온주의자들은 그들의 기본적인 주장을 굽히지 않았다. 그들에 의하면, 유대인들은 그들의 생산적 사회를 창출할 것이며, 그리하여 계급적 투쟁으로 들어가 적당한 시기가 되면 계급없는 사회를 반드시 이룩할 것이다. 유대인들은 첫 번째로 적당히 분화된 계급사회를 만들지 않으면 안 된다. 이것은 그들이 그들 자신의 국가를 형성할 때에만 비로소 가능한 일이다. 그들은 이로부터 생산적인 경제에 돌입해야 하며 그들 자신의 경제를 건설하지 않으면 안 된다. 그리고 그들은 그들의 민족에 맞는 계급투쟁을 수행하여 계급없는 사회를 이룩하게 될 것이다. 그 결과 유대인의 민족적 경제로 인하여 건전한 계급투쟁이 일어나서 사회주의의 목표가 뿌리를 내릴 것이다.. 실제로 그들의 강령은 맞아 떨어졌다. 이스라엘은 결국 그들의 이론대로 집단농장을 건설하였으며, 이스라엘 땅에 유대인의 농업생활을 정착할 수 있게 되었다.

시오니즘과 유대교의 갈등

그러나 정치적, 문화적, 사회주의적 시오니즘은 모두 유대교와 대립하지 않으면 안 되었다. 그들은 다 같이 종교에 대하여 적대감을 가지고 있었다. 정치적 시오니즘은 세속적 국가를 계획하였으며, 사회주의적 시오니즘은 유대인을 세속적 계층으로 바라보았으며, 그리고 문화적 시오니즘은 유대교를 시오니즘의 경쟁자로 간주했기 때문이다.

일반적으로 유대교를 바라보는 기준에는 두 가지가 있다. 하나는 유대교를 종교적 정신적으로 바라보려는 주관적 기준이고, 다른 하나는 유대교를 민족주의적으로 바라보려는 객관적 기준이다. 전자는 유대인을 토라, 유일신론, 메시아주의 등과 같은 종교적 교리와 윤리와 연결시키려는 것이고, 후자는 가족의 구성원, 공통된 역사의 수행자와 같은 과거와 미래의 동반자관계로 보려는 입장이다. 시온주의자들은 물론 후자에 속한다. 그들은 하나의 통일된 지속적인 "유대인의 역사"를 주장하였다. 이것은 이미 말한 바처럼 한 영토에, 한 민족으로 한 국가를 형성하는 것을 뜻하는 것으로, 크라츠킨(Jacob Klatzkin: 1882-1948)은 이것을 "유대인 민족주의의 영토적-정치적 정의(the territorial-political definition of Jewish nationalism)"라고 칭하였다.5) 그러므로 시온주의자들에게 "유대인의 국가(the Jewish State)"라는 개념 이외의 어떤 개념도 통하지 않았다. 그들은 그들의 이론을 명징하고 정당화하기 위하여 최선을 다하였다. 그들의 시오니즘과 민족주의를 뒷받침하기 위하여 등장한 것이 바로 고고학의 연구였다. 그것은 고고학의 발굴과 연구를 통하여 그들 민족의 과거와 현재, 미래가 연결될 수 있다고 믿었기 때문이다.

시오니즘과 홀로코스트

유대교와 유대민족이 서유럽문명에서 일어난 사건들 가운데 잊을 수 없는 비극적 사건은 홀로코스트(유대인 대학살사건)이다. 유대인가족 출신이라는 명목으로 거의 600만 명의 유대인들이 독일인들에 의해 무참하게 살해되었다. 이 대학살의 직접적인 원인은 독일의 극단적인 반유대주의였다. 이 비극적 대량학살의 사건을 유대인역사 이론과 의미와 연결시켜 적극적으로 대응한 것은 시오니즘이었다. 시오니즘은 그와 같은 참극을 전세계의 모든 유대인들에게 알리고, 다른 나라들에서 일어날 수 있는 반유대주의 문제의 해결책을 강구하였다. 시오니즘은 특별히 홀로코스트를 다른 곳에 추방되어 살고 있는 유대인들과도 연결시켜 설명하였다. 즉, 유대국가는 수 천년 전 선지자들의 예언대로

---

5) *Ibid*., pp. 384-85.

시온으로의 복귀를 뜻한다. 모든 일들은 성경이 지시하는 바와 같이 추방과 복귀의 패턴에 따르고 있다. 이 시오니즘의 이데올로기는 역사가 증명한다. 1945년 살아남은 유럽의 유대인들이 죽음으로부터 벗어났을 때, 시오니즘은 이에 맞춰 살아남은 유대인들을 위한 프로그램을 내놓았다. 시오니즘은 참으로 올바른 문제를 선택하였고 그 문제를 올바르게 해결하였다.

그 어떤 것도 이처럼 유대인의 문제를 해결한 적은 없었다. 개혁 유대교는 19세기 종교적 사상가들의 특성에 맞는 진보적 신념을 가지고 핵심적인 인간의 선을 두둔하였다. 그러나 실패로 그치고 말았다. 사회주의와 공산주의를 선택한 유대인들은 세계 형제애의 기대 속에서 노동계급의 사회를 실현시키려고 노력하였다. 그러나 유대교의 가르침을 제거하려는 공산주의의 정책은 물거품으로 사라지고 말았다. 소위 "유대인의 문제"을 풀어보려는 그들(개혁 유대교와 사회주의)의 화려한 예측들은 아우슈비치(Auschwitz, 독일), 트레브링카(Treblinka, 폴란드)의 독일에 의해 만들어진 죽음의 공장에서 막을 내렸다. 시온주의자들은 사건의 진의를 올바로 이해하였으며 그것에 대응하는 프로그램을 잘 내놓았다. 그리하여 그들은 유대인 국가를 건설하여 이곳에 홀로코스트의 생존자들을 재정착시키게 하였다. 나치즘의 홀로코스트는 1940년대 초엽 이미 예견된 바 있었다. 시오니즘의 지도자들은 끈질기게 이러한 독일 히틀러의 음흉한 계략을 눈치 채고 있었다. 그럼에도 불구하고 그들은 속수무책이었다.

마무리

시오니즘은 유대인들의 현실과 계속하여 싸우지 않으면 안 되었다. 그들은 쉽게 민족을 이루지 못했고 공통된 영토에 살지 못하였다. 그들은 공통된 언어를 말하지 못했고 공통된 문화에 동참하지도 않았다. 그럼에도 불구하고 시오니즘은 그들이 한 민족을 형성해야 하며 그들 자신의 국가를 건설해야 한다고 끈질기게 주장하였다. 그 결과 주지하는 바와 같이 시오니즘은 그 목표를 달성하였다. 과연 시오니즘의 성공은 어떻게 설명되어야 할까. 그것은 어떻게 다언어적으로 분화된 다양한 유대인들을 한 민족과 한 국가로 전환시켰을까. 물론 거기에는 약간의 예외는 있었다. 무엇보다도 중요한 것은 시오니즘을 통하여 유럽에 사는 유대인들이 그들의 자존심과 긍지를 되찾을 수 있었다는 사실이다. 여기에 추진력을 더해 준 것은 말할 것도 없이 반유대주의의 감정이었다. 유대인들이 이룩한 유대인의 국가는 로마제국으로 흩어졌던 유대인들의 방랑생활에 결국 종지부를 찍어주었다.

서유럽의 문명이 시오니즘에 기여한 것은 두 가지이다. 첫 번째로는 서구의 반유대주의로 말미암아 전체 유대인집단이 이 문제를 진지하게 해결해야 한다는 합심을 가지게 되었다는 사실이다. 즉, 반유대주의는 인종주의거나 종교이거나 문화이거나 정치이거나 간에 모든 것을 초월하여 유대인들로 하여금 그들 민족의 차별과 공통점을 보다 넓은 인류보편적인 차원에서 이해하고 수용하게 만들어 주었다는 것이다. 두 번째로는 서구의 국민국가의 정치적 이데올로기에 의해 유대인들의 정치적 독립정신이 고취되었다는 사실이다. 유대인들은 실제로 이러한 서구의 국민주의에 의해 그들의 유대인의 문제를 해결할 수 있었다. 그들은 국민국가체제에서 문화, 언어, 종교, 전통을 공유하면서 동등한 시민으로서의 자유를 향유하게 되었다. 그러나 반면에 유대인의 국가건설은 다른 민족들과의 영토분쟁을 일으키는 결과를 초래하지 않으면 안 되었다. 실제로 제2차 세계대전으로부터 현재에 이르기까지 서구의 역사는 시오니즘과 이스라엘국가, 그리고 아랍의 민족주의와 팔레스타인국가 사이의 끊임없는 분쟁과 전쟁으로 점철되지 않으면 안 되었다.

B. 기독교: 제국주의(Imperialism)

원래 제국주의란 말은 19세기 후반에 본격적으로 사용된 역사적 용어이다. 이것은 한 국가(국민국가)가 무력을 발동하여 후진지역을 정복함으로써 범세계적 차원의 제국(empire)을 건설하려는 주의로서, 이에 자연히 국가의 강력하고 체계적인 역할이 작동되었다. 따라서 제국주의에는 국가주의, 군국주의, 자본주의, 국수적 민족주의, 식민주의의 정책들이 수반되었다. 일반적으로 제국주의의 모델이 된 것은 고대 로마제국이었다.

그러면 기독교 초기부터 나타난 정치권력에 관한 신학자들의 입장에 대하여 간단히 살펴보도록 하자. 콘스탄티누스 대제는 로마제국에서 기독교의 입지를 확고하게 만드는데 디딤돌이 되었다. 그로 인하여 교회의 신학자들은 로마의 핵심 사상적 보좌관들이 되었고 아울러 사법적 행정관리들이 되었다. 그들은 로마정부에 직접적인 정치적 영향을 행사하지는 못했지만 정책수립에는 적지 않은 영향을 주었다. 그들의 신학사상은 국가와 사회생활에 지대한 영향을 주었다. 그러나 그들의 대정부 입장은 성경에 기초된 예수 그리스도의 가르침에 일관되어 있었다. 그들은 대체적으로 정치와 정부에 대하여 매우 보수적이었다. 바울은 올바른 법에 의해 수립된 권력에 대해서 지지를 나타냈으며, 오리겐과 어거스틴은 세상의 권력과 하나님의 권력을 구별하려 했다. 그리고 유세비우스와 콘스탄티누스는 황제를 그리스도의 대리자로 바라보려고 하였다. 이들의 정치적 관점이 시대에 따라 어떻게 발전했는가를 바라보는 일은 근대 서유럽의 정치역사를 이해하는데 적지 않은 도움을 줄 것이다. 정치지도자들은 일반적으로 정복에 보다는 무역과 상업에 치중함으로써 성공을 거두었다. 그러면 초기 기독교 사상가들의 신학사상을 모델로 서양의 제국주의의 발전과정을 연구한 Bruce Chilton의 주장을 살펴보도록 하자.6)

초기 기독교사상가들

신약복음서는 "한 사람은 두 주인을 섬길 수 없다. 하나님과 재물은 겸하여 섬겨질 수 없다(마태 6:24)"고 선포하였다. 그리스도는 오로지 종말론에 기초한 하나님 나라를 선포하였다. 바울의 입장도 이와 비슷하였다. 그는 57년경 로마의 기독교인들에게 "모든 자에게 줄 것을 주되 공세를 받을 자에게 공세를 바치고 국세를 받을 자에게 국세를 바치고 두려워할 자를 두려워하며 존경할 자를 존경하라. 피차 사랑의 빚 외에는 아무에게든지 아무 빚도 지지 말라. 남

---

6) *Ibid.*, pp. 391-404. 참조바람.

을 사랑하는 자는 율법을 다 이루었느니라(롬 13:7-8)"고 말하였다. 즉 바울은 하나님이 궁극적으로 정하신 권력과 정의에 기초하여 인간의 권력을 받아들이고 지지하였다. 그는 "세상 물건을 쓰는 자들은 다 쓰지 못하는 자같이 하라. 이 세상의 형적은 지나감이라(고전 7:31)"고 말하였다. 이것은 잠정적인 정부에 대한 그의 지지를 뜻한다. 그는 다시 고린도 전서(7:20-21)에서[7] 그리스도의 종말론을 개인의 행동과 연결시켰다.

로마제국의 사회구조와 황제의 권위에 대한 그(바울)의 지지는 55년경 스토아철학자 세네카의 사상과 비교된다. 세네카는 황제 자신을 땅위의 신의 일을 할 수 있는 존재, 선택된 사람이라고 서술한 바 있다(De Clementia 1). 그리스도의 가르침에 철저한 바울의 믿음이 세네카보다 더 분명하다고 보여진다. 그러나 바울의 사상은 그가 로마인에 의해 체포되어 부당한 고소를 체험한 다음 다르게 변화된 것으로 보인다. 그는 당시 "오직 우리의 시민권은 하늘에 있는지라. 거기로서 구원하는 자 곧 주 예수 그리스도를 기다리노니(빌 4:20, 60년경 기록됨)"라고 선언하였다. 그런데, 하나님에 대한 충성심으로 권세자들에게 기독교인들은 순종하라(롬 13:1-7)고 그의 태도를 바꾼 것이다. 64년경 네로의 기독교인 대학살 때 죽었는데, 이로부터 로마의 관리들에 의한 기독교인의 핍박이 시작되었다.

오리겐은 3세기경 바울의 후기 사상과 유사한 입장을 견지하였다. 그는 하나님과 하나님의 보상을 이 세상을 초월한 것으로 인식하였다. 그는 하나님의 지식은 우리와 세상을 초월하는 것으로 태양과 같은 지고의 빛이라고 선언하였다. 그는 만약 세상 지배자들의 명령이 하나님의 지혜를 따른다면 의존할 수 있다면서 그들에 대한 선택적 순종을 권면하였다. 즉 인간의 제도들은 하나님의 초월적 빛과 반드시 일치되지 않음으로 정신을 차리고 그들의 세상주장들보다는 그 빛을 지켜야 하는 것이 바람직하다고 주장하였다.

---

[7] 각 사람이 부르심을 받은 그 부르심 그대로 지내라. 네가 종으로 있을 때에 부르심을 받았느냐. 염려하지 말라. 그러나 자유할 수 있거든 차라리 사용하라.

어거스틴은 5세기경 그의 정치적 역사철학(City of God)에서 플라톤의 철학으로부터 그 자신의 모형을 발전시켰다.

> …그러므로 두 가지의 사랑이 두 가지의 도시를 만들었다. 땅의 도시는 하나님을 경멸하는 자기 사랑에 의해 이루어지며, 하늘의 도시는 자신을 경멸하는 하나님의 사랑에 의해 이루어진다. 전자는 자신의 영광을 위한 것이며, 후자는 주님의 영광을 위한 것이다. 전자는 인간으로부터 영광을 구하며, 후자는 양심의 증인(the witness of the conscience)인 하나님으로부터 영광을 구하는데, 이것이야말로 최고의 영광이다…(City of God, 14.28)

이와 같이 개인의 양심 안에 하나님의 자리를 두려는 그의 철학은 장래 서유럽의 민주적 사회제도형성에 중요한 영향을 끼쳤다. 어거스틴의 사상으로 개인의 양심이 사회제도에 대한 충성을 뛰어넘으면서 매우 중요한 길이 열리기 시작하였다. 즉 사회제도들이 사람들의 확신(the convictions of the people)에 의해 만들어져야 한다는 주장이 등장하게 되었다. 이것은 사람들의 확신이 사회제도들에 의해 만들어진다는 이전의 주장과는 사뭇 다른 것이다. 어거스틴 이후 수세기가 지난 다음 16세기의 종교개혁과 18세기의 시민혁명을 통하면서 그의 사상의 진가는 나타났다. 어거스틴의 대정부 사상은 한 세기 전의 유세비우스의 열정적 대정부 사상과는 아주 달랐다. 유세비우스는 황제를 하나님을 대신하여 땅 위의 모든 일들을 수행하는 위대한 지배자로 바라보았다. 그에게 교회와 국가의 권력들은 단일 주권을 가지고 행사되는 것으로, 예수 그리스도, 바울, 오리겐, 그리고 어거스틴의 입장들과는 상당한 차이를 가졌다.

로마제국 이후

콘스탄티누스와 유세비우스에 의해 정의된 제국적 권력(imperial authority)은 교회와 국가의 분화를 뜻하는 것이 결코 아니었다. 콘스탄티누스의 후계자의 한 사람인 데오도시우스는 로마제국에 속한 모든 민족들에게 베드로의 사도계승과 복음에 기초한 삼위일체 가톨릭의 신앙을 따를 것을 선포하였다. 이에서 벗어난 것은 어떤 것들도 가톨릭과 교황과 관계없는 이교도들이라고 못 박았다. 로마의 기독교 지배자들은 한 결 같이 이러한 국가-종교(국교)의 모델(the model of state-sanctioned religion)을 따랐으며 이 모형에서 어긋나는 경쟁자들을 배척하였다. 미란의 주교 암브로즈는 데오도시우스에게 보낸 서한에서 유대교와 유대인을 이교도로 배척해줄 것을 강력히 요청하였다. 실제로 이전의 시나고그들은 불태워졌고 다시 재건되기도 하였다. 암브로즈는 유세비우스의 가르침대로 콘스탄티누스의 개종 이래 하나님의 심판이 역사에 도래한다고 확신하였다. 그리하여 그리스도에 반대하는 모든 사람들은 이 무서운 심판을 피할 수 없을 것이며, 그 자신(암브로즈)이 자행한 화재는 하나님의 일을 돕는 일이라고 믿었다.

유세비우스와 그리고 암브로이스의 경우에서 보이는 것처럼, 로마제국과 가톨릭교회의 통일은 그 시대의 사회질서에 근본적인 변화를 예고하였다. 유대교는 이제 지나가버린 문제가 되었고 기독교적 역사관이 모든 정치적 사회적 분야를 지배하게 되었다. 그러나 모든 일들이 잘 풀리기만 한 것은 결코 아니었다. 승승장구하는 기독교적 로마제국에 제동이 걸렸다. 그것은 410년 서고트족 알라릭의 침략으로 로마가 위험에 빠졌기 때문이다. 소위 "야만족"으로 불리는 이교도의 침략으로 로마교황은 무소부재한 그의 권력을 중단해야만 했고 유세비우스의 교설은 수정되어야만 했다. 어거스틴은 이 침략을 죄로 타락한 천사, 사탄에 의한 것이라고 기독교인들을 두둔하였다.

이러한 해석은 중세 때에도 마찬가지로 반복되었다. 기독교인들은 어려운 일들을 당할 때마다 사탄을 지목하였다. 그들은 하나님의 뜻을 수행하는 가운데 체험하는 여러 가지의 모순된 사건들을 사탄의 역사로 합리화 하였다. 찰스대제는 8세기경 고대 제국의 꿈을 다시 되살리려고 시도하였다. 그의 정책은 서유럽의 콘스탄티누스대제의 권력을 부활하려는 것이었다. 그는 드디어 800년 크리스마스 날 교황 레오 3세로부터 서로마제국의 관을 수여받았다. 찰스대제의 영토는 그가 죽은 다음 그의 세 손자들에 의해 분여되었다가 11세기경 바이킹에 의해 와해되었다. 거대한 제국을 이루려는 이와 같은 시도는 독일의 오토 1세에 의해 10세기경 다시 나타났다. 그의 신성로마제국은 19세기 나폴레옹의 흥기까지 계속되었지만 콘스탄티누스의 치적에까지는 미치지 못하였다. 콘스탄티누스의 동로마제국은 1453년 오토만에 의해 멸망될 때까지 콘스탄티노플에 존속되었다.

찰스대제가 콘스탄티누스의 모델을 쫓아가는 동안 교황청은 그 일이 절대로 재현될 수 없다고 믿고 있었다. 왜냐하면 그의 목표가 어떤 황제도 따라잡을 수 없는 지나친 최고의 권력을 시도했기 때문이다. 이즈음에 바로 소위 "콘스탄티누스의 기증(the Donation of Constantine)"이 꾸며진 것이다. 이 문서에서 죽어가는 황제는 그의 권력을 로마교회에게 넘겨준다고 기록했다는 것이다. 이 권력을 받은 사람은 실베스터(Silvester) 교황이었다. 결과적으로 "서유럽"은 "Papa" 혹은 "pope"로 불리게 된 로마주교의 주재하의 정치적 관할구로 정해졌다. 이후로부터 다시는 콘스탄티누스는 나타날 수 없게 되었다. 왜냐하면 그가 그의 권력을 교황에게 양도했기 때문이다. 그러나 이 사건으로 두 가지의 어려운 일들이 벌어지게 되었다. 그 한 가지는 유럽의 여러 지역에 지방 지배자들(왕과 제후)이 주교임명을 둘러싸고 치열한 싸움이 일어나게 되었다는 사실이다. 다른 한 가지는 서유럽세계에 유세비우스의 이념보다는 어거스틴의 이념이 널리 선호되었다는 사실이다. 즉 교회의 권력은 궁극적으로 이 세계에 속한 것이 아니라는 것이다. 교황청은 그레고리 7세(1073-1085) 때까지 사실상 유럽의 광대한 땅을 소유했고 권력을 공고하게 다져왔다. 그러나 교황청은 세속적 지배자들을 관할하는데 번번이 실패하였다. 그 이유는 무엇인가. 그것은 교황청이 그 권력을 영적으로 잘못 해석했기 때문이라는 것이 어거스틴의 입장이었다.

그레고리 다음 교황이 된 우르반 2세는 1095년 유럽의 십자군을 결성하는 데 결정적인 역할을 수행한 가톨릭의 지도자였다. 그가 십자군을 결성하려는 진정한 목적은 왕과 기사의 집안싸움을 말리고 그리스도와 교황청의 통일된 기치아래 공동의 적, 즉 "불신앙의 무슬람"을 상대로 전쟁을 벌이는데 있었다. 이미 설명한 바와 같이 십자군은 처음에 괄목할만한 승리를 이끌어낸 것이 사실이었다. 그러나 1270년경부터 실패하기 시작하였다. 그들은 그들이 정복한 땅을 내놓아야만 했다. 그들은 대신 이 시기부터 모든 면에서 앞서 있었던 이슬람들과 무역, 상업, 및 지적 접촉을 넓히기 시작하였다. 그 결과 그들은 유럽의 크나큰 도시들을 주도하게 되었고 왕권을 중심으로 하는 강력한 권력을 장악하게 되었다. 그들의 세력이 점점 커지자, 종교적 지도자들도 한 걸음 물러나 "세계"가 더 이상 그들의 손안에 있지 않다는 사실을 인정하게 되었다. 그리하여 점진적으로 수도원의 규칙을 따르려는 종교지도자들이 많이 나타나게 되었다. 물론 가톨릭 지도자들이 다 그런 것은 아니었다. 이에 반해 왕들과 제후들은 그들의 권리를 다시 찾으려는 움직임을 보이기 시작하였다. 14세기경 프랑스의 필립 4세가 보니페이스 교황을 납치하고 금고를 약탈한 것은 이와 같은 정치적 종교적 대립의 배경에서 나타난 사건으로 풀이된다.

국민국가 이후

보니페이스의 납치사건은 근대 서유럽의 세속적 권력의 서장이었다. 교권에 대한 세속권의 장악은 그 후 종교개혁으로 나타난 종교전쟁에 의해 본격적으로 일어났다. 30년 전쟁(1618-48)으로 독일에서 죽은 사람의 수가 무려 400만 명으로 추산된다. 1600년경 독일의 전체인구는 1천 500만 명이었다. 30년 전쟁을 마무리한 베스트팔렌조약(1648)을 마지막으로 서양에서는 더 이상 종교문제를 주원인으로 일어나는 전쟁은 나타나지 않았다.

중세이후 근대에서 세력의 균형을 변화시킨 요인은 대체로 두 가지였다. 한 가지는 상업의 흥기이고, 다른 한 가지는 지배권과 관련된 개인 양심의 역할이다. 비록 십자군이 내적 대립과 갈등의 실수를 저지른 것은 사실이지만 그들의 주목표는 어디까지나 경제적 무역에 있었다. 이것을 위해 그들은 놀라운 전대미문의 해상발전에 노력을 아끼지 않았다. 근대에 들어와서 포르투갈(15세기)과 스페인(16세기)의 역할은 이를 증명해 준다. 그 뒤를 이어 네덜란드(17세기)가, 그리고 영국과 프랑스가 다시 그 뒤를 이었다. 무역은 이들 유럽의 국가들이 이전에 알지 못했던 부와 상업, 매뉴팩츄어를 안겨다 주었다. 이들 기회들은 때마침 유럽대륙이 언어적으로나 문화적으로 민족주의화 되어가는 과정에서 일어났기 때문에 유럽의 왕들은 크나큰 이득을 얻을 수 있었다. 그들은 자연히 가톨릭이든 프로테스탄트이건 종교에 상관없이 중세적 교회로부터의 관심을 경제적 이득으로 옮기게 되었다.

동시에 왕들과 왕비들은 기독교인으로서의 그들의 정체성을 견지하였다. 그들의 국가와 교회 분리개념은 18세기 말엽에 가서야 구체적으로 나타나게 되었으며, 그 때에도 보편적인 개념으로 활성화 되지는 못하였다. 유럽의 국가들이 "신세계"와 아프리카, 인도 등지에서 상업적이며 지역적인 정복을 마친 다음에야 비로소 그들은 각각 제국주의적 지위와 종교적 색깔을 분명하게 나타냈다. 이처럼 그들의 정복은 철저하게 상업적이었으며, 군사적이지 않았다. 마치 중세가 말 투창에 전념했던 것처럼, 그들은 무역과 상업을 위한 전초지, 양항, 전투 등에 전념하게 되었다. 각 민족의 제국은 그 시대에 걸 맞는 옷, 예컨대 기독교적 신앙을 걸치면서 각자의 애국주의를 나타냈다. 사실상 개종활동은 제국주의적 팽창에서는 그리 중요한 역할을 하지 못하였다. 그러므로 문명화되지 못한 미개한 사람들을 길들이는 것이 세례받은 신자들을 길들이는 것보다 훨씬 더 쉬운 일이었다.

그러면 이제 개인의 양심과 관련된 정치권력에 관하여 살펴보도록 하자. 상업적 제국주의와 더불어 종교개혁과 계몽사상의 결과로서 서구에서는 정치사상에 있어서 개인의 양심과 통찰력(the individual conscience and insight)의 역할이 크게 향상되었다. 유럽에 있어서 왕들의 절대주의적 주장들과 이러한 원칙(개인의 양심)의 혼합은 그것만으로도 매우 혁명적인 것이었다. 그러나 이 양자 사이의 긴장은 오리겐, 어거스틴의 입장과 유세비우스, 콘스탄티누스의 입장 사이의 오래된 차이점을 반영하였다. 말하자면 영국혁명(1642), 미국혁명(1776), 프랑스혁명(1789), 파리코뮌(1871)은 개인의 양심과 자유를 쟁취하려는 전자의 재생을 나타내는 것이고, 찰스 2세의 왕정복고(1660), 나폴레옹의 독재(1799, 1804), 비스마르크의 제2제국(1871)은 정치적 경제적 부를 쟁취하려는 후자의 부활을 나타내는 것이다. 전쟁은 참으로 근대시대를 이전에 알지 못하던 곳으로 몰고 나갔다. 그것은 색 다른 정치적 욕망의 모델들이 그것을 반대하는 사람들과의 충돌을 피할 수 없었기 때문이다. 나폴레옹과 히틀러는 콘스탄티누스의 성공적 모델을 쫓아갔지만 그들의 제국주의적 모델은 괄목할만한 성과에도 불구하고 실패로 그치고 말았다.

이들의 절대주의적 권력과는 대조적으로 근대의 유능한 제국들은 그들의 군사력을 무역팽창에 이용하여 상당한 성공을 거두었다. 영국은 권력기반을 해상에 구축하여 나폴레옹을 격퇴시키는 동맹을 결성하였으며, 미국은 해상권과 제공권을 상식하여 독일이 제3제국과 소비에트를 물리쳤다. 어거스틴의 양심과 경제적 욕망을 두루 겸병한 소위 무역제국(the trading empire)은 근대의 새로운 이상적인 정부형태로 등장하게 되었다. 이들 무역에 전념하는 제국들은 점차 경제전문가들과 정치가들을 감싸면서 이전의 신학적 모델로부터 벗어나기 시작하였다. 그들의 성공비결은 이 어거스틴과 유세비우스의 모델들을 겸병하면서 예수 그리스도와 바울의 가르침에 기초한 기독교적 정부관을 가진 사람들을 관용하는 데 있었다. 그리하여 근대 교회들은 초대시대의 소위 "콘스탄티누스의 승리주의(the Constantinian triumphalism)"를 거부하고 최대로 그들의 권력을 줄이려고 하였다. 이것이 실용주의적 제국들이 승리하는 지름길이기 때문이다. 반면에 인간의 통치관리를 거부하는 종말론적인 입장의 급진적 기독교인들은 전투적으로 변모될 수밖에 다른 방도가 없게 되었다. 잠정적인 정부를 변호하는 바울적 입장의 사람들도 그들(실용적 제국들)을 부정적으로 바라보았다. 이러한 관점에서 무역에 중점을 두는 제국주의도 언제까지 기독교와 손을 잡고 앞으로 나아갈 수 있을지 장담하기 어렵게 되었다.

C. 이슬람교: 정치적 민족주의(political nationalism)

유대교와 기독교가 각각 시오니즘과 제국주의에 의존하여 나아가는 동안 이슬람은 정치적 민족주의의 기치를 내걸면서 그들의 세력에 대응하였다. 그러면 먼저 그들이 민족주의를 내세우지 않으면 안 된 역사적 배경에 관하여

간단히 살펴보도록 하자.[8]

17세기 중엽 이슬람제국들(오토만제국, 사파위제국, 무갈제국)은 영토적 정복의 한계에 이르렀다. 그들은 지리적 불리함 이외에 밖으로는 적들의 저항에, 안으로는 내적 분열에, 그리고 무엇보다도 재정적 한계에 부딪혀 있었다. 더군다나 세 이슬람 제국들에 의해 유지되던 대규모의 군대와 관료조직은 더 이상 지속될 수가 없게 되었다. 그리하여 술탄들은 부유한 계층에게 관직을 매매하여 비용을 걷어 들여야 했으며, 더 나아가 미리 돈을 받고 세금수납권까지 중간거간들에게 팔아넘기지 않으면 안 되었다. 이에 정치적 경제적 강압이 뒤따를 수밖에 없었으며, 각종 부정과 부패가 판을 칠 수밖에 없었다. 그 결과로 생긴 경제적 비용은 일반 백성들이 부담해야 했으며, 농업과 생산업의 급격한 쇠퇴로 빈민의 수가 날로 증가하게 되었다. 그리하여 정치적 경제적 개혁의 목소리가 커지게 되었다.

종교적 개혁운동

이러한 소용돌이 속에서 이슬람 사회의 부활을 꿈꾼 사람들은 이슬람의 지도자들이었다. 그들은 이슬람의 법을 수피파의 가르침과 접목시켜 이슬람의 신앙과 공적 복지를 이룩하려고 시도하였다. 인도의 샤 왈리 알라(Shah Wali Allah, d. 1762)는 코란과 하디스를 더욱 역사적이고 조직적인 방법으로 새롭게 연구하였다. 뛰어난 종교사상가이며 저술가인 그는 농민, 장인, 상인을 대신하여 조세감축과 경제적 정의의 실현을 부르짖었다. 한편으로 시아파 지도자들도 18세기를 중심으로 사회적 도덕적 개혁운동을 전개하였다.

아라비아에서도 이슬람의 부활과 개혁운동이 활발하게 일어났다. 보수적인 한발리 학파의 신학자 모하마드 이븐 알 와하브(Muhammad ibn Abd al-Wahhab: 1703-1781)는 무슬림이 참된 신앙의 본궤도에서 이탈했다고 주장하였다. 그는 특히 성자의 숭배를 배척했으며, 절충적으로 타협된 신의 일자성(oneness,

---

[8] William H. McNeil and Marilyn R. Waldman, *The Islamic World*; *RFWC*, pp. 405-27, 참조바람.

tawhid)과 연결된 수피파, 시아파, 기타 관습을 모두 거부하였다. 그는 중세의 오랜 전통인 수니파의 반대에도 불구하고 우상숭배와 성자숭배를 철저하게 거절하였다. 그는 예언자 무하마드의 생일을 기념하는 것까지 거부하였다. 그는 코란의 문자적 해석으로의 복귀를 부르짖었다. 그는 반대파의 저항에도 불구하고 독자적인 법적 합리화(*ijtihad*), 신실한 조상들의 관습(*salaf*), 그리고 와하비 운동으로 알려진 한발리 법(Hanbali law)을 변호하였다. 그러나 와하비 운동과 이와 유사한 개혁운동들은 19세기에 이르면서 정치적 때로는 전투적인 집단으로 부상하였다. 이븐 와하브와 그의 추종자들은 중앙아라비아를 누비면서 지방부족 추장들과 그의 동역자인 무하마드 이븐 사우드(Muhammad ibn Saud(d. 1765)를 넘어트렸다. 그들은 성자를 숭배하는 사원과 묘지를 파괴했으며 경우에 따라서는 불신적인 이교도로 간주되는 무슬림들의 대량학살을 자행하였다. 그리하여 그들은 대부분의 이슬람들로부터 극단주의자들이라는 비난을 받았다. 그럼에도 불구하고 그들을 통하여 새로운 사우디 국가는 수많은 부족들을 통일할 수 있었으며, 메카와 메디나와 같은 성지들을 안전하게 보호할 수 있게 되었다.

　와하브와 비슷한 개혁자로는 인도출신의 사이드 아마드 바렐위(Sayyid Ahmad Barelwi: 1786-1831)를 들 수 있다. 그는 와하브와 마찬가지로 성자숭배와 수피파의 관습, 시아파를 배척하였다. 그는 무갈제국의 쇠퇴를 틈타서 새로운 이슬람국가를 세우려고 하였다. 그는 인도북부의 시크교(Sikhism)를 받아들이는 종교적 개혁에 반대하였다. 시크교는 무갈인도의 혼합적 종교사상들에서 기원된 종교로, 힌두교와 신비주의적 이슬람의 요소들을 병합하고 있는 것이 특징이다. 그 운동의 창시자는 구루 나낙(Guru Nanak c. 1470)으로 금욕주의, 카스트, 우상을 배척하면서 참된 하나의 신을 헌신적으로 사랑하는 교리를 내놓았다. 시간이 지나면서 그의 가르침은 선생(guru)과 제자(sikh)의 전통을 가진 종교(Sikhism)로 자리를 잡게 되었다. 존경하는 구루들의 찬송과 저술들은 시크의 성경인 "아디 그란스(Adi Granth)"로 결집되었다. 시크교는 원래는 평화주의를 모토로 했으나, 후에 무갈과의 정치적인 논쟁으로 무슬림과의 관계가 극도로 악화되었다. 시아드 바렐위는 19세기경 시크교에 반대하는 지하드를 가르쳤다. 그러나 그는 개혁적 이슬람국을 세우지 못한 채 시크교군대와의 싸움에서 죽고 말았다. 이 이외에도 개혁적 이슬람 운동들은 적지 않았다. 이들은 거의가 지하드를 부르짖는 것이 상례였다.

그 가장 대표적인 경우가 우스만 단 포디오(Usman dan Fodio: 1755-1817)의 지하드였다. 그는 나이지리아의 풀라니부족의 학자집안 출신으로 말리키법과 개혁 수피파의 신비주의를 공부하였다. 이슬람은 당시 아프리카에는 비교적 생소한 종교였다. 그는 무슬림의 종교적 관습을 말리키법에 기초시키고 이를 다시 신비주의적 체험에서 접목된 헌신적인 정신과 결합시키려 시도하였다. 그의 대중적 가르침과 시들은 수많은 농민들과 노예들을 이슬람으로 개종시키는데 크나큰 영향을 주었다. 이들 새로운 개종자들은 하우사 무슬림 지배자들에 의해 비무슬림에게 부과하는 조세법에서 면제될 것을 강력히 주장하였다. 그 결과 술탄은 우스만에게 그 책임을 돌렸다. 이에 우스만과 그의 추종자들은 그들의 자위를 위하여 무장공동체를 형성하였다. 그들은 즉각적으로 하우사 술탄들의 공격을 받지 않으면 안 되었다. 우스만은 그의 개혁을 받아들이지 않는 모든 무슬림에 강력한 지하드를 선언하였다. 그는 드디어 그의 동생, 아들과 함께 1806년 소코토 칼리프국가(the Sokoto caliphate)로 알려진 아프리카에서 가장 커다란 독립국가를 건립하였는데, 이것이 바로 근대의 나이지리아 국가의 초석이 되었다. 그러나 이 국가는 100년 뒤 1904년 영국에 의해 점령되었다.

서구의 진출과 이슬람의 동향

20세기 초 영국의 서아프리카 진출은 정치적 변화를 예고하는 일대사건이었다. 무슬림의 거대한 제국들이 18-19세기에 서서히 줄어들고 있는 동안, 유럽 국가들의 부와 권력은 증가하고 있었다. 유럽의 국가들은 15세기 지리상의 팽창에 힘입어 신대륙을 개척함으로써 제국주의의 전초지를 확보하였으며, 연이은 산업혁명을 통하여 자본주의의 주도권을 행사하게 되었다. 그들은 풍부한 자원확보와 시장개척을 위해 식민지정책에 경주하였다. 19세기 말 네덜란드는 인도네시아, 영국은 미얀마, 인도, 남부 아라비아, 팔레스타인, 이집트, 아프리카의 상당부분을 점령하였다. 프랑스는 인도지나, 레바논, 알제리, 아프리카의 서북부를 차지하였으며, 이탈리아는 소말리아, 리비아를, 그리고 러시아는 체츠냐, 투르크메니스탄, 우즈베키스탄에서 수많은 무슬림을 흡수하였다.

이슬람은 이러한 위협에 여러 가지 방법으로 대응하였다. 무갈제국의 남은 사람들은 1857년 영국에 대항하였으나 실패로 끝났다. 다른 이슬람집단들은 지하드를 선포하고 맞대결을 시도하였다. 그러나 이슬람들은 거의 성공하지 못했다.9) 그러나 수단에서 메이이 사건이 일어났다. 무하마드 이븐 아브드 알라(Muhammad Ahmad ibn Abd Allah: 1844-1885)는 자신이 무슬림의 진리와 정의의 시대를 개막할 신의 인도를 받은 오랜 동안 기다렸던 바로 "마디(mahdi)라고 선언하였다. 그는 아랍의 여러 부족들을 무력으로 통일하고 이집트에 대항하는 지하드를 결집하였다. 그는 1885년 죽었지만 그의 후계자들은 영국-이집트군대를 1889년 격퇴시켰다. 결과적으로 그들은 영국-이집트군에게 다시 1898년 격퇴당하고 말았지만 마디의 후예들은 아직도 수단의 정치에 적지 않은 영향을 끼치고 있다. 이 외에도 또 다른 메시아적 운동들이 일어났다.

그 첫 번째 메시아운동은 인도 판잡의 미르자 굴람 아마드(Mirza Ghulam Ahmad: 1839-1908)에 의해 일어났다. 그는 자신을 이슬람의 신앙을 부활시키기 위하여 하나님에 의해 보내진 사도, 즉 힌두교의 신 크리슈나(Krishna), 메시아, 그리고 마디를 종합한 새로운 신이라고 선포하였다. 그는 서유럽의 식민지화와 이슬람의 정복을 세상 끝 날의 징조라고 주장하였다. 그는 지하드보다는 참된 코란의 복귀를 강조하였다. 그가 죽은 다음 그의 운동은 두 가지로 갈라졌다. 하나는 굴람을 새로운 종교의 창시자(the Ahmadiyah)로 받드는 집단이고, 다른 하나는 그를 단순한 이슬람의 개혁자로만 바라보려는 집단이다. 이들은 아프리카와 아시아에서 많은 추종자들을 얻었지만 대부분의 이슬람으로부터는

---

9) 그들은 1821-38년 네덜란드와 파드리전쟁을 펼쳤으며, 아브드 알카디르는 프랑스와, 이맘 샤밀은 러시아와 각각 싸웠으나 모두 무위로 끝나고 말았다.

냉대를 받았다. 파키스탄의 법은 1974년 이들을 모두 비무슬림으로 규정하였다.

두 번째 메시아운동은 정치적으로 사회적으로 불안한 이란에서 시아파 무슬림에 의해 일어났다. 이들은 평화와 번영의 영광스러운 시대를 시작할 소위 12번째의 숨겨진 이맘(Hidden Imam)의 복귀를 기대하였다. 그들은 히든 이맘이 그의 길을 준비하는 the Bab 혹은 "문(door)"으로 알려진 선택받은 추종자를 통하여 말한다고 믿었다. 미르자 알리 무하메드(Mirza Ali Muhammad: 1819-1850)는 1844년 무하마드 예언자의 직계후손인 자신이 바로 바브(Bab)라고 선언하였다. 그는 대대적인 전투적인 메시아운동을 이끌면서 1848년 이슬람으로부터의 결별을 선언하고 곧바로 정부에 반대하는 소요를 일으켰다. 이 위기를 진압하기 위하여 카자르의 지배자 나지르 알딘 샤(Nasir al-Din Shah: 1848-1892)는 미르자 알리를 체포하여 처형하고 바브의 추종자들을 죽이거나 추방하였다. 추방된 사람들 가운데는 Baha 'Allah(Splendor of God)의 타이틀을 가진 미르자 후사인 알리(Mirza Husayn Ali: 1817-1892)도 들어있었다. 그는 바하이 신앙(the Baha'i faith)을 만든 자칭 새로운 예언자로서 적지 않은 영향을 주었다. 그의 신앙은 오늘날 세계에 널리 알려진 종교이지만 대부분의 이슬람들은 바하 알라의 주장을 받아들이지 않고 있다. 바하이 신앙 추종자들은 1978년 이란혁명이후 배교자들로 낙인이 찍혀졌다.

19세기 메시아적 운동과는 다른 종류의 움직임들이 나타났다. 그것은 이슬람교를 보다 현실적이고도 합리적으로 해석하려는 사상가들의 움직임이었다. 이들 "이슬람의 현대주의자들"은 코란, 수나, 이슬람의 원리들을 이성, 합리주의, 근대사회, 및 사회제도에 맞추어 바라보려고 하였다. 이 운동을 처음 이끈 인물은 인도학자 사이드 아마드 칸(Sayyid Ahmad Khan(d. 1898)이었다. 그는 활동적인 근대 교육자로 무슬림 대학교(후의 알리가르 무슬림 대학교, Aligarh Muslim University)를 설립하였다. 그의 이집트 동료인 무하마드 압두(Muhammad Abduh, d. 1905)도 교육의 개혁만이 무슬림을 맹목적인 전통으로부터 해방시킬 수 있다고 부르짖었다. 그는 계시를 이해하는 방법으로 신은 인간에게 이성과 과학적 분석력을 주었다고 가르쳤다. 그에게 독립적인 인간의 합리적 사고(ijtihad)

는 종교적 사회적 개혁에 없어서는 안 될 필수조건이었다. 그는 칸과 함께 무슬림을 정치적으로 유럽의 속박에서 벗어나게 하려고 최선을 다했다. 그는 그의 스승 자말 알딘 알아프가니(Jamal al-Din al-Afghani, d. 1897)의 영향을 받아 범이슬람 운동을 활발하게 전개하였다. 알 아프가니는 이란에서 태어나 교육을 받은 다음 이슬람세계를 두루 여행하면서 이슬람사회의 정치적 사회적 개혁의 필요성을 부르짖었다. 그는 특히 유럽의 제국주의와 식민주의를 비판하고, 새로운 세계적 칼리프, 예컨대 오토만 술탄의 지배에 의해 하나로 통일된 새로운 이슬람제국을 꿈꾸었다. 그러니 그의 범이슬람주의는 영국에 의해, 그리고 또 다른 경쟁적인 이데올로기인 민족주의(국민국가)에 의해 방해를 받지 않으면 안 되었다.

이슬람과 유럽의 국민국가

유럽국가들의 팽창을 막기 위하여 오토만제국은 다른 방법을 강구하지 않으면 안 되었다. 그것은 바로 그들의 군대와 행정을 서구화 하자는 계획이었다. 이에 부응하여 무하마드 알리(r. 1804-1848)는 이집트에서, 카자르 왕조(r. 1779-1925)는 이란에서 각각 서구화를 계획하였다. 무슬림 학생들은 외국에 보내져 의학과 군사에 관한 최신지식을 얻게 하였다. 그들은 학문적 지식뿐 아니라 애국주의와 민족주의에 대해서도 일가견을 가지고 돌아와 그들 자신의 국가와 민족성, 언어와 관련된 정치적 정체성에 대한 중요성을 깊이 깨닫게 되었다. 그들 가운데 특히 서구에서 교육받은 엘리트들은 외세에서 벗어나야 한다는 민족주의적 이데올로기에 경사되었다. 그리하여 민족주의 운동의 거센 파도가 인도, 이란, 이집트, 기타 아랍지역들 속으로 널리 퍼져 들어갔다. 그 중에서도 터키의 민족주의는 오토만제국의 멸망과 범이슬람주의 운동의 영향으로 제1차 세계대전 이후 매우 활기차게 일어났다. 그 결과 터키는 1920년도 드디어 세속적인 독립국가로 출범하게 되었다. 제2차 세계대전 이후 유럽의 여러 국가들의 침체를 틈타 이슬람들의 독립운동은 더욱 거세게 일어났다. 알제리는 프랑스와의 치열한 독립전쟁(1954-62)으로 거의 100만 여명이 죽었다.

20세기 이슬람의 종교지도자들은 인도, 이집트 등지에서 그들의 민족들이 유럽의 제국주의와 식민주의로부터 벗어나 독립하는 일에 전적인 지지를 나타냈다. 그러나 그들은 민족주의(국민국가)에 대해서는 신중을 기하지 않으면 안 되었다. 오늘날 이슬람 공동체는 지리적, 인종적, 언어적 차이에 따라 거의 50여개의 나라들로 나누어져 있다. 그리하여 일부 이슬람 사상가들은 민족주의를 그들의 통일을 저해하고 세속주의를 증진시키는 분열적 외세의 이데올로기로 간주하려는 경향을 보이고 있다. 인도의 아브 알알라 마오두디(Abu al'Ala Maududi, d. 1979)는 민족주의를 신을 불신하는 우상숭배의, 더 나아가 세속주의의 심볼로 비난하였다. 그는 1941년 "이슬람사회(Jamaat'i Islam)" 부활당을 창설하여 힌두 다수집단 안에 인도무슬림 소수집단을 통일하였다. 그는 파키스탄이 인도의 무슬림 대신 분리된 국가를 세우는 것을 거절하였다. 그러나 1947년 파키스탄은 독립국가로 창설되었다. 이후 서구의 국민국가로의 시도는 끊이지 않았다.

이슬람과 국가 사이의 관계에 대한 입장은 지역에 따라 다르게 나타났다. 일반적으로 그들의 입장은 세 가지로 분류된다. 첫 번째는 세속적 국가유형으로, 종교분야와 정부분야(정치, 법, 교육)를 각각 구분한다. 이 유형에 속하는 공공연하게 세속적인 무슬림을 주장하는 다수집단의 국가는 알바니아와 터키였다. 두 번째는 세속에 반대하는 순수한 이슬람국가로서, 코란과 이슬람법에 기초한 정부와 사회만을 강조한다. 이 유형에 속하는 국가는 와하비 사우디 아라비아, 이란, 파키스탄이었다. 세 번째는 이들 두 가지 사이에 있는 중간적 유형으로, 무슬림의 다수를 차지하는 소위 무슬림국가들(Muslim states)이었다. 이들 국가들은 이슬람을 민족의 본질적 요소로, 그리고 국가종교로 인정한다. 그러나 그들의 지도자들은 근대적인 세속적인 정부모형을 흔히 따랐다. 이슬람의 정치지도자들은 경제적발전과 사회적 개혁, 특히 법률과 교육의 개혁을 추구했지만, 그들은 정치적 개혁을 통해 권력을 공유하는 것을 꺼려하고 대신 식민주의적 이익을 그들의 것으로 만들기를 더 좋아하였다. 그 결과 과잉인구와 서구에 대한 경제적 의존에 의해 악화된 빈곤을 물리치는데 성공하지 못했다.

오히려 서구의 정치적 간섭을 끌어들이게 되었다. 그들의 경제적 빈곤은 날이 갈수록 악화되었고 그들의 문맹도 나빠졌다.[10]

이슬람의 독립운동

대부분의 이슬람국가들이 지난 50년간의 정치적 개혁에도 불구하고 실패로 끝나자 이번에는 이슬람 자체 안에서 문제를 해결하려는 움직임을 나타냈다. 그러한 움직임은 미국에서 일어났다. 그 운동을 주도한 것은 주로 무슬림의 빈민소수집단이었다. 20세기 미국에 사는 상당수의 아프리카인들은 아메리카의 인종주의에 대항, 그들 자신의 정체성을 찾기 위하여 이슬람으로 개종하였다. 그들은 원래 노예 무슬림으로 있었기 때문에 이것은 어떻게 보면 그들의 종교적 뿌리로 복귀하는 것을 뜻하였다. 말하자면 그들은 그들 노예 주인의 종교를 강제로 가진 것이나 마찬가지였다. 이슬람은 1930년도와 40년도 흑인 민족주의와 분리주의 이념과 더불어 미국내의 아프리카인들 속으로 꾸준히 퍼져 들어가게 되었다. 그들은 점차 백인의 굴레에서 벗어나 그들 자신의 국가에서 살든지 아니면 리베리아의 경우와 마찬가지로 아프리카로 되돌아가 자유롭게 살든지 둘 가운데 하나를 가지기를 추구하였다.

엘리야 무하마드(Elijah Muhammad)의 이슬람국가(Nation of Islam)는 그 대표적인 미국 무슬림운동이었다. 가난한 남부가정에서 1897년 태어난 엘리야 풀(Poole)은 모든 미국내의 아프리카인들은 본래가 무슬림이었다고 주장하는 파드(W. D. Fard)의 영향을 깊이 받았다. 무슬림 이민인 파드는 디트로이트에 사원을 세우고, 모든 아프리카인들이 "북아메리카 광야의 다시 찾은 이슬람국가(the Lost-Found Nation of Islam in the Wilderness of North America)"로 복귀할 것을 설파하였다. 그의 운동은 후에 이슬람국가라고 불리었다. 엘리야 풀은 이슬

---

10) 예를 들면, 아프리카 마리국가의 인구 12,000,000명 가운데 50%가 15세 미만의 소년들이었다. 그들의 수명은 약 47세이며 31%만이 문자해독이 가능하였다. 문자해독율은 파키스탄이 38%, 이집트가 51%, 사우디 아라비아가 63%, 그리고 인도네시아가 84%였다.

람으로 개종하고 그의 성을 무하마드라고 고쳤다. 파드가 1934년 돌아가자 엘리야는 그 운동의 뒤를 계승하고 본부를 시카고로 옮겼다. 그는 새로운 예언자이며, 파드는 하나님의 화신인 마디였다고 선언하였다.

그는 그의 제자들(Malcolm X d. 1965, Louis Farrakhan b. 1933)과 함께 백인의 인종주의와 유전적 열등주의를 신랄하게 비난하였다. 그는 아울러 모든 미국 내 아프리카인들에게 미국의 백인으로부터 분리된 새로운 독립된 흑인 국가를 만들 것을 강력히 촉구하였다. 그러나 이슬람의 수니파와 시아파는 그의 예언과 파드의 신성을 일체 받아들이지 않았다. 그들은 7세기 아라비아의 무하마드는 마지막 예언자이며, 그들의 알라는 유일무이한 거룩한 신이라고 맞받아 공격하였다. 그들의 이슬람국가는 1960년도 권리를 빼앗긴 재미 아프리카인들을 위한 강력한 대변자가 되어주었다. 오늘날도 루이스 파라칸의 지휘아래 그 사업은 지속되고 있다.

이와 비슷한 무슬림의 자립운동들은 파키스탄과 이란 등지에서 계속되고 있다. 이란혁명(1978)은 미국에 의해 지지를 받은 독재자 무하마드 레자 샤(Muhammad Reza Shah, d. 1980)를 무너트렸다. 그 자리에 호메이니(Ayatolllah Khomeini d. 1989)의 이란 공화국이 세워졌다. 이 외에 하산 알반나(Hasan al'Bannad. 1949)에 의해 1928년 세워진 무슬림형제단(the Muslim Brotherhood)이 있다. 그는 아랍의 민족주의와 세속주의에 반대하고 사회정의와 이슬람법에 기초한 통일무슬림공동체를 부르짖었다. 그의 무슬림집단은 지하드의 기치를 내걸고 1940-50년 영국의 식민주의와 시오니즘에 반기를 들었다. 이 집단의 가장 영향력 있는 사상가의 한 사람은 사이드 쿠트브(Sayyid Qutb d. 1966)로서, 비이슬람들 뿐 아니라 이슬람개혁에 실패한 집단에 대해서도 무력으로 저지하였다. 그의 집단은 가말 압델 나세르(Gamal Abdel Nasser d. 1971)의 암살혐의로 이집트의 공격의 주 목표가 되었다.

비무력적 이슬람집단들의 활동은 터키와 인도네시아를 비롯하여 여러 무슬림국가들에서도 끊이지 않았다. 그러나 대부분의 정부들은 이들의 정치적 운동을 금지시켰다. 그들의 정치적 운동은 민족적 통일과 민주주의 발전에 결코 도움이 안 된다는 것이다. 이슬람들 가운데는 서구의 정치에 회의적인 사람들도 있는가 하면 긍정적인 입장을 가진 사람들도 있었다. 무슬림 행동주의자 라쉬드 알 간노우시(Rashid al'Ghannoushi d. 1941)는 샤리아에 기초한 이슬람의 민주주의에 긍정적인 입장을 가졌다. 그는 1981년 동료들과 함께 튀니지 르네상스당(Renaissance Party of Tunisia, al'Nahdah)을 창설하고 정치운동을 전개하였다. 그는 1989년 대통령 벤 알리에 의해 지방선거로부터 저지를 당한 다음 유럽으로 망명하여서도 이슬람에 기초한 대의제정부를 계속 추진하였다. 그의 무슬림 민주주의 운동에 걸림돌이 될 것들은 독재적 지배체제, 반동무슬림운동, 서구정부의 이기주의 등이었다. 그의 운동은 보스니아 위기와 카쉬미르문제, 이스라엘과 아랍분쟁, 걸프전쟁 등에 영향을 주었다.

하마스와 오스마 빈 라덴

그 후 쿠트브의 전투적 신학은 다른 이슬람주의 운동들에 적지 않은 파장을 가져다주었다. 그 가운데 하나가 팔레스타인 이슬람주의조직 하마스(Hamas, "zeal")였다. 하마스는 팔레스타인 해방기구(Palestine Liberation Organization)의 정치적 민족주의 프로그램을 거부하고, 대신 1987년 이스라엘에 대항하는 지하드를 선언함으로써 무슬림성지를 보호하기 위한 자폭을 찬양하였다. 쿠트브 사상의 영향을 받은 다른 집단은 1980년 사다트대통령을 암살한 이집트의 이슬람주의 지하드였다. 이슬람 지하드의 정신적 지도자 우마르 아브드 알라만(Umar Abd al'Rahman, b. 1938)은 1993년 미국무역센터 폭격혐의로 현재 복역중이다. 현재 세계적으로 악명을 날리고 있는 무장무슬림 알카에다(al'Qaeda, "the Base")도 이 쿠트브의 영향을 받은 집단이다.

사우디 아라비아의 부유한 보수적인 종교집안에서 자란 알카에다의 창설자 오스마 빈 라덴(Osma bin Laden, b. 1957)은 청년 때 쿠트브의 이데올로기에 심취되었다. 소비에트가 1979년 아프가니스탄을 침공했을 때 그는 그의 막대한 자산을 그들과 싸우는 무슬림의 "거룩한 전사들(holy warriors, mujahidin)"을 지원하는데 사용하였다. 그는 아프간의 저항을 돕기 위하여 외국군대를 훈련하고 충원할 수 있는 알카에다조직을 창설하였다. 그의 운동은 사우디 아라비아, 파키스탄, 미국을 비롯한 수많은 정부들의 지원을 받았다. 그러나 1989년 아프간이 승리하고 소비에트가 철수한 다음 이들 국가들은 전쟁으로 파괴된 아프간의 재건에는 무관심하였다. 와하비 탈리반운동이 정권을 장악할 때까지 아프간은 그야말로 폐허 그대로였다. 한편 빈 라덴은 1990년 쿠웨이트를 침공한 이라크를 치기 위해 아랍 전투대를 조직한 다음 사우디 아라비아에 영웅이 되어 나타났다. 그러나 사우디 아라비아정부는 그의 노력에도 불구하고 그의 지나친 무력적 방법을 환영하지 않았다. 그들은 오히려 이라크를 치기 위해 미국과 다른 비이슬람 군대를 입국하게 하였다. 이에 빈 라덴은 사우디를 떠나 그의 알카에다 조직을 동원하여 그들에 대항하였다. 그는 1996년 미국과 그 동맹국들에 대하여 지하드를 선포하였다. 말하자면 2001년 9월 11일 일어난 뉴욕 세계무역센타 사건은 그의 보복의 일환이었다.

이슬람 폭력의 원인들

그렇다면 도대체 어째서 그러한 끔찍한 폭력과 인명희생이 일어났던 것인가. 왜 그들은 그와 같은 폭력과 살인을 자행하였는가. 서구의 어떤 사람들은 이슬람이 원래가 폭력적인 집단이라고 간단하게 말할지도 모른다. 그러나 자살공격은 최근 20년 안에 일어난 현상에 불과하였다. 그러므로 아마도 거기에는 종교보다 더 근원적인 깊은 원인들이 숨어있을 것이다. 과연 그 원인들은 무엇인가. 일반적으로 다음의 두 가지의 주요 원인들을 상정할 수 있다. 그 하나는 공산주의적 혁명의 영향을 들 수 있다. 공산주의자들은 중동, 스리랑카, 페루를 포함한 주로 가난한 비이슬람국가들을 중심으로 그들의 공산주의의 혁명적 이념을 주입시키고 있기 때문이다. 다른 하나는 정치적 자유의 억압을 들 수 있다. 세계인구의 3분의 2가 정치적 자유에서 빗겨나고 있는데, 이것은 서유럽의 책임이 적지 않다. 그들은 정치적 자유에서 벗어난 후 빈곤과 발전의 기회를 가지지 못했다. 그러한 환경에 처한 사람들은 오히려 정치적 압박 뿐 아니라 그로인한 인권의 박탈, 최소한의 생계까지도 위협을 받을 수밖에 없어 죽음의 공포에 떨 수밖에 없기 때문이다.

 하마스, 알카에다, 탈레반과 같은 전투적 이슬람주의 집단들은 바로 그러한 그들의 인간적 수모감, 파손된 자존심, 절망감을 교묘히 이용하여 그들 편으로 유인한다. 그들은 시온주의와 기독교적 서유럽을 뛰어넘어서면 그들만의 이슬람의 평화로운 세계가 온다고 선전한다. 그러므로 급진적 이슬람주의자들에게 진짜의 적은 기도교인도, 유대인도, 불신자도 결코 아니다. 그들의 진정한 적은 바로 세속적 민주주의이다. 무슬림, 힌두교, 기독교, 유대교를 막론하고 모든 종류의 급진 종교적 근본주의자들은 개인적 평등과 자치, 인민을 위한 인민의 정부, 그리고 종교의 자유라는 개념들을 근본적으로 증오한다. 그것은 이러한 명제들로 인하여 그들이 추구하려는 절대적 종교의 진리가 도전을 받을 수밖에 없기 때문이다. 이슬람주의의 전사들에게 지하드는 단순한 방어적 수단에 그치는 것이 아니다. 그것은 더 나아가 적들을 무너트리고 무슬림의 법을 세우기 위하여 항상 팽창하지 않으면 안 되는 적극적인 사명이 되어야 한다. 그들에게 무역센타에서 죽은 이슬람전사들은 악을 없애고 선을 위한 성전에서 희생돼 없어서는 안 될 전사자들일 뿐이다.

 오늘날 대부분의 무슬림들은 9월 11일의 잔학행위와 기타 종교적 폭력행위들을 강력하게 저주한다. 그러나 세계의 지도자들이 "테러리즘에 대한 전쟁"을 선포하고 통일과 정의를 부르짖을 때, 대부분의 무슬림들은 반문한다.

 수없는 많은 무고한 무슬림들이 레바논과 이스라엘, 팔레스타인, 보스니아, 카쉬미르 등지에서 죽어갔을 때 도대체 아메리카와 서유럽은 어디에 숨어 있었는가.. 그들은 시민의 권리를 거부하는 독재정권들을 계속하여 지원하면서 어떻게 민주주의를 외칠 수 있는가…또 아프간과 이라크에서 전쟁으로 수천 명의 여자들과 어린아이들이 죽어가는 것은 어떻게 하고…조지 W. 부시는 미국은 독재로부터 시민들을 자유롭게 하기 위하여 이라크에 왔다고 주장하였다. 그렇다면 미군들이 이라크의 포로들에게 갖은 횡포를 자행하는 것은 어떻게 설명할 것인가.

오늘날 수많은 사람들이 아메리카와 서구를 증오하는 것은 놀라운 일이 아니다. 이것은 바로 의무의 태만이 만들어낸 결실(증오)이다. 2001년 9월 11일의 폭파사건과 그 이후의 사건들은 무슬림과 비무슬림 양쪽 모두에게 근본적으로 변화되지 않으면 안 된다는 중요한 교훈을 던져주고 있다는 사실을 결코 잊어서는 안 될 것이다.

10

10. 현대문명에서 종교의 역할은 어떤 것인가?

- A. 유대교
  - "다브루 에메트"
- B. 이슬람교
- C. 기독교
  - 근본주의 • 근본주의의 분화 • 근본주의의 영향 •
    화해모색: 가톨릭과 프로테스탄트 • 신복음주의 운동

서양문명의 정체성
-헤브라이즘과 헬레니즘의 만남-

10. 현대문명에서 종교의 역할은 어떤 것인가?

현대문명에 들어오면서 서양의 종교들은 각각 대화의 물고를 트려고 더욱 적극적인 노력을 아끼지 않았다. 그것은 위에서 살핀 바처럼, 다툼과 싸움을 통해서는 희생만이 그들에게 다가온다는 사실을 너무나 뼈저리게 통감했을 뿐 아니라 상호간의 협력 없이는 그들의 문제들이 해결될 수 없다는 것을 체험했기 때문이다. 그리고 그들은 더 나아가 헬레니즘 세계나 그 다른 어떤 영역과의 공존도 더 이상 피할 수 없는 과정이라는 사실을 깊이 깨닫게 되었다. 더군다나 디지털 사이버 정보통신을 통하여 급변하는 현대사조의 물결 속에서 살아남기 위해서, 무엇보다도 핵전쟁과 전면전쟁, 테러리즘의 위협으로부터 벗어나기 위해서 서로 싸우고 부딪히는 것보다는 될 수 있는 한, 서로 공존하는 것이 바람직하다고 생각하였다. 그러나 한 가지 유념할 것은 그들이 극한적 상황에서 그들 상호간의 공존을 꾀하고, 그리고 사회적 변화에 최선을 다한다 할지라도 그들의 정체성과 그들의 선교마저 포기될 수는 없다는 사실이다. 여기에 그들의 깊은 고민이 존재한다. 그리하여 그들은 그들 자신을 지키면서 다른 사람들과 성숙한 협력관계를 강조하지 않으면 안 되었다. 이들 가운데 현대문명에 가장 빠른 적응의 행보를 디딘 것은 기독교였다. 특히 개신교의 행보는 타의 추종을 불허하였다. 그러면 유대교, 이슬람교, 기독교는 현대문명에 속에서 각각 어떻게 협력하고 대응했는지를 간단하게 살펴보도록 하자.

A. 유대교

유대교와 기독교의 관계는 사실상 세기 초부터 밀접한 관계였다고 말할 수 있다. 왜냐하면 기독교의 성립이 유대교에서 출발되었으며 동일한 성경을 공유하고 있었기 때문이다. 그럼에도 불구하고 시간이 경과하면서 양자와의 관계는 원만치 못하게 되었다. 기독교인들의 유대교에 대한 고전적 견해는 나음과 같다. 즉, 유대교는 그리스도 복음의 완전한 최종적 진리를 준비해주는 디딤돌일 뿐이다. 예수 그리스도는 하나님이 예비하신 메시아이며, 신약성경은 토라를 완성시키는 구원의 복음서이다. 그리스도는 인류의 진정한 구원을 위해 피를 흘리며 희생제물이 되었다. 복음을 거부하는 것은 그리스도를 보내주신 하나님의 뜻을 인정하지 않는 것이다. "그의 피를 우리와 우리 자손에게 돌리라"(마태 27:25)는 유대인들의 말대로, 이스라엘인들은 하나님의 호의(선택된 백성의 자리)를 잃었고, 예루살렘 성진이 파괴되었다(예수의 예언대로). 그리고 그들은 70년 약속된 땅으로부터 이방인의 땅으로 추방되었다. 다시 말해, 유대인들은 그리스도의 복음을 거부함으로써 하나님의 형벌을 받을 수밖에 없었다는 것이다.

이에 대한 유대교 랍비들의 도전도 만만치 않았다. 그들은 기독교의 예수 그리스도를 구세주로 보지 않았으며, 하나님의 말씀을 어긴 참람된 거짓 선지자로 간주하였다. 즉, 토라는 하나님이 시내산에서 이스라엘 백성에게 계시해 준 진정한 하나님의 말씀이다. 그러므로 모세의 율법만이 성경이며, 신약은 거짓된 선지자들의 기록일 뿐이다. 유대인들은 하나님이 선택한 거룩한 백성이다. 이집트로부터 가나안으로 인도하신 여호와 하나님은 지금도 변함없이 자신의 백성을 보호하고 인도하시며 앞으로도 그럴 것이다. 요컨대, 유대교만이 토라를 따르는 진정한 하나님의 종교라는 것이다.

이와 같은 기독교인들의 고전적 견해는 5세기 어거스틴에 의해 강화되었으며, 반대로 유대교의 입지는 하강되었다. 유대교의 입장은 13세기 교황 인노센트 3세에 의해 더욱 움츠러들었다. 인노센트 3세는 1208년 "비록 예수 그리스도의 피를 저주한 유대인들은 죽임을 당해야 마땅하다. 그러나 그렇게 되지 않더라도 하나님의 법을 잊지 않도록 하기 위하여 그들은 광야에 살면서 고난과 수치로 채워져야 한다"고 부르짖었다.[1] 이에 대해 16세기 종교개혁자 마르틴 루터는 유대인에 대한 격렬한 감정을 신학사상과 연결시키려는 합리적 논리를 전개하였다.[2] 그럼에도 불구하고 루터의 주장은 20세기 독일에서 일어난 유대인대학살(the Holocaust)과 혼돈되어 유포되는 경우가 많았다. 그러나 루터는 어디까지나 전통적인 기독교신학에 기초하여 종교적 박해차원의 문제를 논한 것임에 반하여, 나치즘은 박해나 단순한 개종의 차원이 아니라, 인종주의적 무차별 대학살이라는 무모한 마지막 해결책(the Final Solution, Endloesung)을 자행하려했다는 점을 간과해서는 안 될 것이다.

다행하게도 서구의 기독교인들은 이러한 사건을 계기로 오히려 그들 자신을 둘러보는 좋은 기회를 갖게 되었다. 다시 말해 그들이 오랫동안 가졌던 유대인에 대한 반감이나 경멸감이 잘못된 편견에서 비롯된 것은 아닌가하는 자아분석적 재점검의 계기가 되었다. 그들은 초대 교회사를 통하여 유대교와 기독교와의 긴밀한 가족적 유대관계에 대하여 깊이 숙고하게 되었다. 그들은 양자 사이의 이질적인 것보다 유사한 것들을 공유하고 있다는 사실을 알게 되었다. 이와 같은 상황은 유대교측도 마찬가지였다. 그리하여 그들(기독교와 유대교)

---

1) 인노센트 3세(1161-1216)는 1215년 제 4차 라테란 공의회에서 화체설, 신앙고백, 영성체, 새로운 십자군원정의 확립을 선포함으로써 교황권을 공고히 하였다. 20세기 나치즘은 이 라테란 공의회를 참고로 반유대법령을 제정하였다.
2) 루터는 "하나님의 영광과 기독교를 위하여, 유대인들의 시나고그나 회당은 불에 타 없어져야 하며, 그들의 집도 파괴되어야 하며, 더 나아가 그들의 집단도 집시처럼 한 지붕이나 마구간 속에 갇혀져야 한다. 왜냐하면 그들은 그들의 집에서 시나고그에서 처럼 하나님의 뜻을 어기기 때문이다"라는 신학적인 논리를 전개하였다(Martin Luther, *Of the Jews and Their Lies*, 1543), *RFWC*, p. 585, 참조바람.

은 나치즘의 대학살에 대하여 이 사건이 기독교적 현상이 결코 아니었다는 결론에 이르게 되었다.

"다브루 에메트"

1990년 초 볼티모어의 기독교·유대교연구소(the Institute for Christian and Jewish Studies)는 일련의 유대교 연구교수들을 불러 모아 기독교에 대한 유대인의 이해 문제를 조사케 하였다(이에 앞서 유대교에 대한 기독교 교수들의 설문조사는 이미 완료된 상태였었다). 2000년 9월 "다브루 에메트(Dabru Emet)"[3]라는 타이틀이 붙은 한 논문("A Jewish Statement on Christians and Christianity")이 그들 연구소 자문위원들에 의해 채택되었다. 4명의 유수한 학자들이 저술하고, 수백 명의 학자들이 날인한 이 논문은 뉴욕 타임즈에 발표되어 긍정적인 평가를 받았다. 이 글의 내용은 크게 8가지 주제로 분류되어 설명되었다.[4]

첫 번째 유대인과 기독교인은 동일한 하나님을 예배한다는 것이다. 정통 기독교인은 그들의 하나님이 유대인의 성경에서 나온 하나님보다 더 높은 하나님이라고 생각하지 않았다. 이에 대해 유대인들의 입장은 달랐다. 그들은 기독교인들의 하나님이 그들의 하나님이라는 확신을 가지지 않았다. 더군다나 그들은 니케아 신조에서 정해진 삼위일체 하나님에 대하여 매우 부정적인 생각을 가졌다. 물론 가톨릭, 동방 정교, 프로테스탄트 등에서는 정통교리로 받아들였다. 더 나아가 예수의 성육신, 성모 마리아신앙(프로테스탄트에서는 거부하였다)에 이르러는 더욱 강경한 입장을 가졌다. 그러나 "다브루 에메트"는 양측이 다 같이 유일신을 지향하고 있는 점을 들어 조화를 꾀하였다.

두 번째 유대인과 기독교인은 동일한 책(성경)으로부터 신앙적 권위를 추구한다는 것이다. 유대인이 의존하는 성경(Tanakh)과 기독교인이 의존하는 성경(Old Testament)은 물론 차이가 크다. 그 내용도 다르고 순서도 다르다. 타나크는 페르시아 키루스왕의 칙령(B. C. 6세기 경)으로 끝나지만, 구약은 말라기의

---

3) Dabru Emet라는 히브리어는 "진리를 말하라"는 뜻을 가진 말이다(스가랴 8:6).
4) *RFWC*., pp. 586-608.

예언(B. C. 5세기경)으로 끝난다. 기독교는 시편과 이사야서에 많은 주의를 기우리지만, 유대교는 주로 모세 5경(토라)에 치중한다. 사실상 이 두 가지 책들은 동일하다고 볼 수 없다.

그러나 그들은 각각 그들의 입장을 합법화하기 위하여 역사적 근거에 호소하였다. 기독교는 예수 그리스도의 새로운 신앙의 기원을 찾아서 구약시대로 소급하였으며, 유대교는 그들의 토라를 지속시키기 위하여 다른 변화에는 눈을 돌리지 않았다. 그리하여 전자는 후자의 구전적 토라와 미쉬나, 탈무드를 비켜나갔고, 후자는 전자의 신약과 초대교회의 변화를 간과하였다. 본질적으로 보자면 아브라함의 신앙, 모세의 신앙은 바울이나 예수의 신앙과 다를 바가 없다. 왜냐하면 그들의 신앙은 어디까지나 하나님과 이스라엘(인류)의 약속으로부터 출발한 것이기 때문이다. 역사적 상황 상 방법만 바뀌었을 뿐이다. 하나는 형식을 중시한 반면에 다른 하나는 내면을 중시했을 뿐이다. 궁극적인 목적은 하나님의 신비스러운 비밀을 알아내는 것이다. 즉, 토라나 신약은 모두 하나님을 예배하고 섬기고 있다는 점에서 동일한 성경에 근거하고 있다는 것이다.

세 번째 기독교인은 이스라엘 땅에 대한 유대민족의 주장을 존중한다는 것이다. 그러나 이것은 그리 간단한 문제가 아니다. 유대인들은 구약성경(출 32: 13)에 근거하여 이 땅에 대한 권리를 확신한다. 그들에 의하면, 하나님은 이 거룩한 이스라엘 땅을 그들에게 약속해 주셨다. 여호와는 아브라함, 이삭, 야곱, 그리고 이스라엘 후손에게 그 땅을 "영구적으로 소유하게끔" 약속하였다. 이것은 변함이 없는 하나님의 영원한 진리의 말씀이다. 이에 대한 기독교인들의 입장은 전연 다르다. 그들에 의하면, "거룩한 땅"에 대한 이스라엘민족의 권리는 성경에 의해 지지될 수 없다. 이스라엘에 대한 이 땅의 약속은 여호수아에 의해 성취되었을 뿐이다. 신약은 제2차 이스라엘 성전파괴(70년)에 대해 예언하면서, 이스라엘민족의 재결집에 대하여 말하지 않았다. 이것은 제1차 성전파괴(B. C. 586) 이후에 대한 구약의 선지자들의 예언들과는 전연 다르다. 그러므로 여호와의 약속(거룩한 땅)은 자동적으로 예수의 보편적 주권으로 넘어가는 것이 마땅하다. 요컨대, 유대인들은 예수를 거부함으로써 거룩한 땅의 권리를 이미 몰수당하고 말았다는 것이다.

이에 대해 "다브루 에메트"의 주장은 매우 화해적이다. 즉, 이스라엘에 대한 하나님의 땅(선물)은 아직도 유효하다는 유대인들의 주장과 이미 파기되고 예수에게 넘겨졌다는 기독교인들의 주장은 반드시 모순되지 않는다. 일부 기독교인들 가운데는 추방된 유대인들의 결집이 예수의 재림과 그들의 기독교로의 개종의 서곡을 뜻하는 것이라고 믿는 사람들이 적지 않다. 그리하여 그들은 이스라엘 국가의 재건에 대해 긍정적인 생각을 가지고 있다. 이것은 단순한 정치적 주장이기보다는 그보다 훨씬 심오한 의미를 담은 주장이라고 판단된다. 그렇다고 유대인들의 찬양을 받을만한 것은 아니다. 그러나 유대인들이 한 번은 짚고 넘어야 할 중요한 신학적 문제라고 판단된다. 다시 말해 기독교인들의 자기중심적인 주장에도 문제가 있지만 유대인들의 일방통행적인 고집에도 문제가 있다는 것이다. 아직도 협상의 길은 열려있다는 것이다.

네 번째 유대인과 기독교인은 토라의 도덕적 원칙들을 받아들인다는 것이다. 유대인과 기독교인의 공통성을 알기 위해서는 오늘날 서유럽에 만연된 유물론이나 이기주의를 말할 것이 아니라 그들의 전통적인 종교적 윤리를 비교해야 할 것이다. 유대인의 "도리의 도덕적 원리들"은 오늘날 우리에게 맞지 않는 것이 사실이다. 토라는 그 윤리들을 비유대인에게 강요하지는 않는다. 기독교인은 예수의 도덕적 원리들을 토라의 것들보다 더 귀하고 가치있게 받아들인다. 유대인은 율법을 계명의 문자대로 엄격하게 지키기를 원하는 대신에 기독교인은 마음속에 쓰여진 율법, 사랑과 영을 더욱 중요시 한다. 그러나 토라나 복음은 다 같이 하나님을 더 잘 섬기고 올바른 하나님의 자녀로 있기를 바라는 간절한 소망에서인 만큼 형식이나 내용은 모두 중요하다는 것이다.

다섯 번째 나치즘은 기독교적 현상이 아니었다는 사실이다. 나치즘의 유대인 대량학살에 대한 일반인의 오해는 다음과 같았다. 기독교인의 반유대교적 역사 없이는 나치의 인종학살 이데올로기는 일어날 수도 없었고 실천될 수도 없었다. 수많은 기독교인들이 나치의 정책에 참여하였고 동조한 것이 사실이다. 나치즘의 홀로코스트에 대한 기독교인들의 책임은 피할 수 없는 엄연한 사실이다. 그러나 오늘날 이와 같은 잘못된 해석(오해)은 더 이상 설득력을 가질 수 없게 되었다. 그것은 기독교인들과 기독교집단이 나치즘에 반대하여 핍박을 받거나 위험한 고비를 겪은 사건들이 적지 않게 발견되었기 때문이다. 만약 나치즘의 유대인 학살이 완전하게 성공했더라면 그 다음은 기독교인들이었을 것이며, 그 다음은 다른 민족으로 넘어갔을 것이다. 왜냐하면 나치즘의 학살은 인종주의에 바탕을 두었기 때문이다. 유대인집단에 집중된 것은 유대인이 주로 초자연적 사명을 가진 긴밀한 종교적 가족관계였다는 데에도 주요원인이 있었다. 그러므로 나치즘은 제1의적으로 "반유대교적 집단"이 아니라 "반종교적 집단"이라 해야 옳을 것이다. 말하자면 유대인과 기독교인은 아우슈비치로 가는 같은 배를 탄 공동운명의 신앙공동체였다는 것이다.

여섯 번째 유대인과 기독교인 사이에 놓인 인간적으로 화해할 수 없는 차이는 성경의 약속대로 하나님이 전체 세계를 구원할 때까지 절대로 해결될 수 없다는 것이다. 이것은 양측이 불가능한 일에 집착하고 있다는 것을 시사하는 경고의 메시지이다. 왜냐하면 그것은 양측이 각각 다른 마지막 날의 사건들에 관하여 말하고 있기 때문이다. 그러므로 해결의 방법은 오직 한 가지이다. 서로 각각 그들의 주장에서 물러나는 것이다. 그러나 이 항목은 어느 쪽에서도 쉽게 받아들이기 힘든 내용임에 틀림없다.

일곱 번째 유대인과 기독교인 사이의 새로운 관계로 유대인의 관습은 결코 약화되지 않을 것이라는 전망이다. 성숙한 관계를 위해서는 유대인이 두려워하는 문화적 종교적 동화를 재촉해서는 안 된다. 그러한 재촉은 유대인과 비유대인 상호간의 전통적인 관습이나 예배형식을 어긋나게 할 뿐이다. 개종이나 혼합은 잘못하면 더 나빠질 수 있다. 오직 성실과 인내만이 가장 바람직한 해결책일 것이다. 동일한 하나님, 동일한 성경, 훌륭한 도덕적 원리들, 거기다가 나치즘의 인종말살에 대한 동일한 결론 등 너무나 많은 유사점들은 유대인과 기독교인 사이의 차이점을 극복할 것이다. 양측이 차이점들을 가지고 있지만 각자가 자아도취에 빠지지 말고 대승적 차원에서 한 걸음씩 물러선다면 아마도 양측의 화해는 이루어질 것으로 믿는다. 남의 것을 존중하고 나의 것을 조금 양보하고 다가선다면 반드시 화해는 가능할 것이다.

여덟 번째 유대인과 기독교인은 정의와 평화를 위해 함께 협력해야 한다는 것이다. 양측이 보편적 진리를 총론적 목표로 삼고 개별적 각론들은 될 수 있는 대로 전방에 내세우지 않는다면 그들의 협력과 합일은 점진적으로 이루어질 것이다. 그러나 만약 양측이 각각 그들의 방향을 잃고 거꾸로 다툼과 전쟁으로 치닫는다면 어느 쪽도 살아남지 못하고 공멸하고 말 것이다. 이러한 유대인들의 자구책("다브루 에메트"의 제안)이 과연 얼마나 현실적이며 효율적인 결과를 가져 올 것인지는 아직은 미지수이다.

B. 이슬람교

오늘날 세계에서 이슬람권에 속하는 국가들은 전부 56개에 달하며, 그 인구는 13-16억에 달한다. 현재 대부분의 제3세계의 국가들은 1948년 이래 독립되었지만, 그들은 아직도 경제적으로 서구에 의존해 있고, 그들의 식민지적 근성이나 유산을 버리지 못하고 있는 실정이다. 더군다나 그들은 피부색깔, 인종, 종교에 있어서 차별을 받고 있다. 이와 같은 형편은 서유럽에 살고 있는 수백만의 무슬림과 그들의 가족들에게도 마찬가지이다. 특히 1960년도부터 시작된 영국, 프랑스, 독일, 기타 국가들에서 일하는 노동자들도 마찬가지의 형편이다. 더욱이나 오토만 이래 동유럽에서 살아온 무슬림들은 세르비아와 불가리아와 같은 초국가주의 국가들로부터 박해와 압박을 끊이지 않고 받아왔다.

그래도 미국과 캐나다에 있는 무슬림들은 좀 형편이 좋은 편이다. 북미에 사는 일부 무슬림들은 1800년 이래(제1차 세계대전이후 무슬림의 이민이 이루어졌다), 그들은 특별히 1960년도를 중심으로 고등교육을 받았고 일자리를 얻을 수 있었다. 많은 아프리카 아메리카인들은 제2차 세계대전이후 이슬람으로 개종하였다. 그들은 그들 조상의 종교를 다시 찾았다고 주장하였다. 무슬림들은 수십 년 동안 아메리카 사회의 일원으로 소속감을 찾은 반면에, 국제적 위기를 불러일으키는 사람들로 의심을 받아 인종주의의 목표가 되기도 하였다. 더군다나 이란혁명, 팔레스타인의 독립운동, 군사적 극단주의자들의 비도덕적인 행동들, 대량 유럽이민 등은 그들을 더욱 곤경에 처하게 만들었다. 더군다나 대부분의 이슬람들의 의도와는 달리, 아랍 이념주의자들은 그들을 더욱 곤경에 처하게 만들었다. 그것은 1980년도 이란혁명 중 아야톨라 호메이니(Ayatollah Khomeini, d. 1989), 사담 후세인, 오스마 빈 라덴이 "부패한 제국주의자, 시온주의자" 서구인에 대항하여 서로 동맹을 맺고 미국을 거대한 사탄이라고 비난하였기 때문이다. 이러한 서구에 대한 그들의 적개심은 의심의 여지없이 과거 식민주의의 경험으로부터 나온 것임에 틀림없다.

그러나 사실은 그들에게도 서구인들과 동일한 수법의 행동을 자행한 경력이 있었다. 수세기에 걸쳐서 대부분의 무슬림들은 비무슬림을 정신적으로 낮은 수준의 일탈자들이라고 무시하였다. 비록 코란은 모세와 예수를 포함하는 많은 성경 인물들에 대한 존경을 표시하고 있지만, 때로는 유대인과 기독교인을 그들의 이기적 목적을 위해 알라의 메시지를 오염시킨 완고한 배은망덕한 사람들로 해석하였다. 처음부터 무하마드는 확고하고 철저한 예언자인 동시에 정치가였다. 그리하여 수세기에 걸친 이슬람의 정치적 물질적 성공은 그들의 신앙의 우위를 의심할 수 없게 만들었다. 정치적 지배자들과 종교적 정예집단 사이의 간극이 없었던 것은 아니지만, 무슬림 왕조들은 오직 그들의 합법성을 위해 이슬람을 바라보았을 뿐이다. 그리하여 그들에게는 승리만이 눈에 보였고 그들의 통치와 비이슬람에 대한 지배만이 중요시 되었다. 그들에게 중요한 일은 부와 권력이 선과 정의를 증명하는 일이었다. 18세기부터 시작된 서구국가들의 무슬림 정복이 세인의 동정심을 일으킨 것은 결코 우연한 일이 아니었다. 서구 식민주의와 그것의 끈질긴 유산은 무슬림을 더 깊은 수렁으로 빠트렸고 오늘날과 같은 무력감과 수치심을 가지게 만들었다.

오늘날 대부분의 무슬림들은 그들의 조상을 따라 그들의 종교생활을 지속하고 있다. 그들은 매일 기도하고, 구제하고, 라마단 중에 금식하며, 성지에 순례할 날이 오기를 희망하고 있다. 이집트, 파키스탄, 인도네시아 등지에 있는 수백만의 무슬림들이 아직도 무하마드와 성자들을 숭배하고 그들의 도움을 바라고 있다. 최근의 조사에 의하면, 사우디아라비아 무슬림의 80%가 이슬람을 그들의 유일한 참된 종교의 길이라고 생각하면서, 다른 종교들에 대한 관용에 무관심을 나타내고 있다. 이것은 대부분의 종교적 전통, 특히 유일신교에서 보여 온 배타주의임에 틀림없다. 다른 사람들을 저질이나 악마로 간주하면서 자신들의 신앙과 계시만을 고집하고 이탈자들을 억누르려는 사람들이 적지 않다. 오스만 빈 라덴과 같은 이슬람 전투자들이 바로 그런 사람들로서 지하드를 "기독교 시오니스트"인 서구를 파괴하고 무슬림 법에 의한 통치를 이룰 수 있는 전위대라고 선언하였다. 그들은 또한 그들의 이념에 반대하는 다수의 무슬림에 대해서도 공격을 서슴치 않고 있다.

그러나 오늘날 이슬람은 유대교, 기독교와 마찬가지로 근본적으로 변화되지 않으면 안 된다는 절박한 상황에 다다랐다. 그 결정적인 사건이 2001년 9월 11일 뉴욕에서 일어난 세계무역센타 폭파사건이었다. 세계는 이 사건을 통하여 이슬람의 암흑의 일면을 직접 목격하였다. 기나긴 역사를 통해 자신의 종교를 위해 폭력을 정당화하고 합리화 한 것은 비단 이슬람 뿐은 아니었다. 유대교도, 기독교도 그 어느 종교도 이에서 자유로울 수는 결코 없다. 이를 계기로 무슬림에도 가톨릭에서처럼 억압받는 세계 다수를 위한 종교적 다원주의와 사회적 정의를 지지하는 자유신학의 움직임이 일어나고 있나. 이러한 견지에서 본다면 지하드는 비무슬림에 반대하는 성전이 아니라 오히려 억압받고 밀려난 사람들, 특히 여자들과 종교적 소수집단에게 해방을 주고 코란이 말하는 사회정의와 경제적 균형을 이룩하려는 투쟁이 되어야 마땅할 것이다.

이러한 운동의 개척자로 등장한 사람이 미국의 위대한 흑인 무슬림 지도자 말콤 10세(the great American Muslim Malcolm X)였다. 말콤 10세는 1964년 메카를 순회하면서 모든 백인은 악하다는 그의 신념을 파기하였다. 그리고 그는 인종에 관계없이 모든 인류의 평등과 사회적 정의를 부르짖었다…나는 지난 11일간 무슬림세계를 돌아보면서 그들과 함께 먹고 함께 자고 같은 신께 기도하였다..나는 그들의 파란 눈, 그들의 브론디 머리색깔, 그들의 하얀 피부를 보면서 그리고 "화이트 무슬림의 말과 행동"을 목격하면서 나이지리아, 수단,

가나의 검은 아프리카 무슬림에서 느꼈던 동일한 진지함을 느낄 수 있었다..우리는 진실로 모두 같은 형제들이다. 왜냐하면 우리 인류 모두는 한분 신을 믿기 때문이다..만약 화이트 아메리칸들이 신의 하나임(the Oneness of God)을 받아들일 수 있다면, 그들은 진실로 인간의 하나임(the Oneness of Man)을 받아들일 수 있다고 믿는다. 그리고 그들은 피부색깔이 다르다는 구실로 다른 사람들을 비판하고, 방해하고, 해를 주는 것을 그쳐야 한다고 믿는다..5)

이미 말한 대로, 말콤의 친구이자 동료인 와리드 무하마드(Warith Deen Muhammad, d. 1933)는 그의 아버지 엘리야 무하마드의 이슬람국가를 아메리칸 무슬림 선교(the American Muslim Mission)로 바꾸었다. 그는 그의 아버지가 돌아간 후 1975년 그 자리를 물려받은 다음 흑인우선의 교리를 철회하였다. 그는 순니파 교리에 의해 아프리카 아메리칸 무슬림(African American Muslim)을 다스렸다. 그는 말콤 10세와 같이, 피부색깔에 관계없이 코란을 통한 인류의 세계평화를 부르짖었다. 주로 남아프리카의 다수가 인종차별타파를 외치는 그의 종교정책에 합류하였다. 그의 운동을 따르는 지도자들 가운데 유명한 사람은 파리드 이섹(Farid Esack)이었다. 그는 코란은 사회적 정의, 특별히 피압제자들을 위한 경전이라고 강조하였다. 그에게 "지하드"는 더 이상 다른 사람들에 반대하는 폭력 행위가 아니라 진리와 정의를 위한 투쟁이었다. 그는 다원주의에 기초한 신앙상호간의 대화를 지지하였다. 그는 더 나아가서 모든 종교적 전통들이 함께 힘을 합력하여 모든 형태의 불의를 퇴치해야 한다고 강조하였다. 왜냐하면 사람들이 어디 있든지 알라는 모든 사람들을 한데 불러 모아 모든 일들을 할 수 있게 만들어 주며, 그들의 주와 함께 보상을 받도록 정해주기 때문이다.6)

그와 동일한 사상을 가진 사람은 이집트 무슬림인 타리크 라마단(Tariq Ramadan)이었다. 그는 특히 다원주의와 빈곤에 관심을 쏟았다…무슬림이 된다

---

5) *Autobiography of Malcorm* X, New York, 1964, *RFWC*, 621, 참조바람,
6) *Koran* 2: 148, *RFWC*, p. 623, 참조바람..

는 것은 어떤 환경에서라도 이슬람의 가르침대로 행동하는 것이다…그 "행동"은 인간생활의 네 가지 중요한 분야에 기초해 있다. 즉, 사회에서 정신적 생활을 발전시키고 증진시키는 것, 종교적 사회적 교육을 확산시키는 것, 사회적 경제적 정치적 생활에서 정의를 위해 행동하는 것, 그리고 도움이 필요한 모든 집단들과의 유대를 공고하게 증진시키는 것이다…북이나 남이나 동이나 서나 무슬림은 신과 함께, 그리고 인간과 함께 살아가는 무슬림일 뿐이다…그는 신에 의해 창조된 존재로서 신과, 그리고 인류와 함께 이해하며 살아가는 무슬림이다..무하마드 선지자의 말대로, '너희들 가운데 가장 좋은 사람은 사람들에 대해 가장 좋은 일을 행하는 사람'이다…7)

다시 말해 이슬람은 종교에 관계없이 신의 창조로 이루어진 존재로서 당당하고 착한 마음의 인간으로서 삶을 영위하면 된다는 것이다. 이 외에도 라마단과 같은 생각을 가진 사람들은 적지 않다. 무하마드 아브 니메르(Muhammad Abu-Nimer), 알리 아사니(Ali S. Asani) 등이 그 대표적인 이슬람 사상가들이다. 이들은 다른 이슬람과 함께 세계무역센타 폭파사건을 저주하였다. 이 끔찍한 사건으로 말미암아 막연히 분노와 불만을 가지고 미국에서 살아온 수많은 이슬람들도 미국시민으로서의 모호한 태도를 불식하게 되었다. 그들은 그 동안 강력한 유대-기독교적 문화에 휘말려 무능력한 소수집단의 수모를 가지고 살아온 사람들이었다. 그들은 또 유대-기독교인들과 세상 사람들에 의해 "적의 신앙인"으로 매도된 사람들이었다. 그들은 세계 도처에서 카오스나 테러리즘이 일어날 적마다 그들과 연결시키는 미국의 매스메디아에 의해 뉴스의 초점이 되어왔었다. 그들은 이슬람 병으로 오랫동안 시달리지 않으면 안 되는 외로운 사람들이었다. 그러나 이제 그들은 당당한 이슬람의 미국 시민임을 내보이게 되었다. 그러면 마지막으로 오늘날 이슬람이 추구하는 자구책을 알리 아시니 박사의 글을 통하여 살펴보도록 하자. 그의 글 가운데 중요한 부분을 발

---

7) Tariq Ramadan, *Western Muslims and the Future of Islam*, Oxford, 2004, *RFWC*, 623, 참조바람.

췌·요약하여 소개하려고 한다.[8]

…나는 지난 수 주간에 걸쳐 세계무역센타 폭파사건(2001. 9. 11)에서 종교의 역할은 무엇이었는지에 대해 연설해달라는 부탁을 많이 받았다. 그들이 알려고 하는 질문의 요지는 다음과 같다.. 어째서 이슬람교는 평화를 앞세우면서 아메리카와 서구에 폭력을 행사했는가. 어째서 무슬림의 일부 국가들과 이슬람들은 아메리카와 서구를 증오하면서 무구하게 희생된 사람들에 대해 무관심하려고 하고 혹은 박수까지 보내려고 하는가. 이에 대해 무슬림인 나도 비슷한 질문을 던질 수 있다. 어째서 일부 아메리카인들과 유럽인들, 그들의 정책들은 무슬림에 반이슬람의 적대감을 가지며, 무구한 무슬림의 생명의 손실에 대해서 무관심한 것인가. 과연 그러한 긴박한 상황에서 양측 사이의 평화적 공존과 조화는 가능한 일인가.
이러한 질의와 분석은 대중적 인기를 끌지는 몰라도 거기에는 무언가 석연치 않은 오류가 담겨져 있다고 본다. 우리가 목격하고 있는 것은 무지의 충돌(a clash of ignorance)이지, 단순한 문명의 충돌(a clash of civilization)이 아니다. 이와 같은 무지의 충돌 속에서, 깊숙이 자리잡은 고정관념과 편견은 "다른 사람(the other)"을 야만으로, 그리고 악마로 돌리려는 우를 범하고 있다. 이것은 또한 양측을 근본적인 인간됨을 거부하게 하고 비인간화로 내몰고 있다… 이것은 더 나아가 종교 뿐 아니라 정치, 경제 등 모든 분야에 수백 년이나 묵은 적대심과 분노, 정복과 재정복, 십자군과 지하드, 제국주의와 민족주의, 점령과 자유의 야욕을 불러일으키고 있다.
나는 지난 1년 반 동안 청중에게 이처럼 깊고 심오한 오해를 만들어낸 이 복잡하고 어려운 역사적이며 종교적인 문제들에 관하여 어떻게 이야기해야 하는지에 대해 숙고해 왔다. 나는 스스로 질문을 던져봤다. 이 오해를 풀 수 있는 공통의 근거가 어디에 있을까. 오해와 관용을 이을 수 있는 가교는 가능한가. 물론 나는 가능하다고 믿는다. 나는 그 해결책으로 다원주의(pluralism)의 에토스를 제안한다. 오늘날 세계가 전쟁과 갈등의 소용돌이에서 벗어나지 못한 것은 인간사회의 순수한 다원주의를 실천하지 못한데 그 원인이 있다고 생각한다. 보스니아, 르완다, 아프가니스탄, 스리랑카, 아일랜드, 인도, 파키스탄, 아이보리코스트의 국가들이 그 좋은 예들이다. 이들은 오직 하나의 종교만을

---

8) Ali S. Asani, "So That You May Know One Another: A Muslim American Reflects on Pluralism and Islam" *RFWC*, pp, 624-36, 참조바람.

본질적인 것으로 받아들이고, 기타 다른 의견을 가진 사람들을 근절시키거나 무시하려고 하였다...그리고 한 가지 잊어서는 안 될 것은 이러한 사회의 다원주의는 저절로 이루어지는 것이 아니라는 사실이다.

…코란이 유대의 전통과 기독교의 전통을 근거로 삼는다는 것은 "경전의 사람들(People of the Book, ahl al-kitab)"이란 말 속에 요약되어 있다. 이 단어(the Book)가 복수가 아니라 단수라는 것을 명심해야 한다. 그것은 유대교와 기독교인의 공동체를 포괄하는 코란의 우산임을 뜻한다…구약, 신약, 코란은 이 땅에서는 복수적으로 나타나지만, 하늘에서는 성스러운 신의 말씀을 의미하는 하나의 성경일 뿐이다…이것은 유대교와 기독교에 뿐 아니라 조로아스터교, 힌두교, 불교 그 어떤 종교도 마찬가지이다…그러므로 코란의 이슬람교는 다원주의를 기초로 하는 세계적 차원의 종교이다.. 이것은 구원에 있어서도 배타적이지 않다는 것을 의미한다…유대의 성경, 기독교의 성경, 사비교의 성경을 믿는 사람들, 신과 마지막 날을 믿으며, 그리고 선을 행하는 모든 사람들은 그들의 주와 함께 보상을 받을 것이며, 두려움과 슬픔을 가지지 않을 것이다(Koran 5: 72)…

…그러나 이슬람의 다원주의적 세계관과 더 나아가 민족과 국가에 대한 평화와 조화정책들에도 불구하고 그들이 지난 수세기에 걸쳐서 dar al-islam(무슬림 지배하의 영역)과 dar al-harb(비무슬림의 영역)를 구별하여 정치를 다스리고 지하드를 남용함으로써 민족주의적이며 제국주의적 식민정책을 실시한 것은 너무나 유감된 일이라 하지 않을 수 없다. 이러한 정책들은 거의 배타주의적 이슬람주의자들의 소행에 의한 것임을 잊어서는 안 될 것이다…코란에 대한 이들 배타주의적 이슬람주의자들의 해석들은 비무슬림과 무슬림들에 대한 정치적 주도권 행사를 정당화 하는데 이용되어 왔다. 그리고 그들은 이들(비무슬림과 무슬림)의 종교적 관습이 코란의 규범들에서 이탈되었다고 질타하였다. 실제로 17-8세기경 이슬람 세계의 일부 지역들에서는 이와 같은 도덕적 해이와 쇠퇴로부터 벗어나기 위하여 이슬람을 "정화하기 위한" 운동들이 형성되어졌다…그 가운데 일부 집단은 군사적 성격의 "지하드"를 결성하여 이웃 이슬람에 대한 공격을 자행하였다.. 그들 배타주의자들이 유대인과 기독교인을 이교도로 간주한 것은 전연 놀라운 일이 아니었다.

최근에 배타주의자들의 이념은 무슬림 세계 안의 소위 근본주의 집단들(fundamentalist groups)에 의해 대폭적인 지지를 받게 되었다. 그러한 근본주의 집단의 형성원인은 간단하지 않다. 그러나 넓게 바라본다면, 그와 같은 운동들은 서양의 세계화 정책에 대한 반동으로 일어났다. 서구와 특히 그 가운데서도 미국이 주도한 정책들은 근대화, 서구화, 세계화로서, 여기에는 억압적 무슬림 국가들도 참여하였다. 더군다나 무슬림 사회의 경제적 사회적 정의를 실현하려는 자본주의, 공산주의, 사회주의와 같은 차용된 이데올로기들의 실패는 이들을 더욱 부추겼다…그리하여 이들 배타주의적 근본주의자들은 "이슬람은 해결책이다(Islam is the solution)"이라는 정치적 이데올로기를 기치로 내세웠다…결국 그들에 의해 배타주의자들과 다원주의주의자들의 결판장이라는 새로운 장이 펼쳐지게 되었다. 그리고 "여성의 역할과 지위"라는 문제가 그들 사이의 새로운 이슈로 떠오르게 되었다. 왜냐하면 오직 유일신을 모토로 하는 배타적 이슬람주의자들은 서구에서 말하는 평등주의를 철저하게 배척했기 때문이다…그들은 그들의 목표를 달성하기 위해 종교적 전문학교(madrasas)를 세워 전파하고 있다…그러나 이슬람이 다종교적, 다문화적 21세기에 참여하기 위해서는 인류사회의 공존의 원리로서 종교적 문화적 다원주의를 가르치고 있는 코란을 받아들여야 한다…

 나는 최근 "무슬림은 '다른 사람'이 아니다(Muslims are not the 'other')"라는 미국방송의 광고를 보고 크게 고무되었다. 무슬림 아메리칸으로서 나는 미국인과 무슬림은 서로 비슷한 점들이 많다는 인식이 점점 퍼져나가는 현상에 적지 않은 희망을 품는다…그러나 반면에 히잡(hijab)을 두르고 있는 이슬람 여성을 마치 모든 이슬람 여성을 대표하고 있는 것처럼 광고로 내보내는 것을 보고는 아연실색하게 된다.. 머리에 천을 두르는 것은 어디까지나 선택의 문제가 아닌가…미국에 사는 무슬림들은 50종류 이상의 서로 다른 인종과 국적을 가진 사람들 가운데 한 집단에 속할 뿐이다… 9. 11 사태 이후 아메리카는 무슬림과 그리고 이슬람에 관한 모든 것들을 증오하고 배척하는 이슬람 공포증에 걸리게 되었다. 이슬람은 나치즘과 동등하게 되어졌다. 코란은 히틀러의 "나의 투쟁"과 비교되었고, 그것을 읽는 것은 반역의 행위로 간주되었다. 무슬림들은 "마치 세포가 하나에서 무한대로 분열하는 원생동물처럼" 창조되었다고 비유되었다…무하마드 선지자는 테러리스트로 TV에 방영되었고, 미국의 이슬람들은 국가의 안전을 해치는 트로이의 목마처럼 인식되었다…이 외에도 무슬림을 욕하고 저주하는 표현들은 이루 헤아릴 수 없을 정도로 많았다…나중에는 이라크 전쟁의 결과로 무슬림에 대한 대대적인 폭력사태가 일어날 것이라는 FBI의 예측까지 나왔다…이런 일들이 사실이건 아니건 간에, 이로 인하여 미국에는 공포와 두려움이 확산되었다…무슬림 여성들은 히잡을 쓰기를 꺼려하게 되었고 그들의 이름이 공개되는 것을 두려워하였다…그리하여 어느 무슬림 인권변호인은 이러한 상황을 무슬림의 "사실상의 매장"이라고 묘사하였다. 캐나다에서는 이슬람의 관광까지 억제하라는 권고를 내놓았다.…
 오늘날 나는 비난받을 두려움없이 공개적으로 나 자신의 신앙을 실천할 수 있는 자유, 관용, 다원주의, 그리고 차별에 대한 존중이 모두 위협받고 있는 사실을 두려워한다. 이와 같은 덕목들은 미국의 기초적인 가치들이었다. 그러나 이슬람 공포증의 확산에 대한 모든 사회계층의 지도자들은 슬프게도 침묵을 지키고 있다. 이 침묵은 미국의 무슬림들을 더욱 무섭게 만들고 번민하게 만들 것이다. 우리는 더 이상 그러한 편협한 일들에 침묵할 수 없다. 그냥 놔두면 그 결과는 우리나라 뿐 아니라 전 세계를 위험스럽게 만들 것이기 때문이다. 그러한 침묵은 아메리카와 무슬림 세계 사이에 너무나 필요한 이해와 호의, 존중을 이룩하는데 전연 도움이 되지 않는다…만약 우리가 도전하지 않고 방어하지 않는다면, 증오의 말들은 오늘날 미국을 위대한 국가로 만들어준 다원주의와 차이에 대한 존중의 전통들을 없애거나 파괴하고 말 것이다… 우리는 "서로 서로를 알라(knowing one another)"는 코란의 부르짖음과, 그리고 비인간화에 관한 무지, 이러한 가장 위험한 종류의 무지에 반대하는 투쟁(지하드)에 관한 코란의 부르짖음에 귀를 기우려 우리의 최선을 다할 수 있다고 믿는다.

C. 기독교

 기독교는 19세기부터 도시화와 산업화로 야기된 복잡한 정치적 사회적 문화적 문제들에 직면하면서 여러 가지의 어려움을 겪지 않으면 안 되었다. 그것은 이미 말한 과학, 철학, 민주주의, 사회주의, 세속주의 등의 영향으로 현대문화의 물결의 수위가 높아졌기 때문이다. 이러한 경향은 특히 미국에서 더욱 심각하였다. 교회는 이제 현대문화를 수용할 것이냐 아니면 거부할 것이냐 하는 일대 기로에 서게 되었다. 결국 교회는 전자의 입장을 따르는 진보와 후자의 입장을 따르는 보수의 두 갈래로 나누어졌다. 전자를 현대주의(modernism) 혹은 자유주의(liberalism), 그리고 후자를 근본주의(fundamentalism) 혹은 복음주의(evangelicalism)라 불러진다. 위에서 설명한 바와 같이 현대주의, 혹은 자유주의는 주로 계몽주의 사상을 배경으로 이루어진 신학사조이다. 그러면 근본주의(혹은 복음주의)를 설명하기에 앞서 현대주의에 대하여 살펴보도록 하자. 그것

의 주요한 특성을 살피면 대략 다음과 같다.9)

첫째로는 인간의 이성과 체험을 통한 합리주의적 해석이다. 그들은 성경의 가르침, 기적, 교리들을 과학적으로 객관적으로 비판하고 해석한다. 그들은 기적을 거부하고 비신화화와 비초자연화를 시도한다. 그들은 자연, 인간, 하나님 사이의 연속성을 강조하고 이성의 자율성과 역동성을 강조한다. 그리하여 그들은 십자가 사건과 같은 특별계시를 거부하고 자연 속의 일반 계시를 중시한다.

둘째로는 예수 그리스도에 대한 역사적 도덕적 해석이다. 그들은 예수님의 신성보다 인성을 강조하며 그의 인격과 예언적 교육적 품성을 중시한다.

셋째로는 내세(천국)에 대한 내재적 해석이다. 그들은 초월적 예수재림의 왕국을 부인하고, 지상의 내재적 왕국실현과 유토피아적 이상을 중시한다. 그러므로 그들은 역사적 낙관주의를 확신한다.

넷째로는 사회적 구원에 대한 세속적 해석이다. 그들은 개인의 구원보다 이성적 활동에 의한 사회적 복음활동을 중시한다.

다섯째로는 인간의 원죄에 대한 철학적 해석이다. 그들은 아담의 원죄를 부인하고 인간의 죄성을 인간지식과 통찰력의 결핍으로 바라본다.

여섯째로는 기독교에 대한 다원론적 해석이다. 그들은 기독교의 절대적이고 고유한 진리성을 거부하고 여러 종교들 가운데 하나로 바라본다. 그들은 종교사적으로 기독교를 연구하며 종교들의 공통적인 진리의 분모를 추구한다.

주지하는 바와 같이 이와 같은 현대주의의 사조는 제1차 세계대전을 계기로 더 이상 버틸 수 없게 되었다. 그것은 현대주의의 산물인 서양 자본주의의 산업사회가 최대의 붕괴위기에 내몰렸기 때문이다. 여기에 칼 바르트의 위기신학10)과 쉬펭글러의 『서구의 몰락』(1918)의 영향으로 야기된 포스트모더니즘

---

9) Willistin Walker, *op. cit.*, pp. 527-8, 『기독교 사상사 III』, pp. 9-11, 129-73, 대한기독교서회, 2002. 참조바람.
10) 칼 바르트는 1922년 『로마서강해』를 펴냈다. 그는 이 책에서 16세기 종교개혁의 "복음의 재발견"과 "오직 신앙으로만"을 강조함으로써 "새로운 종교개혁"이라는 의미의

은 이를 더욱 부추기는 결과를 가져다주었다. 에큐메니칼 운동과 WCC도 이 즈음에 일어난 사건들로 기독교의 교리와 선교에 적지 않은 파장을 가져왔다.

19세기부터 시작된 보수·진보의 갈등 속에서, 보수적인 입장의 기독교는 신앙적 진리의 안내자로서 합리적 협상보다는 이데올로기적 확신에 의존하지 않으면 안 되었다. 왜냐하면 진보의 공격이 그들을 너무나 몰아쳤기 때문이다. 이것은 바로 교리의 강화로의 선회를 의미하였다. 그리하여 프로테스탄트 미국에서는 보수적인 근본주의가 등장하였고, 그리고 서구에서는 다시 바르트의 신정통주의가 등장하게 되었다. 이것은 지나친 이성중심의 현대주의(정)에 대한 신앙위주의 근본주의의 반작용이며(반), 신앙을 기초로한 이성의 역할을 수용하려한 신정통주의의 신학적 종합(합)을 뜻하는 것이라 하겠다. 그리고 가톨릭에서는 교황무오류설(the doctrine of papal infallibility)이 등장하여 현대주의에 맞서려고 하였다. 그러나 그들의 문제는 단순한 그들의 이데올로기적인 확신이나 교리의 강화로 간단하게 풀려질 문제는 결코 아닌 것 같이 보인다.[11]

근본주의

이성을 중심으로 하는 성경비판학에 대항하여 출발한 근본주의는 성경의 무오류를 비롯하여 그리스도의 동정녀탄생, 그리스도의 대속, 그리스도의 죽음과 부활, 그리스도의 기적의 독자성 이 다섯 가지 항목들을 성경의 진리가 되는 근본원리들이라고 선포하였다.[12] 프로테스탄트와 가톨릭이 이들 근본주의의 원리들을 받아들인 역사적 배경에는 다음의 두 사상가들의 역할이 크게 작용하였다. 그 하나는 데이비드 슈트라우스요, 다른 하나는 찰스 다윈이었다. 헤겔의 영향을 받은 슈트라우스(David F. Strauss: 1808-1874)는 그의 저서(the

---

신정통주의 신학의 길(1919-1960)을 열었다. 인간은 누구나 하나님 말씀 앞에서는 위기에 몰린다는 뜻에서 그의 신학을 "위기의 신학" 혹은 "변증법적 신학"이라고 불린다.

11) *RFWC*, pp. 609-19. 참조바람.
12) 나이아가라 성경회의(Niagara Bible Conference, 1883-97)에서 결의된 근본주의의 5대 원리가 1910년 미국 장로회 총회에서 "핵심적이며 필수적인" 가르침으로 규정되었다. 그들은 전천년왕국설과 존 다비의 세대주의를 받아들였다.

Life of Jesus, 1835)에서 예수는 인간성과 신성을 종합한 상징(symbol)이며, 인류를 대표하는 보편적 개념에 불과하다고 주장하였다. 복음도 신화이며 기독교 공동체가 만든 환상이라고 주장하였다. 그의 사상은 르낭에게 적지 않은 영향을 주었다. 찰스 다윈(Charles Darwin: 1809-1882)은 그의 저서(On the Origin of Species, 1859)에서 진화의 이론을 식물과 동물 뿐 아니라 인간에게도 적용하였다. 그의 주요 가설은 소위 자연도태설이었다. 후손의 변이를 선택해 주는 것은 자연이나 환경에 적응하는 유리한 종의 구성원들이라는 것이다. 그의 이론에 의해 성경도 진화론적으로 재해석되지 않으면 안 되었으며, 창조론도 수정되지 않으면 안 되었다. 그리하여 이 두 사상가들의 영향을 크게 받은 가톨릭과 프로테스탄트는 근본주의의 원칙들을 문자 그대로 받아들이는데 주저하지 않았다. 1870년 제1차 바티칸 공회는 교황의 무오류를 선포하였으며, 프로테스탄트도 성경의 무오류를 위하여 근본주의의 이름을 그대로 사용하였다.

그러나 기독교의 행진은 순탄하지 못하였다. 그것은 19-20세기경 근본주의에 대한 현대주의자들(Modernists)의 반발이 거세게 일어났기 때문이다. 현대주의자들은 성경의 근본원리들을 강조하는 근본주의를 문자주의에 매달려 있는 죽은 이데올로기라고 비난하였다. 그들을 대표하는 가장 유명한 사람은 프랑스의 목사 알프레드 로이지(Alfred Loisy)였다. 로이지는 위에서 말한 근본주의자들의 원리들을 철저하게 거부하였다. 다른 한 사람은 미국의 프로테스탄트 월터 라오센부쉬(Walter Rauschenbusch)였다. 그는 뉴욕의 집단주의 신학자로 "사회적 복음(social gospel)"을 부르짖었다. 그에게 복음의 목적은 자본주의의 구조를 철폐하고 정의의 편에서 사회생활의 본질을 근본적으로 변화시키는 작업이었다. 바티칸은 로이지의 책 간행을 금지시켰으며, 그의 사상 철회가 거부되자 1908년 교황 파이우스 10세는 그를 파문하였다. 그러나 그는 프랑스 대학으로 자리를 옮겨 연구를 계속하였다. 한편 브루클린의 침례교 목사인 라오센부쉬도 로체스터 신학교로 옮겨 그의 사상을 강의하였다. 그에게 기독교는 개인적 신앙보다는 어디까지나 사회적 행동을 가르치는 종교였다. 그의 주장은 침례교계보다는 일반 지성인들 사이로 널리 퍼져 나아갔다.

그러나 심볼과 진화에 대한 그들의 주장은 일반 대중종교에는 크나큰 영향을 미치지 못하였다. 프로테스탄트의 근본주의와 가톨릭의 교황무오류설은 제2차 세계대전 이후 주로 미국에서 깊이 뿌리를 내렸다. 그리하여 종교에 관심을 가진 미국인들은 기독교의 철저한 근본주의에 자연히 익숙해지게 되었다. 한편으로 로이지와 라오센부쉬의 상징적 진화적 주장들은 유럽으로 퍼져나가 그 곳에서 자리를 잡게 되었다. 그리고 유럽인들에게 미국의 근본주의는 바로 문자적 역사방법으로 이해되었다.

그러므로 기본적인 계시의 주장들도 그들(유럽인들)에게 엄격한 문자주의(literalism)로 받아들여지게 되었다. 그러나 주지하는 바와 같이 근본주의와 문자주의는 전연 다른 것이었다. 왜냐하면 근본주의는 역사적 전후과계를 무시하는 기계적 해석의 문자주의와는 본질상 다르기 때문이다. 그럼에도 불구하고 문자적 근본주의가 대중종교 속으로 파고들어가자 신학자들은 이에 편승하여 신학연구의 실용적인 도구로서의 역사를 거부하기 시작하였다. 역사를 거부한다는 것은 시간적 차원의 변화를 거부하는 문자주의를 선호한다는 뜻이다.

근본주의의 분화

역사를 거부한 근본주의 사상가는 제임스 바(James Barr)였다. 그는 구원사의 문제를 문자적 근본주의의 입장과 동일하게 바라봄으로써 근본주의를 역사로부터 벗어나게 하였다. 그에게, 성경은 구원사의 영역에 속한 것이 아니었다. 성경은 고대를 거쳐 중세, 그리고 종말에 이르는 인류경험전체를 아우르는 시간과 연계된 영역이 아니다.. 신앙의 원리들은 역사에 의해 좌우되는 우연한 문제가 아니라 성경의 영감에 의해 이루어지는 절대적 진리이다. 구원은 인간의 비판에 달려있는 문제가 결코 아니다.. 요컨대, 구원과 성경은 하나님의 절대적 진리에 속한 문제라는 것이다. 위의 주장에서 구원과 시간의 관계만 제하면, 그의 주장은 사실상 종래의 근본주의자들과 거의 비슷하였다. 그러므로 사실상 그가 거부하려는 것은 역사적 시대를 추적한 어거스틴과 관련된 사상임 알 수 있다. 그러나 문제는 그가 실제로는 역사를 거부하면서 역사를 거부하지 않는 근본주의자들과 맥을 함께 하고 있다는 모순된 사실이다.

그리하여 근본주의와 문자주의를 혼동한 제임스 바의 주장은 본의 아니게 "근본원리주의들(Fundamentals)"을 따르는 사람들의 신학적 논리와 연결고리를 갖게 되었다. 이들 근본원리주의자들은 특정의 개별적 역사사실들 보다는 보편적 원리를 중요시하는 신학자들이었다. 그들은 하나님이 대속의 기적적 방법에 의해 육체의 인간성을 다시 속죄하고, 변화시킬 것이며, 따라서 성경도 문자대로가 아니라 하나님의 절대적 진리의 확고한 증거로서 읽어야 한다고 주장하였다. 이에 대하여 제임스 바는 반대의 입장을 분명하게 나타냈다. 전자의 근본원리주의자들을 보수적 근본주의자들(the conservative fundamentalists)이라 부르고, 후자 제임스 바의 추종자들을 자유적 근본주의자들(the liberal fundamentalists)이라 부른다. 특히 제임스 바를 따르는 자유적 근본주의자들은 언어적, 역사적 방법이 아니라 해석자체의 행위가 해석자를 구원시켜준다는 신학적 논리방법을 선호하여 적지 않은 반응을 몰고 왔다. 이들 두 근본주의자들의 영향으로 1960년 이래 미국과 영국 신학의 특성을 장식했던 구원사(the salvation history)가 역사 속으로 서서히 사라지게 되었다. 즉, 구원은 시간적 흐름의 변화와 관계가 없고 주체자의 행위에 달려있다는 것이다. 그리고 이와 같은 신학의 보수적 흐름은 이에서 그치지 않고 지적이며, 정치적인 영역에도 널리 파고 들어가 적지 않은 영향을 끼치게 되었다.

근본주의의 영향

제임스 바에 의해 새로 발전한 근본주의는 무시간적인(ahistorical) 것이 그 특성이었다. 그리고 이러한 무시간적 특성은 문학의 구조주의(structuralism)와 해체주의(deconstruction)를 형성케 하였다. 구조주의자들은 언어와 문학의 발달에 있어서 담론의 핵심들(essentials), 보편적 구조를 중시하여 이것의 인식 없이는 해석이 불가능하다고 주장하였다. 이와는 대조적으로 해체주의자들은 의미(meaning)는 텍스트의 수단에 의해 단지 해석자의 마음속에서만 일어난다고 주장하였다. 양자의 공통적인 특징은 시간을 뛰어넘어, 정지된 상태에서 사태를 바라보아야 올바른 분석과 해석이 나올 수 있다는 것이다. 이처럼, 시간을 벗어나서 동적 차원으로부터 정적 차원으로 안주하려는 성향은 정치방면에 적지 않은 파장을 몰고 왔다. 이들의 영향으로 정치적 발전은 냉전체제의 막바지에 보수주의 정당들에 힘을 실어주었다.

그 대표적인 사람들은 미국의 레이건, 영국의 대처, 서독의 콜이었다. 이들은 보수주의의 기치를 내걸면서 원칙과 목표를 향해 강력하게 정치와 사회를 안정시키는데 진력하였다. 그들은 일치와 합의를 통하여 안정과 평화를 이끌어내는데 온힘을 쏟았다. 그들은 자본주의와 시장정책을 강력히 밀어붙였다. 정부지출을 억제하고 세제를 고치고 부의 재분배를 중지시키고 기입의 투기를 늘림으로써 경제적 안정을 꾀하였다. 반면에 미국의 민주당, 영국의 노동당, 서독의 사회민주당은 고개를 숙이지 않으면 안 되었다. 다시 본론으로 돌아와서, 더 넓게 따져본다면, 신학의 근본주의의 문제는 본질과 비본질, 보편과 개별, 전체와 부분, 일반과 특수, 종합과 분석, 중심과 주변, 공과 사와의 관계로 연결되는 중요한 문제라고 말할 수 있다. 왜냐하면 근본주의의 "원리, 원칙, 중추적 핵심"은 보편적 진리에 속한 것이며, 여기에 각론적인 것들이 수반되어 있기 때문이다. 그러므로 이 양자의 관계는 어느 한 쪽을 선택하고 어느 한 쪽을 파기시키느냐의 관계가 아니라 상호 보완적이며 상충적 관계로서의 강조의 차이만 있어야 되는 공존의 관계라고 말할 수 있다. 한편, 이와 같은 상황에서 멀리 떨어져 나와 종파적인 입장에서 기독교를 바라보려는 다원주의를 강조하려는 자유로운 신학자들이 등장하게 되었다.

화해모색

신학의 근본주의는 탈계몽주의(낭만주의)의 덫으로부터 빠져나오는 데는 일단 성공을 거두었지만 지나치게 근본이나 본질에 기우러진 나머지 시간과 역사를 벗어나야 하는 함정으로 빠지게 되었다. 시간 속에 있으면서 시간 바깥으로 뛰쳐나올 수는 없는 노릇이다. 근본주의가 아무리 역사로부터 피한다 하더라도 역사는 그것으로부터 물러나지 않는다. 근자에 후쿠야마가 그의 저서에서 제임스 바와 같은 입장을 발표하여 세인의 주목을 끌고 있다. 그에 의하면, 냉전의 종식과 공산주의의 붕괴로 역사는 두 개의 이데올로기의 싸움에서 벗어나게 되었다. 이제까지 서구의 국제관계는 국민국가들 사이의 이해관계로 인하여 싸움에서 벗어나지 못하였다. 그러나 두 이데올로기들의 싸움의 막장으로 역사는 더 이상 진보할 필요를 가지지 않게 되었다. 역사는 그 목적지에 도달되었다. 즉 이제 역사의 종말이 우리에게 다가왔다.[13]

다시 말해 제임스 바처럼, 후쿠야마도 역사의 정지, 즉 탈역사를 선언한 것이다. 그러나 과연 후쿠야마의 견해대로 역사의 모든 문제들이 다 해결된 것인가. 그렇지 않다. 탈냉전 이후 미국이 세계의 유일한 강대국으로 남게 되었지만 개선된 것은 하나도 없다. 오히려 다국적 경쟁시대로 돌입되어 다시 치열한 약육강식의 도살장이 되고 말았다. 기독교의 탈계몽주의로부터, 기독교의 전쟁과 압제 정책으로부터, 그리고 전투적 이슬람과격주의로부터 야기된 홀로코스트(대량학살)의 마성은 역사 속에 다시 새롭게 뿌리를 내릴 수도 있다.

가톨릭과 프로테스탄트

이러한 어려운 상황에서 가톨릭이 먼저 해결에 부응하는 문을 열었다. 교황 요하네스 23세(John XXIII: 1958-63)는 제2차 바티칸 공의회[14]를 열고 이제까지 금지되었던 주교회의를 소집하였다. 그는 1963년 돌아갔지만 바티칸 공회의는 그의 유지를 받들어, 미사와 성사는 참석자들의 언어로 사용할 것, 기도서와 예배도 지역의 특성에 따라 행할 것을 결의하였다. 이것은 물론 하나님의 희생가치를 떨어트리려는 것이 아니라 오히려 신자들의 활성화를 돕자는 것이었다. 공의회는 이것이 개인 신앙을 강조하는 프로테스탄트를 단순하게 모방하는 것

---

13) Francis Fukuyama, *The End of History and the Last Man*, New York, 1992, 참조 바람.
14) 제2차 바티칸공의회(1962-1965)는 로마 바티칸시에서 교황 요한 23세 주재로 열린 제21차 로마가톨릭교회 에큐메니칼회의를 가리킨다. 이 공의회의 목표는 이교를 정죄하려는 교리적인 것이 아니라 현대세계에서 교회의 지위와 역할을 재평가하려는 것이었다. 이 모임은 숨겨진 교회의 영적 본질을 강조하면서 교회를 유대인이나 이방의

이 아님을 분명히 밝혔다. 한편으로, 프로테스탄트도 일련의 새로운 변화를 보여주었다. 마르틴 루터 킹 주니어(Martin Luther King, Jr.: 1929-68) 목사는 비폭력 배후에 있는 원칙들을 발표하였다. "우리는 정당한 법을 지켜야 될 합법적이며 또한 도덕적인 책임을 가지고 있다.. 반대로 우리는 부당한 법을 지켜서는 안 될 도덕적인 책임을 가지고 있다. 나는 '부당한 법은 전연 법이 아니라'는 성 어거스틴에 동의한다."15)

마르틴 루터 킹 목사는 예수의 가르침("악한 자를 대적하지 말라. 누구든지 네 오른 편 뺨을 치거든 왼편도 돌려대며"마태 5: 38-42)에 근거하여 진정한 사랑의 실천을 부르짖었다. 이것은 악은 무저항(nonresistance)의 방법에 의해 극복되어야 한다는 뜻이다. 이것은 또 '네 이웃을 네 자신과 같이 사랑하라' 는 하나님의 말씀(마태 5:43-48, 눅 6:36)과 밀접한 관계를 가진다. 그는 이처럼 기독교의 근본적인 가르침(마태 22:34-40, 막 12:28-34, 눅 10:25-28, 롬 13:8-10)을 그의 생활신조로 삼았다. 그러나 "네 오른 편 뺨을 치거든 네 왼편도 돌려대며,…네 겉옷까지도 가지게 하며,…십리를 동행하며" 등의 성경의 가르침은 로마가 근동을 지배했던 특수상황에서 일어난 일이었다. 그렇다면 이들 가르침의 진의는 과연 무엇인가.

마르틴 루터 킹의 무저항에 관한 Bruce Chilton의 해석에 귀를 기우려 보자.16) 여기에서 무저항이란 말은 묵인(acquiescence)과 동일한 말이 아님을 명심해야 한다. 묵인이란 말은 일부러 모르는 척하며 인정한다는 뜻인 반면에, 무저항이란 알면서 저항하지 않는다는 뜻이다. 위에서 "…왼편 뺨을 돌려대며, 겉옷까지도 주며…" 라는 것은 "강요되는 불의"가 얼마나 나쁜가를 알도록 일러주어야 한다는 뜻이다. 왜냐하면 불의의 행함이 옳은 것처럼 받아들여져서

구별 없이 모인 "하나님의 사람들(the people of God)"로 규정하였다. 공의회 지도자들은 비가톨릭(다른 종파와 다른 종교들), 더 나아가 교회에서의 평신도들의 중요성을 강조하였다(*Encyclopedia of Americana*, 27).
15) Martin Luther King, Jr., "Letter from Birmingham Jail", 참조바람.
16) *RFWC* pp. 617-19.

는 결코 안 되기 때문이다. 그러므로 위의 행동들(…왼편 뺨을 돌려대며….)은 엄밀히 말해서 "무저항"의 범주에 들어갈 수 없다. 그들을 "무저항"이라 부르는 것은 정확한 표현이 아니다. 참으로 예수의 말씀(정책)은 당시 로마제국의 핍박을 받던 기독교인과 그들의 신앙 형편에 잘 들어맞았을 것으로 추정된다. 왜냐하면 예수의 말씀은 당시 로마인들에게 상당한 효과(불의의 행함이 옳은 것처럼 받아들여서는 안 된다는 교훈)를 그들에게 불어넣어 주었을 것이기 때문이다.

다시 말해, 당시 로마제국시대에 있어서, 이러한 예수의 행동지침은 단순한 무저항의 가르침이라기보다는 일종의 응수(대응, retaliation)하는 방법에 대한 권면으로, 말하자면 눈을 눈으로(보복)가 아니라, 대신 뺨을 뺨으로 하라는 경고성 대응을 뜻한다. 즉, 그것은 응수(대응)이긴 하지만 남에게 해를 주지 않는 (not to harm) 교도적 대응 방법을 의미한다.

여기에서 우리는 중요한 교훈을 얻어야 할 것이다. 이제까지 서양문명의 기초가 되는 종교들, 즉 유대교, 기독교, 그리고 이슬람이 2000년을 지내오면서 때로는 심하게 부딪히기도 하고 피비린내 나는 전쟁을 치루기도 하였다. 그들은 각각 나름대로 화해와 일치를 위해 노력을 아끼지 않은 것도 사실이다. 그러나 그들은 앞으로도 살아남기 위해, 그리고 그들의 공존을 위해, 서로 서로에게 해악을 주지 않는 진정한 대응의 방법을 찾지 않으면 안 될 것이다. 이 일에 기독교가 앞장서기를 기대한다…이와 같은 Chilton의 설명은 오늘날 기독교이면 누구나 한 번쯤은 되새김질할만한 충분한 가치가 있는 권고라고 생각된다. 그들에게 남에 대한 배려와 이해, 자신의 절제된 소욕과 같은 성숙된 관계정립이 그 어느 때보다도 절실히 요청되는 시점이라 생각된다. 이러한 상황에서, 앞에서 말한 바 있지만, 변화하는 현대문명 속에서 가장 빠르게 사회 적응에 임한 것은 미국의 기독교였다. 그 가운데서도 개신교는 복음주의의 재건이라는 타이틀을 가지고 변화의 물결 속을 파고들었다.

신복음주의 운동

미국의 근본주의와 복음주의는 1925년 스콥스재판[17])을 계기로 쇠퇴일로를 밟기 시작하였다. 그러나 1970년대를 중심으로 미국 정치권(닉슨, 포드, 카터)의 보수주의와 더불어 새로운 복음주의 운동이 일어나서 자리를 잡게 되었다. 새로운 복음주의자들은 80년대와 90년대에 이르면서 분파주의의 테두리를 벗어나 미국의 언론은 물론 정치, 학문분야, 더 나아가서 대중문화에까지 그들의 힘을 과시하게 되었다. 그들의 운동에는 복음주의 개혁파교회, 웨슬리안 복음파교회, 남침례파교회, 오순절 복음파교회, 독립파 교회 등 적지 않은 개신교 교회들이 참여하였다. 그들은 그들 교파의 다양성에도 불구하고 성경을 신앙의 유일한 권위로 삼으며, 중생을 신자의 참된 표시로 믿으며, 복음 선교를 가장 우선적 사명으로 내걸고 있다는 점에서 공통성을 가지고 있다.

그들 운동의 근간이 된 것은 18-19세기 미국의 대각성운동과 17세기의 청교도운동이었다. 그들은 미국의 현대주의와 자유주의 신학자들이 사회적 이슈에 지나치게 매달려 기독교의 종교적 정체성을 망각하고 있을 때 기독교 본래의 사명을 다시 강조하고 나왔다. 그들은 기계문명과 도시화로 자아를 상실한 현대인들에게 철저한 복음적 신앙과 영적 활력을 불어넣어 주었다. 그들 운동의 중심에 선 것은 남침례교파였다. 이들은 원래 미국사회의 변두리에 자리잡고 있었지만, 청교도 신앙과 대각성운동에 뿌리를 둔 미국의 전통적 문명의 재건을 들고 나옴으로써 미국에서 가장 영향력 있는 교단으로 업그레이느되있다. 여기에 체험적 복음주의를 주창한 오순절파와 회중교회, 장로교 등의 개신교파들이 힘을 더하였다.[18]

그러면 그들의 새로운 복음주의 운동이 신학적으로 보수노선을 걸으면서도 현대 미국사회에 잘 적응하고 있는 원인은 무엇인가. 다음의 몇 가지를 들 수 있을 것이다. 첫 번째는 그들이 폭 넓은 대중 속에 뿌리를 두고 있다는 사실이다. 현대주의와 자유주의가 소수의 지적 엘리트를 중심으로 교회운동을 지

---

17) 존 토마스 스콥스(John Thomas Scopes)는 테네시주의 교육법을 어기고 진화론을 학교에서 가르쳤다. 이 고소사건을 계기로 현대주의자와 근본주의자와의 열띤 논쟁이 벌어졌다.
18) 박명수 교수, "현대 복음주의 운동의 현황" 참고바람.

휘한 반면에, 신복음주의는 대다수 대중의 취향에 맞는 신앙운동을 전개하였다. 그리하여 많은 대중이 교회 문을 두들기게 하였다. 두 번째는 근본주의가 개인의 구원을 강조하여 반사회적 문화운동으로 경사된 반면에, 신복음주의는 오히려 사회적 문화를 그들의 교회운동의 목적을 위하여 활용하였다는 사실이다. 그들은 기독교 진리의 절대성을 그대로 믿으면서 동시에 그들 자신을 새롭게 변화시켰다. 그리하여 라디오, TV 등 대중매체를 효과적으로 활용함으로써 자유경쟁시스템에 적극적으로 적응하였다.

네 번째는 교회의 선교구조를 새롭게 바꿨다는 사실이다. 그들은 소위 파라처치(para church)의 조직을 만들어 이것을 각 분야별로 효과적으로 활용하였다. 이것은 신앙적 소수집단의 활용으로 대형교회의 공동화와 기계화를 막아주고 일반 신자들과의 대화와 자신감을 심어주었다. 가장 대표적인 집단으로는 YFC(Youth for Christ), IVCF(InterVarsity Christian Fellowship), CCC(Campus Crusade for Christ) 등이 있다. 그 가운데서도 1945년의 빌리 그래함(Billy Graham)의 YFC 활동은 가장 두드러진 청년신앙운동이었다. 그들은 칼빈주의와 알미니안주의를 초월하여 선교와 복음화의 기치를 내세웠다. 다섯 번째로 그들은 현대문화의 맹점을 철저하게 비판하였다는 사실이다. 그들은 현대문명의 중추인 과학적 합리주의의 한계점들을 강조하고 초자연적인 신앙적 복음주의의 필요성을 갈파하였다. 이 외에도 그들의 운동에 공헌한 것은 자선운동과 전도활동이었다. 특히 빌리 그래함은 불신자들에게 복음을 전하는 전도사업을 최우선으로 내세웠다. 그는 냉전시대에는 공산주의를 배격하고 미국의 자본주의를 선호하였지만, 탈냉전에서는 자본주의를 뛰어넘어 공산권에도 복음전도를 감행하였다.

한편으로, 그들의 복음주의운동에도 적지 않은 문제들이 도사리고 있다는 사실을 잊어서는 안 될 것이다. 그 하나는 그들이 극단적 근본주의와는 달리 지적 활동을 중시하고는 있지만, 포스트모더니즘과 지나치게 야합할 가능성이 여전히 많다는 점이다. 그들이 대중과 접하고 그들의 취향에 치우치다보면 천박한 대중운동과 야합하게 되기 쉽다. 성직자가 대중 스타처럼 연출되거나 교회가 극장무대화 되기 쉽다. 신앙생활에 감성도 중요하지만 과도하게 되면 이성을 전연 도외시하는 일이 벌어진다. 다른 하나는 문화적 영향력(Influences)과 눈에 보이는 것에 주로 치중하는 사회에 맞추다보면 점차로 부가 가치의 기준이 되고 성공의 척도가 되기 쉽다는 사실이다. 한 마디로 말해서 하나님께 영광을 돌리는 것을 제일로 하는 교회의 경건은 사라진다. 마지막으로 엄격한 교리의 경직성에서 벗어나다 보면 세속주의의 물결에 휩싸이기 쉽다는 사실이다. 교회의 문턱은 낮아지지만 성속의 구별이 없어지고 만다. 그들이 이러한 약점들을 얼마나 바로 잡고 교회의 정체성을 올바르게 지키느냐에 그들 운동의 앞날이 달려 있다 해도 과언이 아닐 것이다. 요컨대, 그들의 건전한 공존을 위해서는 기독교의 배타적 독선주의도 안 되겠지만, 더 나아가 기독교의 무분별한 포괄주의도 용납해서는 결코 안 되기 때문이다.

서양문명의 정체성
-헤브라이즘과 헬레니즘의 만남-

색 인

30년전쟁 · 262, 263, 281
70인역 · 106, 107
95개조 · 252

가데스바네아 · 49
가이 · 210
가이거 · 278
가자리 · 148, 150, 153, 189
가잘리 · 285
갈리오 · 101
갈릴레오 · 267
갓프레이 · 201, 203
개혁유대교 · 97, 98, 273, 276
경건주의 · 263
계몽사상 · 263
공동형제단 · 248
구루 나낙 · 311
구조주의 · 344
구텐베르크 · 267
그라나다 · 218
그래함 · 350
그레고리 8세 · 210
그레고리 7세 · 39, 306

그리스 정교회 · 225
근본주의 · 272, 339, 341
기독교의 재정복 · 219
기독교적 휴머니즘 · 249
기드온 · 50
긴즈버그 · 295

나그렐라 · 218
나지르 알딘 샤 · 314
나폴레옹 · 309
나훔 · 55
낙스 · 256
낭만주의 · 270
네로황제 · 102
뉴턴 · 264, 267
느부갓넷살왕 · 56
느헤미아 · 59
니케아 종교회의 · 104, 225
니콜라스 5세 · 245

다미에타 · 214
다브루 에메트 · 327
다빈치 · 246, 267
다윈 · 272, 341

다윗왕 · 51
대속죄일(욤 키푸르) · 76, 104
데오도시우스 · 104
데카르트-뉴턴적 모델 · 267
데카르트 · 264, 267
데키우스 · 103, 118
도나투스파 · 124
돈디 · 245
드레퓌스 · 291
디누르 · 275
디아스포라 · 66
디오클레티아누스 · 103
디크르 · 152

라마단 · 138
라만 · 286, 287
라비 · 151
라시드 · 146
라오센부쉬 · 342, 343
라지 · 148
라틴 예루살렘왕국 · 203
라파엘로 · 246
랍비 유대교 · 77

색 인 353

레베 · 94
레오 10세 · 250
레이몽 · 201
로고스 · 110, 113
로욜라 · 260
로이지 · 343
로크 · 264, 265, 268, 269
로트만 · 255
로페즈 · 222
루미 · 162
루미날의 어두움 · 177
루소 · 268, 269
루쉬드 · 150
루이 7세 · 208
루이 9세 · 215
루이스 · 38
루터 킹 주니어 · 347
루터 · 249, 252, 253, 254, 256, 277, 326
루터주의 · 41
루터파 · 258
르낭 · 272
르호보암 · 55
리온허트 · 211

마디 · 142
마르시온 · 108(각주)
마르크스 · 271, 272
마오두디 · 286
마이모니데스 · 29, 30, 171, 173, 174, 175
마지막 해결책 · 326
마카비혁명 · 61
마티아스 · 262

마할 · 158
만지커트전투 · 197
말코른 · 203
말콤 10세 · 333
맘루크족 · 155, 156, 160,
맥추절 · 75
메메트 · 160
메카 · 132
멜기세덱 · 106
멜케비 교단 · 162
면죄부 · 252, 253
모사라베 · 218
모스크 · 138
모압족속 · 50(각주)
모하마드 이븐 알 와하브 · 310
몬타누스 · 108(각주)
몽테스키외 · 268
무갈족 · 157
무라드 2세 · 160
무타질라 · 147
무하마드 아브 니메르 · 335
무하마드 · 130, 132, 134, 137, 141, 142, 156
문화적 시오니즘 · 295
미드라쉼 · 78
미라노칙령 · 39
미르자 굴람 아마드 · 313
미쉬나 · 78, 79, 84, 87
미켈란젤로 · 245, 256, 250

민간인 십자군 · 200
밀레트 조직 · 229
밀비안 교 · 103
밀턴 · 264

바젤 · 68
바르돌로메 대학살 · 261
바르바로사 · 211
바리새파 · 62, 101
바브 · 314
바브르 · 157
바블리 · 78
바빌로니아의포로 · 56
바야지드 · 160
바울 3세 · 258
바울 · 28, 101, 115, 303
바쟈 · 150
반어적 신비주의 · 182
반유대교 · 291
반유대주의 · 291
발라 · 245
밀레리안 · 103
발칸의 종교성 · 230
발포어 선언 · 293
버먼 · 40
베드로 대성당 · 250
베버 · 27, 28
베스트팔렌조약 · 21, 32, 263, 281, 307
베이컨 · 267
베크타시스교단 · 232, 234, 235
벡 · 154
보름스의회 · 254
보수적 유대교 · 273

보헤문드 · 201, 202
복음주의 · 339
본질주의집단 · 176
볼드윈 4세 · 210
부처 · 256
브라망테 · 250
비잔틴 공화국 · 225
빌라도 · 101
빛나는 어두움 · 180
사도신경 · 109
사독가문 · 52
사두개파 · 63
사드라 · 151
사무엘 · 51
사바티아니즘 · 95, 96
사비교도들 · 148
사사니드왕조 · 103
사울 · 51
사이드 아마드 칸 · 314
사이드 쿠트브 · 318
사파위 제국 · 158
사파위 왕조 · 160
사파위족 · 157
사해문서 · 34
사회주의적 시오니즘 · 296
산헤드린 · 65, 66
산헤립 · 55
살라딘 · 209, 210, 212
상황주의집단 · 176
샤 왈리 알라 · 310
샤루스대회 · 196
샤리아 · 39, 144, 145
성 그레고리 · 183
성 요한 기사단 · 207

성 이시도르 · 197
성상주의자 · 182
성상파괴주의자 · 182
세계교회협의회(WCC) · 32(각주)
세베루스 · 103, 118
세비야 · 219
세피로트 · 190, 191
셀림 1세 · 160
셔루쿠 · 209
소코토 칼리프국가 · 312
소크라테스 · 178
솔로몬 · 52
수라와르디 · 151
수피파 · 151, 152, 153, 156, 158, 234, 235
수피파의 신비주의 · 186
순니파 · 141, 142, 143, 234
순수이성 · 270
쉬펭글러 · 24
슈트라우스 · 341
슈페너 · 264
슐라이어마허 · 270, 271
스가랴 · 59
스바냐 · 55
스콜라철학 · 251
스토아철학 · 244, 248
스프마토기법 · 247
스피노자 · 264
슬라브족 십자군 · 208
시나 · 149
시드기아 · 56
시스틴 성당 · 250
시아파 · 141, 142, 234

시오니즘 기구 · 292
시오니즘 · 97, 98, 283, 290, 291
시크교 · 311
신복음주의 운동 · 349
신비주의의 방법 · 180
실천이성 · 270
십자군전쟁 · 195
아그립바1세 · 65
아나누스 · 102
아나톨리아 · 202, 231, 232, 233
아낙사고라스 · 178
아달리아 · 209
아데마르주교 · 199
아드딘 · 209
아레오파기테 · 184
아리스토텔레스 · 29, 30, 167, 168, 170, 171, 172, 244, 245
아모스 · 54
아베로스 · 29, 30, 168, 170, 171, 174, 175, 244
아브 바크르 · 142
아비센나 · 29, 149
아우구스부르크 종교화 · 262
아우구스투스 · 121, 122, 211
아우레리우스 · 121
아우슈비치 · 300
아울레리우스 · 112
아유비 · 156
아켐피스 · 248

아퀴나스 · 30, 149, 171, 174, 175, 244, 245, 259
아크바르 · 157, 158
아판 · 142
아포파시스 · 184
아포페틱 신학 · 182
아프리카누스 · 120, 121
아하시야 · 54
아학왕 · 53
안달루시아 · 157, 217
안디옥 공략 · 202
안식일 · 74
안티오쿠스4세 · 60, 61 (각주)
안티파테르 · 64
알 바스리 · 147
알 파라비 · 149
알딘 · 159
알라만 · 157
알렉산더대왕 · 59
알리 아시니 · 335
알리 · 142, 161
알미니안주의 · 350
알버트 · 251
알비파 · 216
알아유비 · 155
알와하브 · 285
알파라비 · 29
알폰소 6세 · 219
암몬족속 · 51(각주)
암브로이스 · 124, 257, 305
압델 나세르 · 318
압두 · 285

압바스 왕조 · 145, 154
압살롬 · 52
야고보 · 102
야트립 · 132
어거스틴 · 28, 124, 126, 127, 197, 249, 258, 304, 308
에데사주 · 207
에돔족속 · 51(각주)
에드워드 6세 · 259
에디슨 · 268
에라스무스 · 247, 250, 252, 258
에비온 · 108(각주)
에세네파 · 63
에스라 · 59
엘라자르 · 36, 37
엘리사 · 54
엘리야 무하마드 · 317, 334
엘리야 · 54
엠페도클레스 · 178
여로보암 · 53
여호사밧 · 55
여호야긴 · 56
여호야킴 · 56
열성파 · 66
영국교회 · 258
영지주의 · 110, 115, 119
예레미야 · 55
예루살미 · 78
예수회 · 260
예표적 성경해석 · 113
예후 · 55
오늘의 헌신 · 248

오니아스 · 62
오리겐 · 103, 118, 119, 120, 123, 303, 308
오므리 · 53
오스만 빈 라덴 · 319
오토만 제국 · 159
오토만족 · 157
요담의우화 · 50
요시아 · 56
요하네스 23세 · 346
요하하스 · 56
우르반 2세 · 198, 213, 306
우마이야 왕조 · 143
우스만 단 포디오 · 312
움마 · 70, 133
유다 이븐 티본 · 81
유다 하레비 · 81
유세비우스 · 118, 120, 121, 122, 123, 127, 128, 265, 305, 308
유월절 · 74
유진3세 · 208
율리아누스 · 104
율리우스 2세 · 250
의인설 · 253
이그나티우스 · 103
이디시어 · 296
이레네니우스 · 109, 115, 116, 117, 118, 119, 120
이맘 · 142, 159, 314
이미지 신비주의 · 182
이븐 아타 · 147
이사벨 · 54

이사야 · 55
이신론 · 266
이중적 비춤 · 182
이크발 · 286
인노센트 3세 · 213, 216, 326

자디킴 · 94
자말 알딘 알아프가니 · 315
자아분리주의 정통 유대교 · 279
자유주의 · 339
자이드 · 288
자파항 · 203
자한 · 158
재세례파 · 259
재현이론 · 116
저스틴 · 111, 112, 116, 117
절대의존감정 · 271
정치적 시오니즘 · 295
정통 유대교 · 276
정통유대교 · 273
제1차 십자군원정 · 200
제1차유대반란 · 66
제2차 바티칸 공의회 · 346
제2차 십자군원정 · 208
제2차 유대반란 · 102
제3차 십자군원정 · 210, 213
제5차 십자군 · 214
제임스 I세 · 220
제퍼슨 · 270

젱기 · 207
종교재판 · 221
종교적 발칸주의 · 231
종교전쟁 · 261, 262
주의주의적 동의 · 175
즉시적경험 · 177
지하드 · 23, 139
진니신 · 131
진젠도르프 · 264

찰스황제 · 254
창조의 재현 · 115
초막절 · 75
추방과 회복 · 73, 83
츠빙글리 · 255

카드몬 · 190
카디자 · 137
카라이즘 · 95
카밀 · 214
카발라주의 · 189
카제탄 추기경 · 253
카타리파 · 216
카타브 · 142
카타파시스 · 184
카타페틱 신학 · 182
칸 · 285
칸디 · 149
칸트 · 269
칼리프 · 142
칼빈 · 28, 249, 256, 257
칼빈주의 · 42, 350
케르발라 · 144
케플러 · 267
코란 · 133, 134, 135,
136, 137, 139, 140,
141, 152
코르도바 · 157, 218, 219
코셔 · 283
코소보전투 · 160
코크바 · 88, 89
코페르니쿠르 · 267
콘라드 3세 · 208
콘스탄티노풀 · 160
콘스탄티누스 · 21, 39, 90103, 104, 114, 121, 122, 123, 306, 308
콘스탄티누스의 기증 · 306
콤네소스 · 198
쿠샤리 · 152
쿠자누스 · 267
쿠주크 카이나르쟈 조약 · 161
큐라시 부족 · 132
크라츠킨 · 299
크랜머 · 258
클레멘트 6세 · 251
키루스왕 · 58
키부츠 · 297
키케로 · 244

타나크 · 33
타마스프 · 159
타우라트 · 33
타이미야 · 285
타지마할 · 158
탈계몽주의시대 · 272

색 인

탈무드 · 77
터툴리안 · 109, 113
테첼 · 251
템플러 기사단 · 206
토라 · 70, 72, 77, 79, 80
토세프타 · 78
토스카넬리 · 267
토인비 · 24
놀네노 · 210
통합주의 정통 유대교 · 279
투파일 · 150
튜톤 기사단 · 207
트라야누스 · 102, 103, 109
트레브링카 · 301
트리포 · 113

파라비 · 150
파라처치 · 350
파머 · 204
파샤 · 161
파스칼 · 269
페르디난드 III세 · 220
페르시아전쟁 · 122
페트라르카 · 244
펠라기우스파 · 124
펠로폰네소스전쟁 · 122
포스트모더니즘 · 22, 272
폴리비우스 · 122
폴리캅 · 103
프랑케 · 264

프랭클린 · 270
프레스코기법 · 246
프로티누스 · 151
프리데릭 2세 · 214
프리데릭 · 252, 253
플라톤 아카데미 · 246
플라톤 · 170, 178
플로티누스 · 170, 178, 179, 180, 181
피치노 · 245, 248
피터 · 200
필로 · 111, 112

하드리아누스 · 112
하디스 · 134, 152
하마스 · 319
하박국 · 55
하산 · 287
하스몬왕조 · 62
하스팅전투 · 196
하시디즘 · 93, 95
하지 · 139
하크 · 286
학개 · 58~59
할라 · 68
할라카 · 79, 282
해체주의 · 344
허쉬 · 281
헤겔 · 271, 272
헤롯 · 101
헤롯대왕 · 64
헤롯안티파스 · 65
헤르츠베르크 · 294
헤르츨 · 291, 292, 295

헤브라이즘 · 25
헤시참운동 · 227
헤지라 · 132
헨리 2세 · 215
헨리 8세 · 258
헬레니즘 · 25
현대주의 · 272, 339
호메이니 · 318, 332
호세아 · 54
홀로코스트 · 299
홉스 · 264
화렐 · 256
화약왕국 · 157
화이트 · 31
화이트헤드 · 30
후스 · 253
후쿠야마 · 345, 346
훌레구 · 155
휠링 데르비시 · 162
휴 · 201
흄 · 270
히라산 · 132
히르카누스 · 62
히스기아 · 55
히틀러 · 309
히폴리투스 · 110
힐데브란드개혁 · 40

그리심 신학서적 저(역)서 안내

- **주의 날 어떻게 이해할 것인가**
  Paul R. House · 장세훈 공저 / 반양장 / 184면

- **본문의 의미를 찾아서(21세기 구약신학과 해석)**
  장세훈 저 / 반양장 / 224면

- **계시록의 구속사적 연구**
  J.B. Jordan / 이동수 역 / 반양장 / 396면

- **구약 속의 그리스도**
  E. 뵐 / 권호덕 역 / 반양장 / 371면

- **하나님과 인간, 그리고 시간**
  어얼 E. 케이른스 / 박영실 역 / 반양장 / 258면

- **하나님 나라와 윤리**
  김경진 / 반양장 / 303면

- **누가신학 연구**
  R. 화이트 / 김경진 역 / 반양장 / 197면

- **배경으로 본 히브리서 강해**
  정우홍 / 양장 / 406면

- **베드로전서의 메시지(주해)**
  오광만 / 반양장 / 283 면

- **산상설교**
  정훈택 / 반양장 / 176면

- **성경무오 역사적 증명**
  정규철 / 반양장 / 335면

- **성경에 나타난 제사법 연구**
  로저드 백위드 / 반양장 / 261면

- **신명기 1(1-8장) (주해)**
  김영욱 / 양장 / 468 면

- **신학의 종을 어떻게 울릴 것인가 (논문)**
  허 주 / 양장 / 388면

Grisim Publishing Co.

● Home page:grisim.biz ● E-mail: grisimcho@hanmail.net

- ● 해석매뉴얼(성경해석법의 이론과 실제)
  김상훈 / 양장 / 287면
- ● 문맥설교 매뉴얼 ①-②
  배동한 / ① 강화체 ② - 사건기록체 / 반양장 / 360면
- ● 언약이란 무엇인가?
  팔마 로버슨 / 오광만 역 / 반양장 / 159면
- ● 에스겔서 강해(강해)
  김두석 / 반양장 / 335면
- ● 여호와의 전쟁신학
  윤용진 / 반양장 / 346면
- ● 창세기(1-4권) (주해)
  서철원 / 반양장
- ● 이사야의 하나님-우리의 하나님
  최민수 / 반양장 / 262면
- ● 말라기서의 중심의도
  진흥석 / 반양장 / 274면
- ● 임마누엘 성령론
  안영복 / 반양장 / 232면
- ● 영원을 사모하는 마음(성경적 역사이해)
  김봉수 / 반양장 / 328면
- ● 낙원의 구속사(Paradise Restored) - A Biblical Theology Dominion
  David Chilton / 안영복·이동수 공역 / 반양장 / 296면
- ● 사역자의 자아 돌봄(Clergy Self-Care)
  Roy M. Oswald · 최민수 역 / 반양장 / 294면
- ● 창조를 위한 하나님의 패턴(God's Pattern for Creation)
  - 창세기 1장에 대한 언약적 읽기 - W. Robert Godfrey · 이동수 역
- ● 비블리컬 스토리텔링 시리즈(조관호 지음)
  룻기, 사사기(상·하), 사무엘상(1-3권), 이하 계속 출간 중

7